古代史研究叢書15

古代山寺の考古学

― 平場構造と寺域空間を中心に ―

上野川　勝　著

岩田書院

目　次

まえがき

日本考古学における山寺遺跡の調査研究は、昨今は新たな遺跡から、新たな知見も得られ、各地で史跡としての指定もなされているようである。

山寺遺跡の研究は、いわゆる仏教考古学などの分野からなされてきたが、本書はできる限り、全国各地の発掘調査成果などを用いることを目指した。

著者は過年、『古代中世山寺の考古学』(岩田書院、二〇一八年。以下、前冊と呼ぶ)を刊行し、古代中世通観の視点を基本に据えて、北東日本山寺群の変遷動向を概観した。それは、考古学の研究史と、昭和・平成時代の山寺遺跡発掘調査資料を基軸に据えつつ、古代・中世・近世初頭までの北東日本山寺群の消長と、北東日本古代山寺遺跡遺構群の類型設定という二つの目標を掲げて取り組んだものである。そこでは、読者に対して、日本考古学における山寺遺跡研究は、古代から近世頃までの永い時間軸を念頭において考究することの重要性を訴えた。

そして、日本古代中世山寺の遺跡・遺構類型分類の一視点を提示したが、本書はその中の一つの骨格をなす山寺遺跡の平場構造類型としての、多段性平場構造山寺と一面性平場構造山寺の代表例についての分析を示した。前冊での類型論を読者にわかりやすく示すために、著者が新規に作成した山寺遺跡断面図と山寺遺跡中枢空間平面模式図などを用いた。そして、古代山寺遺跡の空間構造を論じようと努めた。

古代中世山寺存続期間類型に関しては、平成一八年(二〇〇六)の論考発表後、数年の内に一人の考古学者が賛同の意を表わし、前冊の刊行後には、その類型論の内容に賛同する意見や、山寺に関する斬新な視点を持っているとの感想などを山寺遺跡調査担当者や考古学研究者からいただいたこともあった。

それは、前冊が著者の長い発掘調査経験に基づき、どのような視点から山寺遺跡を分析する必要があるかを常に考えてきたからである。山寺遺跡の踏査では、その地表面遺構は遺跡現地において、いつでもだれでも平等に観察できる。その発掘報告書からは、遺構図面の読み込みにより、多くの情報を得ることができる。

ここに掲載する論考は、序章・第一部・第二部・第三部・結章となる。第二部の二編は、かつて『唐澤考古』に発表した論考である。その他は、新稿として書いた。

序章では現在の山寺研究の状況を概観した。

第一部「古代山寺の平場構造と南西日本の山寺遺跡」では五編の論考を収録した。まず第一章に多段性平場構造山寺の寺域空間を分析してみた。第二章では、少ない資料を用いる限界性を感じつつも一面性平場構造山寺の特徴を示した。第三章は、八世紀後半から一〇世紀の山寺に造営された本堂背後の小規模平場の存在を論じてみた。第四章と第五章は、著者が中国・北陸・四国・九州を車で実地踏査し、その後、発掘調査報告書などを概観した遺跡群を分析してみた。その結果、九州池辺寺跡においても北東日本の山寺群と同じく、九世紀には多段性平場構造の山寺が造成されていることが判明した。

第二部では、古代山寺の周辺に同時的に存在した北関東の遺跡について、既発表の論考(上野川二〇〇一a・二〇〇四)を掲載した。第七章は、加除筆を行なっている。

第三部は、「古代山寺研究への展望」として、五編の論考を収録した。まず、現時点で判明している北東日本と南西日本の古代山寺遺跡の鍛冶操業状況や、僧房規模などを覚書的にまとめてみた(第八章、第九章)。そして、前冊の刊行後に南西日本の古代遺跡を概観している時に、古代山城の出土遺物に「山寺」墨書土器があることや、古代山城廃絶後にそこに平安期仏堂が建立された遺跡の存在を知った。そして本書本文中で触れなかった北部九州の基《き》肄城《いじょう》跡出土「山寺」墨書土器（第一〇章）と、岡山県鬼城山（鬼ノ城跡）の古代山寺遺構とその出土遺物（第一一章）について考えた。

　こうして多くの山寺遺跡を概観し、全国の古代山寺創建年代表を早くから作成していたが、南西日本における古代創建の一面性平場構造山寺についてその状況を把握することが本書での最後の課題であった。そうした中で、鳥取県栃本《とちもと》廃寺跡に注目し、七世紀末葉から八世紀前半の土器が出土していることから、北東日本最古級の愛知県大山《おおやま》廃寺跡と埼玉県馬騎《まき》の内《うち》廃寺とほぼ同時期の山寺遺跡であるのではないかとの視点にたどり着いた。そして、栃本廃寺跡が古代一面性平場構造山寺として、南西日本を代表する可能性を新稿としてまとめてみた（第一二章）。

　結章は古代山寺が内包するいくつかの問題点を考え、新稿として令和四年（二〇二二）夏にはほぼ書き終わっていたが、その後も追考した。

　このように前冊の発刊後に、平成三〇年春から秋にかけて山陰・若狭・越前と熊野三山などを踏査した。熊野では、熊野本宮大社・熊野速玉大社・熊野那智大社・青岸渡寺・補陀落山寺を訪れ、経塚遺物なども実見した。海を望む補陀落山寺は、小規模な多段性平場構造であった。

　平成三一年春には、四国から瀬戸内の諸遺跡を訪ね、中寺廃寺跡の遺物は実見し説明を受け、令和元年初冬には、九州の山寺遺跡群と国東の山寺群を踏破し、年末に陸奥天台寺を訪ねるなどした。鳥取県栃本廃寺跡は令和四年六月に現地を踏査し、同時に兵庫県加陽《かや》大地《だいち》山《やま》遺跡・但馬国分寺跡・因幡国庁跡・岡山県鬼城山（鬼ノ城跡）なども訪れ、地表面の平場遺構状況などを見て回った。

こうして平成六年頃から令和四年にかけて、北は岩手県から南は熊本県域までの全国の山寺遺跡と現存する山寺を踏査し、発掘調査報告書などを概観してきた。なお、本書に用いた写真は、著者が撮影した。

本書では、著者が専門とする考古学の立場から、主に発掘調査報告書と発表されている考古資料を用いて山寺の発掘された遺構と遺物などを論ずることから、基本的には「山寺」「山寺遺跡」という表現を用いた。なお本書では、「北東日本」を畿内より北東の地域を、「南西日本」を畿内より南西の地域を広く示すものとする。また遺跡名については、『国指定史跡事典』(学生社、二〇一二年)等に記された読み方を用いた。

寺院名の漢字表記と読み方のひらがな表記は、『日本名刹大事典』(雄山閣出版、一九九二年)と、『日本仏教史辞典』(吉川弘文館、一九九九年)に依拠した。

序章　本書の目的と論点

本書は、日本考古学における山寺（山岳寺院・山林寺院）の研究史を踏まえつつ、著者が専門とする考古学の方法論から、山寺遺跡の発掘調査によって得られた遺構と遺物の考古資料を精査し解読し、発掘調査の経験に裏打ちされた遺構群の解釈を、斬新的に行なうことを一つの目標としている。

前冊（『古代中世山寺の考古学』）に続き今回も、限られた山寺遺跡の発掘調査報告書などを扱うという限界の中で、それらを読み解き、著者の山寺類型論の論証に必要な資料を、報告書をもとに独自に作出するなどの作業を行なってみた。それは、著者独自の山寺遺跡類型論を構築したいと考えているからである。

いわゆる山寺の特性として、古代の七世紀から中世を経て、近世以降まで存続する事例も多く、前冊ではこうした長い時間軸の中での山寺遺跡の存続と廃絶を考察し、また畿内とその周辺から北東日本全域の空間軸における山寺遺跡の在り方を概観した。そして前冊では、日本古代中世山寺遺跡群の様相と変遷の全体像を概観的につかみ取るため、畿内周辺から北東日本における山寺遺跡の考古資料を掘り起こし、また近年の新知見をも取り込みながらもそれらを著者の視点から重層的に論述した。

そして、かねてから提示してきた古代から近世初期までの山寺遺跡存続期間の類型を再確認し、また新たに古代遺跡の立地・伽藍・鍛冶操業・平場構造を含めた五つについて総合的に類型を提示した。その類型群は、現時点での結論として提示したもので、前冊での類型群を以って「山寺考古学」の一視点を提起したものと考えたい。

しかしそれらの類型群は、完結・完成したものではなく、新知見を精査することで、新しい解釈に基づく新たな類型へと更新される場合もあろうし、新たな類型の成立さえも拒む必要はないと考える。そこには、研究の継続性が反映されて、より深化される必要性さえ求められるのであろう。

山寺は、「山岳寺院」「山林寺院」と呼ばれることも多く、研究史上では、「山地寺院」「山間寺院」という名称も散見された。昨今では、「山寺」という用語が多用されているように見受けられる。

一　昭和～平成期の研究動向

昭和時代と平成年間における山寺遺跡の研究は、当初は平地寺院に対する山岳の寺院という対置的な観念から、「山岳寺院」という用語が多用され、その後、考古学から仏教史を意識し、かつそれまでも意識されていた古代の「山林修行」をより強く取り込む文言としての「山林寺院」という用語が先学により提起されると、その潮流はみるみる広まり、山寺の遺跡は山林寺院という用語に置き換えられて、一大潮流となってくる。

それは、取りも直さず、平成の時代になり、古代から中世の山寺遺跡が全国各地で発掘調査され、昭和年間とは異なり全国各地の山岳ではない丘陵から低山地の各所に山寺遺跡が散在している事実に、全国の研究者が驚きつつも新たな認識を持つようになってきたことに起因する。

その前後には、山寺遺跡が古代だけではなく中世にまで連続して存続する場合も多数見受けられ、中世山寺遺跡の基本的認識を持つことができない中、時枝務により、中世期には古代のような山林修行が果たして山寺遺跡においてあったのかどうかという疑念が提起され、中世期の山寺遺跡については、「山林寺院」という名称は相応しくないのではなかろうかとの認識が提起されたのである。著者も時枝と同じく、かねてよりそうしたことを推考しており、現時点では山寺または山寺遺跡という用法を用いている。

しかし、昭和・平成時代の山寺研究における用語は、多くの研究者が主に「山岳寺院」「山林寺院」「山寺」の三つを特に規定することなく、混用して使用してきた実態は、紛れもない事実である。それは、山寺遺跡の研究史に歴然と残る研究史の動向として記録される以外になかろう。

著者と時枝による昭和・平成前期の山寺研究史において、石田茂作における「山岳寺院」の三類型（天台宗・真言宗・修験道）が概念的形成によるものだったという指摘以前に、研究史上では、坂詰秀一により平成三年（一九九一）に、すでにその限界性が喝破されていた（坂詰一九九一）。

坂詰は、石田により寺院伽藍類型論は大系化されたが、「山岳関係のそれは、三型を指摘しているに過ぎず、日本の各地に散在している小規模な山中の寺院跡については、触れるところがなかった」とし、それは「山中の寺院跡の調査が未着手であって、その実態が明らかでなかったことに起因している」と述べ、昭和から平成初期の山寺研究が本格的に始まりだしたという状況を示している。

古代仏教伽藍の研究史上において坂詰は、昭和五四年（一九七九）に、「日本古代仏教伽藍の形成」の中で仏教伝播地域における伽藍の様相を、「大別するとその立地上より平地と山地にわけられる」とし、伽藍の二類型として「平地型」と「山地型」とに区分し、平地型が「都邑修学型」であるのに対して、山地型は「座禅修行型」であるとした。そして、日本においては平地方形区画伽藍の調査と同時に、山地伽藍の基本的な調査を進める必要性を論じた。

続いて「日韓古代寺院の伽藍配置」（坂詰一九八〇）において、「日本の初期の伽藍にあっては、金堂・講堂・塔・

門・鐘楼・経蔵・房が七堂伽藍の七堂であると言われており」、そして、諸堂宇を一定の空間に配置することによって伽藍が形成されるとし、「(一)平地任意伽藍、(二)平地方形区画伽藍、(三)山地任意伽藍、(四)山地区画伽藍となり」、「任意伽藍の多くは山地型に見られるものであり、そこに自然環境にもとづく制約が示されている」とした。そこでは、山地の伽藍が自然地形などの制約を受けつつ造営されたことが示されており、山地伽藍を「山地任意伽藍」と「山地区画伽藍」に分類している。そして、日本における「小規模な山地任意伽藍の究明は、未開拓の分野であり、将来の調査に期待される」とし、当時の調査研究状況が示されている。

北東日本における山寺遺跡では、茨城県山尾権現山《やまのおごんげんやま》廃寺において、筑波山北部の山地斜面の一部に、回廊や塀は不詳ながらも任意配置ではない整然と配置された山寺堂塔の礎石などが厳然と存在する。南面する塔は東にあり、その塔の西側に並んで南面する仏堂があり、両者の北側後方に講堂とみられる礎石建物跡がある。この遺跡は、法起寺式系の伽藍配置かとみられており、坂詰による先の四類型の山地区画伽藍の山寺遺跡とみることもできようか。

こうした仏教伽藍の伽藍配置とそれを類型化するなどの研究は、多くの先学によってなされてきたが、その仏地・僧地・俗地の関係などは、主に平地寺院に関して論じられることが多かった。近年では、山寺遺跡の調査研究も多くなされるようになり、山寺のそうした空間構成も論じられるようになってきた。

著者は、前冊の各論考が平成年間の約二〇年に及ぶ時間の中で発表されていることから、各論考の発表時の用語と用法をそのまま残すことが、そのまま研究史の動向を反映するのではないかと考え、各章の論考においてあえて山寺・山岳寺院・山林寺院の三種の用語が混在するままでの構成とした。結章では、それらの用語を混用したが、それは膨大な歴史時間軸と広大な地域空間軸を包括しようとする論述の中において、三種の用語が内包する微妙な同質感と差異感を各遺跡の位置づけに用いたいという側面を内包していたことも事実である。

「山寺」と「山林寺院」の二つの用語は、用語上ではその同一性をほぼ保持しつつも、個別遺跡における特徴を相互比較する場合などにおいては、当然のことながらその異質性が表出してくるわけであるが、その両者を無理に区分せずに自然に使いこなすという立場も認められてよいのであろうとの考え方も成立する余地があろう。

事実、考古学研究者の山寺研究における論文を紐解けば、山寺・山岳寺院・山林寺院の三種の用語は、昭和・平成の時代の潮流の中で、その時々の研究状況や研究主導者のその時点における考えによって、どの用語を用いることが自身の扱う山寺遺跡群に最もふさわしいのかが判断されてきたわけであり、そうした山寺研究の見えない潮流の中で、用語の持つ意味とその使用方法が特別に規定されることなく左右されてきたという「現実」があったと考えてよいのであろう。その点から考えれば、斎藤忠による「山林寺院」(斎藤一九九七)の用語の推奨は、その根拠がわかりやすく主張されている。

なお、「山地寺院」「山間寺院」という用語が用いられてきたことも周知のことであり、平成年間では中世史研究者が「山の寺」という用語を使ったこともあった。

『仏教考古学事典』(坂詰編二〇〇三)の中では、時枝務が「山岳寺院」の項目において、石田茂作・藤井直正・坂詰秀一・上原真人の研究成果を端的にまとめ、「山岳寺院」の概念規定を今後の課題とした。

現時点では、一つの見方としては、「山寺」という用法が多用されている状況となっているようにもみえる。最近では、『季刊考古学』一五六号「特集　山寺と石造物からみた古代」(狭川編二〇二一)において、各地の研究者による発掘調査・遺跡踏査・研究視点などを含む見地からの山寺遺跡について言及があり、現時点での新しい視点を示しているのであろう。

『仏教考古学事典』が刊行された同年には、後藤建一により遠江・駿河・三河の山寺遺跡と、大知《おおち》波峠《ばとうげ》廃寺跡を中心とする山寺の成立から廃絶や、山寺での法会についての論考が発表されており、それまでの山寺研究史を的確にまとめ、この時期における山寺研究の到達点を示し、重要な論考となっている（後藤二〇〇三）。

そこでは、山寺の成立と展開を、Ⅰ期（八世紀国分寺造営以前）・Ⅱ期（八世紀国分寺造営以降）・Ⅲ期（一〇世紀前半から一一世紀後半）・Ⅳ期（一二世紀後半から一五世紀後半）に区分し、大知波峠廃寺跡の山寺を古代から中世史の中で分析した。

著者は、日本各地の眼前に存在する「山寺」に対し、古代から近世頃までの山寺境内地の地中に埋もれている遺構群などを「山寺遺跡」と認識し、その考古学的変遷を探索する立場から、本書では「山寺遺跡」という用語を創出し、多用したことをまず示しておきたい。また、「寺跡」（斎藤一九七四）という学史上の用法を参考とすれば、「山寺跡」という表現も有効かと思われる。そして本書との整合性の観点から、前冊での表記については、「山岳寺院」「山林寺院」という用語を、「山寺」「山寺遺跡」と読み替えることができるものとしておきたい。

前冊で示したように、八世紀代の山寺を取り巻く生産環境として、製鉄炉による鉄素材生産があり、また丘陵地などにおける須恵器生産・瓦生産などの窯業があった。そしてこれらの遺跡に隣接するように、古期山寺遺跡があることを示したが、詳細はなお不詳とせざるを得ない。

律令制成立期から奈良朝末期は、古密教の時代であるが、官衙主導によって旧国ごとに官的施設の造営や窯業・鉄生産がなされており、山寺自体は国分寺の浄行僧の確保を目指した宗教的要請の中に置かれていたことも事実である。続く九世紀以降には、平安密教の成立と展開が全国的に進む中で、山寺の置かれた環境は、奈良朝の伝統を保持しつつも、変質してきたのであろう。

古代の山寺遺跡の認定方法は、その造営された場所や出土遺物が仏教系遺物などであることから、山寺と認識されることが一般的であろうと思われるが、例えば古代平地寺院の国分寺跡では、その場所から「国分寺」の文字を持つ瓦が出土し、そこに礎石を持つ塔や建物痕跡が複数現存し、また地名にも「国分寺」「国分」などが残っていることなどから、その場所が古代国分寺跡と考えられ、また考古学的手法による学術的発掘調査がなされ、古代国分寺の遺構群などが確定されてきた。

愛知県大山廃寺跡では、八世紀中葉頃の「山寺」の刻書を持つ軒平瓦と、平瓦多数が発掘調査で出土しており、山腹中位に礎石を持つ塔跡が現存し、山腹下位からは古代掘立柱建物跡などが複数確認されていることから、その山腹一体の平場群の場所は、古代の山寺であったと認定され、国指定史跡となっている。

北東日本の山寺遺跡においても、著者はかつて「山寺」の文字を持つ墨書土器出土遺跡が複数あり、その場所は古代山寺であった可能性を指摘した（上野川二〇〇三）。「山寺」の墨書を持つ平坦な台地上の遺跡でも、同じ場所から寺を構成すると考えられる仏堂など複数の建物跡が発掘調査され、鉄鉢形土器をはじめとする仏教系の信仰遺物などが複数出土している場合は、そこが古代の山寺であったと考定した。そしてそれらの遺跡群には、平場構造から「一面性平場構造山寺」という概念を新たに付与した（前冊）。その代表は、千葉県遠寺原《とうてらはら》遺跡と石川県三小牛《みつこうじ》ハバ遺跡である。

なお、前冊で若干触れた「山」「寸」の組み合わせ文字は、「山寺」という釈読が可能であり、群馬県戸神諏訪《とがみすわ》遺跡出土の墨書土器では、「宮田寺」の墨書と、「宮田」「寸」とみられる組み合わせ文字の墨書が内外面にあり、その遺跡には仏堂とされる建物や倉などの関連遺構が知られていることから、「宮田」「寸」は「宮田寺」と釈読できることが判明している（群馬県埋蔵文化財調査事業団一九九〇）。

こうした「山寺」墨書土器についての考え方は、平地寺院における出土文字資料から、その寺の古代の寺名や当時の呼称または認識されていた性格を解明する手法と同じであり、有効な手段と考えられる。今後は、出土文字資料の更なる分析が必要となろう。

なお管見の限りでは、畿外において古代出土文字資料から遺跡の認定が行なわれた事例には、次のものがある。兵庫県小犬丸《こいぬまる》遺跡では、「駅」墨書土器と「布施駅」木簡の出土とその遺構群から、その場所が古代山陽道の布施駅家跡であることが確定している(岸本二〇〇六)。栃木県飛山《とびやま》城跡では、古代建物跡から「烽家《とぶひや》」墨書土器が出土し、古代「烽《とぶひ》」関連の遺構と遺跡であることが判明している(今平二〇〇八)。

著者は、遺跡現地などにおいて山野に埋もれた遺跡と遺物の実態を実見しながら、その延長上に山寺遺跡群の往時の在り方を常に考える。遺跡調査の現場から離れたり、発掘調査報告書作成の経験が少ない場合などには、各地の報告書にある遺構の事実記載を読み解くことができないことになろう。新しい古代山寺像を構築するためには、周囲の遺構群との時間的・空間的な関連性を見抜き、山寺寺域外の環境変遷をも見極めることが重要である。

このような中で本書では、前冊でも述べたように、発掘調査資料を重視し、発掘調査の原典資料である発掘調査報告書を読みこなし、前冊で提示した多段性平場構造山寺と一面性平場構造山寺の平場構造断面図を、独自資料として提示し、平場群の垂直的分布状況などを読者が視覚的に捉えられるようにした。

発掘調査報告書は、第一級の正式な考古学的な基礎資料であり、それに基づく分析と見解は、近年の論集で記されているような現地見学から導き出された印象論などではなく、考古学を基本とする研究論とすることができよう。

前冊では、結章で示したように以下の類型群を「山寺遺跡遺構類型論」としたが、遺構は遺跡に包含されるものであるから、これらの類型群を「山寺遺跡類型論」という表現で表してもよいと思う。

前冊で示した山寺遺跡の類型は、次のとおりである。

一　古代中世山寺存続期間類型
1類　古代創建古代廃絶型
1a類　古代創建古代廃絶型白鳳期系
1b類　古代創建古代廃絶型国分寺創建期系
1c類　古代創建古代廃絶型平安期系
2類　古代創建中世存続型
2a類　古代創建中世存続型中世廃絶系
2b類　古代創建中世存続型近世存続系
3類　中世創建型
3a類　中世創建型中世廃絶系
3b類　中世創建型近世存続系
二　古代山寺伽藍配置類型
Ⅰ類　縦列系配置型
Ⅰa類　縦列系分散型
Ⅰb類　縦列系集中型
Ⅱ類　並列系配置型
Ⅱa類　並列系分散型

なお、存続期間類型分類では、1類「古代創建古代廃絶型」を1a類・1b類・1c類の三系統に細分したが、「白鳳」の呼称は古代考古学研究史上では散見されたが、本書の類型区分としては、1a類「古代創建古代廃絶型飛鳥期創建系」、1b類「古代創建古代廃絶型奈良期創建系」、1c類「古代創建古代廃絶型平安期創建系」と更新し、日本山寺の最古期段階を考えていきたいと思う。これは、前冊と旧稿の1b類「古代創建古代廃絶型国分寺創建期系」という区分について、古代国分寺の創建が八世紀後半ではなく、能登国分寺では九世紀中葉頃に創建されていることなどが知られていることに対応するものである。

本書の主たる目的は、この五つの類型のうち、独自の視点から創出した「古代中世山寺存続期間類型」（1類「古代創建古代廃絶型」・2類「古代創建中世存続型」・3類「中世創建型」）と、「古代山寺平場構造類型」（「一面性平場構造山寺」「多段性平場構造山寺」）の二つの類型を主眼に据えて、主に古代山寺遺跡の分析を行なう。

古代中世山寺存続期間類型は、研究者から賛同を得ている概念であり、本書においてもその考え方を基本に、論を展開した。なお、前冊でも示したが、古代と中世の時期区分については、古代官衙遺跡においては一〇世紀には郡衙で廃絶する遺跡が多く、国衙は一〇世紀後半から一一世紀にはその機能を失い（山中一九九四）、下野国府では土器類の研究から一一世紀前半までは存続していたものとみられること（田熊一九八八）、また大知波峠廃寺跡の中心伽藍がコの字配置とみられ古代の伝統的建物配置の可能性があり、その古代的な宗教行為の存続年代が一一世紀前半までとされていること（後藤二〇〇七）などから、著者は一一世紀前半頃までを古代とし、一一世紀後半頃より以降を中世として扱っている（上野川二〇一二a）。

前冊における古代山寺平場構造類型では、古代山寺の堂塔を創建するとき、どのような土地が選定され、その土地にどのような働きかけを行ない、堂塔を建立する場所を造成したのかによって、多段性平場構造山寺と一面性平場構造山寺という概念を創出した。多段性の平場構造を持つ山寺遺跡は、丘陵の緩斜面や山間の斜面を、切土や岩盤の削り出しや盛土による平場造成を経て、そこに堂宇を何時期かにわたり建造した。

それは、寺域となる山の斜面を人力により掘削したわけで、多大な労力をそこに投入したことになる。山寺の建築や荘厳に係わることができなかった人々は、その労働作業に参加することで、山寺の宗教とその造営主体者に連結することができたのである。その平場造成や基壇造成こそが、山寺造営の最も重要な要素の一つである。

前冊では、多段性平場構造山寺と一面性平場構造山寺の対比から、両者の比較範囲を古代としたが、多段性平場構造山寺はその一定数が中世に存続し、その多段的な平場から中世遺物が出土し、山寺の寺地としての役割を担っていたと考えられることから、中世を射程に入れた検討も必要になるかもしれない。

一面性の平場構造を持つ山寺遺跡は、もともと緩やかな斜面であった場所や、丘陵などの比較的平坦な場所を選定することによって、平場の造成にかかる時間と労力を最小限に抑え、多段性平場構造山寺に比べて短期間に堂宇を造成することができたはずである。それは既存の土地空間の利用であり、それに対して多段性平場構造山寺の創建は、峻険性が大きければ大きいほど、新規宗教空間の隔絶性が高まるのであろう。

前冊と本書における一面性平場構造山寺の伽藍については、かねてから知られているように、その堂塔配置が平地寺院の回廊を除いたものと推定される堂塔配置をそのまま採用している遺跡例が、ごく少数ながらみられる。そうした遺跡については、研究史上では、平地伽藍と同じ伽藍配置名称を付与する場合も見受けられるが、前冊では平地寺院の伽藍配置分類名（上原一九八六）に「系」という用語を付して記述した。これは、堂塔の基壇が遺存している山寺遺跡で、回廊の存在を不詳とせざるを得ない場合でも、茨城県山尾権現山廃寺のように山腹の平坦部に堂塔が平地寺院と同じく配置されている事例があるため、現時点では、止むを得ずそうした表現とならざるを得ないが、それでもそうした状況を多くの研究者に伝えるために用いているものである。

なお、古代山寺伽藍配置類型Ⅳ類のコの字・L字系配置型などは、著者が創出した類型用語であるが、研究史上では、石川県金沢市三小牛ハバ遺跡の発掘調査報告書などにおいて、その伽藍が「コの字形の配置」であることが述べられている（戸澗一九九二、金沢市教委一九九四）。

平場は、山の斜面の切土を行ない、盛土を行なうという造成があり、これは膨大な労力を必要とする作業であり、山寺の平場群は、いわば大規模な土木工事により造成・構築されたということである（上野川二〇一一）。

古代山寺の多くは、この階段状または雛段状と呼ばれる平場群が展開する場所が寺域とされるが、まずは膨大な労力を投入したであろう平場の造成を看過することはできない。それは先にも触れたように、滋賀県松尾寺《まつおじ》遺跡や鳥取県大山寺《だいせんじ》の古代中世山寺遺跡の発掘調査において、山の斜面を切り崩し（切土・岩盤掘削）、土砂や岩を突き固めながら平坦に成形（盛土成形）した痕跡が判明している。両遺跡の発掘調査報告書では、山の斜面の切り崩しを「切土」「岩盤掘削」と表現し、土砂の突き固めと平坦な成形を「盛土成形」と記している。

滋賀県松尾寺遺跡の発掘調査報告書では、本堂周辺の平場の造成方法が中井均と土井一行により早くから報告されている（中井・土井一九九四）。群馬県黒熊中西遺跡の三号建物跡（本堂跡）の基壇の基盤と、周辺の整地及び造成については、近年、三工程の整地がなされていることが報告されている（多胡碑記念館二〇〇九）。

黒熊中西遺跡の切土と盛土による基壇礎石建物と周辺の造成を引用すれば、次のとおりである。

・整地第一工程　三号建物と東側の四号建物の間などが切土され、切土下面はほぼ水平で、基壇南側を造り出す。
・整地第二工程　基壇下と基壇裾部は、浅い掘削。
・整地第三工程　基壇北側の盛土は、土器などを混入し、厚さ一メートル以上となる。三号建物の正面となる北側の空間を広くするための盛土作業があったとする。

また鳥取県大山寺の寂静山《じゃくじょうざん》地区中世山寺平場遺構（J-14）では、約三メートルの盛土状況が確認されている（大山町教委二〇一一）。

その中でも、平場を造成するにあたり、急斜面の場合は、いわゆる地山となる岩盤（岩塊）までも切り崩す。それは、「岩盤の削り出し」などという言葉で発掘調査報告書に散見される。

著者は、現在まで山寺遺跡に関する多数の報告書や文献を目にしてきたが、大山寺の発掘調査報告書（大山町教委二〇一一）では、こうした平場の造成を「造成地業」という言葉で表現していることに注目したいと思う。

古代平地寺院の発掘調査では、堂塔の基礎部分の造成の有無を確認し、地面を掘り込んで版築などがあれば全体の工法を「掘込地業」という言葉などで表現してきたが、山寺遺跡の斜面における平場の造成に関しても、「造成地業」という表現がふさわしいのであろう。

大山寺の報告書における「造成地業」という用語用法は、管見では、ほかの発掘調査報告書や山寺関連論文において見かけることはないが、今後は、古代中世山寺遺跡の平場遺構において岩盤の削り出しと盛土が土層に確認された場合は、平場の「造成地業」という視点と用語用法が適切になってくるものと思われる。

前冊では、伽藍配置類型における並列系伽藍配置の始原について、大知波峠廃寺跡と流《なが》廃《れ》寺の堂宇の在り方をもとに、山寺の創建から拡張期にかけて仏堂の造営標高が同一標高またはほぼ同一標高に平場の高さを揃えていることから、堂宇の同一造成面の平場上や、同一標高の谷を挟む平場に構築する何らかの利点や宗教的な背景などが存在するのか、あるいは各地域における山寺造成地が限られた場所に限定されたため、自然的な制約に従った結果であったのかは、今後の課題であるとしたが、それは本書でも変わらない。

第１表　日本古代山寺遺跡創建年代等概要表

類型		地域	7C 前半	7C 後半	8C 前葉	8C 中葉	8C 後葉	9C 前半	9C 後半	10C 前半	10C 後半
畿外	多段性平場構造山寺	北東日本			大山廃寺跡 馬騎の内廃寺	○高岡寺院跡	○下野大慈寺 栃木太山寺月輪坊円通寺跡 筑波山神社境内遺跡 □岩室廃寺 油山寺 埼玉中山廃寺	黒熊中西遺跡相輪樘状遺構 旧慈光寺跡 福島県米山寺跡 高寺山遺跡 浄水寺跡 国見山廃寺跡 建穂寺 松尾寺遺跡 唐松廃寺 （白山平泉寺）	黒熊中西遺跡 東城寺 牛伏寺堂平 榛名神社遺跡 宇通遺跡 長野県山寺廃寺 福島県霊山寺跡 元寺場跡・若澤寺跡	流廃寺跡 □大知波峠廃寺跡 普門寺元々堂跡 大威徳寺跡 太陽寺址 猿投神社西ノ宮遺跡	
		南西日本				竈門山寺下宮礎石建物 □中寺廃寺跡	加陽大市山遺跡（堂ヶ尾廃寺）	旧金剛寺跡 池辺寺跡百塚地区 鬼城山山寺遺構（鬼ノ城跡） 竈門山寺本谷礎石建物 鰐淵寺		（首羅山遺跡西谷）	
	一面性平場構造山寺	北東日本				遠寺原遺跡 □小食土廃寺 □松谷廃寺跡	○三小牛ハバ遺跡 山上多重塔遺跡 （歯仏様遺跡）	山尾権現山廃寺 ○明寺山廃寺 慧日寺跡戒壇地区		大谷寺遺跡山上伽藍 全福寺跡	
		南西日本			○栃本廃寺跡						
畿内と周辺				崇福寺跡 比曽寺跡・岡寺	東大寺東方山腹山寺 平城京周辺山寺		室生山寺 神護寺	比叡山寺西塔 高野山寺 金勝寺跡	醍醐寺山上伽藍	如意寺跡本堂地区 補陀落寺跡	
関連事項等				白村江の戦	―南都仏教系山寺の成立と展開―　―　→ ―律令制成立期―	―国分寺の造営―　―　→		―平安仏教の成立と展開―　―　―　→			

本表は遺跡報告書等をもとに、創建年代または創建時期に近いと思われる時期を示した概要表であり、土器類に依拠する年代観となっている。　（上野川2023作成）

本表の北東日本は古代の北陸道・東山道・東海道が、また南西日本は古代の山陰道・山陽道・南海道・西海道がほぼ該当する。

遺跡名の前に記した記号（○・□）は、創建時頃における系譜。○は氏族関連山寺遺跡、□は国府国分寺関連山寺遺跡（推定を含む）。

畿内と周辺の古期山寺については、「宮都と周辺の山寺」（大西貴夫2016）を参照した。

なお前冊では、多段性平場構造山寺における仏堂などの主要堂宇の同一標高面伽藍配置事例は、比叡山横川《よかわ》の横川中堂の平場と根本如法堂の平場の並列関係にその始原が求められる可能性を敢えて示唆した(上野川二〇一八：三七七頁)。

こうした遺跡地は不動であるから、地中に埋もれていた遺構は、歴史の証明物としての第一級の資料と成り得る。そこから得られる学術的情報は、考古学的方法により観察・記録され、永く後世に残され、様々な視点から研究されることになることは、周知の事実である。そして、発掘調査により出土した遺物は、考古学的年代観などにより、その所属時期が確定されることになる。

こうした動産と不動産的な見方は、考古学の基本となるものであり、かつて斎藤忠は、「遺跡・遺物のうち、遺跡は地理的概念の上に立つ不動産的な物件であり、この土地から離れては、その存在価値のいちじるしく減殺されるものであるのに対して、遺物は物質的な物件でもあり、その位置を変更移動しても、その存在価値が、ほとんどかわらないものとみてよかろう」と記している(斎藤一九六八)。

こうして山寺は、多年にわたり護持されてきたのであり、軽々しくその終息を迎えることはなかったであろう。しかし前冊で示したように、自然災害の猛威や戦乱による甚大な被災の前に、崩れ落ちた堂塔が再建・再興されずに廃絶した事例も多くあったことは、考古資料と文献史料との対比などでその一部が判明している。

前冊では、古代から中世末頃までの歴史軸の中に、山寺が主に三つの歴史的選択(歴史的淘汰)を受けた可能性が高いとの視点を提示した。その歴史的選択・歴史的淘汰という考え方の概念と用語は、著者の頭の中から捻り出したものである(上野川二〇一五)。その三つとは、前冊の山岳寺院という文言を「山寺」と置き換えて示せば、次のとおりである。

一、人為的継続性の有無による山寺選択
二、人為災害（戦乱被災）による山寺選択
三、自然災害的影響による山寺選択

廃絶した山寺においては、その創建と護持に係わった労力を諦めてまでも新規に寺院機能を他所に移さざるを得なかったわけであり、そこに自然災害や戦乱被災の猛威を知らされる。自然災害の中には、地震などに伴う山体崩落や土砂災害なども十分に考えられ、事実そのような事例も散見された。

前冊で示したこれらの三つの「歴史的選択」または「歴史的淘汰」という考え方は、著者が「日本古代中世山岳寺院研究の一視点」（上野川二〇一五）において独自に創案した考え方である。

北陸の福井平野の山寺に関して松村知也が、「中小山林寺院は、一〇世紀に入るころには大半が廃絶しており」、「古来の信仰対象の山の周辺には（中略）むしろ隆盛している例もあり」、「寺院の淘汰という視点で見れば、（中略）参詣者を集められるような力を持つ空間であったか否かという点も大きな要素であった」（傍線は上野川）という言及があったことは、注目されよう（松村二〇一三）。本書では、建物遺構の性格などについては、先行研究の成果を用いつつ進めたい。

二　最近の研究動向

近年においては、『日本の古代山寺』（久保編二〇一六）が刊行され、考古学を含む各方面の研究が示された。そこでは、考古学的に重要な指摘も多くみられ貴重である。著者も、若狭国分寺・若狭神宮寺・多田《ただ》寺などを実際に踏査したが、後述するように若狭神宮寺と多田寺は、多段性の平場構造を持つ山寺であることを確認した。

若狭国分寺は、平野部の平地に伽藍が展開し、現在まで遺構がある。それに対して若狭神宮寺は、寺が現在まで存続しているが、谷奥の山麓斜面には、切土と盛土で造成されたとみられる平場遺構が上下に階段状に造成され、古代の遺物が出土している。これは、階段状または雛壇状などと呼ばれる多段的な平場構造を持つ山寺遺構が地表面に残っていることを示している。

多田寺も、山間の谷の山麓斜面に複数の平場と堂舎が現存し、その境内地が古代山寺の平場を踏襲し、北東日本で発掘された多くの山寺遺跡と同じく多段性平場構造の遺構群が遺存していると判断されることから、現在まで存続する山寺だと考えられる。

若狭神宮寺と多田寺は、古代国分寺に隣接する山間の谷部に造成された山寺であり、その立地は、国府国分寺隣接型といえよう。

飛鳥時代における飛鳥諸宮と藤原京の仏教寺院と山寺の立地については、近年の山寺研究の動向を反映するように、自然地形の中のどのような場所に山寺が造営されたかという分類が示されている（大西貴夫二〇一六）。そこでは、日本最初期の山寺の一群を分析する中で、「宮都の中に営まれた平地寺院に対して、その周辺の丘陵や山中に立地する山寺とし」、寺院の立地を〈A類〉から〈E類〉に分類する。

そのうちの〈D類〉周囲を丘陵に囲まれた中に位置するもの、〈E類〉高い尾根上や山中に位置するもののうち、〈E類〉を明らかな山寺であるとし、岡寺と南法華寺（壺坂寺）を挙げる。〈D類〉は、山寺としての機能も持つという。そして、比曽寺跡《ひそでらあと》を、山中の平地に営まれており特定の氏族が造営したと考えることはできないとする。

こうした山寺の立地論は、かつての世俗の土地からの隔絶性が求められたという考え方の延長上にあるとも受け止められようが、山中の自然地形における河川や巨岩は、往時の状況を今に伝えている場合が多く、後述するように細長い谷の川に面する山麓や山腹にも多くの山寺遺跡が立地していることは事実である。そこは、島根県鰐淵寺《がくえんじ》のように閉鎖的な空間となり、外側から遮蔽された空間である場合も多い。現在の考古学的視点からみた山寺の立地論は、飛鳥宮都と平城京周辺の山寺の立地を参考にしつつ、各地の特徴を探ることが肝要となろう。

著者は、古代山寺の創建地には霊地性と峻険性が最初に求められることを、かねてから主張してきた。古代山寺創建地には、霊地性か峻険性のどちらかは少なくとも具備されるべきものであったと考える。岡寺の創建地は、結章でも触れるようにそうした霊地性を持つ聖地であったのであろう。

宗教考古学の視点からは、時枝務が福岡県宝満山《ほうまんざん》における山岳祭祀遺跡と竈門山寺《かまどさんじ》の関係などを論じている。時枝は、宝満山の山頂にある上宮祭祀遺跡は、「特別な神域」（時枝二〇一六：一四七頁）であると述べ、山腹や山麓とは区別されたため、山頂は竈門山寺の領域外との位置付けがなされたという。

石川県浄水寺《きよみずでら》跡は、時枝によれば北陸を代表する山寺であるとされる。そして、その膨大な考古資料を内包する遺跡地の九世紀後半から一二世紀頃までの山寺の消長を、出土遺物などから分析し、古代山寺で執行された宗教儀礼とそれに伴う施設の検討に取り組んだ（時枝二〇一七）。そこでは、墨書土器を用いた仏教儀礼とともに、神祇信仰とも深い関係があったとする。著者も山寺の創建には神祇空間が重要視され、土地所有と水源の権利確保を主張する目的があったものと考えているが、時枝による山寺遺構と宗教儀礼の変遷の分析とその論述などは、各地の山寺研究の視点として重要である。

浄水寺跡の墨書土器による水源祭祀などは、遠江国府が関与したとの見方がある静岡県大知波峠廃寺跡における山寺伽藍に囲まれた中央部の巨岩を伴う二段の池における墨書土器祭祀に通じるのであろう。

なおこの浄水寺跡は、著者の山寺類型論からみれば、存続期間類型では2a類「古代創建中世存続型中世廃絶系」、立地による類型ではA類「国府国分寺隣接型」、平場構造による類型では「多段性平場構造山寺」となる。

山寺と神祇・神域に関する視点は、山寺の内外における「神域」と山寺本体の関係性の有無などの重要な問題を提起していると思われ、今後の研究課題となろう。それはかつて、石田茂作が、山岳寺院伽藍配置模式図（石田一九七五）の中に、鎮守社を含めていることにも通底することになろう。

かつて大場磐雄は、神道考古学についての定義として「わが国固有の信仰の発生と、それから起こった宗教現象とを、遺跡遺物を通じて考究する、宗教考古学の一部門」（大場一九八一a）としたが、山寺と神祇の関係を考える場合は、考古学的に遺跡と遺物を考察することが求められる。たとえ山寺の周囲に、山寺と関連性を持つような位置取りを示す神社・古社があっても、遺跡として認定されていない場合は、その扱いは慎重になるべきであろう。

著者も、かねてより山寺の寺域内における神祇との関係性を持つ遺構の有無などについて、関心を寄せてきたが、本書では、山寺中枢部の本堂の背後に散見される小規模平場についての事例を検討し、少ない発掘調査資料を扱うという限界を感じつつも、若干の私見を示してみた。特に、愛媛県等妙寺《とうみょうじ》旧境内の本坊跡（平坦部A）の上方斜面に階段状に造成されている観音跡平場（平坦部A-2）と山王跡（平坦部A-1）の位置取りは、最上段に山王跡の小規模平場が造成されており、古代以来の小規模平場の系譜を象徴的に示している可能性が高い。

そうした発掘調査事例にみえる小規模平場は、「極めて神聖な場所」であったのではないかとの調査報告（米原町教委一九九九）もあり、仏地としての本堂の背後斜面の上位に造成された特別な場所であり、いわゆる「神域」的な場所であった可能性を指摘するに至った。本書では、古代山寺の寺域内では、本堂背後の空間が特別視され、そこに神域的な場所が設定された可能性を示した。

こうした古代神祇信仰を郡衙周辺の祭祀遺跡から分析した笹生衛によれば、七世紀後半に本格的に導入された仏教信仰は国家鎮護を目指したが、そこでは五世紀を淵源とする神祇祭祀と仏教儀礼を両輪として、それを実現する形が成立したとする。そして郡衙に隣接する祭祀・儀礼の場所では、伝統的に地域の神々を祀る神祇信仰があり、そこに新しい仏教思想などが導入されたとする（笹生二〇一六）。

そうした地域の神は、古代山寺を造営する際にも当然意識され地主神などとして祀られたのであろうし、また新規に開拓された土地であれば、近隣または他所からの勧請が行なわれたのであろう。

先の『日本の古代山寺』が刊行された年には、後藤建一により「一〇世紀以降における山林寺院の展開諸相」が発表され、岩手県国見山《くにみさん》廃寺跡・福島県流廃寺跡・群馬県黒熊中西《くろくまなかにし》遺跡・静岡県大知波峠廃寺跡・静岡県堂ヶ谷《どうがや》廃寺・石川県浄水寺跡・香川県中寺《なかでら》廃寺跡の七遺跡の事例分析と、Ａ類・Ｂａ類・Ｂｂ類という伽藍類型が示された（後藤二〇一六）。そして後藤は、一〇世紀に登場する山寺においても、古来からの基層信仰を継承しているとし、神の地に建立された山寺での法会と、その後の一一世紀から一二世紀における山寺変質の状況を示した。

ここで、少し長くなるが群馬県黒熊中西遺跡について概観しておきたい。この山寺の存続年代は、九世紀後半から一一世紀前半と考えられてきており（多胡碑記念館二〇〇九、後藤二〇一六）、著者もその年代観を持っている。発掘調査報告書に記載されているとおり、一〇世紀には古代山寺の活動が展開され、西側谷部の参道と竪穴建物の切り合い関係から、一〇世紀中葉頃には、創建にかかわる工人の竪穴建物を埋め戻してまでも参道（道路遺構）を増設したことから（上野川二〇一六）、その時期には山寺伽藍が完成したとみられる。

黒熊中西遺跡の二号礎石建物跡（講堂）・三号礎石建物跡（本堂）・一号礎石建物跡（僧房）の基壇上からは、高足高台の土器類と羽釜などが出土しており、現時点では少なくとも一〇世紀にはこの三棟の山寺伽藍での活動があったことがわかる。八号建物跡は、小規模な盛土と瓦塔の出土があることから、九世紀の瓦塔を用いた瓦塔基壇とも考えられ、九世紀後半から一〇世紀には複数の山寺伽藍が東西尾根上部に並列的に造営されていたことが考えられる。

この黒熊中西遺跡では、本堂(三号礎石建物跡)の斜め後方の上位に四号礎石建物跡が発掘調査された。四号礎石建物跡の性格は、仏地である本堂とみられる三号礎石建物跡の上方に位置することから、第三章で検討してあるように、神聖な空間として神祇的な性格を保持する施設であった可能性もあろう。

四号礎石建物跡からは、灰釉陶器が二点出土しており、近年の灰釉陶器の年代観(愛知県史編さん委員会二〇一〇、みよし市二〇一三)からみれば、高台の特徴などから九世紀後半代とみられよう。七号テラス(平場)にも同時期とみられる灰釉陶器があり、この時期には、山寺伽藍地と山寺寺域内に灰釉陶器が持ち込まれたと考えてよいのであろう。

四号礎石建物跡は、その基壇前方隣接部に二時期となる火を用いた修法・祭祀的な祭壇状遺構があり、更にその下段平場には上屋となる七号建物跡と火を用いた二時期にわたる儀式的な性格を持つとみられる平面長方形の石組み遺構がある。石組み遺構には、壁石に組み込まれたり、四隅に置かれた杯・椀類が多数あり、この遺構の特殊性を示す。

こうしたことから山寺東部の南北軸は、火を用いた儀式的空間であったことが想定されよう。そして、四号礎石建物跡の北西下方四〇メートルには、黒熊中西遺跡山寺の前身遺構として注目される一号特殊遺構(相輪橖状遺構)が、九世紀後半から一〇世紀の山寺造営と一号テラス(平場)造成に伴う一メートルの盛土の下に確認されている。

古代山寺に先行して建立されていたとみられる相輪橖状遺構を含む古代山寺寺域内東部は、二号・三号・五号・八号と東西に並列的に造成された仏教伽藍とは、異なる空間であった可能性が看取されよう。

そのことを裏付けるように、報告された土器類では唯一の緑釉陶器(皿)が山寺東斜面中位の一〇号テラス(平場)から出土しているが、上方からの流れ込みとされ、上位に位置する四号礎石建物跡の遺物であった可能性がある。

また、先の『日本の古代山寺』では、考古学や仏教美術史の研究者から、古代山寺の立地の特徴や意味付けが言及されている部分が見受けられるので、著者が多数の山寺跡を踏査して類型化を試みた古代山寺の微視的立地類型（上野川二〇〇七）について、少し触れておきたいと思う。

前冊『古代中世山寺の考古学』においては、古代の旧国ごとの山寺遺跡の分布を、「古代山寺立地類型」とし、巨視的な視点からの把握でA類・B類・C類・D類の四類型に区分した（上野川二〇一八：三八五頁）。こうした巨視的立地類型とは別に、自然地形上に占める山寺遺跡の微視的立地類型については、次の五つの類型となる。

1系　山頂付近に広大な寺域を造営し、山麓にも関連寺社を持つ。
2系　広い谷の奥部の山腹や山麓に造営される。
3系　細長い谷の奥部の山腹や山麓に造営される。
4系　細長い谷の川に面する山腹や山麓に造営される。
5系　丘陵上面や山腹の平坦部に造営される。

なお、5系は、古代の一面性平場構造山寺遺跡の特徴となる。旧稿（上野川二〇〇七）では、1系から4系までを、「1類」から「4類」としたが、「類」の区分は「古代中世山寺存続期間類型」（1類・2類・3類）の「類」区分と重複するため、今後は微視的立地類型を「1系」から「5系」とする。

これらの微視的立地類型は、著者が北東日本の山寺遺跡を現地観察しつつ踏査した結果から概観的に設定したものであり、一つの古代山寺遺跡の立地傾向と捉えることができると思われる。

近年の上原真人による論考では、山寺（山林寺院・山岳寺院）（上原二〇一五：三六一頁）研究の隆盛や、その空間論的研究の状況についての言及がある。著者も山寺の伽藍配置と空間構成を論ずる場合には、遺物からみた伽藍の年代観についての峻厳性を確保する必要性が出てくるものと思っている。なお上原は、古代寺院研究における伽藍配置論に関して、「七堂伽藍を対象とした類型概念と称しながら、実際には、金堂・塔の位置関係が類型化の根拠になっているように思えた」と述懐している。

この山寺・山岳寺院・山林寺院の三者の概念については、森下恵介が畿内の古期の山寺群の造営主体者・性格・立地などを論究し、「山岳寺院」という概念についての示唆に富む視点を提起している（森下二〇一八）。その用法の提起は、著者の山寺立地類型の「B類　名山山腹山麓型」（上野川二〇一三b）とほぼ同じ考え方となっている。

中世・戦国期山城研究では、城郭成立以前にその場所に古代以来の山寺があり、その平場を城域に取り込む形で山城が築造されたとされ、そうした事例は、東海地方から近江近辺で多く報告されており、そのような傾向はもはや常識化している。南北朝期の山城は、「それ以前から存在した山岳寺院を母体とし」（岡寺二〇一七）、城の防御性を高めるために堀などを造ったのではないかとの視点が提出されている。

岐阜県高山市では、三枝《みえだ》城跡の山腹斜面と隣接する山麓の与島《よしま》C地点遺跡において、「山林寺院」（岐阜県文化財保護センター二〇一二）や、自然流路から複数の鉄鉢形土器などの出土などが確認されており（岐阜県文化財保護センター二〇一三）注目されようが、今後も類例を調べながら遺跡全体に係わる更なる検討が求められよう。

また、山寺遺跡に関連する石造物群・磨崖仏などは、「山寺と石造物からみた古代」（狭川編二〇二一）において全国の事例が報告されており、考古学的視点からの更なる研究がまたれるところである。その中でも、「古代山寺と石切り場」の項目では、「山寺はいうまでもなく山岳、丘陵部に位置する寺院である」、「石材を得る採石行為を造寺という作善行為として行っている可能性を提起しておきたい」という見解は、重要である（佐藤二〇二一）。

著者も、磨崖仏などを持つ場所は、山寺遺跡の平場群が伴う場合には古代山寺であったとみている。また、古代山寺の平場造成は、山の斜面を切土し、また盛土して削平地・平坦地を造り出すという作業であるから、それ自体が大変な土木工事である。そして、そこに参加した檀越や民衆は平場造成により山寺へ結縁するという精神的側面を有していたと考えている。

「作善」という言葉は仏教用語であり、「仏像・堂塔の造営・写経・僧への施しなど」を指し示すが、採石行為と同様に平場造成行為自体もその範疇に入ることになるのであろう。そこに、平場を山や丘陵の斜面に多数造成していく多段性平場構造山寺と、丘陵上面だけを占用地とする一面性平場構造山寺の根本的な差異があった可能性が看取されよう。

三　本書の概要

次に、本書に論じた内容を概観しておきたい。

第一部「古代山寺の平場構造と南西日本の山寺遺跡」では、前冊の山寺遺跡遺構類型論をわかりやすく図示しつつ、山寺寺域内の空間機能を考え、また山陰・山陽・四国・九州の山寺遺跡の平場構造や、道路遺構（参道など）と隣接する鍛冶遺構の在り方などを論じた。

第一章「多段性平場構造山寺の平場と寺域空間」では、群馬県黒熊中西遺跡の多段性平場の平面分布と垂直分布及び、建物の性格からみた山寺寺域内の宗教空間についての一視点を提示してみた。山寺堂舎の平面的空間と垂直的空間をみながら、堂舎群の関連性と山寺内部の機能を考えた。

群馬県黒熊中西遺跡と熊本県池《ち》辺寺《へんじ》跡からは須恵器円面硯の出土が知られ、石川県浄水寺跡のⅣ-3テラスからは須恵器風字硯の出土報告があり、これらの山寺寺域内からは須恵器転用硯も複数出土している。多くの発掘調査報告書では上記の用語が用いられており、本書においてもそれらの名称を用いているが、総論的な部分においては「陶硯」という表現を用いた。なお、黒熊中西遺跡出土の円面硯破片は、圏脚円面硯とみられる（吉田一九八五）。

山寺遺跡の研究史上における初期発掘調査の事例としては、埼玉県高岡寺院跡を取り上げ、その発掘調査報告書には重要な指摘が複数あることを確認しつつ、北東日本では古期に属する多段性平場構造山寺であろうとの見方を示した。

畿内と周辺にみる古代多段性平場構造山寺については、平場の垂直方向の高低差を模式図的に示した。ただし、古代創建古代廃絶型の山寺遺跡では、古代に限定された時間軸の中で、平場と堂塔の造営がなされるが、発掘調査では、確実に遺構と遺物の変遷が確定できる事例は少なく、また旧金剛寺跡については中世まで存続する事例を示してみた。また著者の提唱する多段性平場構造山寺遺跡は、中世史料にみえるので、その事例を示した。

第二章「一面性平場構造山寺の特質」では、発掘調査によって判明している典型的な一面性平場構造山寺の断面模式図を用いて、堂舎が山地斜面の平坦部や丘陵上部の平坦部に造営されながらも、山寺遺跡は深い谷の上に立地する例などを示した。

第三章「古代山寺の小規模平場と空間機能」では、八世紀後半から一〇世紀の複数の山寺遺跡における、本堂背後の小規模平場の存在を示した。そして、滋賀県松尾寺遺跡において、「神聖な場所であった可能性」（米原町教育委員会一九九九）が指摘されていることを紹介し、また埼玉県高岡寺院跡の報告書においても本堂背後の小規模平場に、「本堂にも少ない灰釉を置く意味があった」（高岡寺院跡発掘調査会一九七八）との記載があるとおり、多段性平場構造山寺の最上段平場は特別視された特殊な場所として認識されていたことが想定できた。

滋賀県松尾寺遺跡の本堂背後の小規模平場は、マウンド状の若干の盛り上がりに石組遺構などがある。また、その上方の斜面には、発掘調査報告書には記載されていないが、林立する巨石群があり、これはいわゆる磐境《いわさか》とみることができるのではないかと思われる。埼玉県高岡寺院跡では、小規模平場からも施釉陶器が出土している。

そうした平場は小規模であるため、そこに建立された建物の実態は判明していない事例が多いものの、わずかに石組遺構や礎石建物の痕跡とみられる部分が確認されている。研究史上では、かつて石田茂作により山岳寺院の模式図的伽藍配置(石田一九七五)の中に、「鎮守」が示されているが、これは神祇である地主神のことを指し示すのであろう。

第四章「中国・北陸・四国の山寺遺跡」・第五章「九州の山寺遺跡」は、著者が踏査した山陰・山陽・四国・九州等の山寺遺跡を概観した。そして、存続期間類型と平場構造類型からみた概要を示し、南西日本の山寺遺跡の古代から中世初期頃の様相を確認した。

島根県鰐淵寺は、古代から現代まで続く寺院であるが、古代中世には多段性平場構造山寺として、寺域内各所での活動があった。公刊されている資料から、山寺の平場群断面図を作成し、提示した。

岡山県安養寺は、平野から細長い谷を遡った山腹に山寺の平場群が造成され、中枢部の堂宇は、一一世紀中葉から後葉に造営された。応徳三年(一〇八六)の瓦経などを出土した安養寺経塚は、本堂背後の斜面に造営されており、一二世紀初頭の経塚が造営された北東日本山寺群より早い時期から、山寺の寺域内に経塚が造られた注目すべき遺跡とみられ、平場構造からみて多段性平場構造山寺である可能性も指摘した。

香川県中寺廃寺跡は、古代創建古代廃絶型の多段性平場構造山寺の遺跡であり、標高七三〇メートル付近の仏堂・塔跡と、標高六八〇メートル付近の礎石建物跡等が調査された。出土遺物には、塔心礎下の鎮壇具として六点の土器埋納があり、また須恵器多口瓶の出土など注目されている。多口瓶は、埼玉県高岡寺院跡からの出土例もある。

福岡県竈門山寺は、宝満山の山腹と山麓に古代から中世初期の山寺遺跡が確認され、九世紀から一二世紀の遺物を持つ遺構群が発掘調査されている。その時期の山寺遺跡の礎石建物は、全国の通常の山寺遺跡群より規模が大きく、古代大宰府と大宰府観世音寺に深く関係する山寺であったとみられている。通路跡や鍛冶工房の特徴や立地は、北東日本や熊本県池辺寺跡との類似性がある。全国でも屈指の規模と歴史性を持つ山寺遺跡であることは、間違いない。

熊本県池辺寺跡は、古代九世紀の山寺遺跡である。その特殊性は、本堂背後に造営された百塚にみることができよう。山寺の中枢部に至る斜面には、雛壇状の平場群が造成され、参道脇には、池跡があり鍛冶工房が操業された。古代創建古代廃絶型の多段性平場構造山寺であり、その中枢部について概観した。

第二部「古代山寺の周辺環境―北関東の事例から―」では、二つの事例を収めた。

第六章「宇都宮丘陵における古代遺跡と仏教遺物」は、北関東中央部に広大に広がる宇都宮丘陵の東部から発掘された大志《おおし》白《じろ》遺跡群の古代遺構と遺物群に関する考察である。大志白遺跡群は、七世紀後半に創建された下野薬師寺から田川を約二五キロ遡る丘陵東端にある。遺跡群の南東約六キロからその南方の宇都宮市域には、古代東山道駅路が複数地点で確認されている。丘陵の上面平坦部や、斜面や斜面下位の谷部などからは、主に八世紀から一〇世紀前半の竪穴・鍛冶工房・堤を持つ池跡などが分布する。丘陵の開発は、史料にみえる山林原野への王侯諸臣や有力社寺の開発時期と重なり、古代寺院に常備された仏具としての匙が出土している。

第七章「日光男体山頂遺跡出土の鉄製馬形と古代の祈雨」は、北関東に聳える日光男体山頂遺跡から出土している鉄製の馬形などについて、雨乞い（祈雨）の古代史料との関連を見据えながらその特徴を示し、鉄製馬形は、奉賽する目的で作られた遺物と考えた。

第三部「古代山寺研究への展望」では、前冊での考察をうけて、以下の五つの事例を収めた。

第八章「古代山寺の鍛冶操業地点」で古代山寺寺域内の鍛冶の操業について、第九章「古代山寺の僧房」では全国の山寺遺跡で僧房と考えられている建物について、その共通点などを探ってみた。その結果、桁行三間・梁行二間を示す遺構例が多く確認されていることが判明した。

第一〇章「基肄城跡出土の「山寺」墨書土器」には、特別史跡であり古代山城《さんじょう》（斎藤一九九八b）として佐賀県と福岡県にまたがる基肄城《きいじょう》跡から出土している土器について、概要を記した。この八世紀末から九世紀初頭の須恵器蓋外面には「山寺」と墨書されており、基肄城跡に近隣から持ち込まれたか、あるいは基肄城が機能している時期か廃絶後に、城内に山寺の施設が構築されたのかどうかなどの問題を内包する。

古代山城が築かれた七世紀後半には、南西日本の軍事的緊張が東国にも波及したとみられ、飛鳥前代から畿内と結びついてきた上毛野地域に東国最古の製鉄炉が構えられた状況などから、この時期の重要性にも触れてみた。

第一一章「鬼城山（鬼ノ城跡）の山寺遺構と山寺遺物」には、岡山県鬼城山（鬼ノ城跡）の発掘調査で確認されている山寺遺構と山寺遺物について、全国の古代山寺遺跡との比較を交えながら検討してみた。鬼城山では、古代山城の礎石建物や掘立柱建物などが確認されており、古代山城関連遺構は高床倉庫や管理棟と考えられている。発掘調査報告書の考察では、「山岳寺院について」の項目が設けられている（岡山県教育委員会二〇〇六）。山寺関連遺構では、九世紀に山城中央部付近に仏堂とみられる掘立柱建物1が新たに造営された。

この建物は、桁行三間・梁行二間で、中央に須弥壇の可能性がある高まりを持ち、その柱穴からは隆平永寶（初鋳七九六年）が出土するなど、国家的対外防御施設であった古代山城の中央部を、古代山寺に改変した状況が窺えよう。

この仏堂とみられる建物の斜面下位からは、九世紀前半から中頃の緑釉陶器と、仏具とみられる水瓶が出土している。この仏堂の西側隣接部にも、古代山城の礎石建物を改変し、桁行三間・梁行二間の新たな山寺関連建物がある。

鬼城山の変遷は、軍事施設としての古代山城の後に、備蓄施設としての倉庫としての役割があり、倉庫としての礎石建物の終焉が八世紀後半頃とされているが、その後は宗教施設としての山寺が造営されたとみられることが、発掘調査から確認されている。なお、古代山城とほぼ同時期に創建された宗教施設である崇福寺（志賀山寺）の性格について、当時の社会情勢の中にあえて推考してみた。

鬼城山と基肄城跡では、古代山城の廃絶後の時期などに関する山寺遺構群と、出土文字資料としての「山寺」墨書土器が確認されており、貴重な考古資料となっている。今後は、南西日本の古代山城内外の古代山寺関連遺構・遺物の調査研究が求められるのであろう。

なお、鬼城山は『図説日本の史跡 第四巻 古代一』（文化庁一九九一）と『国指定史跡事典』（学生社二〇一二）では、「きのじょうさん」とされ、前冊では「別称鬼ノ城」と記されている。岡山県教育委員会の発掘調査報告書『史跡鬼城山2』（二〇一三）では、「鬼城山」（きのじょうざん）とされている。また、鬼ノ城・鬼ノ城跡との表記も多い。その他に古代山城研究では、「鬼城山城」という表現もみられる（南二〇一七）。本書では、「鬼城山」を用いる。

第一二章「山陰栃本廃寺跡の検討」では、この寺跡について著者の山寺類型論を用いて検討を加えた。

鳥取県栃本廃寺跡は、金堂・東塔・南塔・講堂・溝跡・溝状遺構などが確認され、金堂の東と南に二塔を配するという全国的にも特異な伽藍配置であることが、発掘調査により判明している。この寺跡の特徴の一つは、その立地が平野部から離れた遮蔽された山間部の川に囲まれた山麓裾部に造営されていることであろう。山麓部は、大規模な切土がなされている。

栃本廃寺跡の出土遺物は、七世紀後葉から一〇世紀前葉の土器類などであるが、瓦は出土しておらず、古代の因幡国・伯耆国では、唯一の瓦葺の堂塔を持たない寺院であることも注目されている。堂塔は、板葺・檜皮葺などと考えられている。

そして、著者の山寺類型論の視点から検討した結果、寺跡は山寺遺跡と考えざるを得ないことを述べた。存続期間類型は、古代に創建され古代のうちに廃絶することから、1類「古代創建古代廃絶型」となる。平場構造による類型では、伽藍が河岸の同一平面上に造営されていることから、現時点では「一面性平場構造山寺」と考えられる。

結章「本書の結論と山寺考古学の課題」では、前冊と本書で示した古代山寺の類型、硯の出土からみた空間機能の特徴、寺域内での鍛冶操業の特徴、僧房の在り方、古代山城廃絶後の山寺への転用事例の重要性などをまとめた。

本書に係わる古代山寺遺跡の平場構造を基軸に据えた「日本古代山寺遺跡創建年代等概要表」は先に示したとおりであり（第1表）、前冊の山寺遺跡年代観をもとに、その後の検討をも含めたものであるが、現時点での資料として提示するものである。

第一部　古代山寺の平場構造と南西日本の山寺遺跡

第一章　多段性平場構造山寺の分析

一　黒熊中西遺跡の多段性平場と空間機能

群馬県黒熊中西遺跡は、古代多胡郡衙域から南東に約二・五キロの場所に位置する寺院跡である（群馬県埋文事業団一九九二）（第1図・第2図）。山寺の存続時期は、九世紀後半から一一世紀中葉とみられる古代創建古代廃絶型の山寺である。また、八世紀前半に始まる下方集落の上位斜面に構築された八世紀後半の相輪樘状遺構の存在と、平安期創建山寺の金堂・講堂周辺の下層にあった八世紀後半頃の遺物群の存在の検討も待たれる。

中枢部建物にある2号礎石建物（講堂）の下層からは、八世紀後半頃の土器類が出土しており、講堂に先行する何らかの遺構があった可能性を考えることができる。講堂の位置は、北からの参道の正面にあたり、参道自体がもともとの踏み分け道であったことから、斜面下方集落の上方に位置する何らかの施設が当初からあったのであろう。そして、3号礎石建物跡（本堂）と講堂の中間点付近から東へ約一〇〇メートル、西へ約一〇〇メートルの範囲に、山寺の寺域が構えられたということになろう。

これは、山寺の寺域内北部斜面に造営された1号テラス（平場）の下層に確認された1号特殊遺構（相輪樘状遺構、第3図）の存在とも併せて考えると、八世紀後半には、丘陵北向き斜面に少数ながらも、山寺の前身施設が点在してい

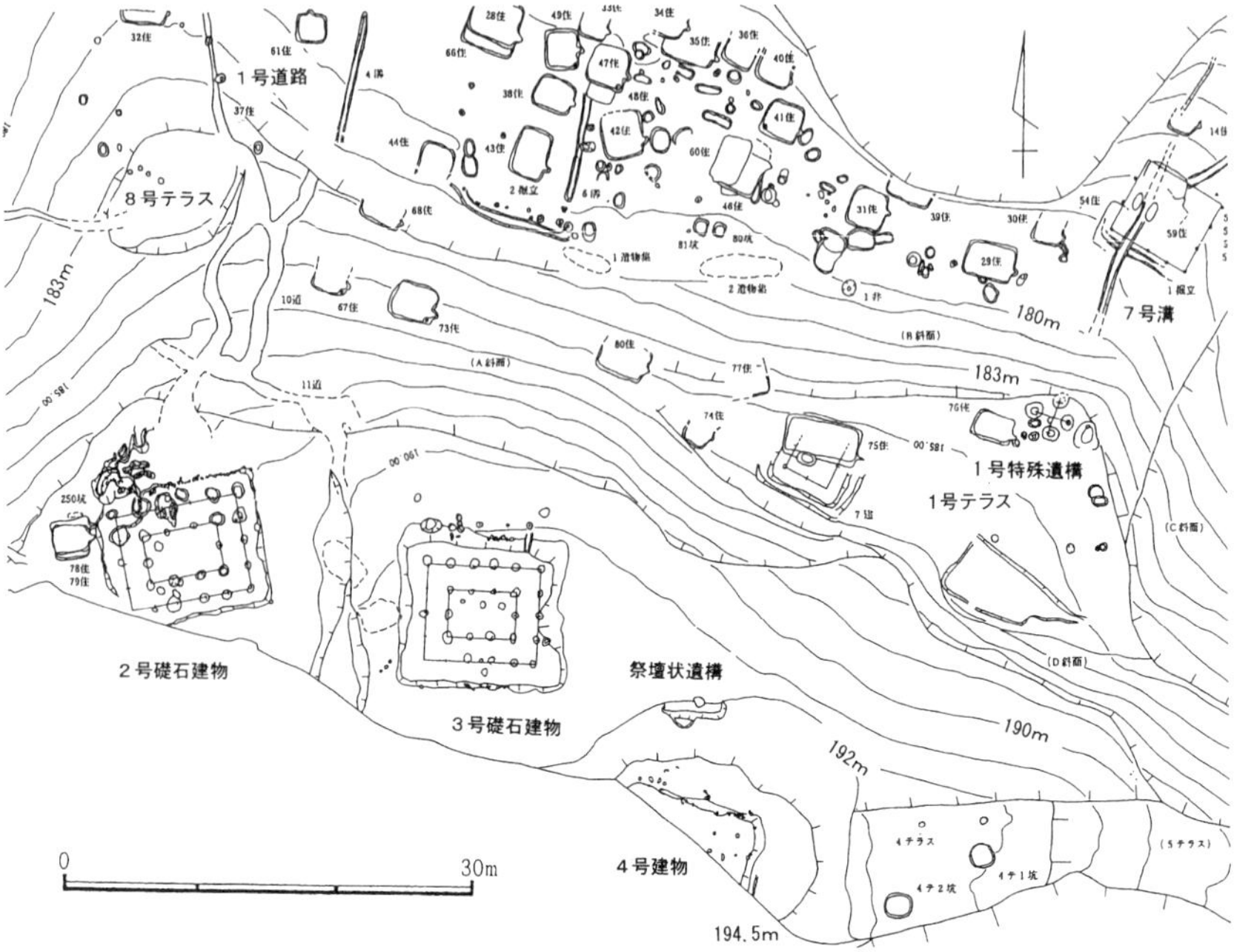

第１図　群馬県黒熊中西遺跡の主要部遺構分布図(群馬県埋蔵文化財調査事業団 1992 を改変)

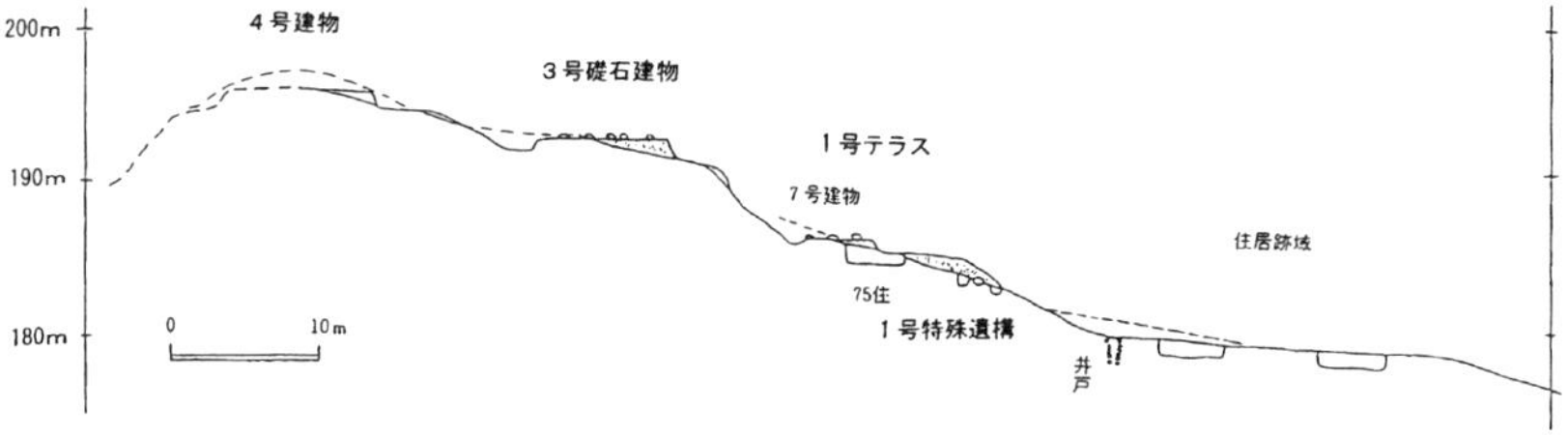

第２図　群馬県黒熊中西遺跡主要部の平場・建物断面合成概念図(群馬県埋蔵文化財調査事業団 1992)

た可能性がある。それは、斜面下方の隣接集落との一体性があったとみるべきである。

今回検討する平安期山寺では、本堂からは「台付鉄鉢」と報告されている須恵器（群馬県埋文事業団一九九二：九九頁）があり、垂直方向の出土位置は明示されていないものの、「基壇下・生活面下の土器」とされていることから、本堂基壇造成時に埋納されている可能性が浮かび上がってくる。

その鉄鉢形土器の下部にみられる台状の遺存部分は、八世紀の東大寺の伝世品として知られる「僧具としての鉄鉢形を呈する銅鉢」の「鉢支」（鈴木一九八九：五四頁）と同じものを表現したと類推でき、平安期山寺より一段階古い要素を持つ遺物の可能性があろう。管見では、鉢支を表現した鉄鉢形土器は、全国の他の山寺遺跡にはみられない。

ここでは、寺域の東西に高低差をもって、並列的に造営された1号から4号の基壇礎石建物と、多段的に構成された平場群を中心に、黒熊中西遺跡の平場構造の堂宇群とその空間機能を考えてみたい（第7図参照）。

この山寺遺跡では、主要堂宇である2号建物（講堂）・3号建物（本堂）が寺域中央部に位置し、寺域西

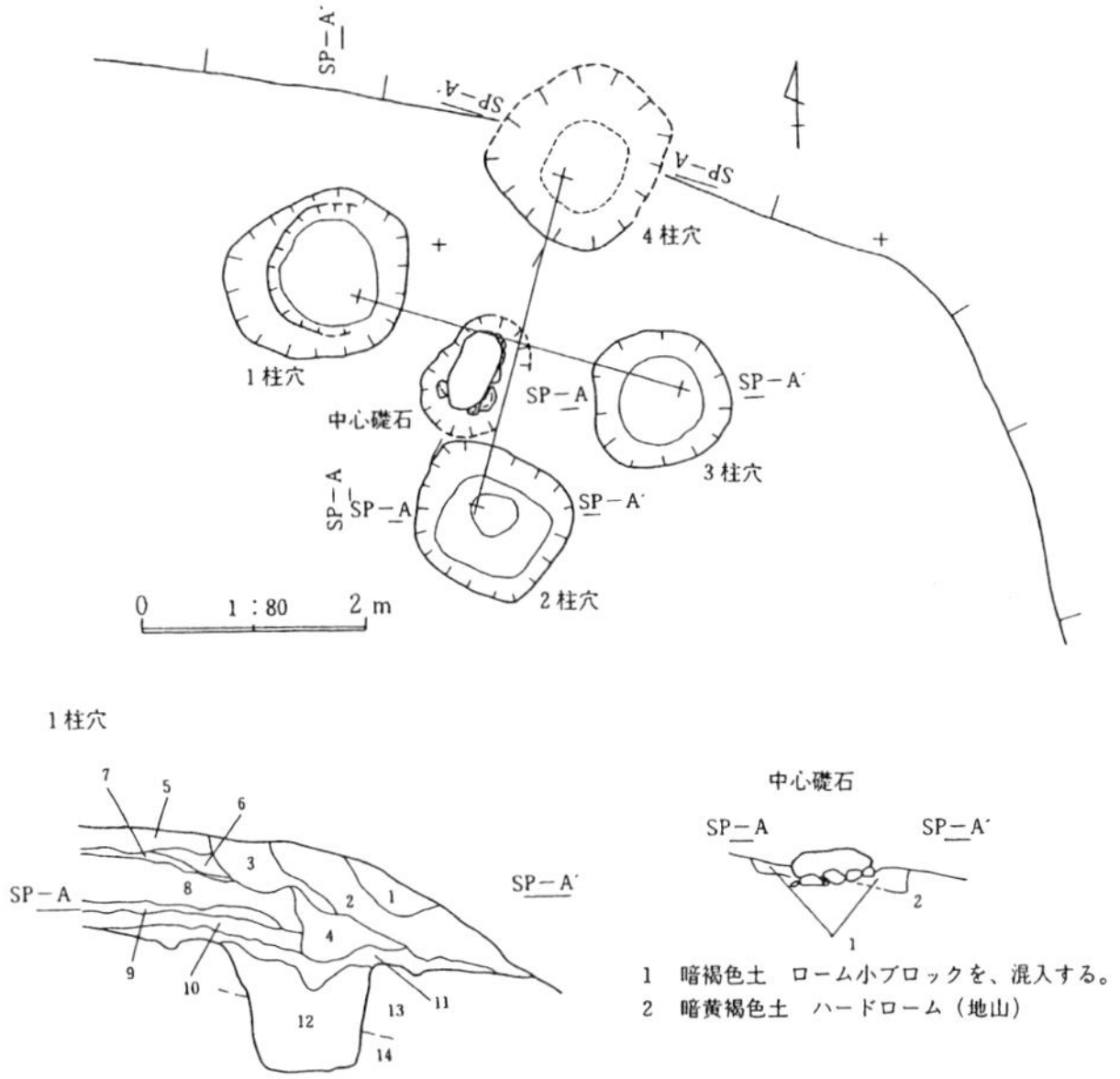

第3図　群馬県黒熊中西遺跡1号特殊遺構（相輪樘状遺構）実測図
（群馬県埋蔵文化財調査事業団 1992）

端に1号建物（僧房）があり、寺域の東端に4号建物（性格不詳）が建立された。講堂西方の尾根上斜面上位には、5号建物（性格不詳）・8号建物（瓦塔関連建物、または瓦塔基壇）・12号テラス（小規模施設、または懸造り的建物か）が東西方向に並列的に並ぶ。

黒熊中西遺跡の多段性平場構造については、発掘調査報告書の断面図に示されているとおりであるが、それは山の斜面に点在する複数の遺構を屈曲的に結び示した概念的な断面図となっており、丘陵上下の二点を結び図示したものではない。

本文では、黒熊中西遺跡の寺域内西部の平場と建物の断面合成概念図を示してあるが、これも多段性平場構造山寺の平場群の在り方を視覚的にわかりやすく理解するための図面である（第2図）。なお、他の章では、山寺寺域内の平面距離と遺構間の断面高低差を実際の数値に基づいて、図示してある。

寺域内西端部付近に位置する1号建物（第4図）は、僧房（大澤二〇一〇）と考えてよいのであろう。この礎石建物は、講堂の西方約五〇メートルに位置する。その規模は、桁行三間（東西四・二〇メートル）・梁行二間（南北三・〇〇メートル）を示し、基壇は幅五・五メートル、奥行四・二メートル、高さ二〇センチである。基壇の前方斜面下位約四メートルまで盛土を行ない、平場の造成をしていることから、切土だけで平場を造り出したのではなく、基壇下方二メートルまで大量の盛土造成を行なったことがわかる（第5図）。

礎石建物の南東隣接地点には、基壇から約四メートル離れて、「付設土坑」と報告されている遺構がある。平面形は、直径一一〇～一三〇センチの楕円形を呈し、深さは三〇センチである。この土坑は、黄白色粘土層を掘り込んで造られたため、帯水性があり、帯水・貯水を目的としたものと報告されており、いわゆる「井」、または井戸的な性格、あるいは閼伽井的な性格を持つのであろう。

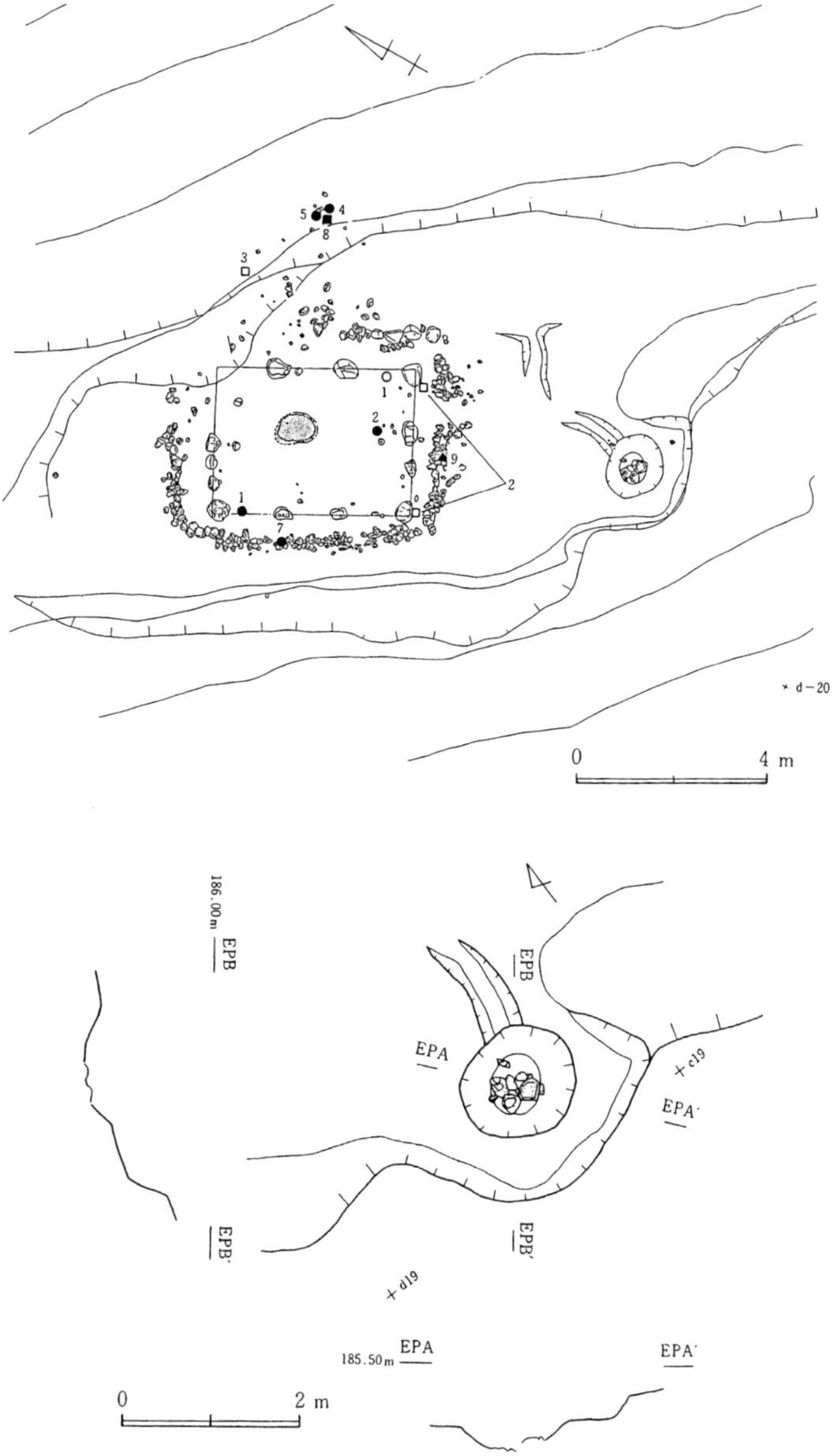

第４図　群馬県黒熊中西遺跡１号建物と井戸実測図(群馬県埋蔵文化財調査事業団 1992)

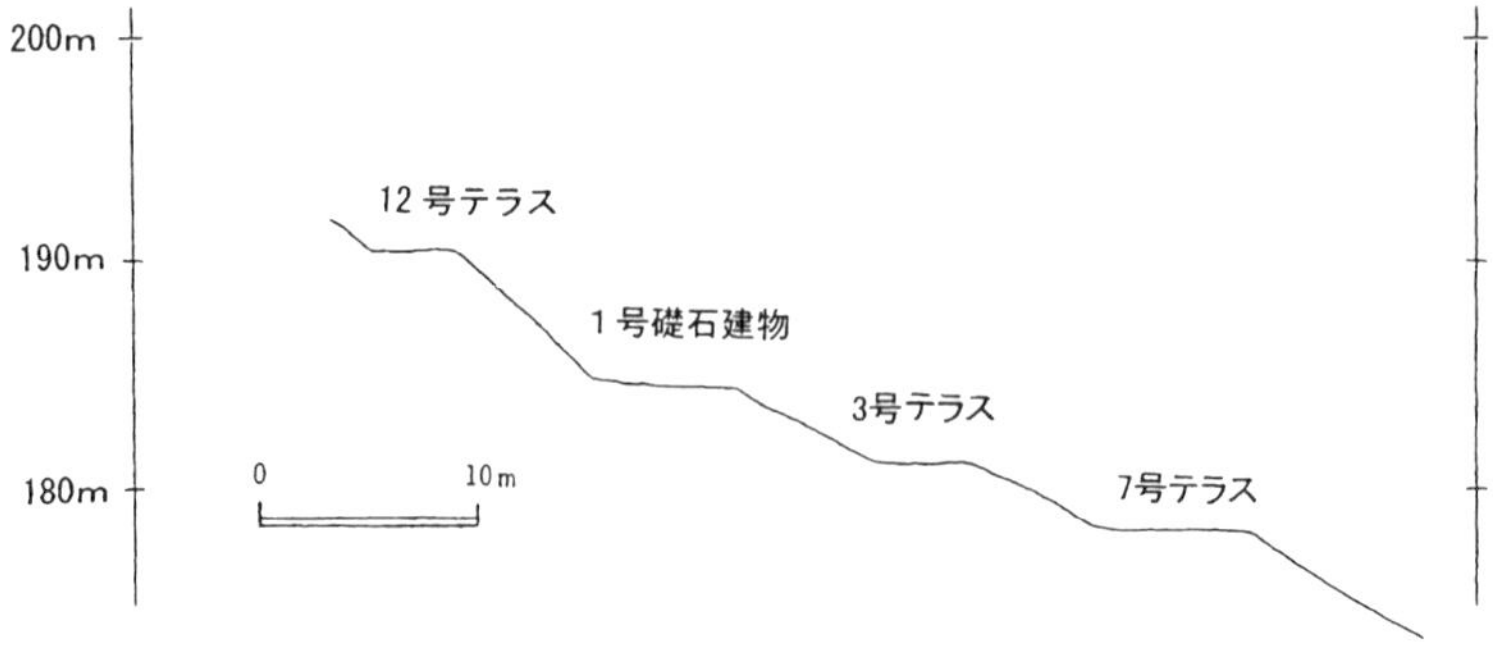

第５図　群馬県黒熊中西遺跡寺域内西部の平場・建物南北断面図（群馬県埋蔵文化財調査事業団 1992 をもとに上野川 2019 作成）

また僧房付近からは、須恵器円面硯の脚部が出土しており、硯を所持した活動があったことを反映している。そこには、水と硯の関係がみえてくる。そして、後述するように、硯は講堂（2号建物）からも複数の出土があり、また山寺遺跡寺域内の西半部にのみ墨書土器や墨書行為に関係する硯が出土することも、黒熊中西遺跡の特徴の一つである。

発掘調査報告書に記載されているとおり、この僧坊は、4号道路によって2号建物（講堂）と直結している点に最大の特徴がある。4号道路は、山側を切土して造られており、道路覆土に浅間B軽石（天仁元年〈一一〇八〉）が含まれており、古代道路遺構であることが確定している。その路面幅は、僧房付近で二メートル、講堂付近で六〇～八〇センチ、中間部で一メートルである。これは、講堂と僧房を結ぶためだけの寺域内通路であり、そのことが重要である。

僧房（1号建物）基壇上からは、一〇世紀前葉から後葉とみられる須恵器（杯・椀）・土師器（杯・高足高台椀）が出土している。瓦は、2号建物や3号建物（本堂）のように多量の瓦が出土しているわけではなく、小破片がごく少量出土しているのみであることから、瓦葺ではなかったとみられる。

僧坊と直結する講堂（2号建物）では、基壇上から、須恵器（杯・椀・高足高台盤・高足高台椀）・羽釜（吉井型）・灰釉陶器など、主に一〇世紀を中心とする土器群が出土しており、現時点では、僧坊と講堂の時期差を明確にすることは難しいものの、若干の時間差をもって創建・造営された可能性をも内包していよう。

このように、出土土器からみて一〇世紀前半頃には、この山寺においては、講堂と僧坊が東西約五〇メートル離れた位置関係にありながらも、両者が密接に結びついていたといえよう。

僧房は、標高一八四・五メートル付近に位置し、講堂の標高が一八九メートルであることから、その高低差は約四・五メートルとなる。その結果、講堂と僧坊は、平面的空間では約五〇メートルほどの距離があり、垂直空間では約四・五メートルの高低差を持つこととなる。垂直的空間では、講堂が上位に構えられ、僧房が下位となる。

垂直的空間では、僧房は5号建物・8号建物・12号テラス（平場）より下方に位置する。僧房を載せる2号テラス（平場）は、間口幅一二メートル、奥行七メートルで、この場所は一つの院としての機能を保持したと考えられる。

4号建物は、本堂の斜め後方隣接地にあり、標高一九五メートルに位置する。その場所は、山寺遺跡内で最も標高の高い地点で、尾根頂部で一段と高く盛り上がっており、「尾根の最も高い部分の東西の裾部を人為的に削って造成された」（群馬県埋文事業団一九九二：一〇二頁）との記載があり、他の平場斜面と同様に、大規模な造成があった。

建物を載せる場所は、平場とみることができ、平場下段は間口東西約二〇メートル、奥行南北四〜五メートルである。また平場上段は、間口東西一三メートル、奥行南北四〜五メートルとなる。

建物基壇は、東西約一〇・八メートル、南北六メートル以上、高さ六〇センチで、地山の削り出しによる基壇造成かとされている。基壇化粧の石が複数あり、基壇上端は全面ではないものの、石を用いた造成がなされていた。4号建物跡は全容が不詳であり、多くを論じることはできない。基壇上の東部には、長軸約一〇〇センチ、短軸約七五センチの範囲に焼土があり、基壇造成時の遺構とされ、何らかの儀式または修法の痕跡とも考えられる。

出土遺物は、須恵器（杯・小壺・灯明具・羽釜（吉井型））・灰釉陶器椀・釘・瓦などである。灰釉陶器二点には、高台の断面がいわゆる三日月型（みよし市二〇一三）を呈していることから、黒笹90号窯式（K‐90）とみられ、九世紀後半の遺物であろう。4号建物は、山寺遺構の中では創建期またはそれに近い時期の建物と考えてよいのであろう。

本書では、この4号建物の平場を小規模平場として検討するが、同様な遺構としては、滋賀県松尾寺遺跡の本堂背後の小規模平場が「マウンド状の若干の盛り上がり」を持ち、そこに石組遺構があり、また福井県明寺山廃寺では、中枢平場の北部に位置する本堂の斜面上方に地形が盛り上がるように明寺山古墳があり、その墳頂部が平場として削平されており、この4号建物の平場と同じような寺地の造成と建物の占地を示す。

4号建物の北側裾部には、4号建物に付属すると考えられる祭壇状遺構がある。遺構は、上下二段となる。下段は、間口東西五・四メートル、奥行一・二五メートルで、中央から東寄りに焼土と炭化物を伴う土坑がある。土坑の下底は、赤褐色を呈し、火が燃やされた痕跡が残る。土坑規模は、長軸一〇〇センチ、短軸八〇センチ、深さ一〇センチである。遺構の上段も壁面と底面が赤く変色し、火が燃やされた痕跡を示す（第6図）。

この遺構状況は、この場所が上下二段の新旧関係を持ちながらも、伝統的にこの場所が選定され、火を用いた祭事・儀式・修法などの行為がなされていたことを示す。発掘調査報告書にあるように、「4号建物に伴う、信仰や何らかの儀式として、火が燃やされた施設」であり、火力の強い焚火のような痕跡を示すのであろう。これは、山寺創建初期からそこに鎮座した最上段の施設または建物の尊像等の前面において、祭祀または修法を執行した特異な状況を示す可能性が考えられよう。

なお、4号建物と祭壇状遺構は、その主軸方位が若干ずれることから、4号建物の創建と同時に祭壇が設置されたのではなく、建物建立の後に一定の時期差を持って、祭壇が構築されたとみてよいのであろう。

瓦葺の3号建物（本堂）基壇上では、須恵器（杯・椀）、須恵器高盤、または高足高台椀などが出土している。本堂基

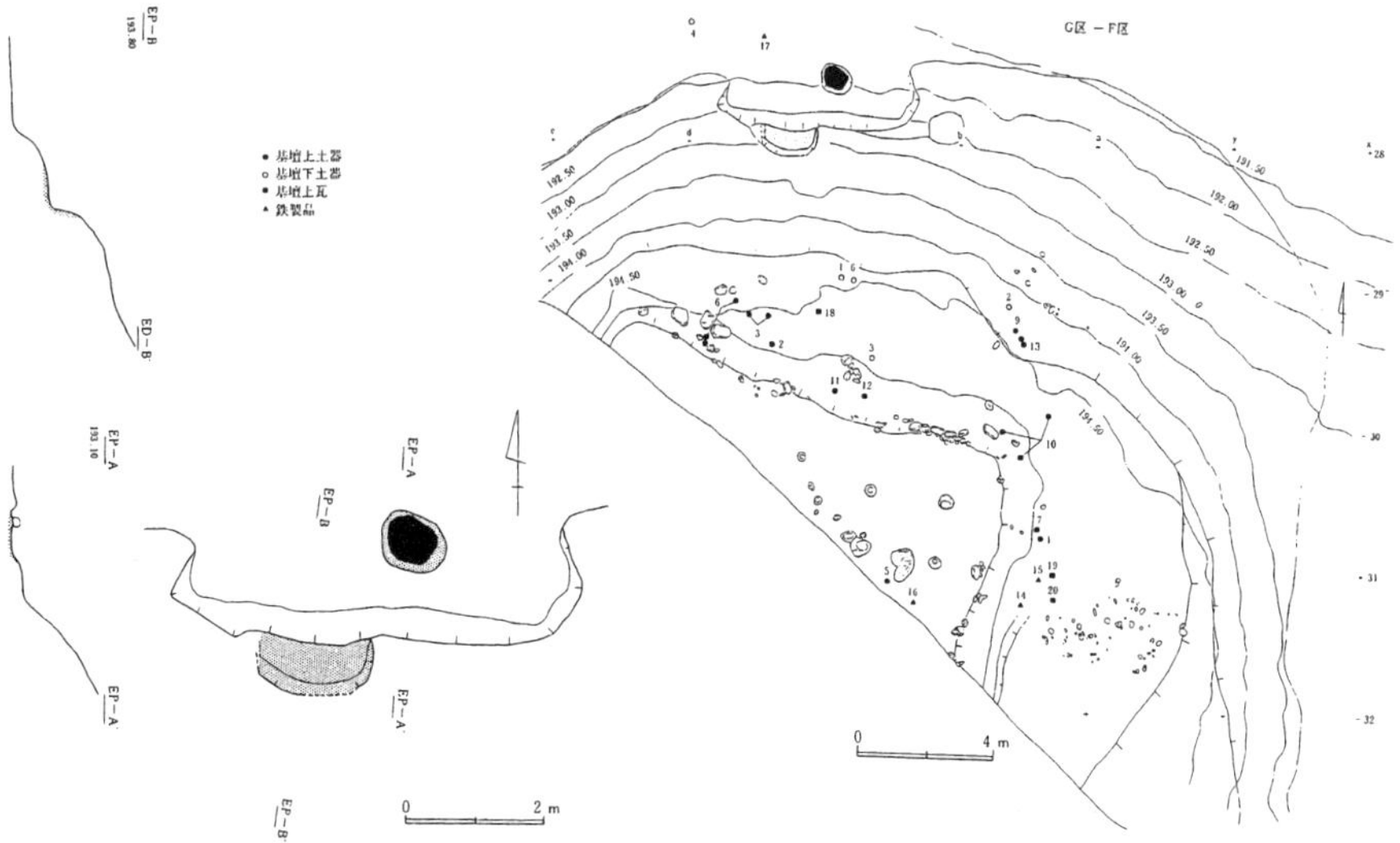

第６図　群馬県黒熊中西遺跡４号建物・祭壇状遺構実測図（群馬県埋蔵文化財調査事業団1992）

壇盛土内では、須恵器台付鉄鉢が出土し注目され、基壇の造成に伴う儀礼が執り行われた可能性もあろう。

灰釉陶器には、その高台断面がいわゆる角高台となっているものも見受けられることから、黒笹14号窯式（K－14）の灰釉陶器の可能性がある。その年代は、現時点では、九世紀前半との見方（愛知県史編さん委二〇一〇）があり、4号建物と同じく、本堂には古い時期の灰釉陶器を持ち込んでいる可能性もある。

黒熊中西遺跡では、八世紀後半頃の相輪樑状遺構（1号特殊遺構）が、平安期の山寺創建以前に建立されていたことが判明しており、八世紀後半の前身施設からの伝世品であった可能性もあろう。

なお、山寺西端の1号建物（僧房）とこの4号建物の二棟は、寺域中枢の西端と東端に造営されていることも特徴である。

次に、山寺寺域内から出土している硯の分布から、山寺の空間機能を類推してみたい。黒熊中西遺跡では、東西約八〇メートルの範囲から、七点の硯が出土している。1号建物からは、脚部に窓（透かし）を持つ須恵器円面硯が一点出土している（第7図・第8図）。

須恵器の転用硯は、講堂とみられる2号建物から、杯内面に墨痕を持つものと、蓋内面に墨痕を持つものが、合計二点出土した。

講堂の西側に隣接する5号建物は、その規模や性格が不詳であるが、三点の転用硯が出土している。7号テラス（平場）出土の転用硯は、その上方に位置する1号建物（僧房）から斜面を落ちてきた遺物であろうから、1号建物では、円面硯と転用硯が使用されていたと考えられる。転用硯は、写経などにも使われているのであろうから、その出土位置の傾向は、古代山寺の寺域内空間の性格の一端を反映しているとみてよい。

3号建物（本堂）・4号建物など寺域内の東部からの硯の出土はなく、このことがこの山寺遺跡の特徴ともいえよう。

このように黒熊中西遺跡においては、中枢部の主堂宇である二棟の建物のうち、2号建物（講堂）とその西側に隣接する5号建物から、硯七点のうち合計五点が出土し、その割合は七割を占めることが判明した。残りの硯は、1号建物とその周辺の遺物であり、僧具としての硯は、山寺中枢部の本堂を除く場所と、寺域内西端の井戸を持つ僧坊と推定される場所から出土していると考えてよいのであろう（第2表）。

また、寺域東部の祭壇状遺構を持つ4号建物や、修法的な遺構を具備する7号建物などの宗教祭祀的性格を持つ遺構群の領域からの出土がないことも、山寺寺域内の空間機能を考える上での注目点となろう。硯に用いた遺物の年代に差異があったとしても、寺域の中央から西側に限定されて硯が出土していることは、重視されなければならない。

こうした古代遺跡における硯の出土分布では、大宰府政庁における分析があり、大宰府や国庁の空間構成が論じられている（青木二〇二二）。そこでは政庁内での執務空間や儀式空間の検討がなされているが、古代山寺の空間構成論においても、ここに示した黒熊中西遺跡の硯の出土傾向分析は、新しい視点を提示するかもしれない。

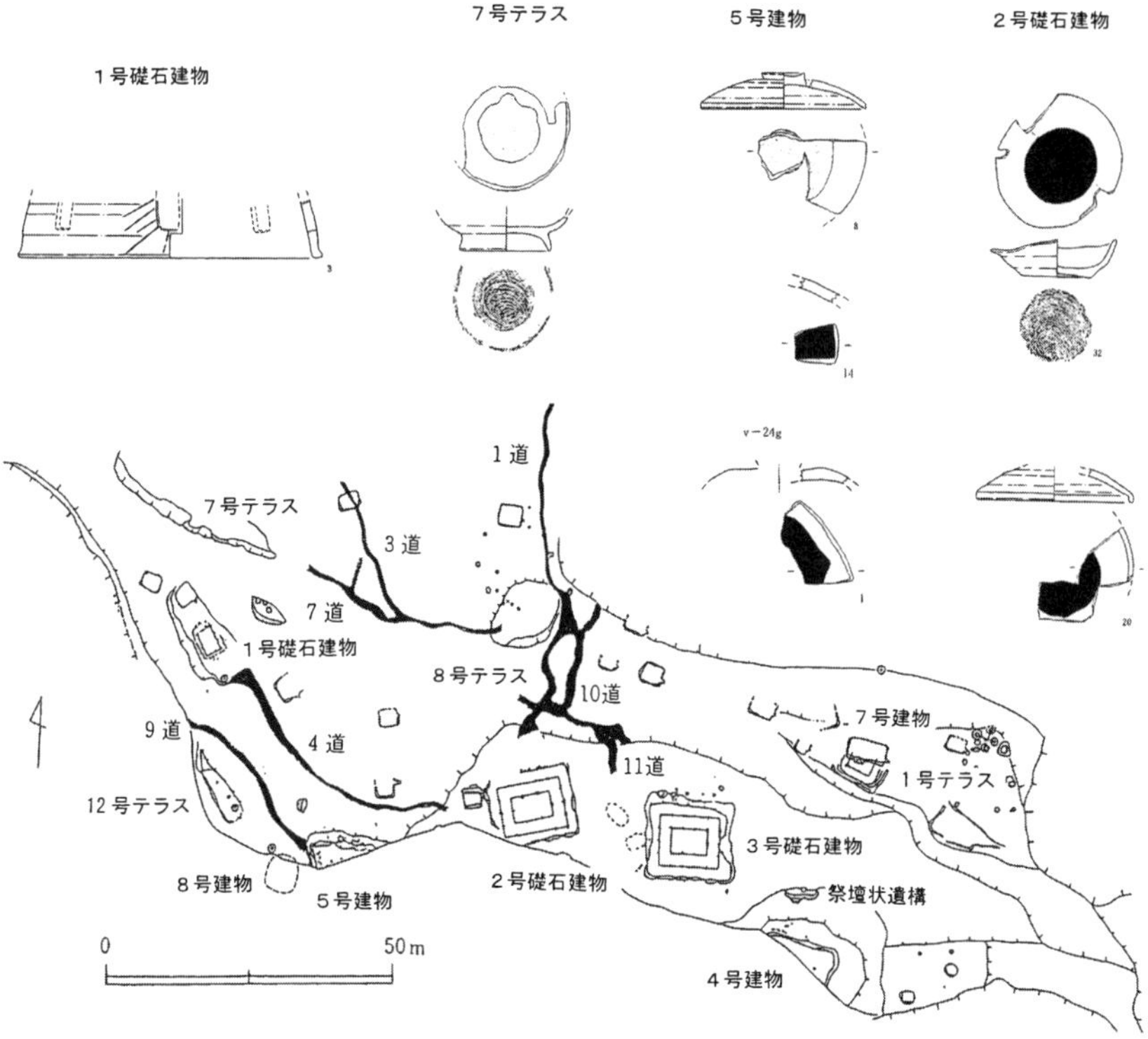

第7図　群馬県黒熊中西遺跡（下段）と寺域内出土の硯と転用硯実測図（群馬県埋蔵文化財調査事業団 1992 を改変）

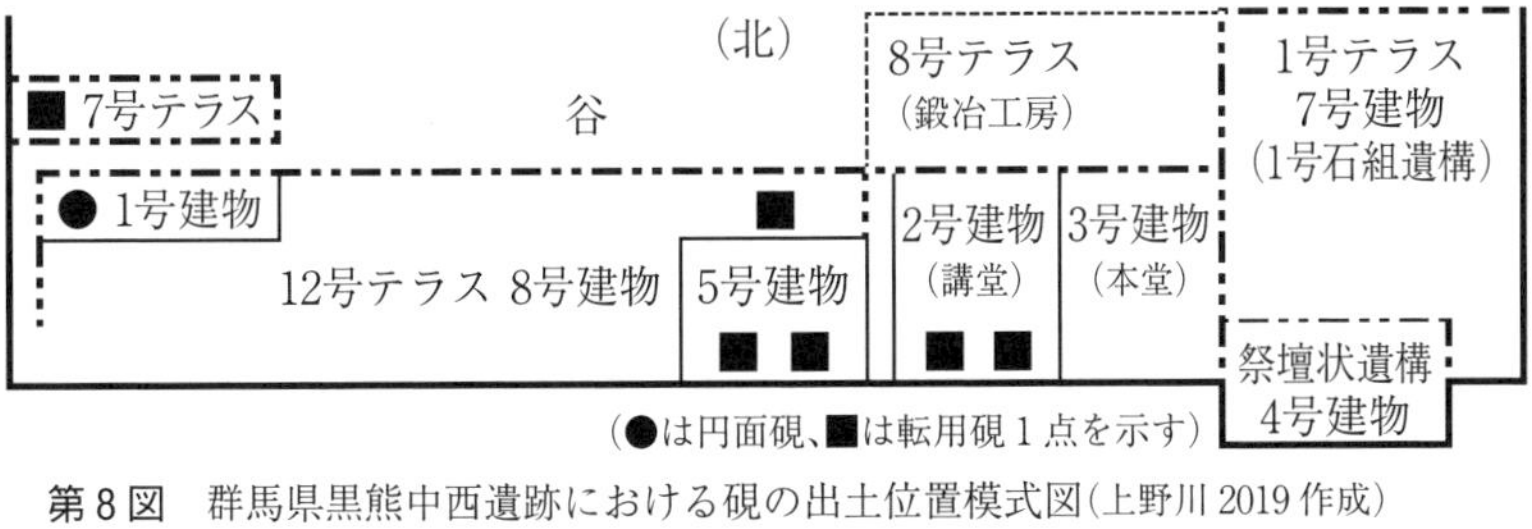

第8図　群馬県黒熊中西遺跡における硯の出土位置模式図（上野川 2019 作成）

第2表　群馬県黒熊中西遺跡出土円面硯・転用硯一覧表

番号	出土遺構名	遺構の性格	出土場所	種類	器種等	硯の使用時期	報告書掲載頁
1	1号礎石建物跡	僧房	基壇下	円面硯	須恵器脚部	9～10C	39
2	2号礎石建物跡	講堂	基壇上	転用硯	須恵器杯	9～10C	69
3	2号礎石建物跡	講堂	西方整地下	転用硯	須恵器蓋	9～10C	78
4	5号建物跡	—	基壇上	転用硯	須恵器蓋	9～10C	109
5	5号建物跡	—	基壇下	転用硯	須恵器蓋	9～10C	112
6	5号建物跡北方	—	斜面	転用硯	須恵器蓋	9～10C	113
7	7号テラス*	薗院・花苑院	平場西部	転用硯	須恵器椀	9～10C	139

＊7号テラス（平場）の転用硯は、上方の1号礎石建物からの流れ込みとみられる。　（上野川2019作成）

古代寺院や古代山寺の宗教空間については、研究史上ではいくつかの論考（坂詰一九七九a、久保二〇〇一）があり、仏地・僧地・俗地の問題が論じられた。久保は、古代山寺では、最上段付近の仏地である金堂（本堂）からその前方に伽藍が展開していくという論を提示した。

黒熊中西遺跡では、仏地は3号建物（本堂）とみられようし、僧地は2号建物（講堂）から西方の硯が出土した寺域内空間と考えることができようか。

そして、山寺の付属院地的な施設であったと考えられる8号テラス（平場）の専業鍛冶工房と、その西方で建物を持たない平場空間からなり、薗院・花苑院などの機能が推測される7号テラス（平場）の性格は、精査する必要があろう。なお、山寺斜面下位に隣接する八世紀から一一世紀の竪穴建物群は、俗地の範疇に含まれることになるのであろう。ここでその結論を急ぐことはないが、今後に精査されるべき課題となろう。

なお、4号建物は本堂の上方にあり、その斜面前方の下段に祭壇状遺構が同一地点に二時期に亘り構築・使用されたこととあわせて、この場所の空間的機能がどのようなものであったかは、注目に値しよう。こうした山寺における本堂背後の上位に造成された平場とそこに設置された施設については、少ない事例を検討するという制約の中で、神聖な場所としての神域的性格を保持している可能性を第三章に述べた。

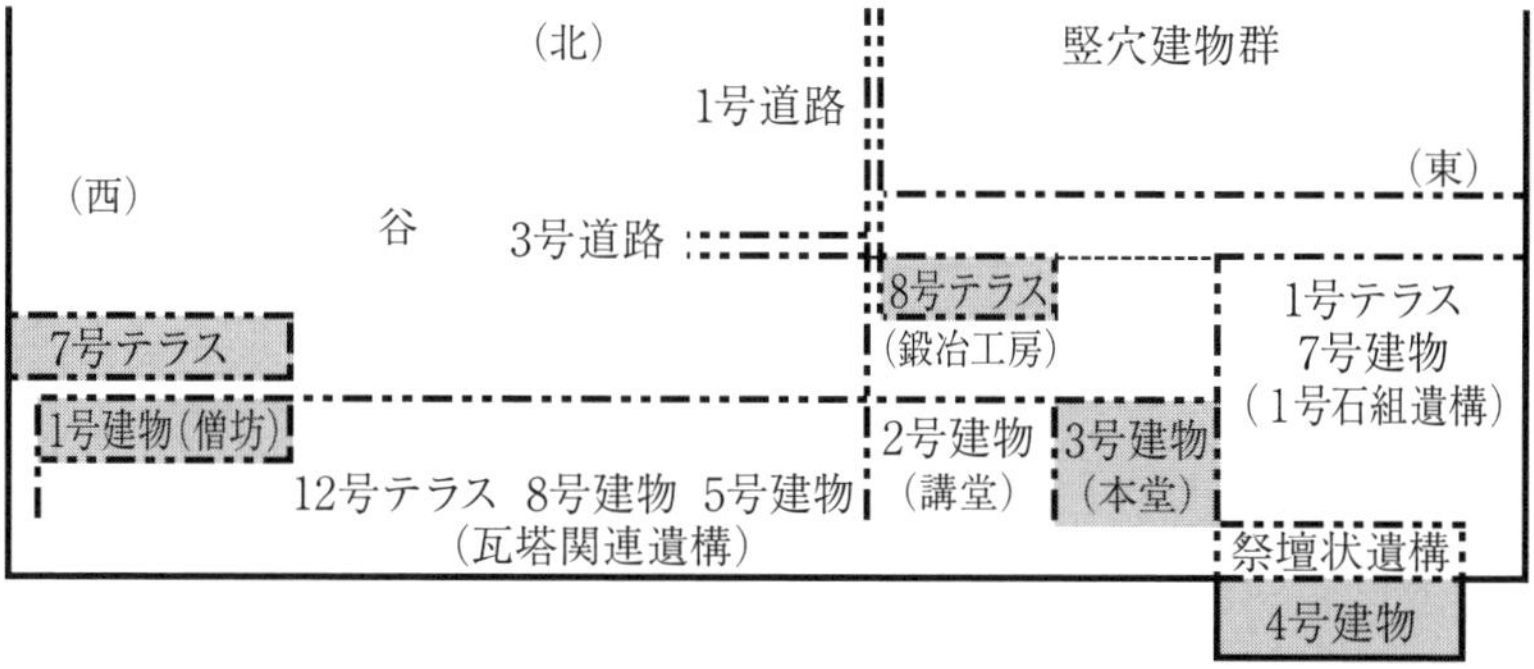

第9図　群馬県黒熊中西遺跡における10世紀を中心とする空間構成平面模式図(上野川2019作成)

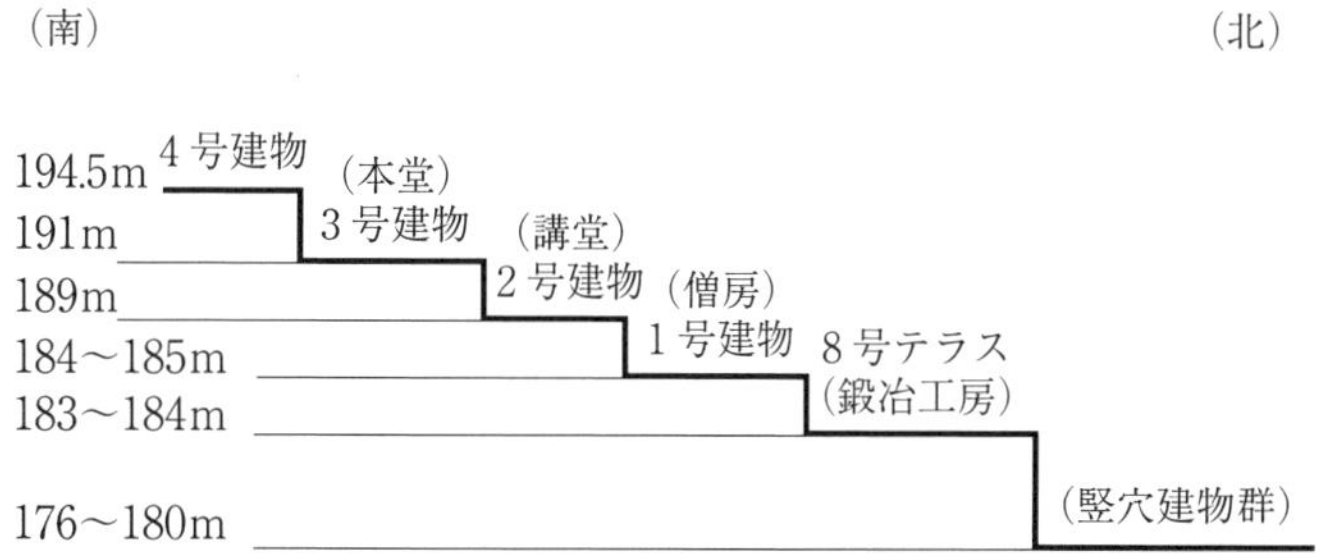

第10図　群馬県黒熊中西遺跡における10世紀を中心とする伽藍配置南北断面模式図(上野川2019作成)

また、黒熊中西遺跡では、遺構群の切合い関係からみた時期差については、参道・寺域内通路・鍛冶工房・鍛冶炉の新旧関係から、二時期または三時期の区分(上野川二〇一三a・二〇一六)となろうとの見通しを示した。

参道または寺域内通路である3号道路遺構と、山寺寺域隣接部にある53号竪穴との新旧関係については、造寺に関して、53号住居の遺物群が一〇世紀前半代のものであることからみて、3号道路遺構は創建初期ではなく早く見積もっても一〇世紀中葉頃に作道されたことになり、一〇世紀中葉から後葉の中で北西の谷部から上る参道が整備されたとみられること、この時点で、伽藍中枢部に参詣するための参道である1号道路遺構の他にも参道が必要とされ、単独で構築されていた53号住居が鉄鏃埋納による地鎮を経て廃絶させられ、そこに参道を通していることがわかる（第9図・第10図）。

　さらに、8号テラス（平場）における複数の鍛冶炉の操業が3号道路遺構の衰退に伴うものとみれば、北側中央からの参道である1号道路遺構が伽藍中枢部に対して最後まで機能していたのに対して、谷部にあたる北西部からの参道の使用は衰退し、参道の途中に常設ではない二時期の操業（上野川二〇一八：一五二頁）を持つ専業鍛冶工房の鍛冶空間が臨時的に成立していたとみることができる。

　なお、黒熊中西遺跡の地鎮関連の遺物には2号建物（講堂）基壇東の須恵器地鎮遺物があり、また3号建物（本堂）出土の須恵器台付鉄鉢形土器・長頸瓶の組合せなどがみられる。静岡県大知波峠廃寺跡の創建期（I期）仏堂の石垣には、緑釉陶器鉄鉢形土器が埋納されており、地鎮の遺物と考えられている（後藤二〇〇七）。こうしたことから、古代黒熊中西遺跡においても、八世紀の平地寺院における地鎮遺構と埋納物（森一九九八）という造営概念の延長上に、九世紀後半頃から一〇世紀の山寺創建時に「地鎮め」（兼康一九九一）がなされていたのであろう。

二　高岡寺院跡の多段性平場と空間機能

　埼玉県高岡寺院跡は、日高市の緩やかな丘陵斜面で発掘調査された寺院跡である（第11図、高岡寺院跡発掘調査会一九七八）。出土した須恵器の形態と製作技法からみて、八世紀中葉に寺院の造営が開始され、一一世紀前葉に廃絶したことが報告されており（高橋一夫一九七八：一〇〇頁・一〇五頁）、その年代観は肯定されよう。八世紀後半とされる塑像の出土や、瓦塔や風鐸の出土があり、古代創建古代廃絶型（1類）の山寺遺跡として貴重である。

　そして『高岡寺院跡発掘調査報告書』（同調査会一九七八）が公刊されており、愛知県大山廃寺跡の発掘調査報告書

（小牧市教委一九七九）と並んで、日本考古学における先駆的山寺遺跡研究の重要な資料となっている。

遺跡は、秩父山地の東端に位置する。高麗神社と聖天院は、本遺跡から南東八〇〇メートルに位置することから、この山寺は霊亀二年（七一六）にこの地へ移り住んだ高麗氏一族の本拠地に創建されたものとして、その氏寺的性格が考えられている（同調査会一九七八：一〇五頁）。出土遺物も、八世紀中葉から一一世紀前葉とみられる。

この山寺遺跡は、蛇行する高麗川から細長い谷を約一・二キロ遡った山のやや緩斜面になった場所に占地する。発掘調査区域は、東西約四〇メートル、南北約五〇メートルであり、発掘調査報告書にみえる第1建物遺構からの傾斜グラフとされる資料は、多段性平場構造山寺であることを示す。存続期間からみれば、古代創建古代廃絶型（1類）の山寺遺跡である。

寺域内では、八世紀中葉から後葉に第1建物遺構（本堂）が創建され、一一世紀前葉までは存続した。出土遺物には、多量の土器類があり、土師器・須恵器・鉄鉢形土器・多口瓶・灰釉陶器・緑釉陶器・鉄滓や多数の鉄釘などが出土した。

ここでは、第1建物遺構（本堂）と第二建物遺構（僧坊）の特徴などについて、概観してみたい（第12図）。

第1建物遺構は本堂である。その規模は、桁行五間・梁行四間の礎石建物跡で、柱間は約二メートルの東西棟となる。基壇と溝にみられる焼土の堆積から、火災によって廃絶したと報告されている。

基壇の規模は、東西一六メートル、南北一四メートルの長方形となっている。基壇の高まりは、北側では岩盤そのものであり、南側は岩盤を砕いたバラス（砕石）で固められていた。版築のようなしっかりした地業はなかったようであるとされるが、岩盤以外の場所は地形を意識して地業がなされたとされる。本堂は南向きであり、須弥壇は本堂内北側中央と推定された。

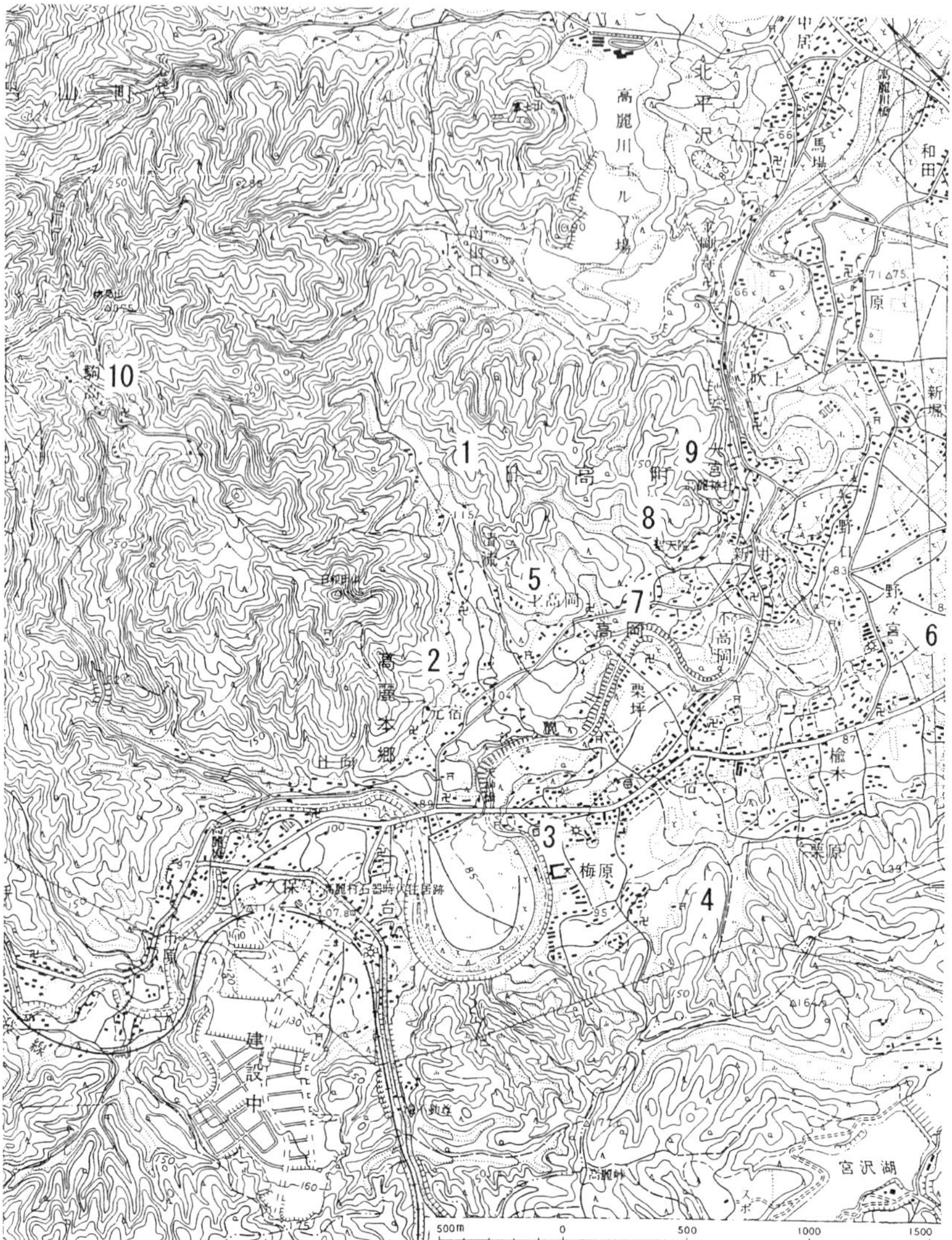

1. 高岡寺院跡　2. 井戸神　3. 鍛冶屋原　4. 積石塚　5. 高岡瓦窯跡　6. 瓦出土地　7. 窯跡

8. 高麗山聖天院勝楽寺　9. 高麗神社　10. 安州寺

第 11 図　埼玉県高岡寺院跡の位置と周辺の遺跡分布図（高岡寺院跡発掘調査会 1978）

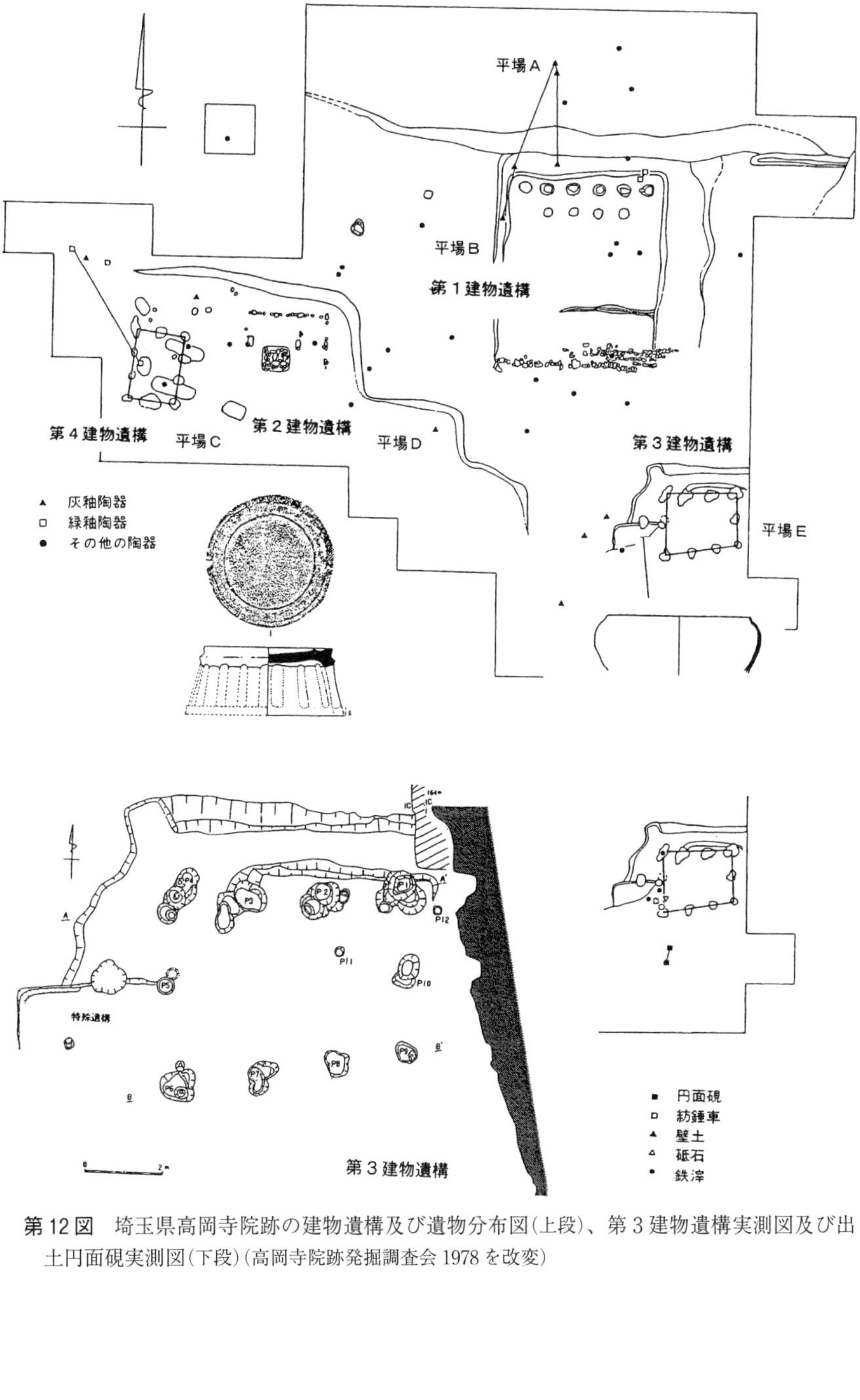

第12図　埼玉県高岡寺院跡の建物遺構及び遺物分布図(上段)、第３建物遺構実測図及び出土円面硯実測図(下段)(高岡寺院跡発掘調査会 1978 を改変)

建物を載せる平場は、東西一七メートル、南北一八メートルである。平場の北部は、岩盤を切り崩し、更に岩盤を掘り窪め、溝を穿っている。溝中の下層からは、多量の瓦が出土しており、廃絶まで溝は埋まらずに機能していたことがわかり、本堂が一一世紀の前葉の山寺最終段階まで続いたことを示している。

山石のバラスを平場南側の斜面に「固めて積んでいる」と報告書に記載があることから、平場造成地業があったと考えてよいのであろう。平場南部の盛土下にある溝中には、焼土があり、造成前に何らかの火を伴う行為があったことがわかる。

また、石垣状遺構と報告された遺構が、本堂平場の南端部に築かれている。これは、石垣とみてよいのであろう。構築技法は、地山の粘土層に石の一部をくい込ませたり、岩盤の岩を地山の上に積むなどして、六段の石垣を築いている。最下段の石は、薄く平坦な石を用い、最上段では厚みがあり重量の重い石を用い、石垣を安定させている。この石垣は、本堂平場の土留めの役割を持つ。なお、平場東部の石垣は、二列となる部分があるようにも見受けられ、そこに犬走状の面が見受けられるようでもあり、更なる検討が求められよう。高岡寺院跡におけるこの石垣調査は、古代山寺遺跡における最初の石垣遺構調査事例となるかもしれない。

本堂から出土した灰釉陶器は、発掘調査報告書で「何らかの施設があったと考えられる」（高岡寺院跡発掘調査会一九七八：九八頁）とされる本堂上方の平場からの灰釉陶器と接合していることから、元は上方の平場に備えられた遺物とみてよい。灰釉陶器の接合点数は、合計五点である（第13図）。

この本堂の西側隣接地は、平場状になっており、そこからは方形ピット遺構（柱痕を持つ方形土坑）が発掘された。土坑の規模は、一辺が約六〇センチで、土坑北側中央に直径二五～二七センチの円柱状の土層（柱痕）が確認され、土坑の周辺から多数の瓦塔片が出土していることから、瓦塔の心礎を持つ土坑と考えられた。

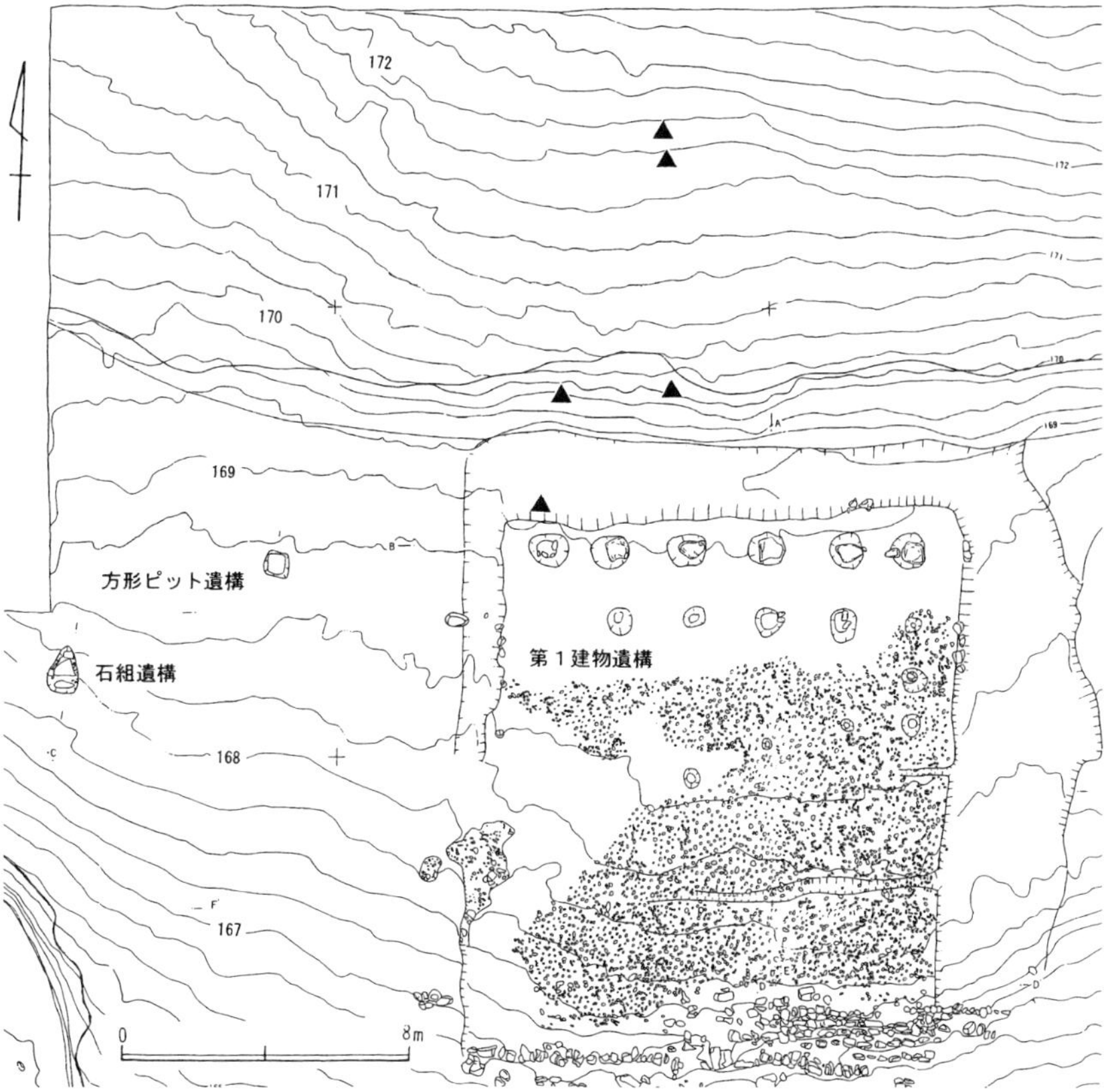

第13図　埼玉県高岡寺院跡第1建物遺構周辺実測図（▲は、接合した灰釉陶器の出土位置）
（高岡寺院跡発掘調査会 1978）

この方形ピット遺構は、その柱痕が直径約二五センチの楕円形を呈し、建てられた柱の周りだけに、暗茶褐色土が固められていることから、柱が固定されていたことがわかる。そして、ピット南側などには柱の抜き取りの痕跡が土層にみられることから、遺構廃絶時には立っていた柱が抜き取られているのであろう。

瓦塔は、例えば黒熊中西遺跡5号建物北側出土の九世紀後半のものは、その基底部の内径が約三二センチの方形を呈する。高岡寺院跡の瓦塔の全容は不詳であるが、柱痕からみて直径約二五センチの木質の心礎があったとすれば、心礎に瓦塔を据えることができよう。

これらのことは、更なる精査が必要となろう。

いずれにせよ、瓦塔が本堂跡の西側隣接地から出土していることは、そこが塔の位置であることを示しているのであろう。この遺構は、本堂（第1建物遺構）の平場と同時に造り出され、廃絶も本堂と同時期であるとの発掘調査報告からみて、山寺の創建期から廃絶期頃までそこに塔があったということになろう。

このことは、本堂背後の上位に造られた小規模平場には、塔がないことを示し、本堂・塔・仏堂・僧房・工房以外の何らかの施設があったことを指し示す。

次に、第3建物遺構は、僧房の可能性が報告されている遺構であり、三度の建替えがあったことが確定されている。遺構の創建期を含めて、四期にわたり山寺の創建から廃絶まで機能したと考えられた（高岡寺院跡発掘調査会一九七八：二一頁）。

僧房とみられる第3建物遺構は、桁行（東西）三間、梁行（南北）二間を示し、その規模は、東西約五・四〜六メートル、南北約三・六〜四・七メートルである。四期目の礎石建物の規模は、桁行（東西北辺・南辺）五・五メートル、梁行（南北東辺）三・九メートルとなる。

遺構の柱穴の痕跡からは、四期にわたる掘り込みと土層が確認されている。発掘調査報告書（高岡寺院跡発掘調査会一九七八：一七・一八頁）のピット実測図（P1・P2・P4・P7）をみると、初期は掘立柱建物とみられ、最終の四期目は、礎石建物となっている。

遺構の基礎部分は、山の斜面を切土と盛土により平場を造成し、地面東半分は灰色の硬質岩盤を削り、平場としている（第14図）。この造成は、群馬県黒熊中西遺跡において僧房とされる1号建物が地表下一メートルの地山の粘土層まで掘り削られているのと同じ工法であり、八世紀後半に実施された山寺の平場造成技法と考えてよい。

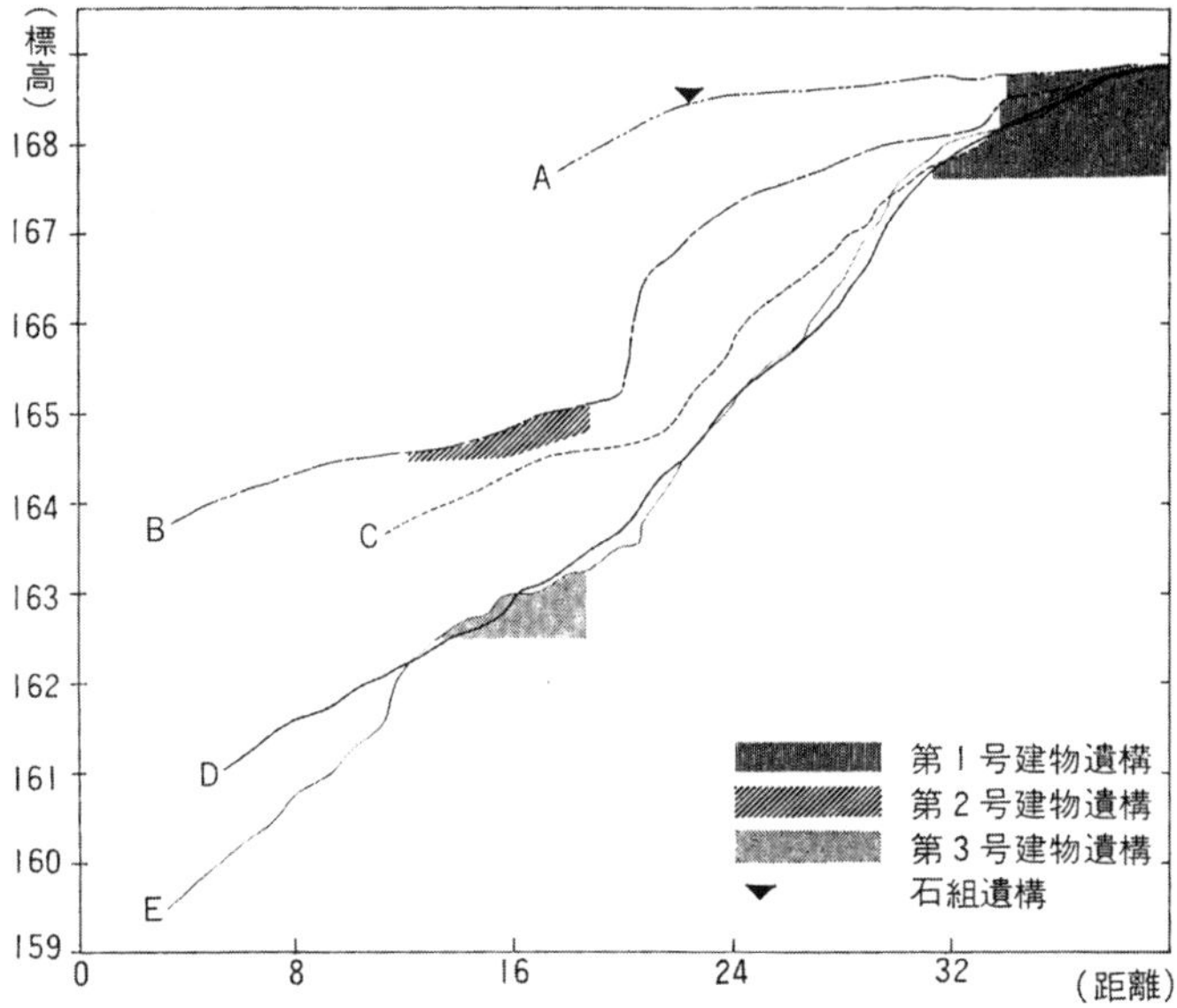

第14図　埼玉県高岡寺院跡第1建物遺構からの傾斜状況図(数値の単位はメートル)(高岡寺院跡発掘調査会 1978)

こうした多段性平場構造山寺にみられる「地山層・岩盤掘削工法」は、一面性平場構造山寺にはみられないのではないかとの見通しを示すことができようが、このことが平場構造からみた古代山寺の創建に深く関わっているのではないかと考えている。

多段性平場構造山寺では、山の斜面を人力で切り崩し、盛土を行ない、平場群を造り上げてゆくという、膨大な労力が必要とされた。それに対して、その多くが八世紀後半から九世紀前半の創建となる一面性平場構造山寺が、丘陵平坦部や山腹平坦部に堂塔を構えた背景には、その造営の緊急性などがあったものとも推察されよう。

高岡寺院跡の時期区分報告によれば、寺の遺構変遷は、Ⅰ期からⅣ期までに区分できるとされ、後半段階Ⅲ期・Ⅳ期が一〇世紀後半から一一世紀初頭頃(前葉。著者註)と考えられている。このことから、僧房の礎石建物は、一〇世紀後半以降に構築され一一世紀前半には廃絶していたと考えられよう。

群馬県黒熊中西遺跡においては、僧房とみられる桁行

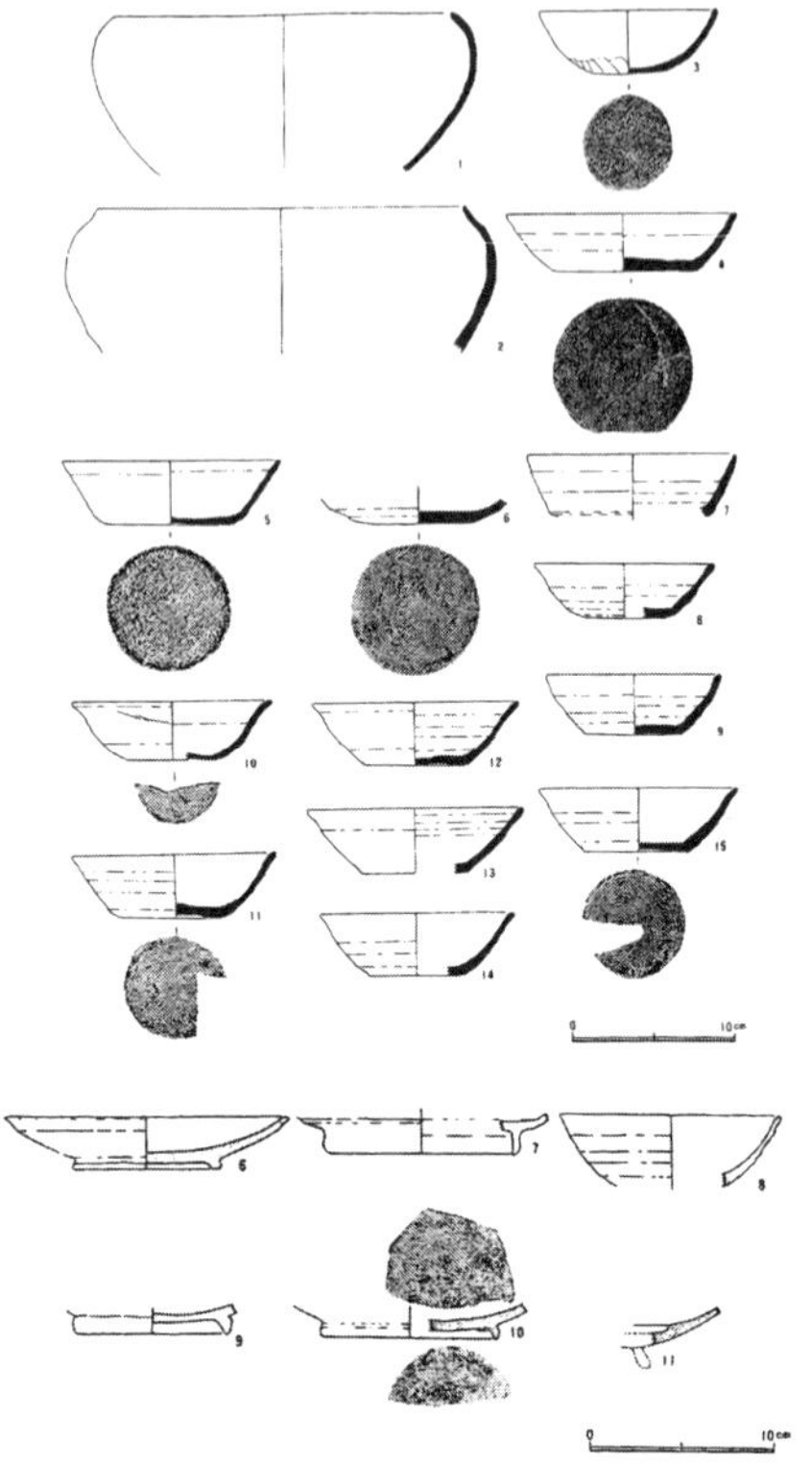

第15図　埼玉県高岡寺院跡出土須恵器実測図（8世紀中葉～9世紀前半、上段）・灰釉陶器・緑釉陶器実測図（下段）（高岡寺院跡発掘調査会1978）

三間、梁行二間の礎石建物が、一〇世紀代には機能しており、一一世紀中葉には、遺跡と同時に廃絶する。僧房の基壇規模は、東西約五・五メートル、南北約四・二メートルであり、この数値は、高岡寺院跡の第3建物遺構とほぼ同じとなる。

　このように、北東日本の一〇世紀の二つの遺跡の僧房とみられる建物跡は、桁行三間・梁行二間の規模を持つ礎石建物であったということがいえそうである。

　僧房南側からは、円面硯一点が出土しており、須恵器のいわゆる鉄鉢形土器が僧坊西側から出土するなどの状況がある（第15図）。高岡寺院跡は、基壇内・溝内にみられた焼土堆積から、一一世紀初頭頃に火災によって廃絶し、その後は再興されることはなかった（高岡寺院跡発掘調査会一九七八：一〇三頁）。このことから、火災で廃絶する時期には、僧房とされる場所に円面硯があったと考えてよさそうである。

　山寺における円面硯の出土例は、九世紀後半から一一世紀中葉にかけて存続した群馬県黒熊中西遺跡において、僧房とみられる1号建物から、円面硯が一点出土している。

　北東日本における桁行三間・梁行二間の一〇世紀の僧房では、円面硯を保持する事例が複数あったといえそうであ

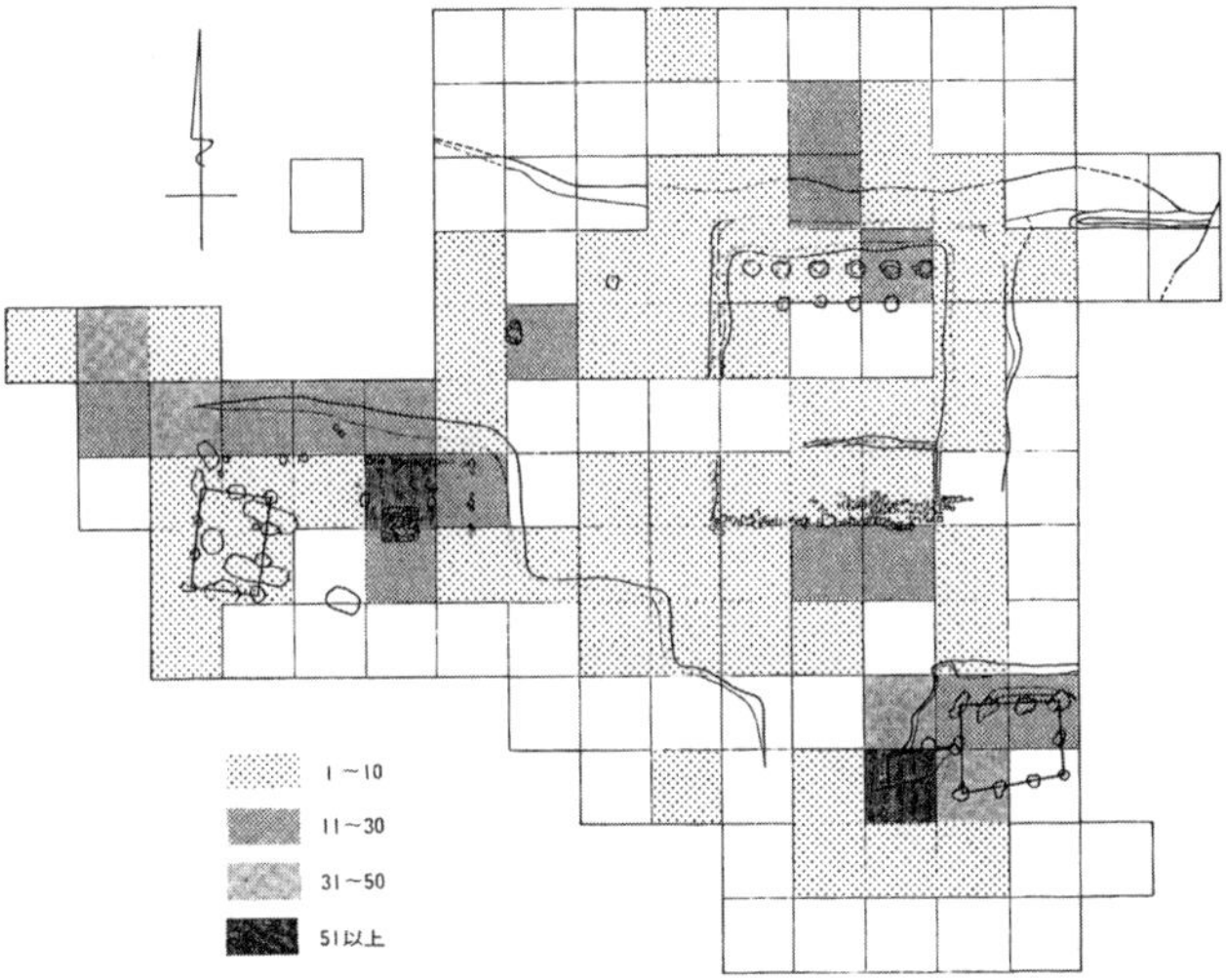

第16図　埼玉県高岡寺院跡土師器分布密度図(高岡寺院跡発掘調査会1978)

る。

なお、土師器分布密度図(第16図)からは、第三建物遺構と第二建物遺構から多くの出土点数があることが読み取れる。そして、第三建物遺構の西側隣接地点に、「特殊遺構」と報告されている竈を持つ遺構があることは、僧房の付属遺構であったかどうかは不詳ながら、この場所が居住空間として機能していたことを示しているといえる。

また、その性格は不詳ながらも、小規模な平場が第一建物(本堂)の背後にあり、そこには「何らかの施設があったと考えられる」と記載されており、本書第三章にその意味を考えてみた。

三　畿内とその周辺にみる多段性平場構造山寺

兵庫県旧金剛寺《きゅうこんごうじ》跡は、神戸市北方の三田市北部山間地の南面する山腹高位斜面に位置する山寺遺跡である（六甲山麓遺跡調査会一九九三）。著者の古代中世山寺存続期間類型では、古代創建中世存続型中世廃絶系（2a類）の山寺遺跡である。

創建は平安初期の九世紀であり、九世紀後半以降には山寺の活動が本格化する（六甲山麓遺跡調査会一九九三）。中枢部の斜面上下方向に造成された遺跡は、標高五五〇メートルの山門推定地（H地区）から、標高五八二メートルのE地区平場の範囲に散在する平場群からなる多段性平場構造山寺である。A地区とC－1地区は、その規模が大きく、伽藍の中心となる平場であると報告されている（第17図）。

その中枢平場群の断面図は、図示（第18図）してあるとおりであり、著者が提起する古代創建中世存続型で多段性平場構造山寺の典型ともいえる山寺遺跡である。A地区は、南の谷に面する平場で、標高五六四メートルである。そこには、桁行七間・梁行四間の基壇礎石建物跡と、その東に隣接する基壇建物跡がある。その約六メートル上位には、C－1地区平場があり、その上方約六メートルには、やや小規模な平場であるC－2地区が造成されている。

そして最上段には、創建当初からの遺物群を持つE地区平場があり、標高は五八二メートルである。山寺中心部に、ほぼ南北に近く造成された平場は、高低差六メートルを持って、四段に構成される状況であり、古代山寺はこの上下四段の平場に造営された伽藍が中枢となろう。最上段のE地区から下段のA地区の高低差は、約一八メートルである。

なお、A地区西側のD地区は、一三世紀後半から一四世紀の瀬戸や丹波の陶器を出土することから、中世山寺の中

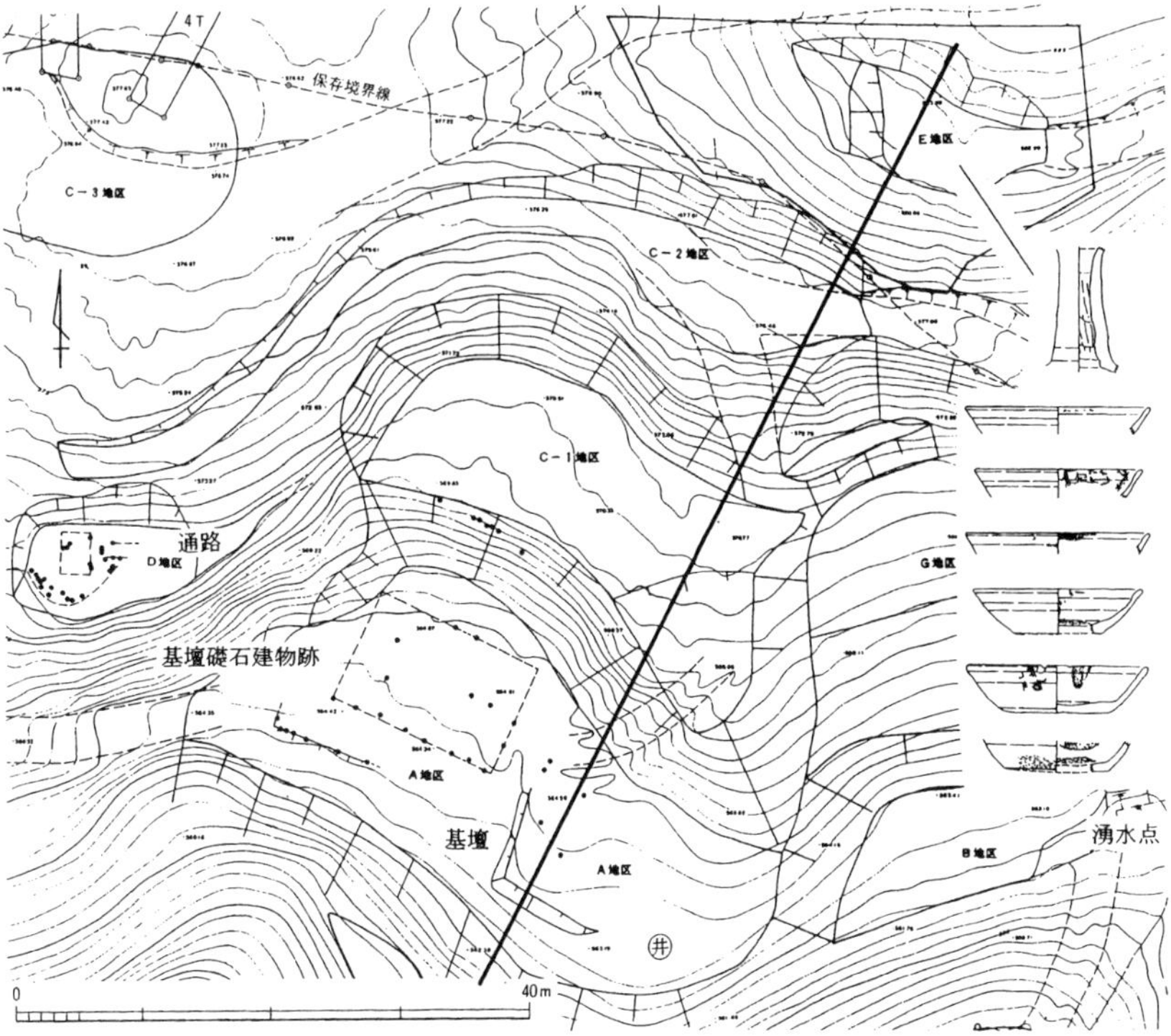

第17図　兵庫県旧金剛寺跡主要部平場の南北地形断面図作成ライン（六甲山麓遺跡調査会1997をもとに上野川加筆）

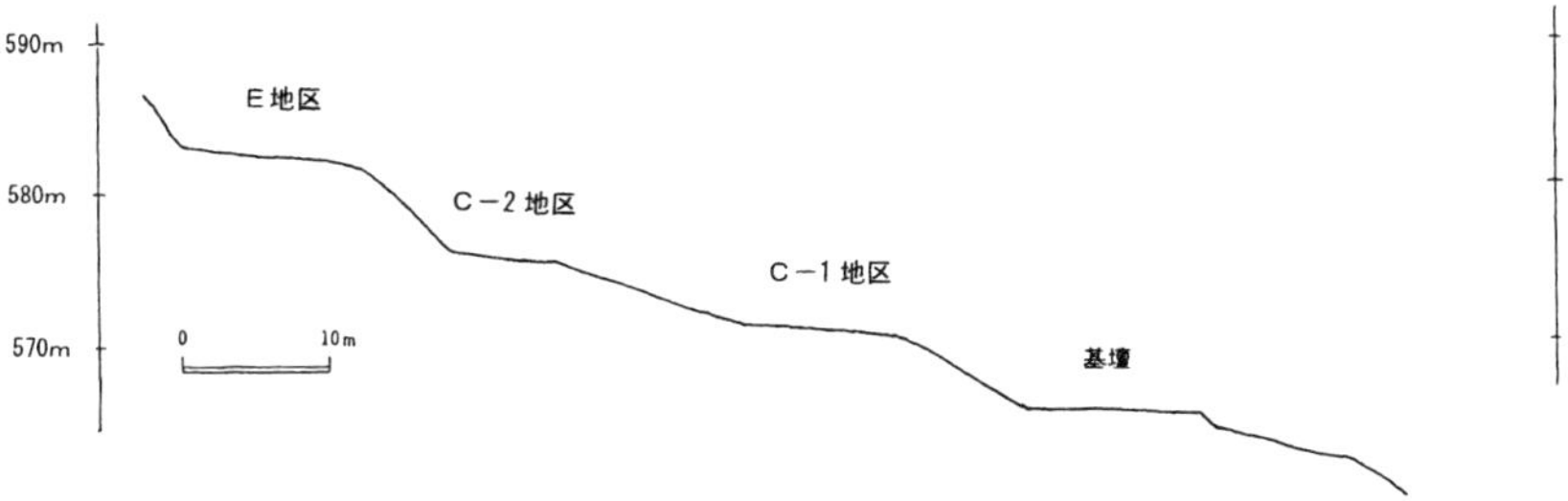

第18図　兵庫県旧金剛寺跡主要部平場の南北地形断面図（上野川2019作成）

心とみられている。

山寺最上段のＥ地区は、九世紀から一三世紀まで存続し、一三世紀で廃絶している。これは第三章に述べるように古代山寺の小規模平場とみられ、間口一三メートル、奥行七メートルである。その最上段平場からは、いわゆる水瓶・浄瓶の頸部と複数の杯類の灯明具が出土している。灯明具は、杯の体部内外面に油煙痕を残す。神仏への閼伽水の供養などがなされた可能性が看取されよう。

奈良県室生寺《むろうじ》は、奈良盆地南東山中の室生川に面する山麓の南斜面に階段状の複数の平場があり、奈良時代終末に創建された山寺である（第19図、大西貴夫二〇一六）。寺域は、室生川に面する山麓の南斜面に展開し、古代の堂塔が現存する稀有な山寺遺跡とみてよいのであろう。

この山寺は、古代に創建され、中世以降も存続し現代に法灯を伝えており、古代中世を通観する著者の考古学的視点からみれば、古代創建中世存続型近世存続系（２ｂ類）に該当しよう。

ここでは、先の論考に示された平面図を基に、著者が作成した室生寺平場群の断面合成略測模式図を示す（第20図）。この山寺の主要遺構では、標高三八五メートル付近から、標高三六五メートル付近に造成された南北三段の平場があり、その造成面上に堂塔が建立されている。塔と金堂の間の平場を古代造成の平場と考えれば、塔とその下位の平場の高低差は、約一〇～一五メートルとみられる。そして金堂とその上位の平場の高低差は、約七～八メートルとみられる。

この数値をみると、室生寺では塔の平場をより高い場所に占地しようとした可能性が窺えようか。建築史から判明している堂塔の年代を援用すれば、平場は奈良時代後半から平安時代初期頃には造成されていることとなろう。

なお、古代創建の山寺遺跡のうち、塔を最上段に配置する遺跡例としては、愛知県大山廃寺跡がある。大山廃寺跡では、塔跡が標高二〇八メートルに立地しており、古代堂宇の掘立柱建物が造営されたＢ１・Ｂ２造成面の標高が約一八〇メートルであることから、その高低差は約二八メートルである。大山廃寺跡と室生寺の両者の塔とその下位の平場の高低差の違いは大きいが、これは大山廃寺跡がなだらかな丘陵地であったため、より高位に平坦部を求めることができたことを、その一つの要因とすることができよう。室生寺は、蛇行する河川と急斜面の山に挟まれた狭隘な場所に占地されたため、古代堂

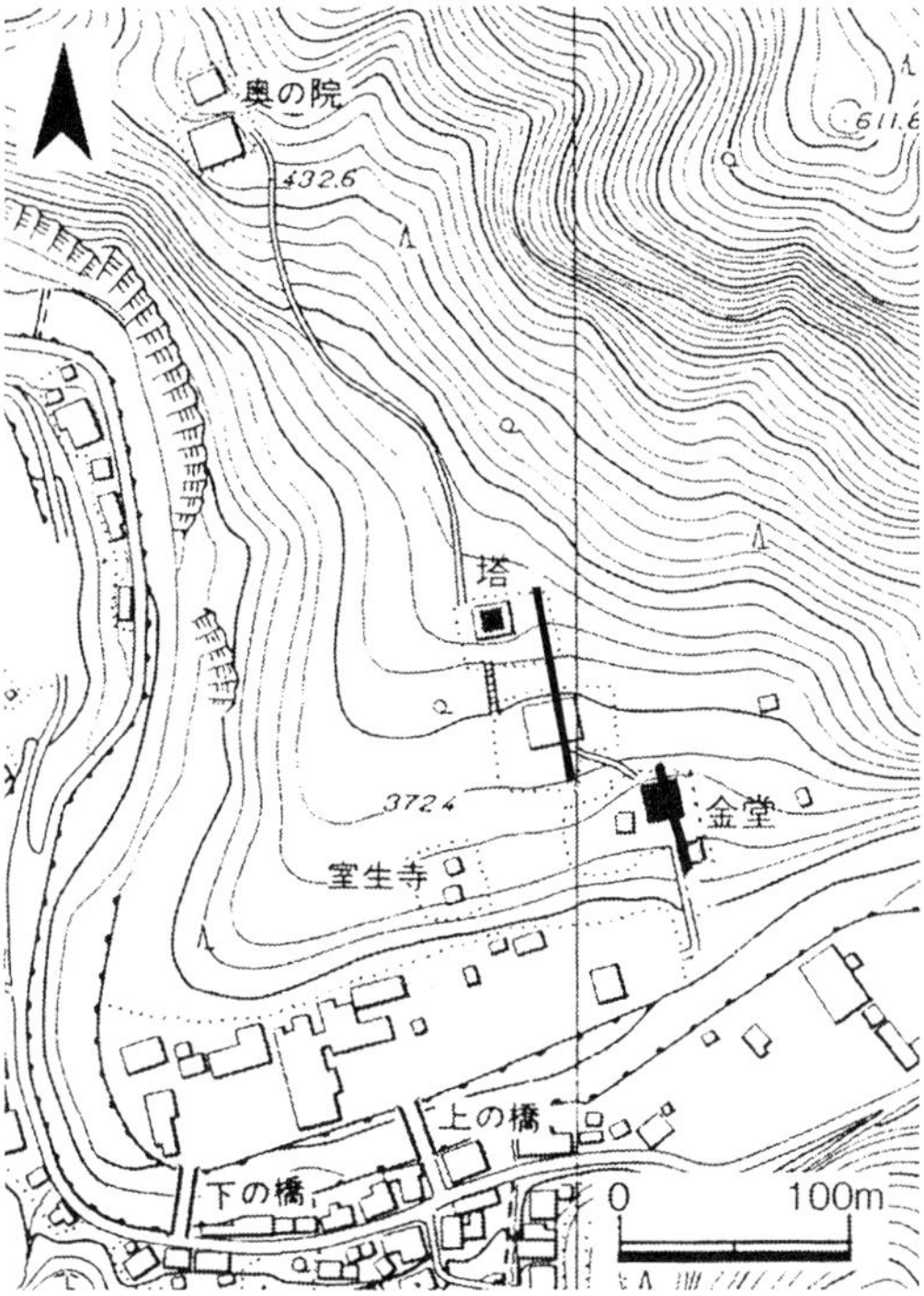

第19図　奈良県室生寺平面図と南北地形断面合成略測模式図の作成ライン（大西貴夫 2016 をもとに、上野川 2019 加筆）

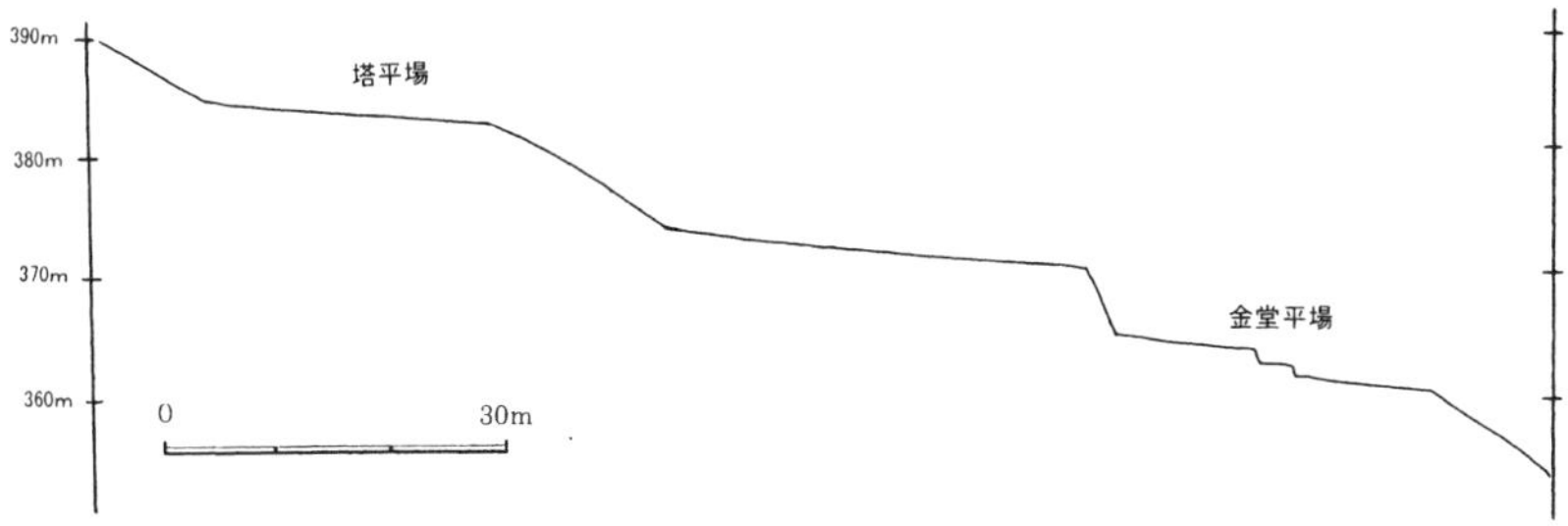

第20図　奈良県室生寺塔平場と金堂平場の南北地形断面合成略測模式図（上野川 2019 作成）

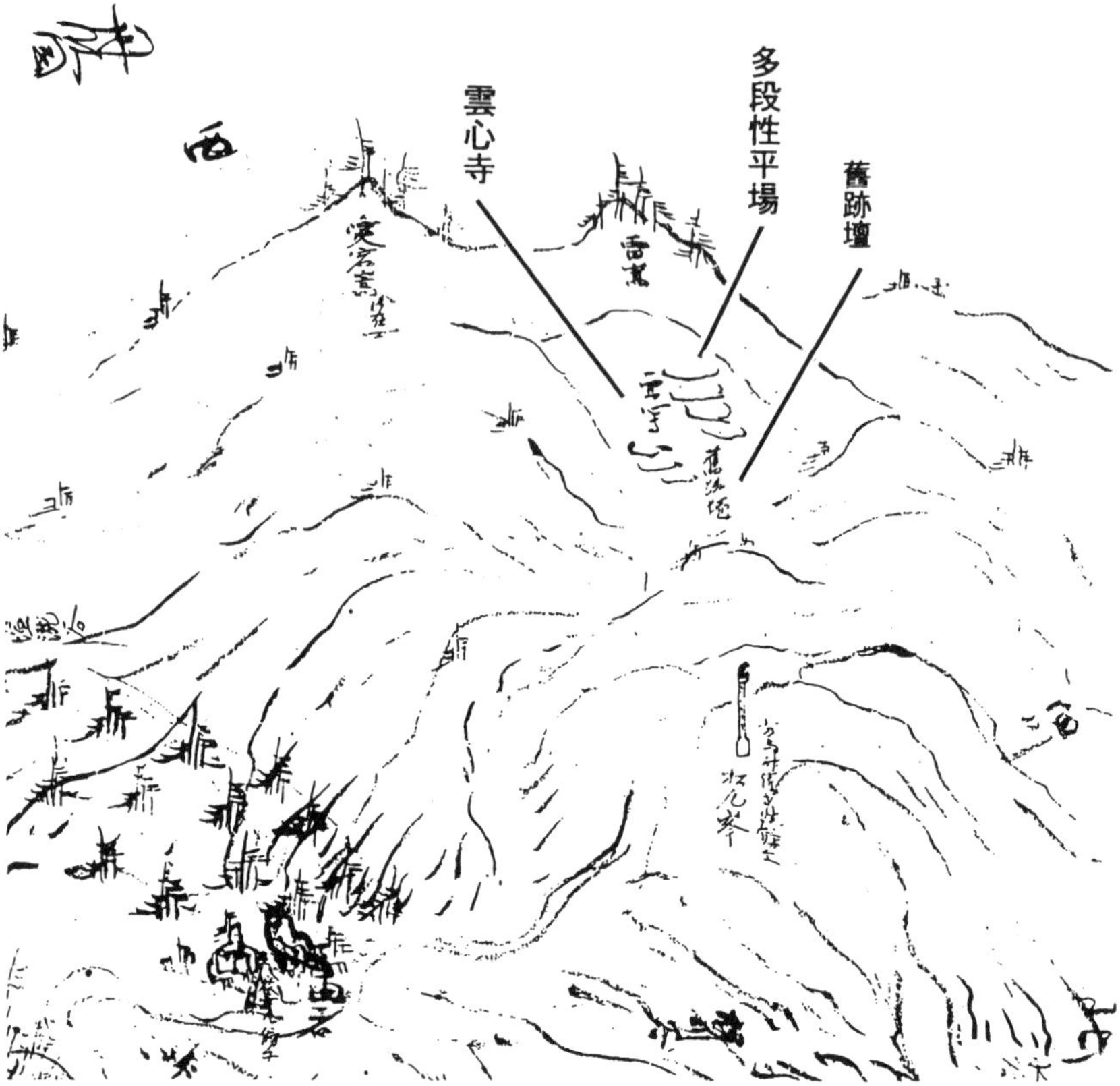

第 21 図　京都府雲心寺絵図（13 世紀前葉）にみる多段性平場構造の山寺（梶川 2002 をもとに文字等を追加して上野川 2019 作成）

塔はそうした位置取りを余儀なくされたと考えられる。

　次に、中世史料にみえる多段性平場構造山寺の事例を検討する。これは、梶川敏夫による平安京周辺の山寺についての論考（梶川二〇〇二）に掲載された資料と、その古図によって現地調査で確定されたと報告されている山寺遺跡である京都府雲心寺《うんしんじ》跡に関するものである。この遺跡地からは、平安期の遺物（一〇世紀頃）が表採されている。以下、梶川が『日本荘園絵図聚影二』（東京大学史料編纂所一九九二）より転写した絵図をもとに、その持つ意味について若干考えたい（第21図・第22図）。これは、「山城国主殿寮領小野山与神

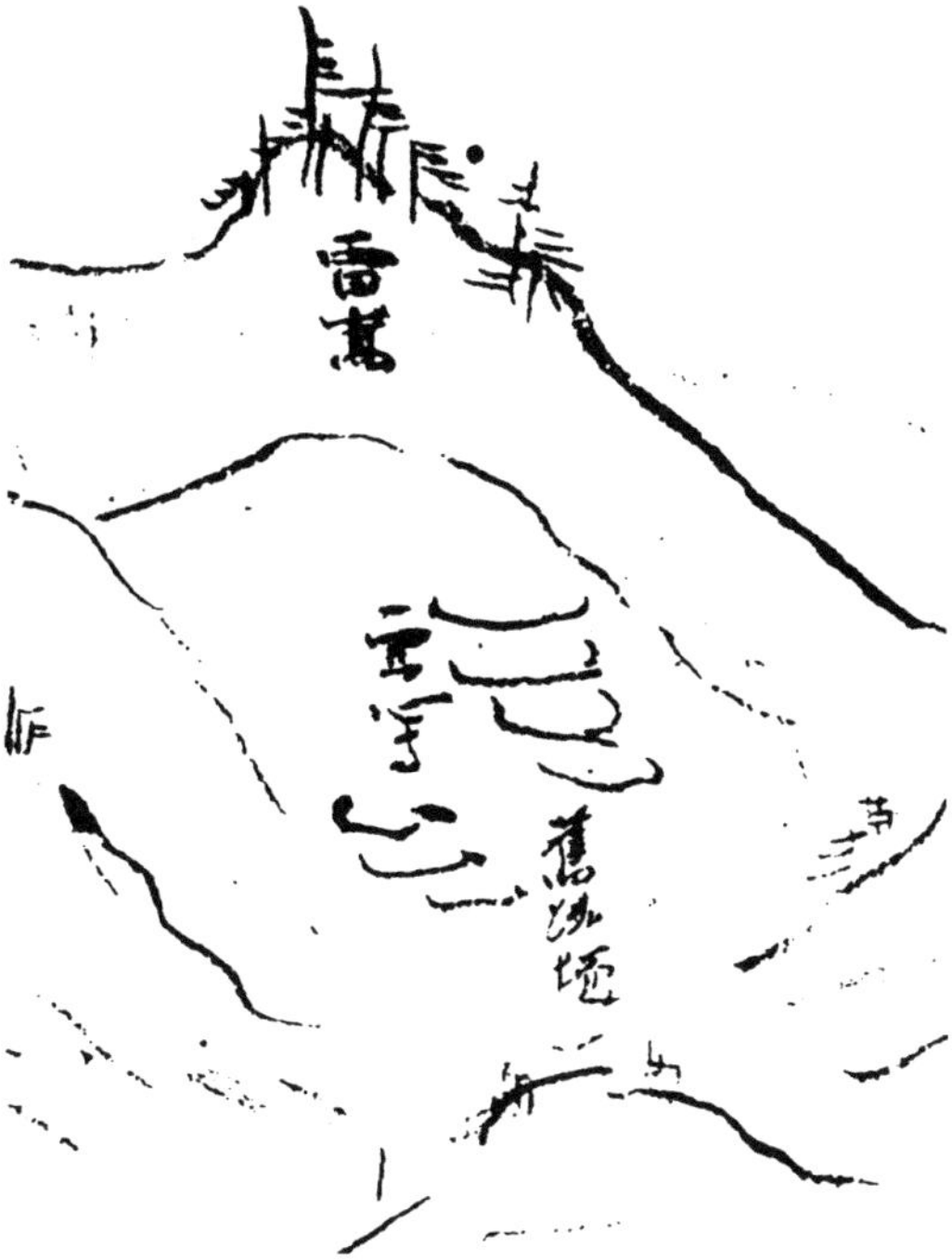

第22図　京都府雲心寺絵図（13世紀前葉）にみる多段性平場構造山寺の雛壇状（階段状）の平場（梶川2002を拡大）

護寺領堺相論指図」の一部分である。

寛喜二年（一二三〇）段階の山野が描かれている京都府北西部の指図には、愛宕山（愛宕嵩）の右に「雷嵩」と書かれ、その山腹上位には「雲心寺」と「舊跡壇」とみられる文字がみえる。「雷嵩」の山頂下方の斜面には、二列に平場と考えられる雛壇状の線がある。二列に描かれている壇は、東側の雛壇状の平場が上下に四段であり、西側には上下に三段がみえる。

これは、一三世紀前葉には、かつて雲心寺という寺が山腹上位にあり、そこには平坦な壇が上下に造成されていたことが知られていたことを示していると考えられる。そこにみえる平場は、間口が広く、奥行が浅く、平面が長方形的な形状を示す平場遺構であると認識されていたものと考えられる。

史料では、二列に平場群が描かれており、現地でも平場六カ所が確認されたという。そして、平場の北寄り基壇上の高まりも確認されていることから、山寺遺跡であることは確実である。これらのことから、この古図は、平場構造からみた著者の山寺遺跡類型における多段性平場構造を顕著に示していることとなる。

著者は、このことから、この古図が多段性平場構造山寺を示す俯瞰図面として貴重な価値があるのではないかと思っている。そして、一三世紀前葉段階には、旧跡となっていることからみて、中世段階には存続していない山寺であったとみてよいのだろう。

事実、梶川報告(二〇〇二)では、雲心寺跡の場所からは、一〇世紀の土器類が表採されており、中世の遺物がないことから、山寺は中世初頭の一二世紀頃までには廃絶していたと考えられる。このことから、雲心寺は、著者の山寺存続期間分類における古代創建古代廃絶型(1類)の山寺遺跡であることがわかる。

なお、寛喜二年の京都府高山寺絵図では、寺院の堂塔が並列的に描かれており(上野川二〇一八)、絵図が描かれた時代には堂塔が存在していたものと解される。雲心寺跡の場合は、高山寺絵図とは対照的に建物がなく、「舊跡壇」とみられる文字を絵図に記していることから、寛喜二年の時には、堂塔が廃絶していたと考えることができるのであろう。

ここにふれた京都府雲心寺跡に関する絵図の山腹上位に記された平場とみられる遺構群と、京都府高山寺の「高山寺絵図」に描かれた並列系伽藍配置の建物群の在り方は、更なる検討が必要となろう。

以上のように、一三世紀前葉の史料には、すでに遺跡となった古代創建古代廃絶型の多段性平場構造山寺の平場群が描かれているのである。そして、愛宕山中の現地踏査により、遺跡地も確定されたという山寺考古学研究史上に残る調査研究がなされたのである。

第二章　一面性平場構造山寺の特質

一　一面性平場構造山寺の平場と堂舎

千葉県遠寺原《とうてらはら》遺跡は、房総半島中央西部の上総丘陵の台地上の遺跡である（第23図）。発掘調査報告書は、『千葉県袖ケ浦町永吉台遺跡群』（本文編・図面編・写真図版編）として公刊されている（君津郡市文化財センター一九八五）。通称では遠寺原地区を遠寺原遺跡、西寺原地区を西寺原遺跡としている。

遺跡は、台地上のほぼ平坦な場所に広大に展開する。台地下の水田面と台地上の平坦部との高低差は、約三五メートルであり、台地上の遺跡はまさに山上にあったといえる。

この遺跡を山寺遺跡と考える根拠は、前冊に記したが、ここでは主要堂宇とその東から北に展開した山寺遺構について、若干の検討を行ないたい。掘立柱建物・竪穴建物、推定薗院・花苑院または広場は、台地上の南部にあり、その断面は図示したとおり（第24図）であり、山寺遺跡の遺構群が階段状にならない広大な台地上の同一平面上に一面的に造営されたことがわかる。しかし、山寺の周辺は、上総丘陵に特有の深い谷に囲まれており、周囲からは独立した空間に古代山寺が八世紀第4四半期から一〇世紀まで存続し廃絶し（古代創建古代廃絶型）、遺跡となった。

遺跡の東半部には、掘立柱建物・礎石建物・竪穴建物群が展開し、主要堂宇は、7号建物（桁行五間、梁行四間の、

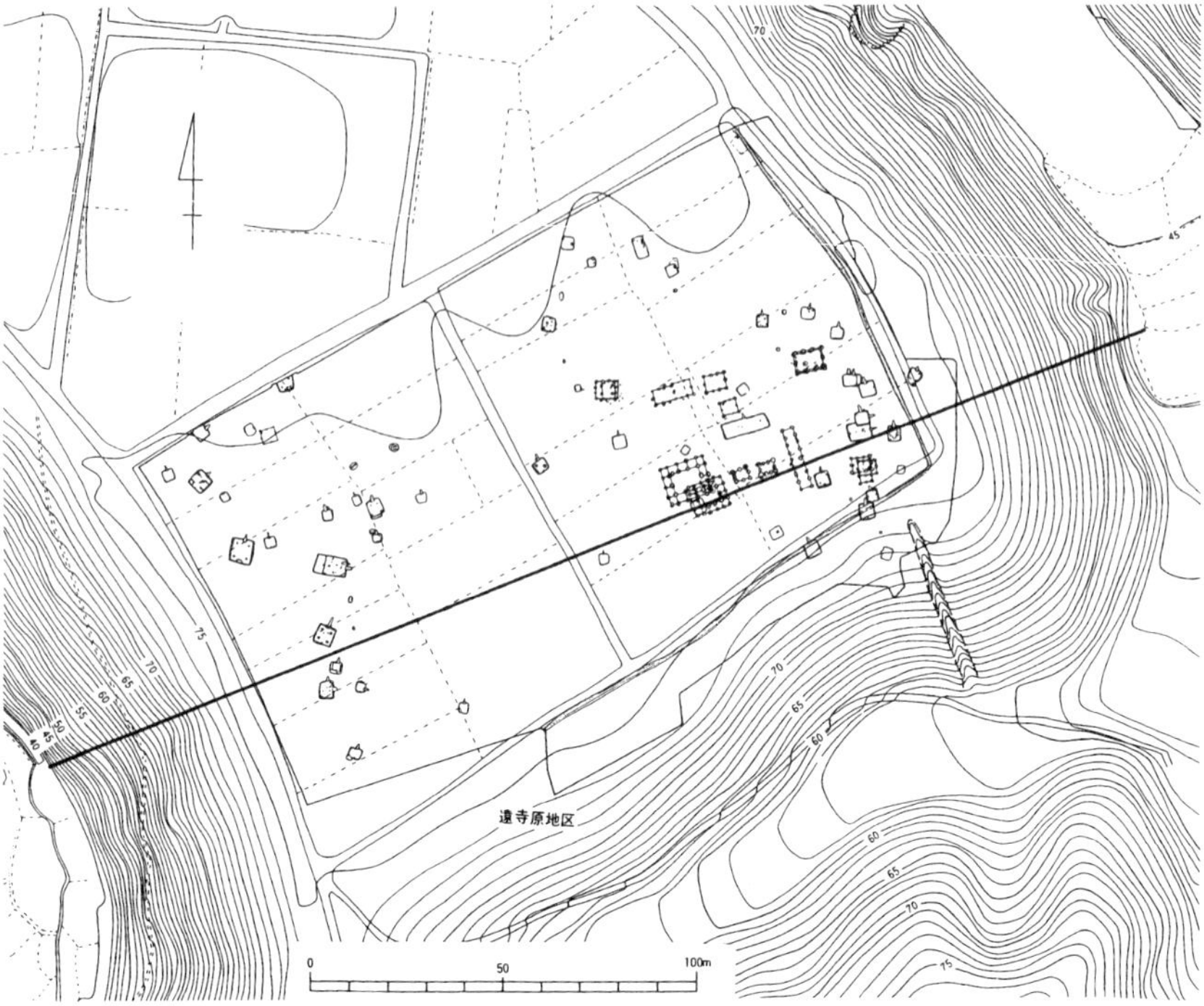

第23図　千葉県遠寺原遺跡の遺構分布図と東西地形断面図作成ライン（君津郡市文化財センター 1985 に上野川加筆）

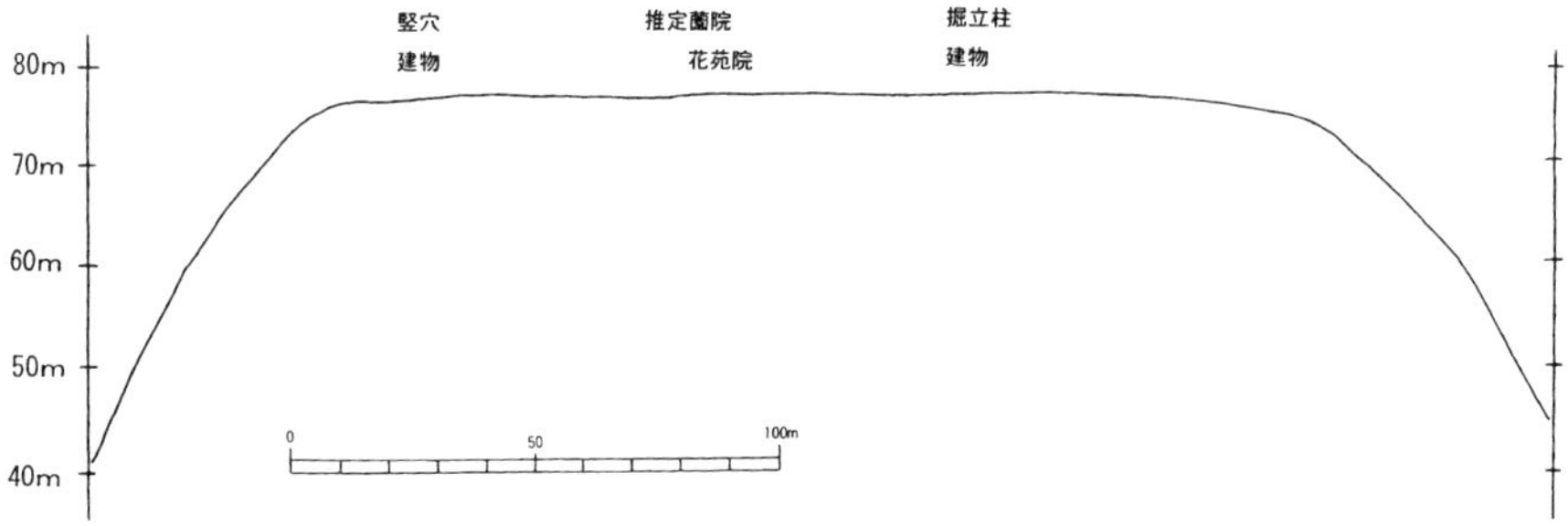

第24図　千葉県遠寺原遺跡の東西地形断面図（上野川 2019 作成）

四面庇掘立柱建物）と、８号Ａ建物（桁行五間、梁行四間の、四面庇礎石建物）、８号Ｂ建物（桁行五間、梁行四間の、四面庇掘立柱建物）である（第25図上段）。これらは、仏堂（本堂）である。これらの建物の南側には、遺構のない空間があることから、そこは前庭あるいは広場的な空間であったとみられる。

発掘調査の結果、その変遷は、最初に７号掘立柱建物が建立され、その後に北西隣接地点に、７号建物の一部を切るように掘立柱の８号Ｂ建物が建てられ、最後に掘立柱建物を礎石建物である８号Ａ建物に建て替えている。このことから、仏堂は三時期の変遷を持つことがわかる。

そして三期目の仏堂である８号Ａ建物は、一〇世紀前半の32号竪穴建物に切られているので、遅くとも一〇世紀前半には、仏堂は廃絶したことになる。32号竪穴建物の土器類は、轆轤《ろくろ》成形で底部回転糸切り離しの土師器杯類と、いわゆる内面黒色処理で篦《へら》磨きされた土師器椀類などであり、一〇世紀前半の範囲に収まるとみられる。住居形状は不整方形で、竈も小規模なもので、その時期の遺構の特徴を持つ。

遠寺原遺跡の出土土器類は、発掘調査報告書によれば、Ⅰ期からⅤｂ期までの年代観が考えられた。Ⅰ期は、八世紀第３四半期。Ⅱ期は、八世紀第４四半期から九世紀初頭。Ⅲ期は、九世紀前半。Ⅴａ期は、九世紀第４四半期から一〇世紀第１四半期。Ⅴｂ期は、一〇世紀第２四半期からそれ以降とされた（第25図下段）。

仏堂東方の竪穴建物では、台地南東端に位置する44号・51号竪穴建物が最古段階とされ、八世紀第３四半期の土器類を持つとされる。次の八世紀後半段階（八世紀第４四半期）には、「山寺」の墨書土器を持つ34号・35号・42号竪穴建物が属することから、先に示した創建期の掘立柱建物である仏堂（７号建物）は、八世紀後半段階には、創建されたとみてよい。

竪穴建物出土遺物については、土器類などの水平面と垂直面の出土位置が発掘調査報告書の竪穴実測図に記載され

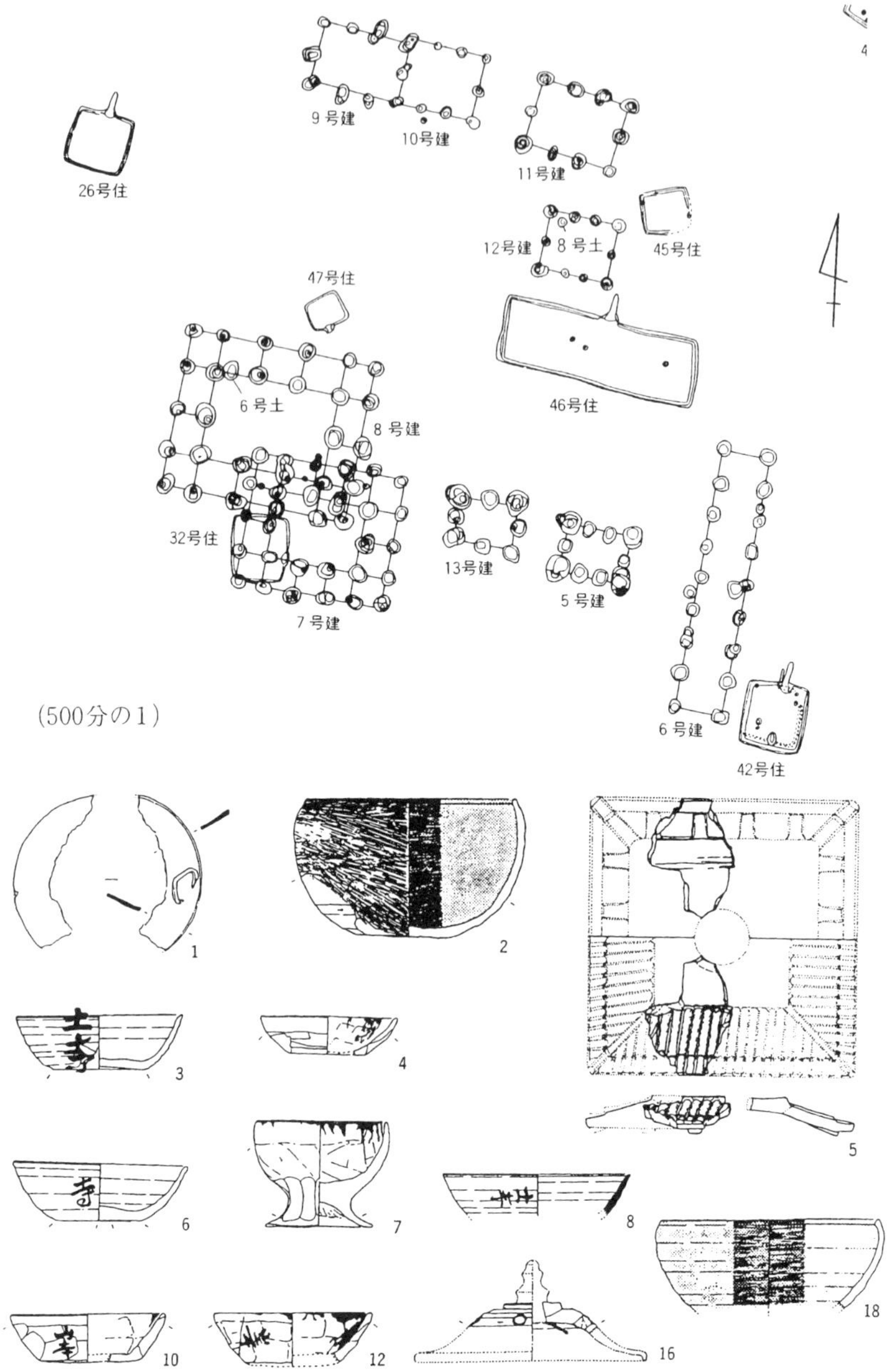

第25図　千葉県遠寺原遺跡中枢部遺構実測図(上段)、出土遺物実測図(下段、縮尺任意)
(君津郡市文化財センター 1985を改変)

ていないため、床面直上の出土遺物と埋土（覆土）中の遺物が区分できないが、以下、少し土器類に触れたい。

34号竪穴建物では、須恵器杯類が多く出土し、Ⅱ期（八世紀第4四半期～九世紀初頭）の遺物とされ、35号竪穴建物も類似する須恵器がみられるが、土師器蓋の形態から、34号竪穴建物のほうが古期の遺構と考えられよう。そのため「山寺」の墨書土器を持つ竪穴建物は、八世紀第4四半期の中でも、第3四半期に近い時期の可能性があろう。仮にその時期を、八世紀後半中葉と表現すれば、宝亀年間（七七〇～七八一）頃という表現が許されるかどうかということになろうか。

仏堂北側後方の建物では、9号・10号・11号・12号掘立柱建物の四棟が、仏堂から約一〇～一五メートルの距離に隣接する。11号建物は、仏堂とは異なる方位軸を持つが、9号・10号・12号建物は、いずれも桁行三間・梁行二間の規模を持ち、方位軸を三時期にわたる仏堂に揃えるように構築されている。

特に、古期の仏堂である7号建物の南北中軸に近い軸線上に10号建物があり、新規の仏堂である8号建物の南北中軸に近い軸線上に9号建物がある。北東日本においては、埼玉県高岡寺院跡の僧坊とされる第3建物遺構が、東西桁行三間・南北梁行二間の規模で、三度の建て替えを持つ四時期の遺構となり、山寺の創建から廃絶まで存在している。しかもその建物の中軸線は、本堂から南に延びる中軸線と平行に近い関係を示す。また、石川県三小《みっこ》牛《うじ》ハバ遺跡においても、本堂（SB01）の後方に建物の南北軸線を揃えて、桁行三間・梁行二間の掘立柱建物がある。

こうしたことから、八世紀後半創建の一面性平場構造山寺においては、遠寺原遺跡と三小牛ハバ遺跡において、仏堂（本堂）後方に、仏堂と軸線を揃える形で、桁行三間・梁行二間などの小規模な掘立柱建物が構えられている。

これに対して、多段性平場構造山寺とみられる埼玉県高岡寺院跡では、八世紀後半から一〇世紀代まで、本堂の南側の前方下位に、桁行三間・梁行二間の僧房が構えられたといえよう。

そして、群馬県黒熊中西遺跡においては、九世紀後半には創建されていた多段性平場構造山寺において、僧房(1号建物)は、山寺中枢の本堂・講堂から西方に約五〇メートル離れた独立平場に構えられたことになる。

遠寺原遺跡創建期の仏堂である7号掘立柱建物の東方には、方位軸を揃えるように南北に長大な6号掘立柱建物が位置する。その規模は、桁行一間・梁行八間の南北棟で、西側柱列総長南北一五・七メートル、東西梁行の柱間二・七メートルである。底部回転篦削りの須恵器杯が出土しており、遠寺原遺跡Ⅱ期あるいはそれを遡る遺跡創建期の遺物とみられる。

7号建物(創建期仏堂)からの出土遺物がないので、その時期を確認することはできないが、6号建物が創建期の仏堂と組む(セットになる)場合、遠寺原遺跡の創建時期を探る重要な遺構・遺物となろう。

なお、八世紀後半創建となる石川県三小牛ハバ遺跡においても、本堂斜め前方に、梁行一間・桁行六間かそれ以上の間口の広い建物があり、千葉県遠寺原遺跡との類似性が窺える。遠寺原遺跡からの出土遺物には、体部に「山寺」などの墨書を持つ土師器杯・鉄鉢形土器・香炉蓋・灯明具・瓦塔などの仏教関連遺物が多い。

多数の墨書土器の中には、「土寺」「土家」「土」「寺」の墨書があり、「土寺」の墨書が「はじでら」(森一九九八：三七二頁)と読むことができるとすれば、「土」「家」の複数の墨書土器の出土とともに、古代氏族の土師氏に関連する山寺であった可能性を示唆するのかもしれない。

寺域からは、塔跡は確認されていないが、瓦塔の出土からみて、小規模な瓦塔基壇に瓦塔が置かれていた可能性があろう。瓦塔基壇は、近隣の萩ノ原遺跡から確認されており、萩ノ原遺跡では一辺が約二メートルの基壇状の遺構があったとされる。

三小牛ハバ遺跡(第26図)は、金沢市南部の丘陵北斜面に八世紀後半から一〇世紀まで存続した古代創建古代廃絶型

（1類）の山寺遺跡である。遺跡の東方約一キロには、犀川が南東から北西に流れ下る（金沢市教委一九九四）。

寺域中心部には、桁行四間・梁行二間の掘立柱建物（金堂・ＳＢ01）があり、その西側に、桁行四間、梁行三間の掘立柱建物（講堂・ＳＢ02）が位置する（金沢市教委一九九四）。この二棟と組むように方位がほぼ合致する金堂東の掘立柱建物（ＳＢ03）を含む寺域中枢部は、標高約一五〇メートルに建立されており、金堂後方堂舎群が緩やかな斜面に続く場所に位置するにしても、金堂前方の前庭的な広場を含む山寺遺跡全体は、一面的な平場上に建立されたとみてよい（第27図）。つまり、階段状の平場群に堂舎が分散する多段性平場構造山寺とは、異なる山寺構造を示しているといえよう。これは、古代における一面性平場構造山寺の遺構群と認識できる。

三小牛ハバ遺跡は、丘陵地帯に位置するが、先に触れた千葉県遠寺原遺跡と同じく、遺跡地の西側は、深く浸食された谷となっており、遺跡とその西側下位を北流する伏見川との高低差は、数十メートルになる。こうした丘陵の深い谷に隣接する山寺遺跡は、北東日本では、群馬県黒熊中西遺跡が代表となろう。

黒熊中西遺跡と三小牛ハバ遺跡は、北面する山寺の西側谷部が数十メートルの深さに開析された場所に造営された山寺遺跡であり、黒熊中西遺跡の最初期の相輪樘状遺構が八世紀後半に属することを考え合わせれば、北東日本における八世紀後半創建の山寺群の立地の特徴が浮かび上がってくる。埼玉県高岡寺院跡も、同時期の創建となる山寺であり、同様な丘陵地の占地がみられる。

三小牛ハバ遺跡の中枢建物二棟（金堂・講堂）は、山寺の中心建物であるが、寺域西側に位置する講堂のほうが大きいという特徴を持つ。京都府如意寺跡では、本堂と講堂が、桁行五間、梁行四間と同じ柱間を持つが、柱間距離が講堂のほうが大きい数値を示すため、建物規模は講堂が金堂より大きい（江谷・坂詰二〇〇七）。それを三小牛ハバ遺跡に短絡的に当てはめることはできないが、そこには何らかの意味が内包されているのであろう。

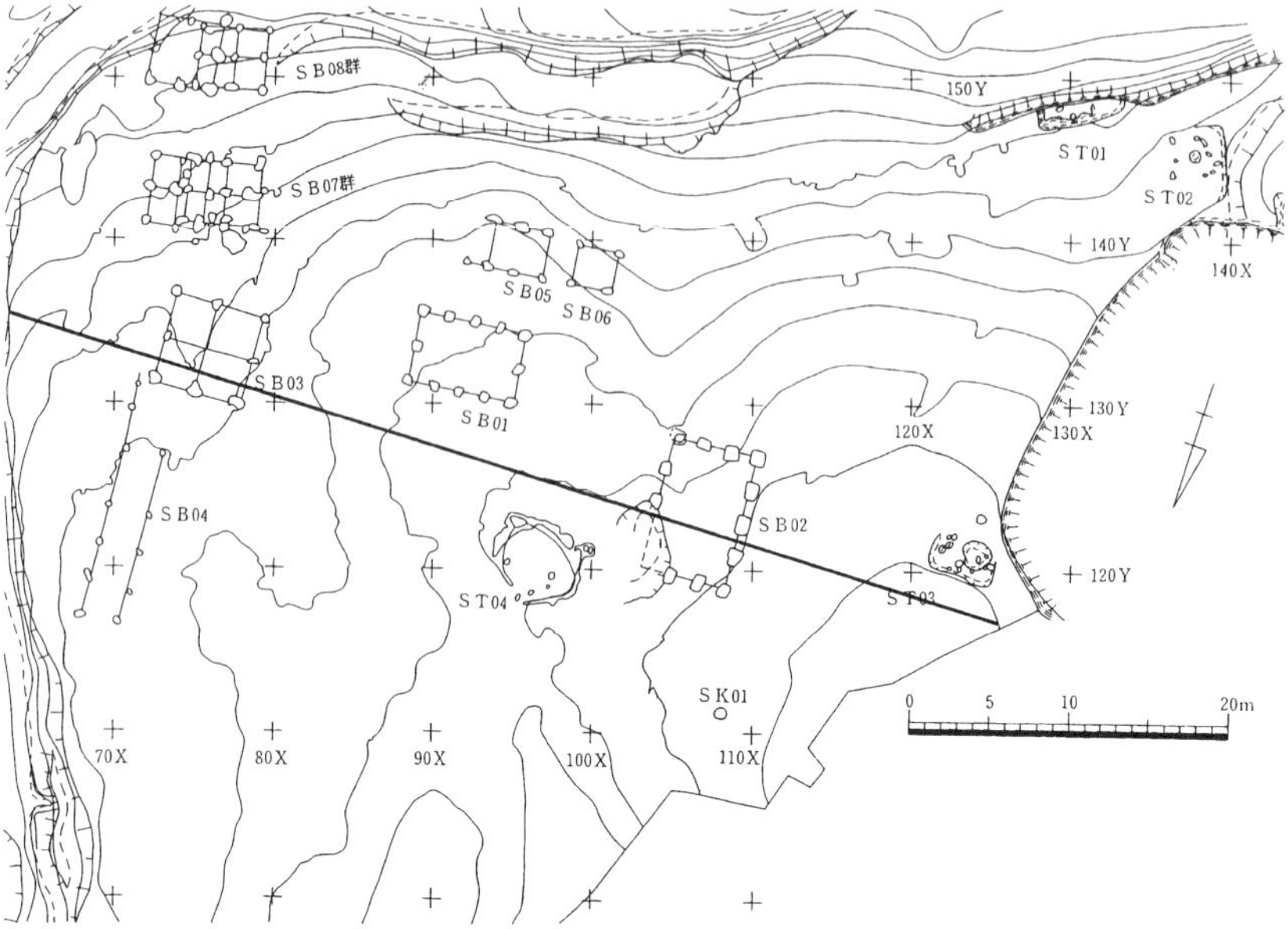

第 26 図　石川県三小牛ハバ遺跡遺構分布図と東西地形断面図作成ライン（金沢市教育委員会 1994 に上野川加筆）

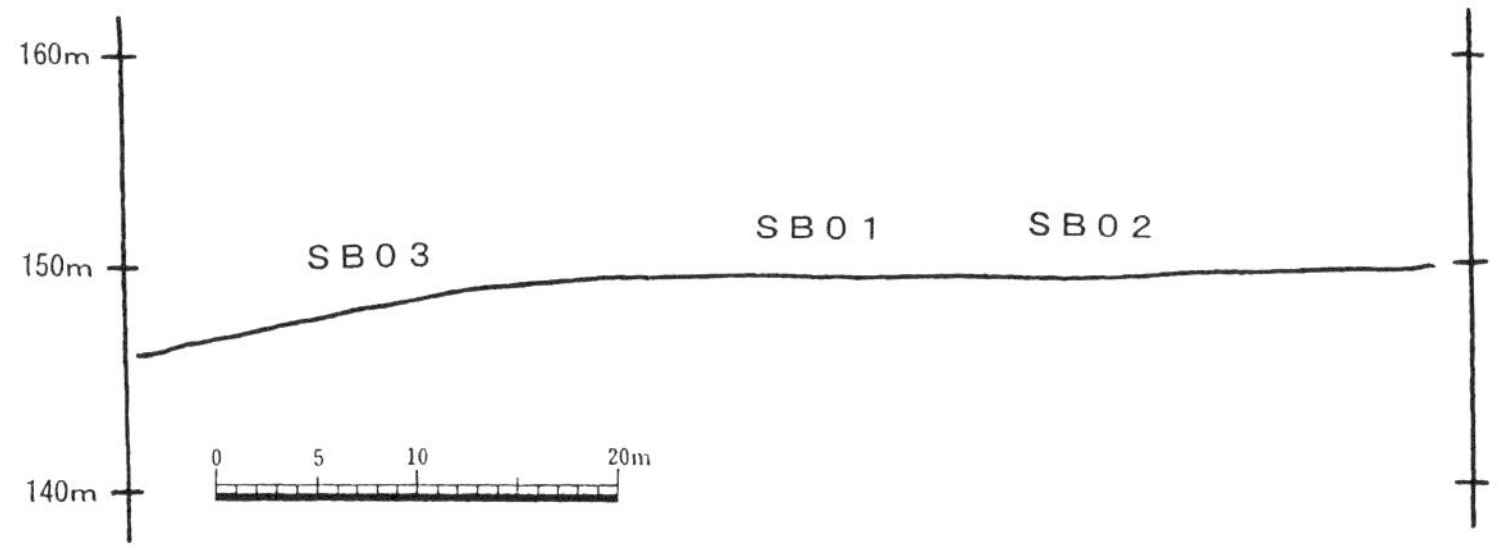

第 27 図　石川県三小牛ハバ遺跡の東西地形断面図（上野川 2019 作成）

　金堂・講堂など伽藍中枢部の建物は、柱穴に建て替えの痕跡がないことから、一時期の山寺堂舎があったものと解釈されるが、三棟程度の総柱の掘立柱建物などからなるSB07・SB08群は、金堂斜め後方で二時期程度の建替えがあったとみられる。これは、総柱であることから、寺に付属する倉などの性格を持つ建物であった。

　また金堂後方の二棟の東西棟の掘立柱建物は、平地寺院の中心堂宇の後方に位置する僧坊と同じ位置取りであることから、僧房的な建物の可能性があろう。側柱建物となる掘立柱建物(SB03)は、経蔵などの可能性も考えられた(上野川二〇一二b)が、今後の検討課題となろう。

また三小牛ハバ遺跡からは、「三千寺」「道寺」などの墨書土器とともに、「□山山寺」(平川一九九四)の木簡が出土しており、古代氏族である道氏との関連が考えられている。北陸の古代有力氏族の道氏がこの場所と周辺の統治に係わっていたとすれば、多数の経典などを保持していたのであろうから、三小牛ハバ遺跡の山寺に規模の大きな経蔵を所持していたとしても不思議ではないのであろう。道氏は、北加賀の郡司「道君《みちのきみ》」であるとの見方がある。

なお、この遺跡の南東約一五〇メートルの東向き斜面には、和同開珎約六〇〇枚が発見された三小牛サコ山遺跡があり、この全国一の一括出土量を誇る三小牛サコ山遺跡は、寺院である三小牛ハバ遺跡に関係した埋納銭貨とされ(松村二〇一六)、寺跡が郡領氏族である道君氏の建立であろうから、この山寺は郡司層が建立したことになるのであろう。

二　山尾権現山廃寺の立地と堂塔

茨城県山尾権現山廃寺は、筑波山北方の山腹の小規模な平坦部に確認された遺跡である(第28図、真壁町史編さん委一九八九)。発掘調査は実施されていないので、遺跡の詳細は判明していないが、山腹に立地する一面性平場構造山寺として貴重な事例(上野川二〇一八:三九〇頁)であることから、ここで概観を確認しておきたい。

山寺跡は、筑波山西麓の標高約二六〇メートル付近の南西に張り出す小尾根に位置する小規模な伽藍を持つ山寺である。寺の正確な規模は不詳であるが、中軸に位置する中門から講堂までは南北約四二メートル前後とみられ、北東

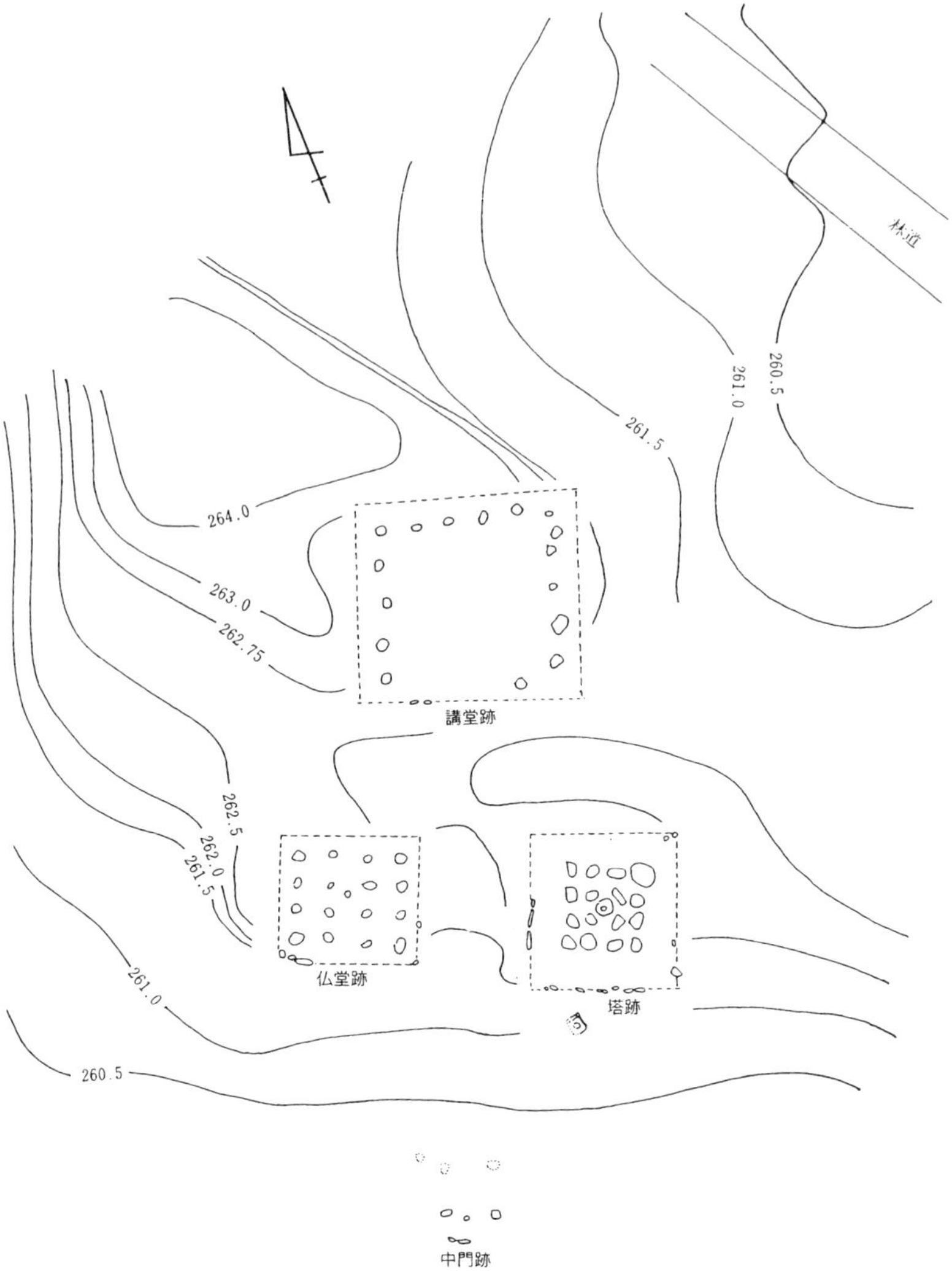

第28図　茨城県山尾権現山廃寺の地形と遺構分布図(真壁町史編さん委員会1989を改変して上野川2019作成)

日本の中でも小規模な山寺の一群に属する。回廊のない伽藍配置で、中門から講堂を結ぶ中軸線から右に心礎に舎利孔を持つ塔があり、左に基壇を持つ桁行三間・梁行三間の仏堂(金堂か)が並置される。講堂は桁行五間・梁行五間の礎石建物跡で、瓦などから九世紀初頭頃の山寺とみられる。仏教関連遺物は、現時点では確認されていないようであるが、発掘調査により出土することとなろう。

中門跡とされる門跡があることから、その門に取り付く何らかの施設があった可能性が窺えよう。塔跡基壇と仏堂跡は標高二六二メートル付近にあり、その北側後方に講堂跡が現存する。三棟ともに礎石建物で、中門と講堂を結ぶ中軸線の東西に塔と仏堂を配置する伽藍となる。

この主要堂塔は、標高約二六二～二六三メートルのほぼ同一標高に基壇が造成されており、中門の標高がやや下がるものの、同一標高面に一面的な平場があり、そこに山寺を造営した遺跡とみることができる。一面的な平場が人為的に造成されたものか、自然にあった平地がそのまま利用されたのかどうかは、現時点では不詳とせざるを得ない。発掘調査による平場の断面観察によって、切土と盛土による平場造成面の構築があれば、人為的な一面的な平場が造成されたことになろう。

遺跡の中枢部に基壇があることから、人為的に山の斜面を削るなどの造成を経て、基壇礎石建物を創建したとみられ、八世紀後半から九世紀前半の中に創建された一面性平場構造山寺とみることができる(第29図)。

この山寺の場合は、筑波山頂から北に延びる尾根筋の西側山麓に位置し、かつ眼下に筑波山北部の東西を結ぶ道があり、古代から交通の要地であったことも指摘できよう。

著者は、こうした一面性平場構造山寺の類に奈良県比曽寺《ひそでら》跡が含まれ、古代比曽寺がその原形を示すものと考えている(第30図・第31図)。比曽寺は、吉野川から三キロほど細長い谷を北上した最奥部の山麓に南面して位置する。そ

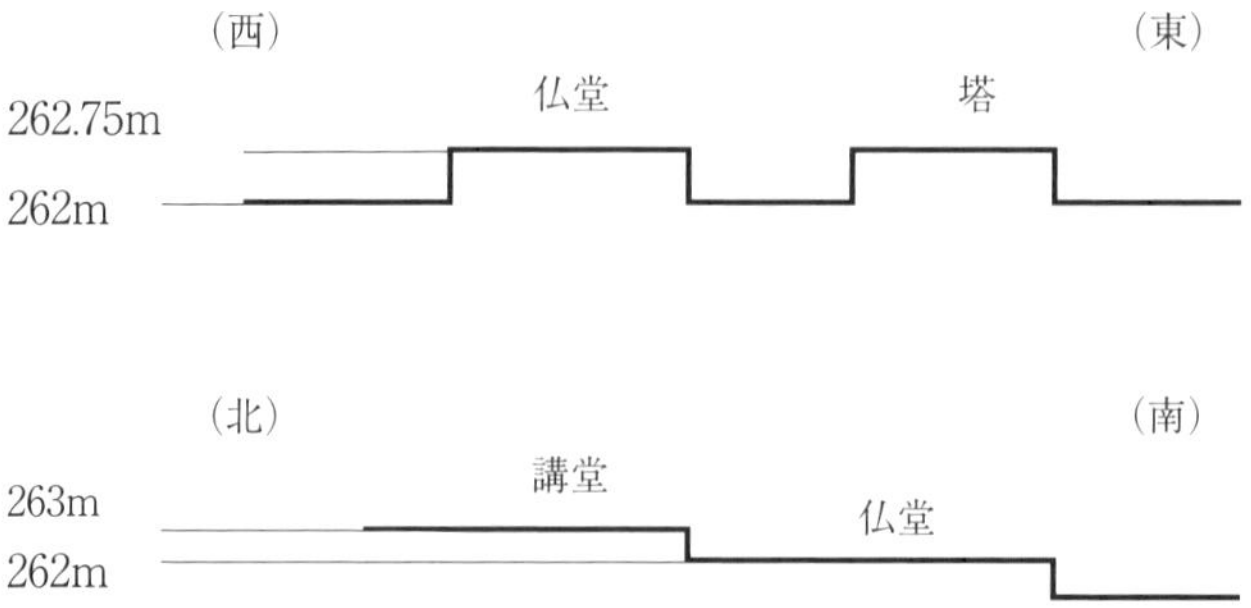

第29図　茨城県山尾権現山廃寺における9世紀の伽藍配置断面模式図（上野川 2019 作成）

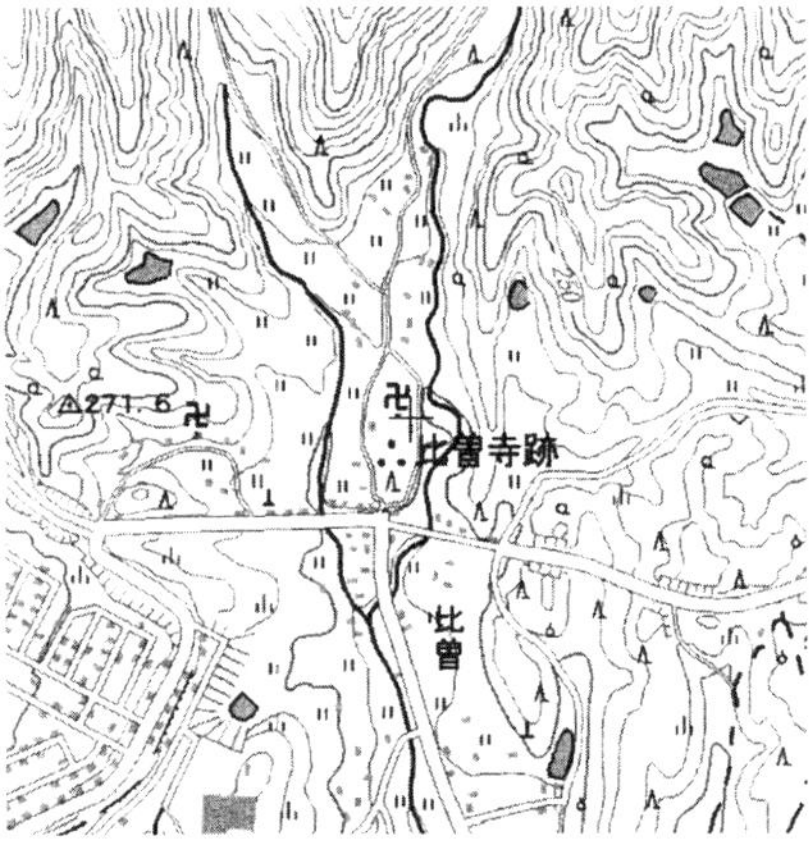

第31図　奈良県比曽寺跡周辺地形図（長岡 2016）

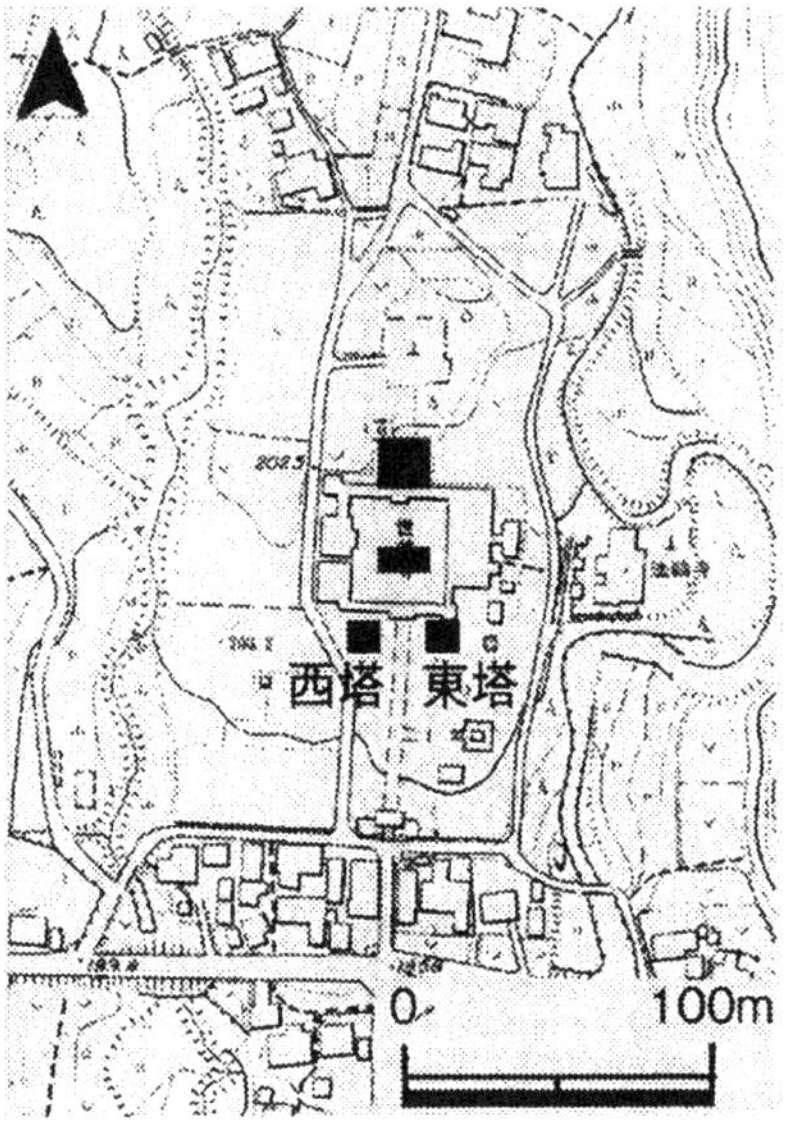

第30図　奈良県比曽寺跡遺構平面図（大西貴夫 2016）

の寺域は南流する二本の小河川に挟まれた平地で、東塔跡・西塔跡が現存している。瓦は、飛鳥時代前半の素弁軒丸瓦であり、山寺の起源を示す重要な遺跡とみられている（大西貴夫二〇一六）。現在の比曽寺境内は、階段状に高低差を持つ平場群がなく、塔跡礎石が現存する同一標高面に一面性平場構造山寺が建立されたのであろう。

なお、群馬県赤城山南麓の標高二一二メートルの台地上に知られる山上多重塔の北側隣接地は、発掘調査が実施され「歯仏様《はぼとけさま》遺跡」として概要報告がある（新里村教委二〇〇一）。山上多重塔には、延暦二〇年（八〇一）の文字が刻まれており、調査地からは八世紀後半から九世紀後半の土器類や、桁行三間・梁行二間の規模で二〜三回の建替えがある掘立柱建物と工房が発掘された。遺跡の東西は深い谷によって画され、八世紀後半に創建された一面性平場構造山寺の可能性がある。「歯仏様」とは多重塔を指し、歯の患いに霊験があり歯痛を治す仏様として崇められてきたという。

第三章　古代山寺の小規模平場と空間機能

一　八世紀後半から一〇世紀の山寺における本堂背後の小規模平場

ここでは、八世紀後半以降に創建された山寺遺跡に造成された本堂背後の小規模平場について、少ない発掘調査資料などを基にするという限界の中で、その遺構の特徴や性格の検討を行ない、今後の研究視点の一つとして提示しておきたい（後掲第3表）。

滋賀県松尾寺《まつおじ》遺跡は、琵琶湖の東岸山中にある山寺遺跡である（第32図）。その場所は、三重県との県境に近い霊仙山（標高一〇八四メートル）の北西約五キロに位置する。

ここで取り上げる小規模平場は、本堂域の北側斜面上位にある。標高は、四四〇～四四一メートルである。本堂域との高低差は、一五～一八メートルと大きく、今回検討する山寺遺跡中では、最大の高低差がある。小規模平場は、間口二〇～二五メートル、奥行六～八メートルである。小規模平場には、石組遺構があり、何らかの施設があったとされ、小規模な建物の基礎部分が残っていると考えられる。

この平場の発掘調査結果は、報告書記載（米原町教委一九九九）の用語を用いて、報告文のとおり示せば、次のようになる。

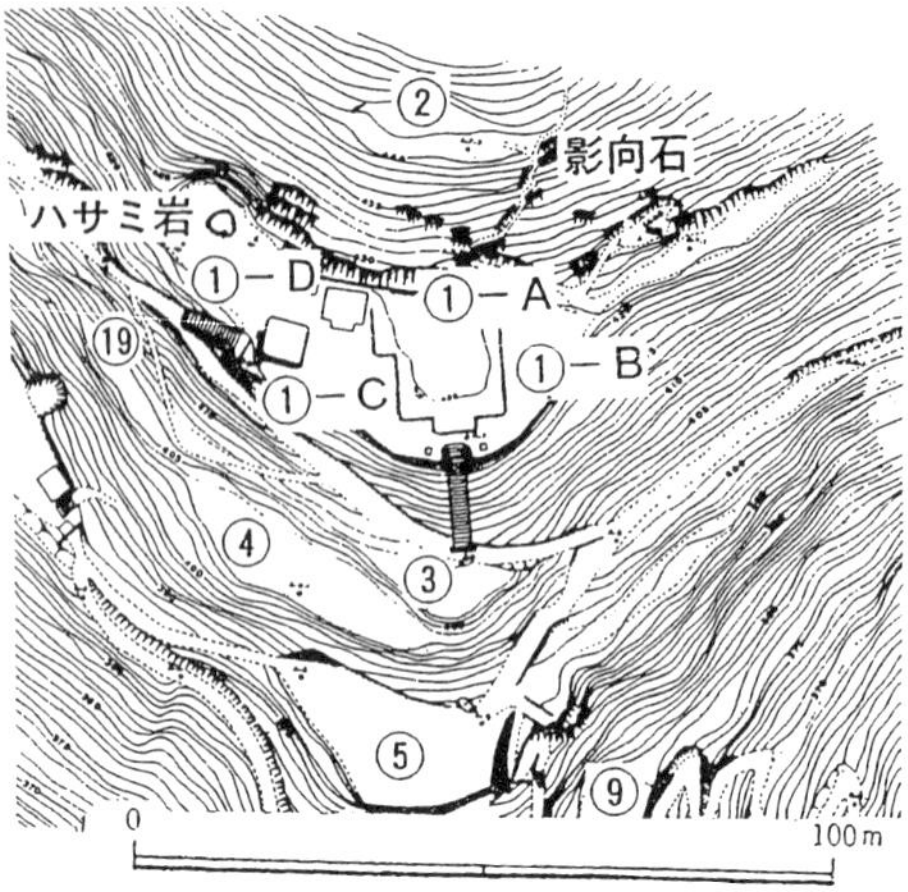

第32図　滋賀県松尾寺遺跡最高所中枢部の平場（①～⑤）と調査地点（米原町教育委員会1999）

①平坦地中央部には、マウンド状の若干の盛り上がりが見られる。
②マウンド上には、集石遺構（SX06）が認められる。
③他に遺構と呼べるものとしては、平坦地の西側の一番奥まった箇所に石列が一列認められる。
④明らかに人工的な空間であるにもかかわらず、礎石等の建物を構成する部材や、遺物が一切認められない。

そして松尾寺遺跡発掘調査では、「明らかに人工的な空間であるにもかかわらず、（中略）、但し居住空間でないことだけは、確かと思われる。漠然とではあるが、極めて神聖な場であったと考えたい」（米原町教委一九九九：二〇頁）とあり、事実、居住に用いる土器類の出土がないこともそのことを裏付けることとなる。

小規模平場の後方斜面上位には、高さ一メートル内外の多数の巨岩が林立し、これは磐境（または磐座）とみてよいのであろう。その場所の発掘調査はなされておらず、出土遺物はみられないようであるが、そこは往古より神聖な場所であった可能性があろう。逆説的に言えば、そうした磐座的な場所が、古代山寺の立地として選ばれたのであろう。

松尾寺遺跡では、このように九世紀後半の遺物が出土する本堂域を仏地とみれば、その上位に位置する小規模平場が前述のような特徴を持ち、かつ小さな施設があったことはほぼ確定的と考えることができるので（第33図・第34図）、そこは磐座巨岩群と一体になる神聖な場所で、あるいは神域という概念を付与することができるのではないかと私考している。

埼玉県高岡《たかおか》寺院跡は、埼玉県南西部の丘陵上で発掘調査された古代創建古代廃絶型（1類）の山寺遺跡である（第35図）。八世紀後半には、第一建物遺構（本堂）が創建され、一一世紀初頭（一一世紀前葉。著者註）まで存続し、廃絶した。出土遺物には、多量の土器類があり、土師器・須恵器・鉄鉢形土器（須恵器）・灰釉陶器・緑釉陶器・鉄滓や、多数の鉄釘などが出土した。本堂とされる第一建物遺構は、桁行五間・梁行四間の東西棟の礎石建物である。僧坊と考え

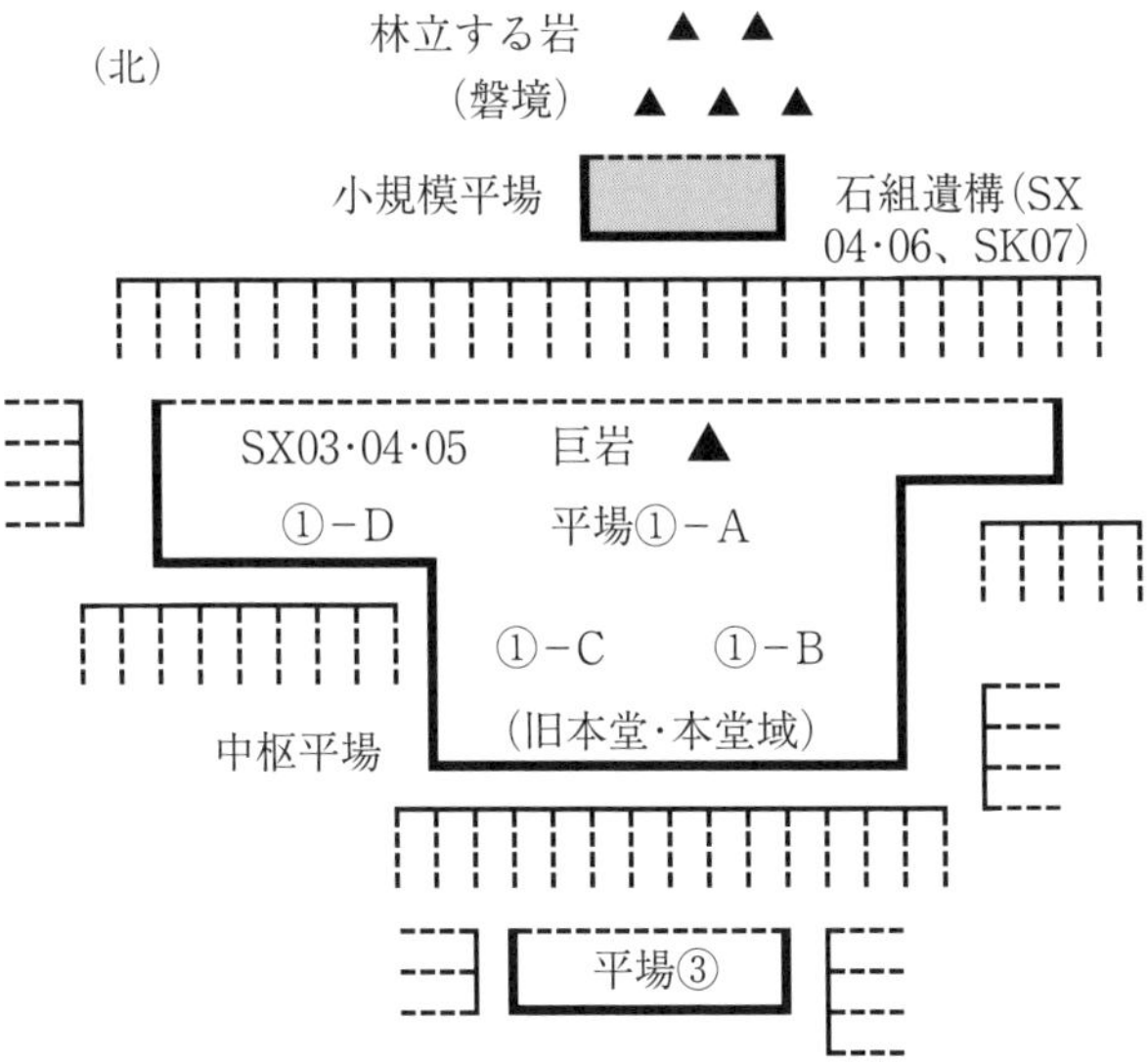

第33図　滋賀県松尾寺遺跡最上段の本堂背後施設（小規模平場）と中枢平場の位置関係模式図（9世紀後半～10世紀）（上野川2019作成）

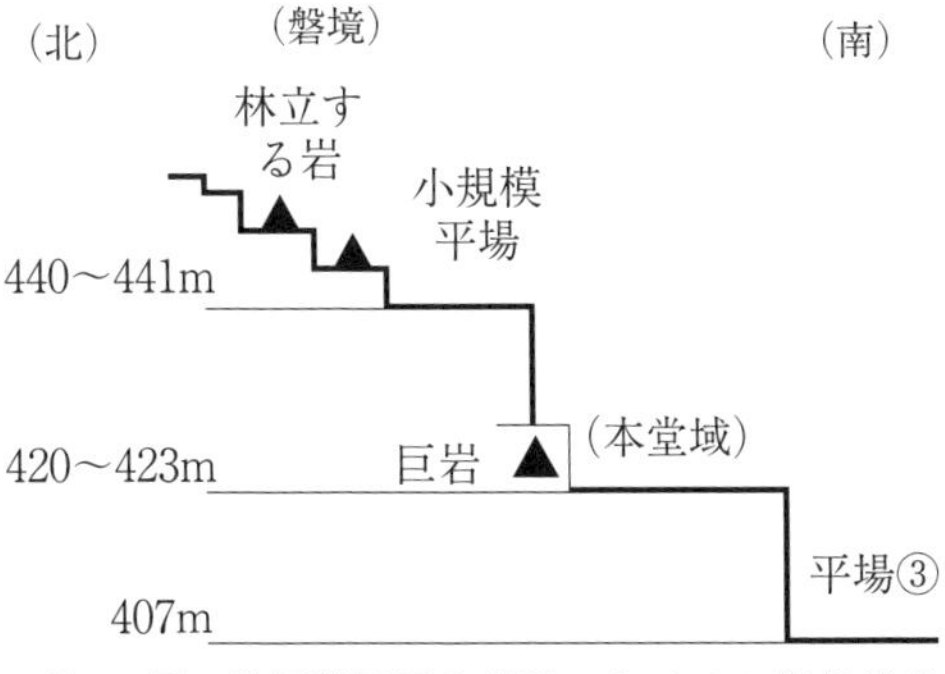

第34図　滋賀県松尾寺遺跡における9世紀後半から10世紀の伽藍配置南北断面模式図（上野川2019作成）

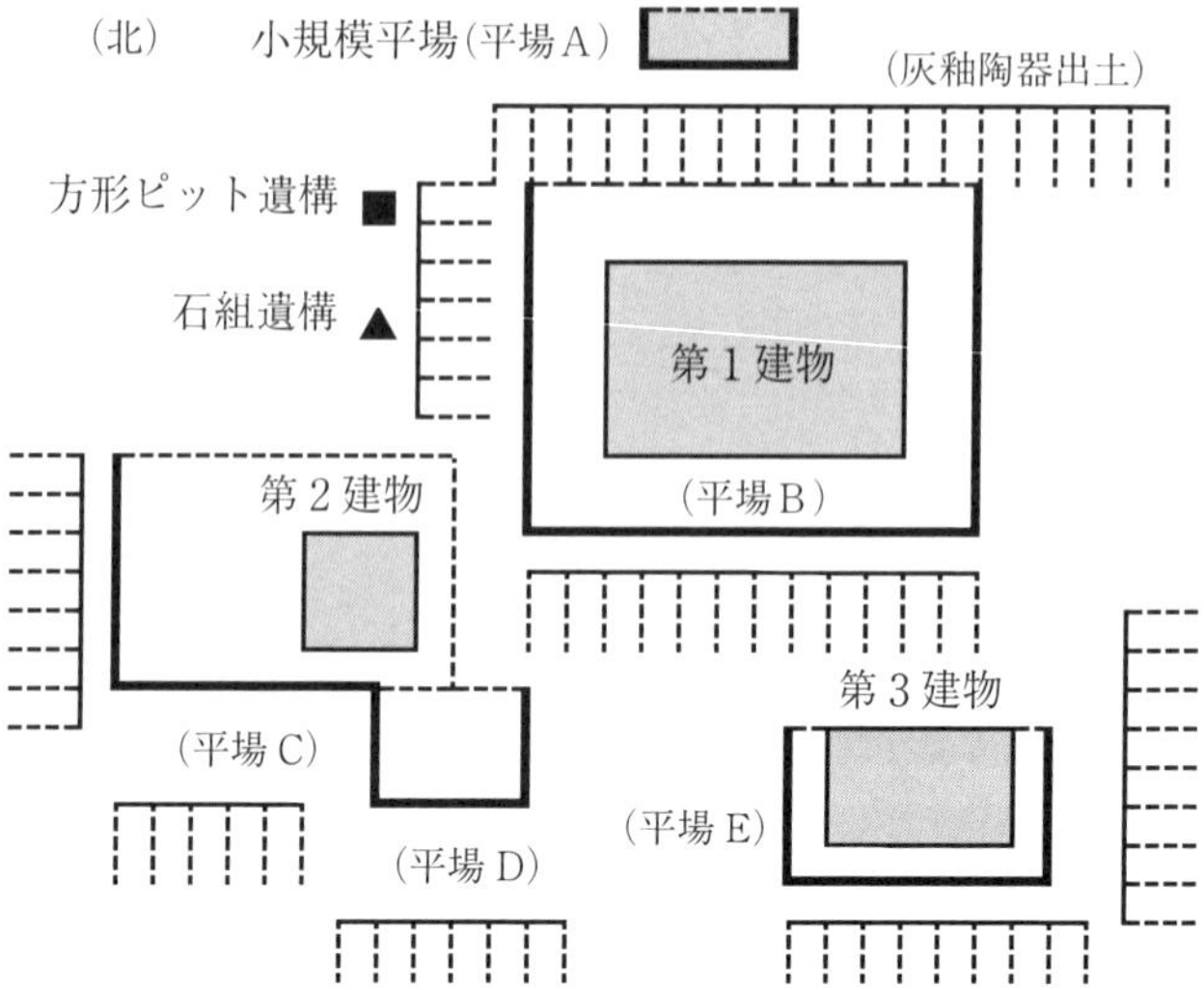

第35図　埼玉県高岡寺院跡本堂背後小規模平場と遺構群の位置関係模式図（8世紀後半～10世紀）（上野川2019作成）

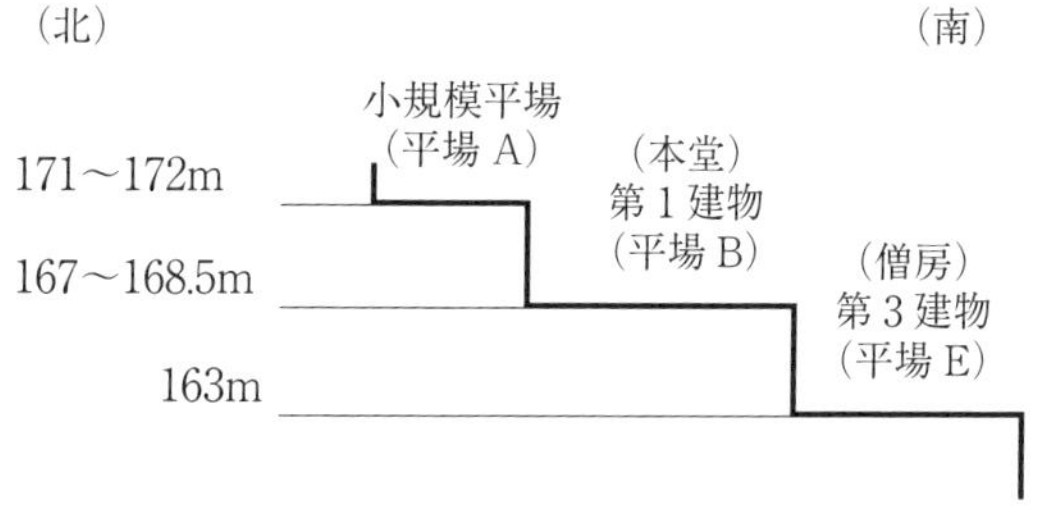

第36図　埼玉県高岡寺院跡における8世紀後半から10世紀の伽藍配置南北断面模式図（上野川2019作成）

られる第三建物遺構は、柱痕が三時期の建て替え痕跡を持つ掘立柱建物である（高岡寺院跡発掘調査会一九七八）。本堂の規模は、千葉県遠寺原遺跡の仏堂と同じ桁行と梁行を持つ八世紀後半創建の建物である。

　ここで取り上げる小規模平場は、本書で平場Bとする第一建物遺構（本堂）の北側背後にある場所である。発掘調査報告書には、「何らかの施設があったと考えられる」（同：九八頁）と記載されており、重要な指摘となる。そこは平場状の平らな部分があるため、ここでは平場として扱い、平場Aとする。

　この小規模平場（平場A）は、標高一七一～一七二メートル付近にあり、岩盤を削り出して削平し、造成されている。まさに、岩盤削平工法とも言うべき山寺平場造成工法である。平場規模は、間口東西約一〇～一二メートル、奥行南北約四～五メートルとなり、本堂より二・五～三・五メートル高い位置にある（第36図）。

平場上には、土坑やピットがないことから、どのような施設があったかは不詳とせざるを得ないが、灰釉陶器が二点出土している。この二点の灰釉は、下位の本堂北西の溝中から出土した三点と接合することから、灰釉陶器は元は上位の小規模平場（平場Ａ）にあったものであろう。なお、その他の施釉陶器は、二七点出土しており、その内容は不詳ながら、本堂から本堂南西方向に分布する。しかし、この小規模平場からの施釉陶器の出土は、この場所が何らかの機能を持っていたことを示す。

高岡寺院跡本堂からは、緑釉陶器一点が出土しており、また灰釉陶器は四点の実測図報告がある。小規模平場出土の灰釉陶器の器種は椀と皿である。緑釉陶器の高台は、三日月高台に近い高台や面取高台と同じである（みよし市二〇一三）。近年の灰釉陶器の高台の形態分類では、角高台・帯高台・三角高台・面取高台・三日月高台・蛇ノ目高台の六種類に区分されている（井上二〇一三）。

高岡寺院跡出土の施釉陶器は、総数四六点であり、緑釉陶器六点四個体、灰釉陶器一一点七個体、その他の施釉陶器二九点となる。灰釉陶器は、高台の形態から、九世紀後半の黒笹90号窯式（Ｋ-90）であろう。

灰釉陶器の皿は、九世紀前半の黒笹14号窯式（Ｋ-14）頃からみられ、それ以前の黒笹７号窯式（Ｋ-７）と折戸10号窯式（Ｏ-10）にはみられないようであり、黒笹14号の皿は、体部から口縁部が直線的または若干外側へ反る形状となる（愛知県史編さん委二〇一〇）。高岡寺院跡出土の灰釉陶器皿は、高台の形態黒笹90号窯式の遺物とみてよいのであろう（みよし市二〇一〇・二〇一三）。

そして、この小規模平場（平場Ａ）は、報告書に「第一建物遺構にも少ない灰釉を置く意味があったことをうかがわせる」との記載があるとおり（高岡寺院跡発掘調査会一九七八：八八頁）、特別視された特殊な場所として認識されていたと考えざるを得ない。

この小規模平場は、八世紀後半には本堂とともに存在したと考えてよいのであろうから、その他の施釉陶器とされる二九点の中に、いわゆる原始灰釉陶器と呼ばれる八世紀後葉から末の折戸10号窯式や、同時期とされる黒笹7号窯式が含まれており、黒笹90号の灰釉が置かれる前に、黒笹14号や、いわゆる原始灰釉陶器と呼ばれてきた折戸10号などがこの特別視された平場（平場A）に置かれていた可能性があろうと私考している。

福井県明寺山《みょうじやま》廃寺は、福井市南西の丘陵上で発掘調査された寺院遺跡である（第37図、清水町教委一九九八）。九世紀前葉から一〇世紀前葉までの遺物が斜面にある廃棄場所とされるところから出土していることからみて、その間は存続していた。著者の存続期間類型をあてはめると、古代創建古代廃絶型（1類）の山寺遺跡である。

明寺山廃寺の発掘調査報告書では、中心平場の北部に位置する基壇建物（本堂）の背後となる斜面上方には、明寺山古墳があり、その墳頂部が削平され、平場となっているとの記載がある。そこは基壇建物跡の北北東に隣接する場所であり、間口一一・三メートル、奥行六・五メートルの規模を持つ。平面形は、長方形を呈し、遺構と遺物は確認されていない。

ここでは、この平場遺構を本堂背後の小規模平場と捉える。そしてこの場所からは、遺構は確認されていないものの、古墳を神聖視して、そこを祖霊と関連する神域的な場所として用いた可能性もあろうが、遺構と遺物からそうしたことを論ずるまでの資料は乏しく、その可能性を指摘するに留めざるを得ない。

その小規模平場の直下には、基壇を持つ掘立柱建物（本堂）を構え、その直線的な前方に仮設的な掘立柱建物が臨時的に構えられるなどの状況からみて、本堂の南北方向軸に、この山寺の軸線をみることができよう（第38図）。

なお、北東日本などにおいては、山寺遺跡の背後の斜面上位や寺域に巨岩からなる磐座・磐境を持つ山寺遺跡は、

山形県立石寺、岩手県国見山廃寺跡国見山神社、栃木県大慈寺旧跡、栃木県大岩山毘沙門堂、栃木県奥日光千手堂跡、群馬県巌山遺跡（榛名神社境内遺跡）、埼玉県旧慈光寺跡、静岡県大知波峠廃寺跡、静岡県真萱寺跡（瓦塔遺跡）観音堂跡、愛知県普門寺旧境内元々堂跡及び元堂跡、愛知県泉福寺旧跡、愛知県蓬莱寺、滋賀県長命寺、京都府笠置寺、兵庫県一乗寺などである。

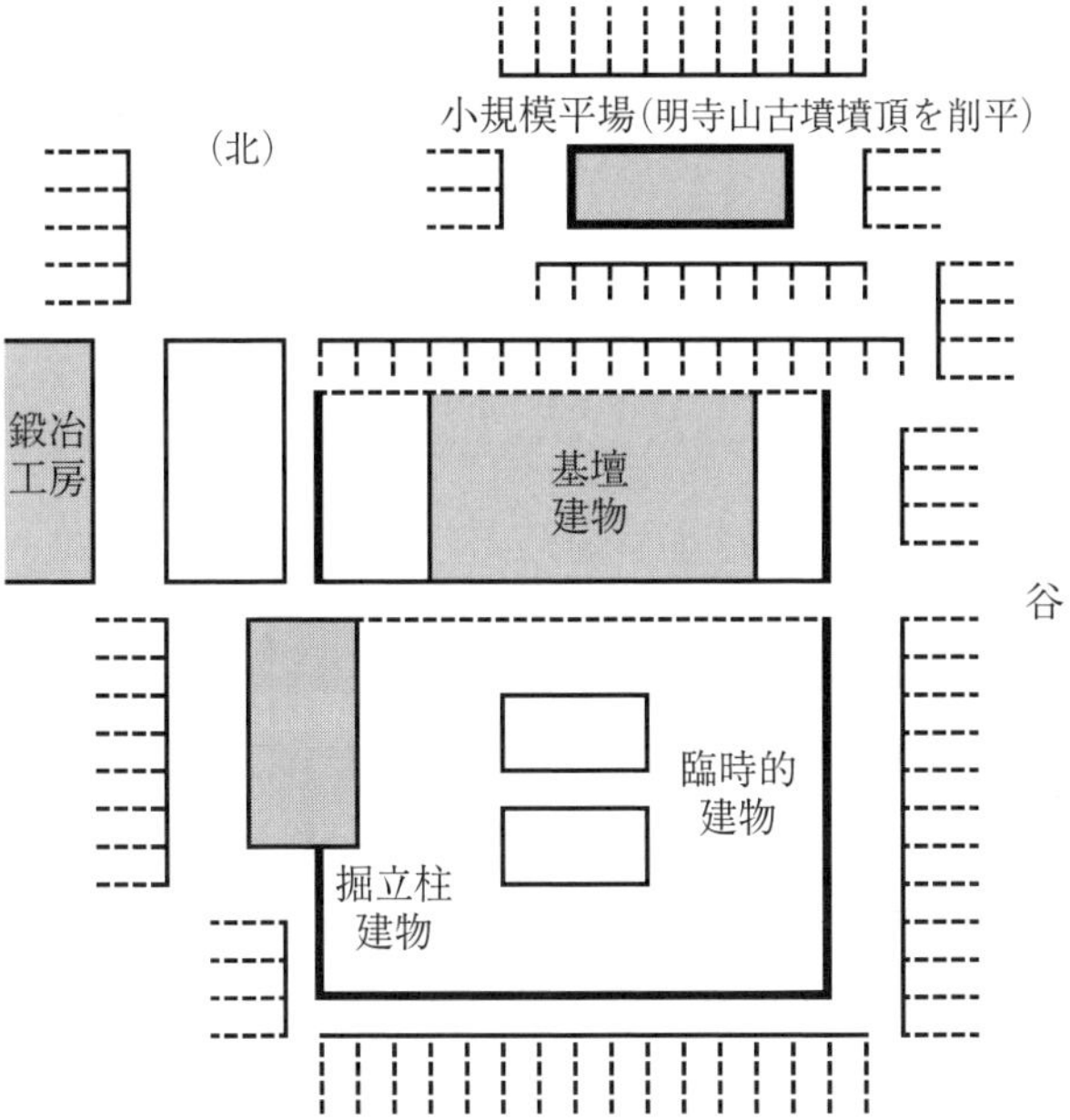

第 37 図　福井県明寺山廃寺の主要建物と最上段の小規模平場の位置関係模式図（9 世紀）（上野川 2019 作成）

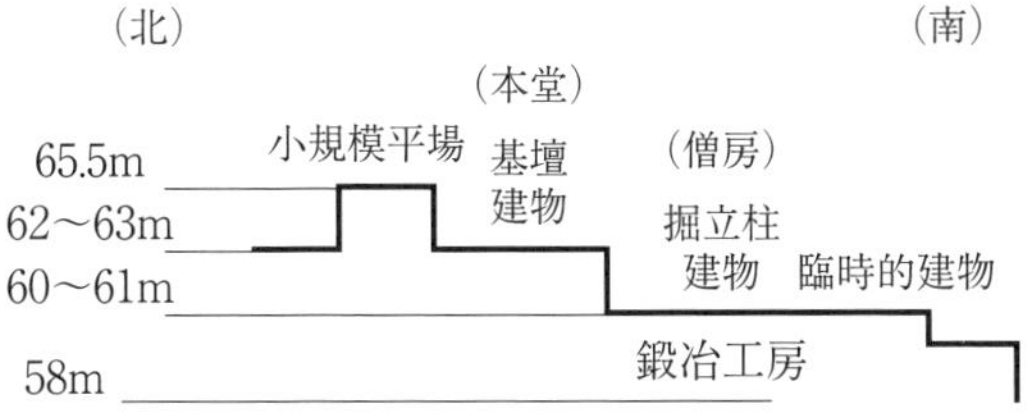

第 38 図　福井県明寺山廃寺における 9 世紀中葉の伽藍配置南北断面模式図（上野川 2019 作成）

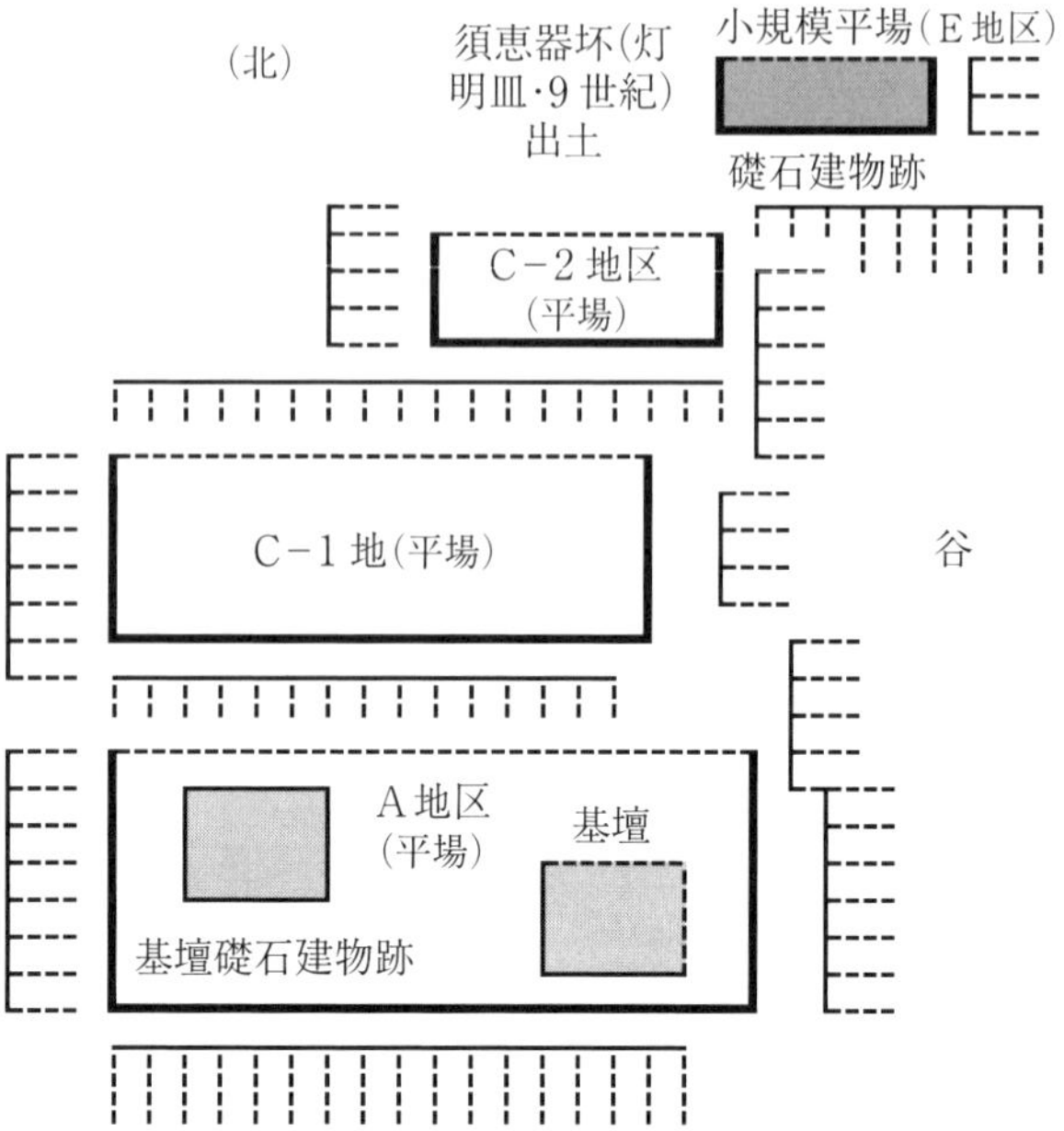

第39図　兵庫県旧金剛寺跡中枢平場と最上段の小規模平場(E地点)の位置関係模式図(9世紀後半〜10世紀頃)(上野川2019作成)

兵庫県旧金剛寺《きゅうこんごうじ》跡において、小規模平場として検討するのは、寺域最上部のE地区平場である。標高は、五八二〜五八三メートルにある。間口一三メートル、奥行七メートルを示す(第39図、六甲山麓遺跡調査会一九九七)。

この平場には、規模は不詳ながら、三間四方程度の礎石建物があった可能性が報告されている。発掘調査報告書によると、土師器須恵器の灯明具・須恵器(杯・皿・蓋・水瓶)・土師器(椀・甕・皿)・砥石などの出土がある。平安初期とされる土器類も含まれている。遺物の一部には、八世紀から九世紀前半の遺物が散見される。

この山寺では、E地区の出土遺物(須恵器水瓶・土師器甕・須恵器蓋)とA地区出土緑釉陶器が、創建期となるI期とされる九世紀前半の遺物となる。九世紀末から一〇世紀初頭のII期では、E地区から多量の須恵器・土師器が出土しており、山寺の活動がE地区を中心になされたようである。この時期には、杯・椀の灯明具が多数あり、「火を用いた祭事」(同：五〇頁)が執り行なわれていた。

遺跡中枢部は、A地区・C-1地区・C-2地区・E地区というほぼ南北に高低差を持つ四段の平場群であるが、基

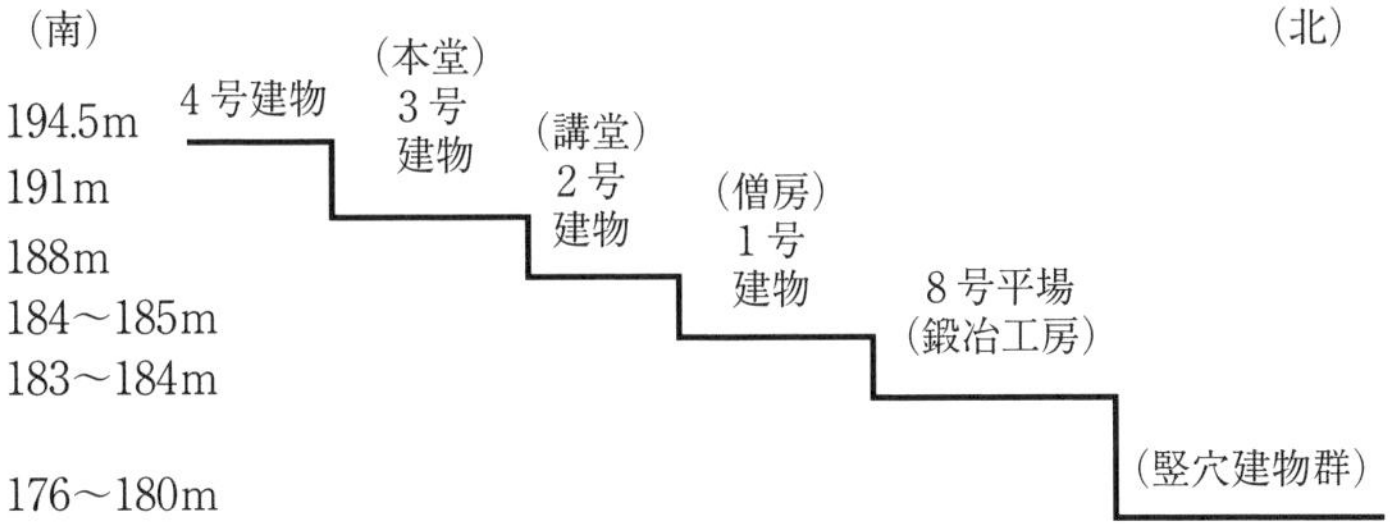

第40図　群馬県黒熊中西遺跡における10世紀を中心とする空間構成南北断面模式図（推定地を含む、上野川2019作成）

壇礎石建物跡と基壇を持つA地区は、下方に造成されていることから、全体像は不詳ながらも、中枢部の最上段には山寺創建初期に造成された平場と礎石建物があったと考えることができる。

旧金剛寺跡では、A地区の礎石建物跡が主要堂宇の一つであろうから、A地区からC-2地区までの上下三段の大きな平場に金堂と講堂などの仏堂が建立された可能性が高いとみられ、それらの場所を仏地・僧地と仮定すれば、E地区はその上位に祀られる神聖な場所で、この小規模平場の間口規模や、寺院の創建時期が埼玉県高岡寺院跡に近いことから、本堂後方の小規模平場の範疇に含めてよいかと思われる。そしてその場所からは、灯明具が複数出土しているが、土器の甕類の出土がないことから、松尾寺遺跡と同じように居住空間ではなく神聖視された場所と考えることができよう。

次に、群馬県黒熊中西《くろくまなかにし》遺跡における一〇世紀の伽藍配置は、南北断面模式図に示すような状況となる（第40図）。寺域東部の最上位に位置する4号建物（礎石建物跡）とそれを載せる平場は、3号建物（本堂）背後の南東隣接地点に造成・構築されていることから、ここで扱う小規模平場の範疇に属するものとして、検討しておきたい。

小規模平場の規模は、間口東西一三メートル、現存奥行南北四～五メートル、本堂との比高は約四～五メートルである。南半部は、調査前に損壊しているため、正確な奥行の規模は不詳であるが、元は六～八メートル内外の奥行かと推定されよう。

この黒熊中西遺跡の小規模平場は、他の山寺遺跡より、奥行が深くなる平場であった可能性が看取され、九世紀創建の滋賀県松尾寺遺跡と兵庫県旧金剛寺跡の最上段小規模平場に近い数値を示す。

4号建物は、3号建物の南東後方の上方にあり、基壇は、高さ六〇センチ、東西一一メートル、南北六メートル以上である。基壇には、四カ所のピットと七点の礎石があり、礎石建物であったことがわかる。基壇上には、造成初期の焼土が、長径一〇〇センチ、短径七五センチの範囲にある。これは、その場所で何らかの儀礼があったことを示す。

黒熊中西遺跡においては、講堂・僧房・推定瓦塔基壇・食堂かともみられる12号平場(テラス)、経蔵などの可能性が看取される5号建物があり、4号建物は本堂後方上位に位置することから、松尾寺遺跡や高岡寺院跡と類似する平場位置である。松尾寺遺跡では、盛土状の盛り上がりが建物の基壇で、礎石状の石が複数あり、石列もみられることから、基壇上の盛土を持つ礎石建物があった可能性が高い。

黒熊中西遺跡と松尾寺遺跡では、本堂の背後上方の平場には、礎石建物があったと考えられる。その性格は、現時点で断定することは難しいが、神聖視された場所であった。

第3表にみるように、これらの小規模平場は、多段性平場構造山寺の本堂背後に位置するという共通点があり、また本堂より三～五メートル高い位置に地山や岩盤を削って造成している。松尾寺遺跡だけは、現地でみられるように、本堂背後に巨岩があり、かつ急斜面になっているため、本堂より約一五メートル高い場所に小規模平場が造成された。そして、その上方には、巨岩が広範囲に林立するいわゆる磐境がある。著者は現地の山上で、その霊域とも感ぜられた特殊な光景を目の当たりにした。

黒熊中西遺跡では、この4号建物の斜面前方の下段に、祭壇状遺構が構築されている。この遺構は、同一地点で、二時期にわたり使用されたことから、伝統的にその場所が選定され、火力の強い焚火を使った天神地祇に対する供養や修法などの儀礼が行なわれた痕跡を示すのであろう。出土土器がみられないことが、この遺構の特徴でもあり、かつその上方に隣接する4号建物と一体になった祭壇状遺構が構築・使用されたという状況を知ることができよう。

これは、山寺創建初期からそこに鎮座した最上段の4号建物の前面において、祭祀または修法を執行し続けた状況を示す可能性を考えることができようか。4号建物の下方には、仏教の本尊を祀る場所である3号建物が存在することから、仮に最上段の建物に天神地祇などや地主神を祀ったとすれば、そこは神域とされる社殿であったということになろうか。

その場所は、全体が遺存していなかったため、遺構と遺物の全容は不詳であるが、限られた発掘調査資料から、そのような可能性を考究してみた。

二　大山廃寺跡と北東日本における多段性平場構造山寺と小規模平場

大山廃寺跡は愛知県小牧市の東部山中に位置する。平野部から東方に伸びる谷の奥部からさらに樹枝状に北へ入り込む谷に面する山麓斜面に山寺遺跡が展開する。八世紀前半頃には創建されていたとみられ、中世の堂宇や遺物もある（第41図・第46図）。

発掘調査された堂塔は、尾根上の平場に造成されており、上位からA2造成面、A1造成面、A3造成面、B1造成面、B3造成面となる（第42図・第43図・第44図、小牧市教委一九七九）。

大山廃寺跡は、平面図からみて、階段状の平場群があり、多段性平場構造山寺と考えられるが、南北断面図におい

第3表　北東日本古代山寺の小規模平場（註1）

所在地	遺跡名	遺構名または小規模平場の位置	創建時期（C）	間口約（m）	奥行約（m）	前段平場との比高約（m）	小規模平場の標高（m）	遺　構	出土遺物	山寺寺域内での造成位置	調査で遺構確定	踏査で確認	文　献
埼玉県	高岡寺院跡	第1建物（平場B）の上方（註2）	8後半	10〜12	4〜5	2.5〜3.5	171〜172	—	灰釉陶器（本堂出土灰釉3点と小規模平場出土灰釉陶器2点が接合）	本堂背後・山寺最上段	○		高岡寺院跡発掘調査会1978
滋賀県	松尾寺遺跡	平場②	9	20〜25	6〜8	15〜18	440〜441	石組遺構（小規模礎石建物か）、土坑	無	山寺最上位本堂背後・山寺最上段	○		米原町教育委員会1999
福井県	明寺山廃寺	明寺山古墳（風巻3号墳）の墳頂平坦面	9前葉	11.3	6.5	3〜3.5	65〜66	—	—	山寺最上位本堂背後・山寺最上段	○		清水町教育委員会1998
兵庫県	旧金剛寺跡	E地区平場	9	13	7	5	582〜583	礎石建物の痕跡	須恵器皿（灯明具）・土師器皿	山寺最上段	○		六甲山麓遺跡調査会1997
愛知県	大山廃寺跡	A2平場（註3）	8前半頃	15	5	2〜3	210〜212	—	—	山寺最上位塔跡背後・山寺最上段	○		小牧市教育委員会1979
埼玉県	馬騎の内廃寺	平場A	8前半頃	6	3	2〜3	247〜248	—	—	中枢平場背後・山寺最上段	—	○	埼玉県1984
茨城県	東城寺	中枢平場の上方	9〜10	15	4〜5	5	138付近	—	—	中枢平場の推定本堂背後・山寺最上段	—	○	茨城県立歴史館1994
群馬県	黒熊中西遺跡	4号建物の平場	9後半	13	4〜5	4〜5	195	4号礎石建物（基壇上に礎石があり、焼土が100cm×75cmの範囲にあり）	須恵器（杯・小壺・灯明具・羽釜）、灰釉（椀）、釘、瓦	本堂背後・山寺最上段	○		群馬県埋蔵文化財調査事業団1992

註1　小規模平場は、間口10〜15ｍ・奥行4〜6ｍが平均的な規模か。　（上野川2019作成）

註2　第1建物遺構の平場を平場Bとし、その上位に「何らかの施設があったと考えられる」との報告書記載（98頁）などから、平場Aとして著者が発番した。

註3　大山廃寺跡のA2平場は、間口約15ｍの平場が上下2段に造成されているとみられる。

ても、その平場群の垂直分布が階段状になっていることがわかる(第44図)。

大山廃寺跡における最上段のA地区平場は、A1・A2・A3造成面の三段である。本文では、塔跡(A1造成面・塔跡SB01)*の背後上方にあるA2造成面を小規模平場と考える視点を提示する。

＊大山廃寺跡の塔跡と周辺の地形測量図では、図面に対応する縮尺表示の物差し(スケール)の数値が、〇～四〇メートルの表示となっているが、発掘調査記録における塔の規模は一辺約一〇メートルであり、かつ現地における遺構確認でもその数値であることから、実測図面の物差し(スケール)に対する数値は、本来は〇～二〇メートルと表示されるべきものであろう。

小牧市立図書館において、所蔵されている大山廃寺跡の発掘調査報告書(小牧市教委一九七九)を著者が実見し確認したところ、図面などに関する正誤表が備わっていないことから、ここにその数値表記のことを記載した。

史跡の現地を詳細に観察すると、そのA2造成面は、標高二一〇～二一二メートルに位置し、間口東西約一五メートル、奥行南北約五メートルである。塔跡からは、二～三メートル高い位置に平場が造成されている。その場所の発掘調査はなされていないので、遺構状況はわからないが、塔に隣接する場所であることから、塔と同時に造成されたと考えられよう。

なお、ここで山寺中枢部にあたる山腹のB1造成面とB2造成面の建物について、少し触れておきたい。

発掘調査報告書の記載を基にすれば、B2造成面の桁行三間・梁行二間のSB05は、建物方位が真北から一三度東に振れているとされた(第45図、小牧市教委一九七九：一四頁)。この掘立柱建物は、同じ場所で切り合い関係となるSB06より古い。また、SB05と同じく桁行三間・梁行二間のSB06は、真北から六度三〇分東に建物方位を持っている。この二棟の掘立柱建物の東に隣接する桁行五間・梁行二間の二面廂掘立柱建物であるSB04も、建物方位が真北

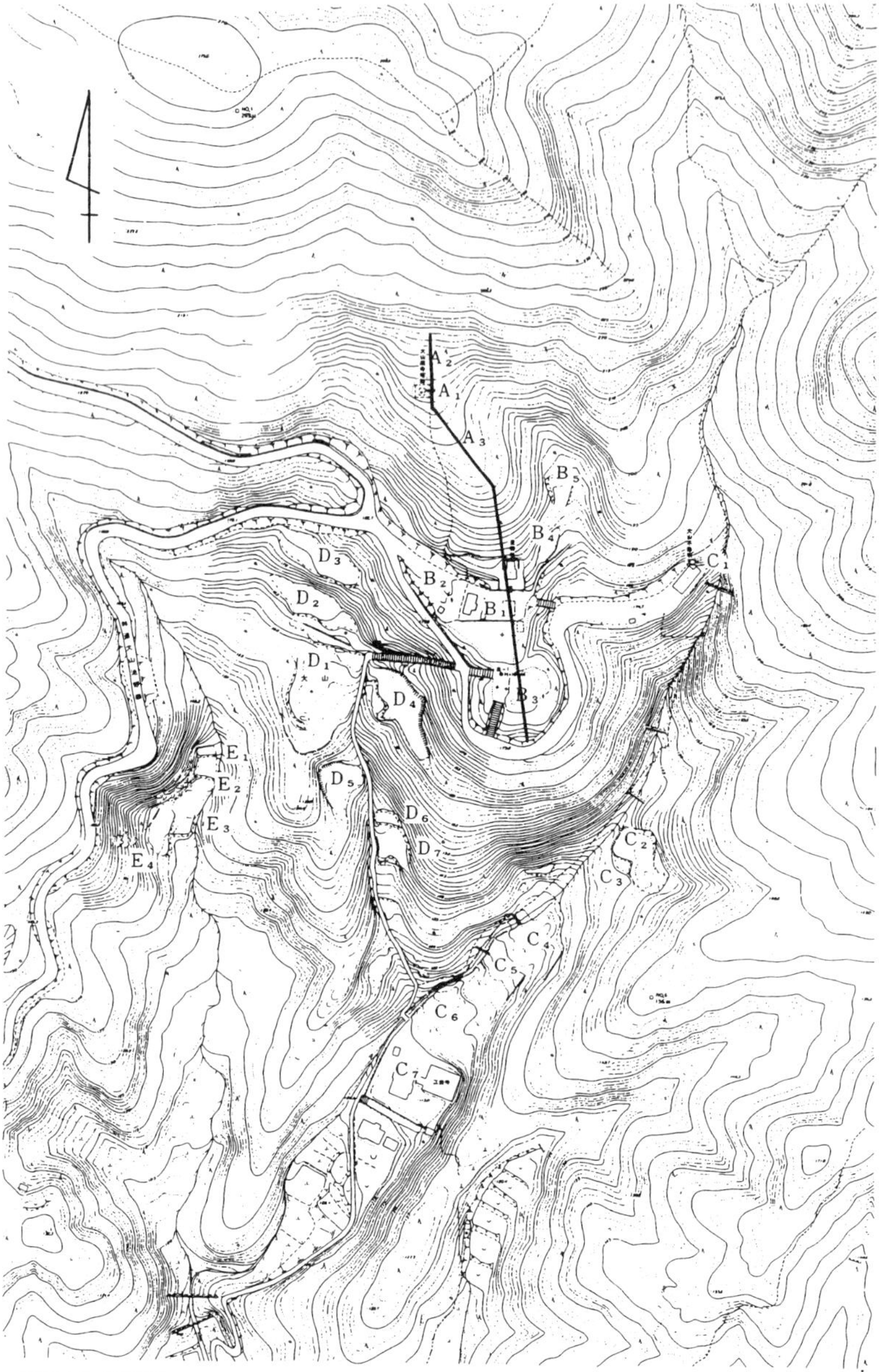

（記号は造成面番号）

第41図　愛知県大山廃寺跡の平場分布図と南北地形断面図作成ライン（小牧市教育委員会1979に上野川加筆）

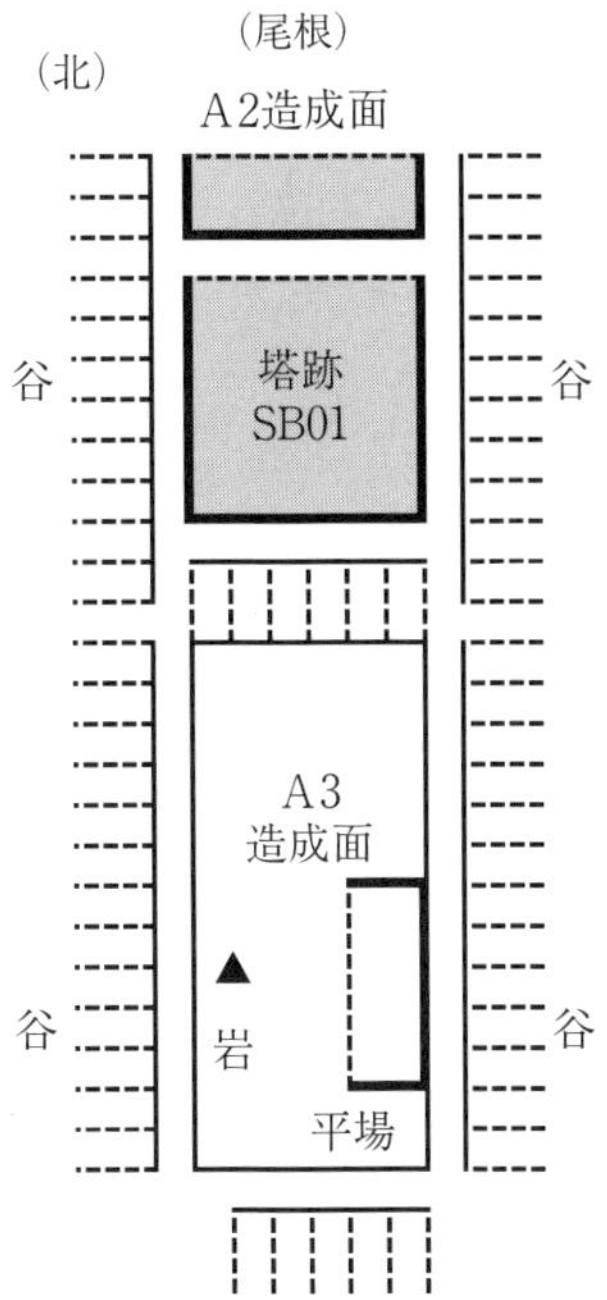

第43図　愛知県大山廃寺跡塔跡周辺と最上段の小規模平場(A2造成面)の位置関係模式図(8世紀)(上野川2019作成)

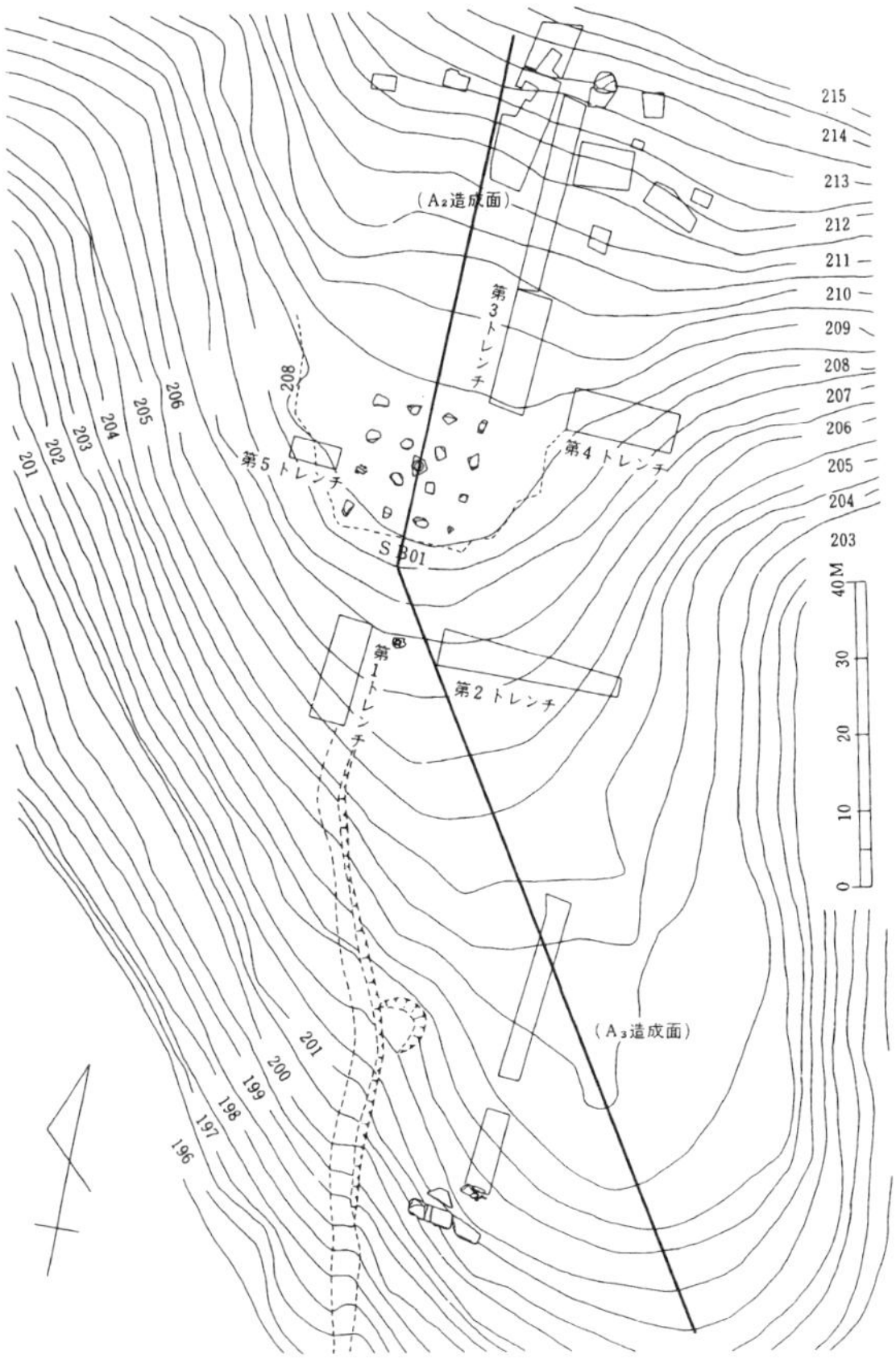

第42図　愛知県大山廃寺跡の塔跡と周辺造成面(A1〜A3)等地形図と南北地形断面図作成ライン(小牧市教育委員会1979に上野川加筆)

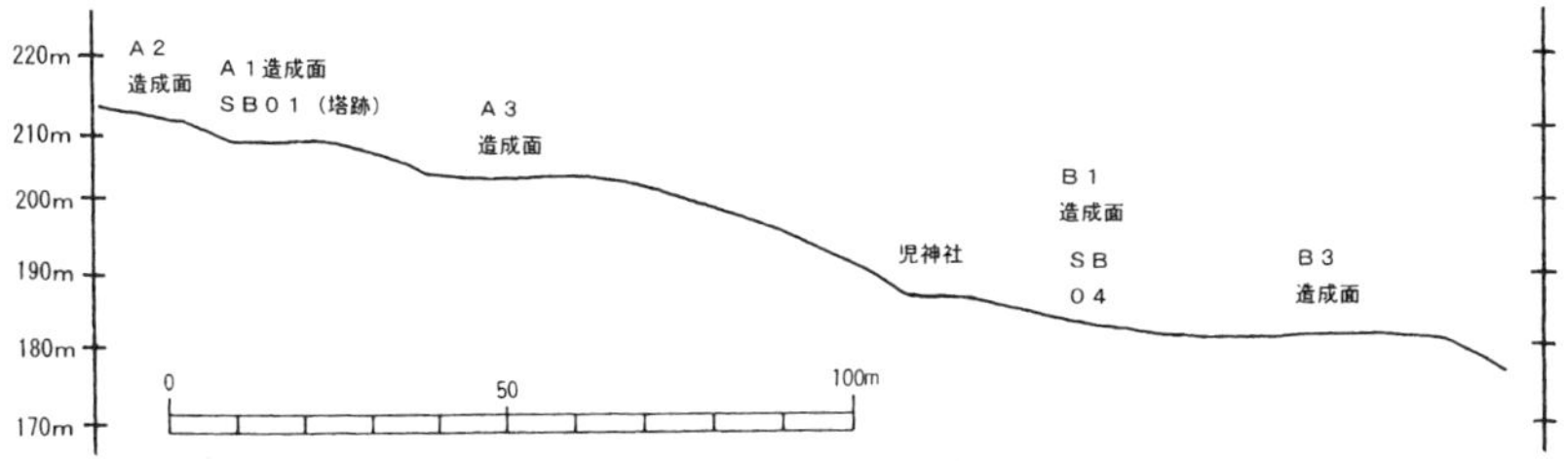

第44図　愛知県大山廃寺跡の平場と遺構の南北地形断面図(上野川2019作成)

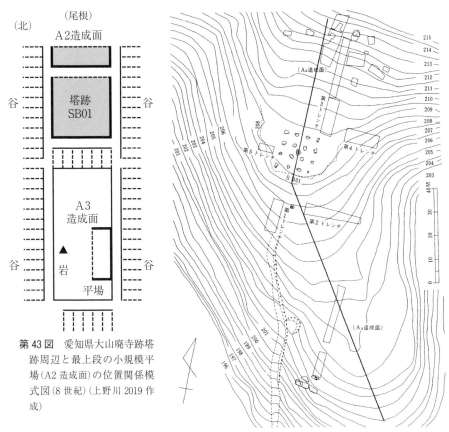

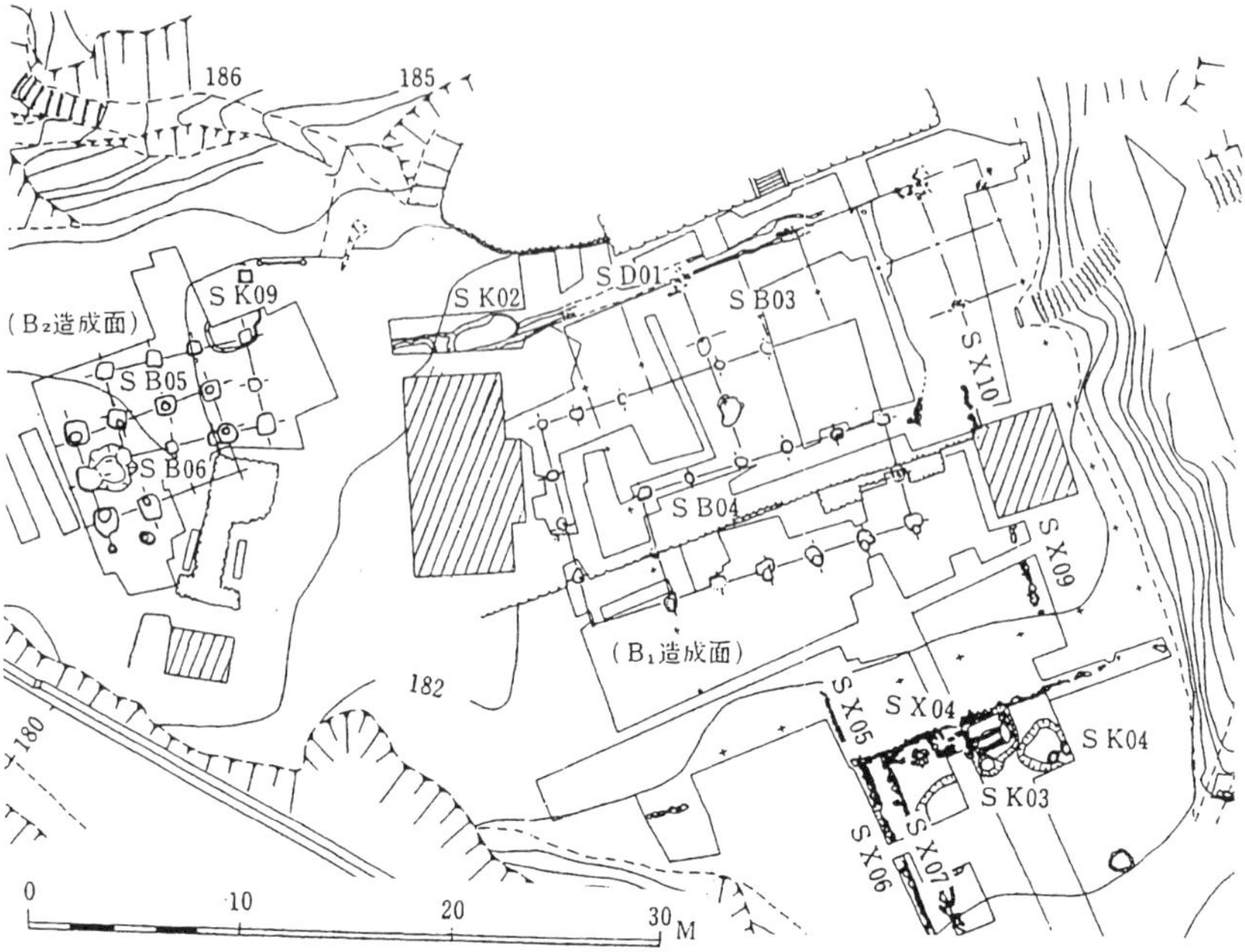

第 45 図　愛知県大山廃寺跡の古代掘立柱建物跡（SB04・05・06）等遺構位置図（B1・B2 造成面）（小牧市教育委員会 1979 を一部改変）

第 46 図　愛知県大山廃寺跡遠景（遺跡は写真中央の山腹中位から山麓）（2001 年頃、南から、著者撮影）

から六度三〇分東に振れることから、ＳＢ04とＳＢ06は、同じ方位を示す隣接する山寺堂宇となる。

このことから、大山廃寺跡山腹の山寺中枢部では、方位からみた堂宇が二群となることがわかる。そして、ＳＢ05のほうが古期の建物であることから、この山寺中枢部では、後述するように桁行三間・梁行二間の建物が僧房とすれば、山寺創建初期と続く二期目に、同一地点で僧房が建て替えられ、二期目に僧房の東側隣接地に山寺主要堂宇の一つである二面廂掘立柱建物のＳＢ04が建立されたことになろう。なお、建物方位からみた塔跡の所属などは、今後の課題となろう。

埼玉県馬騎《まき》の内《うち》廃寺は、古代武蔵国の北部に位置する山寺遺跡である（第47図〜第50図）。出土した瓦の年代観から、山寺の創建は八世紀前半頃とみられ、出土遺物からみて中世には存続していないようである（埼玉県史編さん室一九八二）。

現在の遺跡地は、中枢部から斜面下位に向かって、南東方向の尾根上と谷部に平場が階段状に連なる。既発表の資料（埼玉県一九八四）では、平場と基壇が通し番号になっているため、本文では平場をＡからＬまで発番し検討する。

古代における馬騎の内廃寺の平場群の断面は、最上部に大きな平場（平場Ａ）を造成し、その下方に階段状に平場群を構築したものとみられ、平場Ａの下方に平場Ｃ・平場Ｄ・平場Ｅ・平場Ｆとなる。これは、多段性平場構造を示すもので、馬騎の内廃寺は、古代創建古代廃絶型（１類）の多段性平場構造山寺とみることができる。なお、既発表資料の「１」と記載されている寺域北西端部の場所（埼玉県一九八四）は、自然地形の可能性があろうか。

また、中枢平場（平場Ａ）の北東方向にも比較的大きな平場などが連なり、何時期かにわたり、山寺寺域内の造成があった可能性が高い。詳細については、発掘調査が実施されていないので、言及できないが、北東日本における多段性平場構造の山寺の代表的な遺跡として、ここに取り上げてみた。

馬騎の内廃寺の小規模平場は、複数の基壇が造成されている中枢平場の北西隣接斜面上位の標高二四七〜二四八メートルにあると観察された。現存する地形からは、小さな平場がわずかに残っている状況が確認されたため、本書で扱う。

その規模は、間口約六メートル、奥行約三メートルである。馬騎の内廃寺における、八世紀前半から九世紀頃の寺

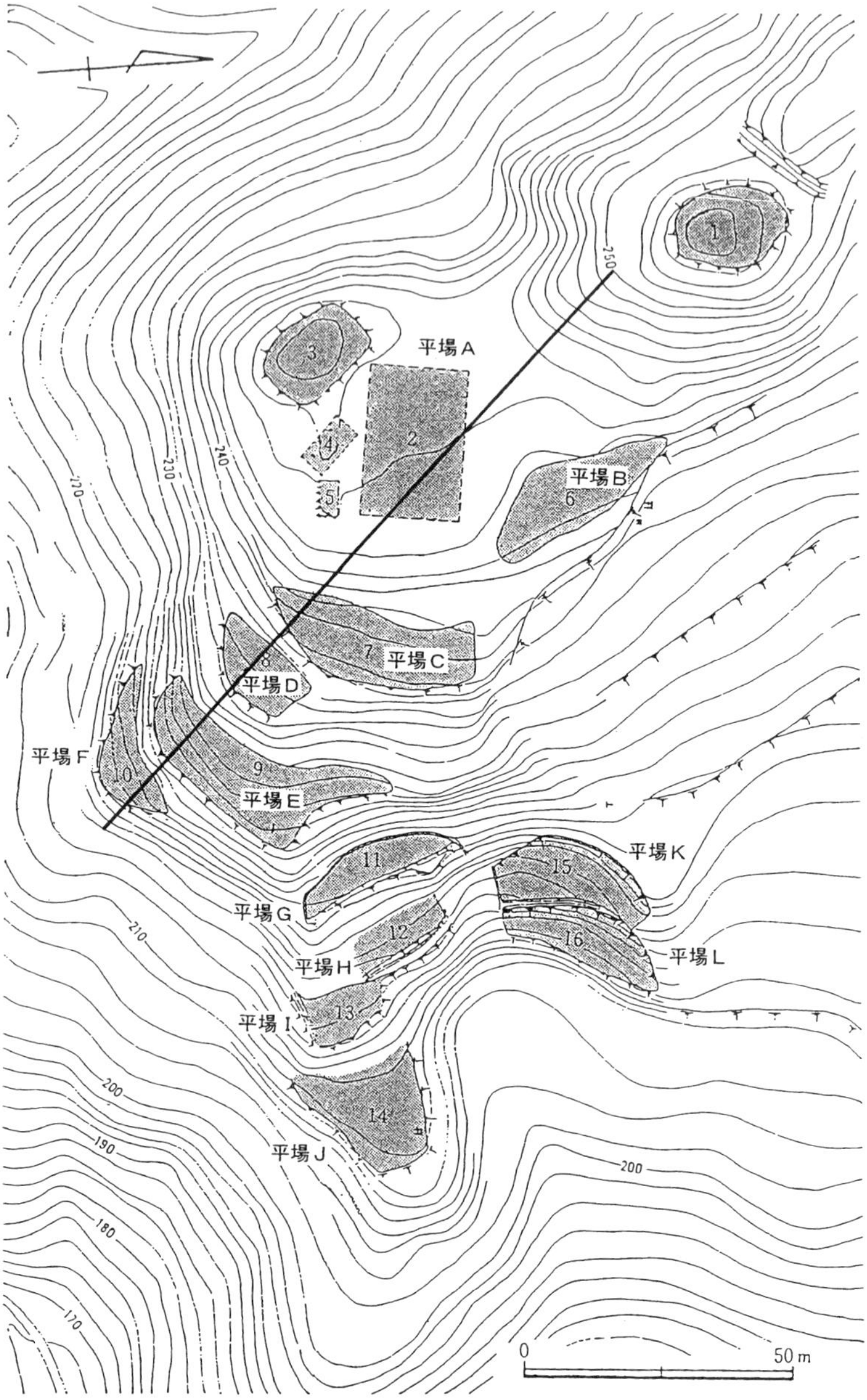

第47図　埼玉県馬騎の内廃寺最高所中枢部の平場分布図と地形断面図作成ライン（平場Ａから平場Ｌは、著者発番）（埼玉県1984に上野川加筆）

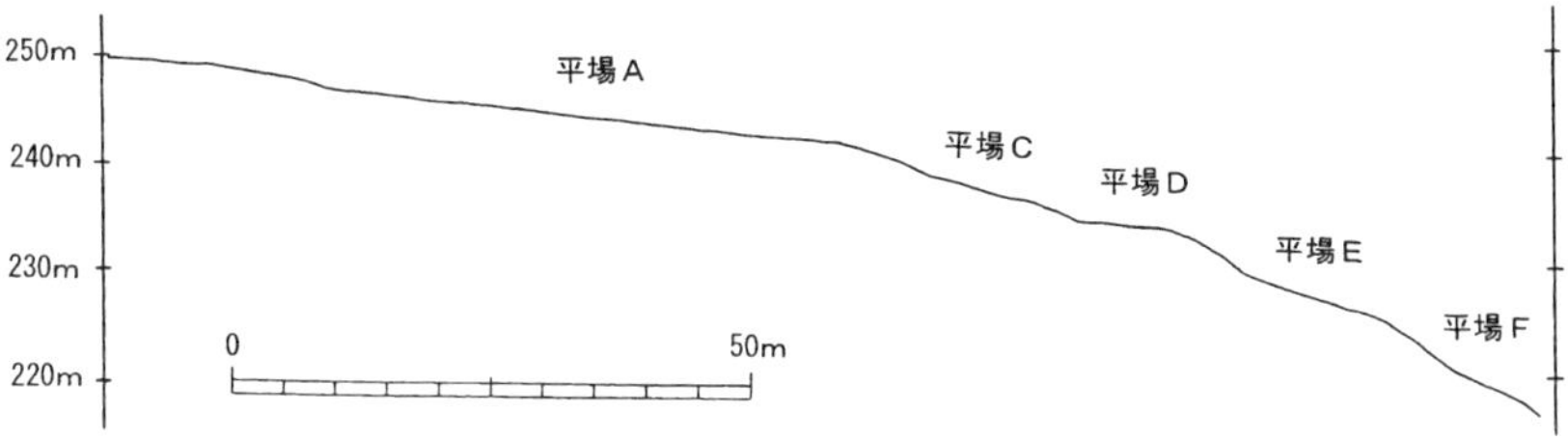

第48図　埼玉県馬騎の内廃寺最高所中枢部付近の地形断面図（上野川2019作成）

域最上段の中枢平場と、小規模平場の位置関係模式図を作成したので、参照されたい（第49図）。

次に、発掘調査資料ではなく、著者の踏査資料であるが、茨城県東城寺と新潟県国上寺の小規模平場について触れておきたい。

茨城県東城寺《とうじょうじ》においては、現本堂の後方斜面上位に小規模平場が造成されている。その規模は、間口約一五メートル、奥行約四～五メートルである。その平面形は、長方形的な形状を示す（第51図）。

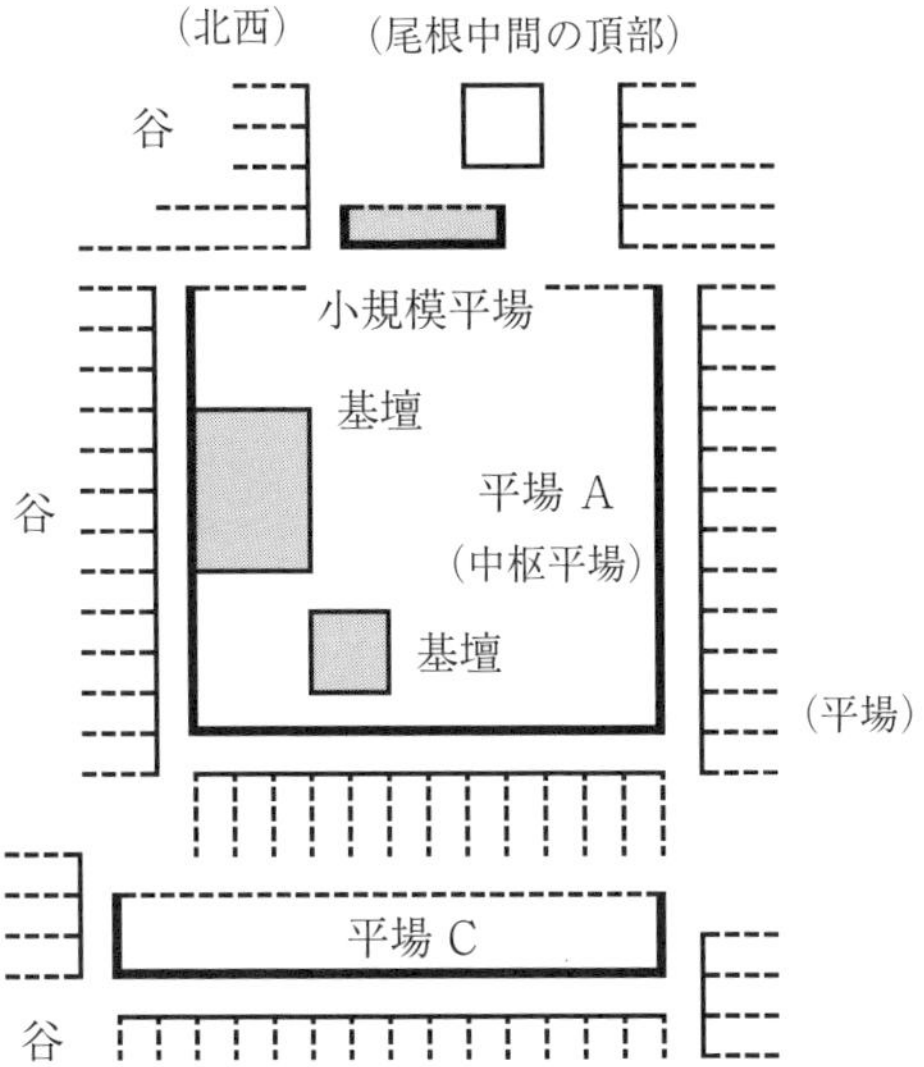

第49図　埼玉県馬騎の内廃寺中枢部とその上位に造成された小規模平場の位置関係模式図（8～9世紀頃）（埼玉県1984をもとに上野川2019作成）

第50図　埼玉県馬騎の内廃寺北側から望む南東谷部の遠景（2001年頃、北西から、著者撮影）

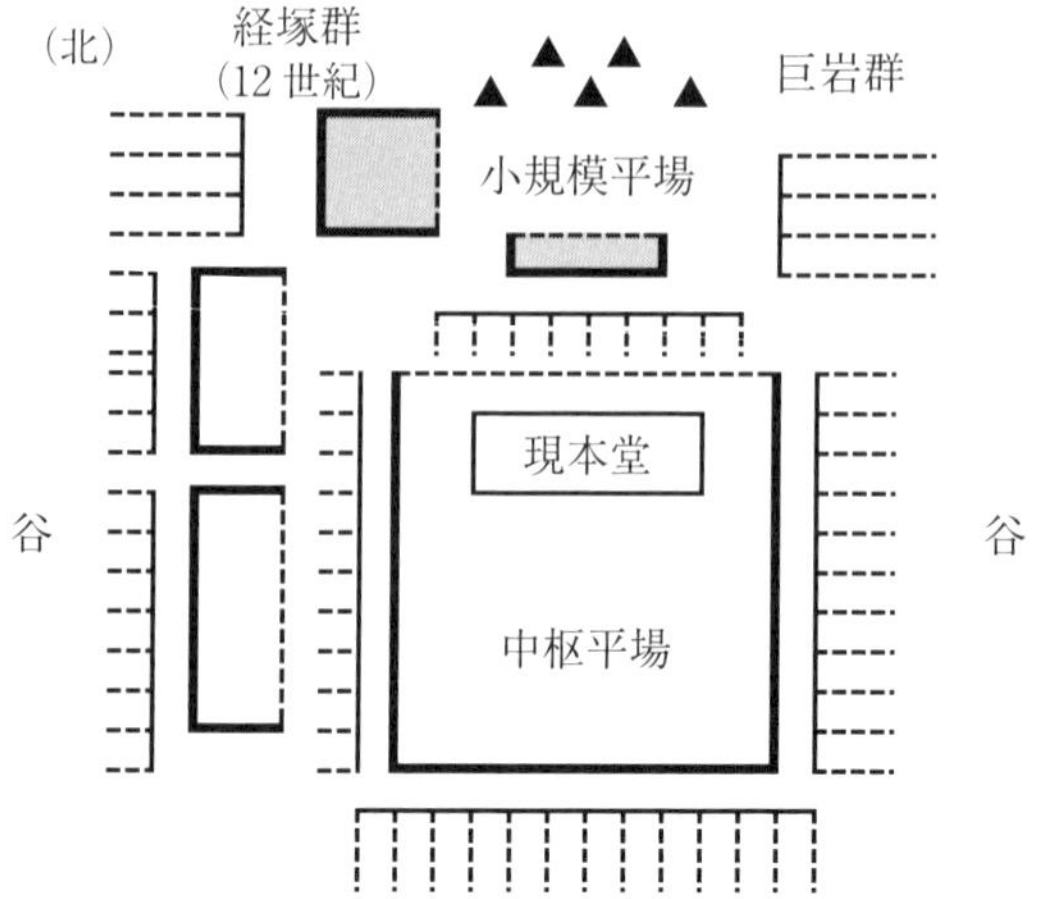

第 51 図　茨城県東城寺中枢平場と最上段の小規模平場等の位置関係模式図（古代）（上野川 2019 作成）

また、新潟県国上寺《こくじょうじ》は、国上山《くがみやま》（標高三一三メートル）の山腹に、多数の平場群が展開する山寺遺跡である（第52図）。本堂域は中腹の一五一メートル付近に位置し、そこから半径六〇〇メートルの範囲に多数の遺跡が確認されている（分水町教委二〇〇四）。

現在の本堂は、江戸期に再建されているが、その北側背後の斜面上方に二段の平場が認められる。最上段の平場には、塚が現存し、経塚などの可能性があろう。

国上寺境内・香児山・千眼堂谷・朝日山展望台の四カ所からは、本堂域とその東西の尾根部と南側の谷部から遺物の出土が報告されており、「国上寺は越後では数少ない山寺（山岳寺院）としての景観をそなえている」（同：一一一頁）との記載どおりで、広大な寺域を持つ古代創建の山寺である。

境内から出土した須恵器杯蓋は、八世紀末の時期であり、佐渡小泊窯の須恵器もあることから、国上寺の山寺遺跡は、八世紀末から九世紀には存立していたと考えてよい（第53図）。本堂南西の尾根上の香児山からは、九世紀頃かとみられる須恵器杯の墨書土器（「尹」）が出土しており、朝日山展望台からは丸瓦が複数出土するなどの状況がある。千眼堂谷からは、六世紀中葉の須恵器杯・七世紀中葉から後葉のかえりのつく須恵器杯蓋・八世紀中葉の須恵器有台杯などがあり、上方から谷部に流れ込んだのか、または谷部における水源祭祀を反映しているものかは速断できないが、山麓から仰ぐ国上山の神奈備形の山容（第54図）からは、古墳時代

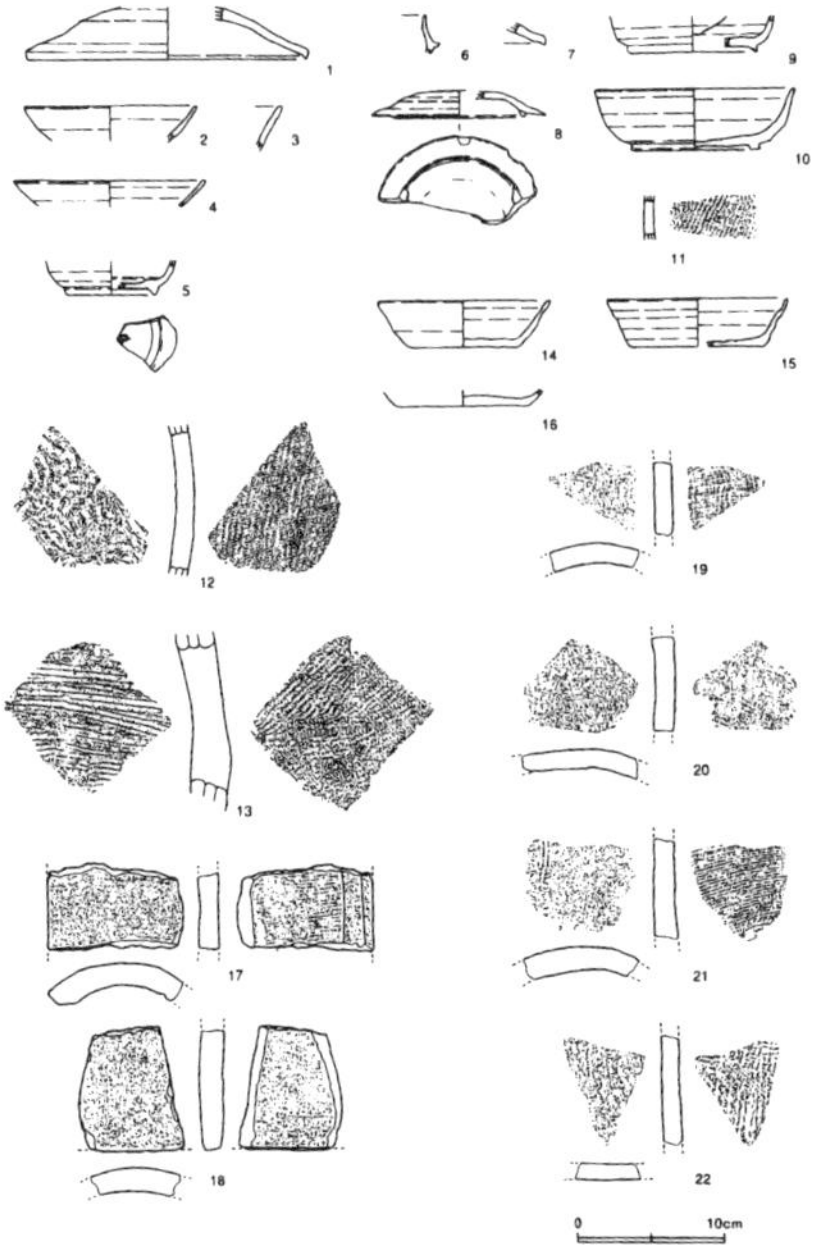

第53図　新潟県国上寺遺跡群出土土器・瓦実測図、国上寺境内(1〜4)・香児山(5)・千眼堂谷(6〜13)・朝日山展望台(14〜22)(分水町教育委員会2004)

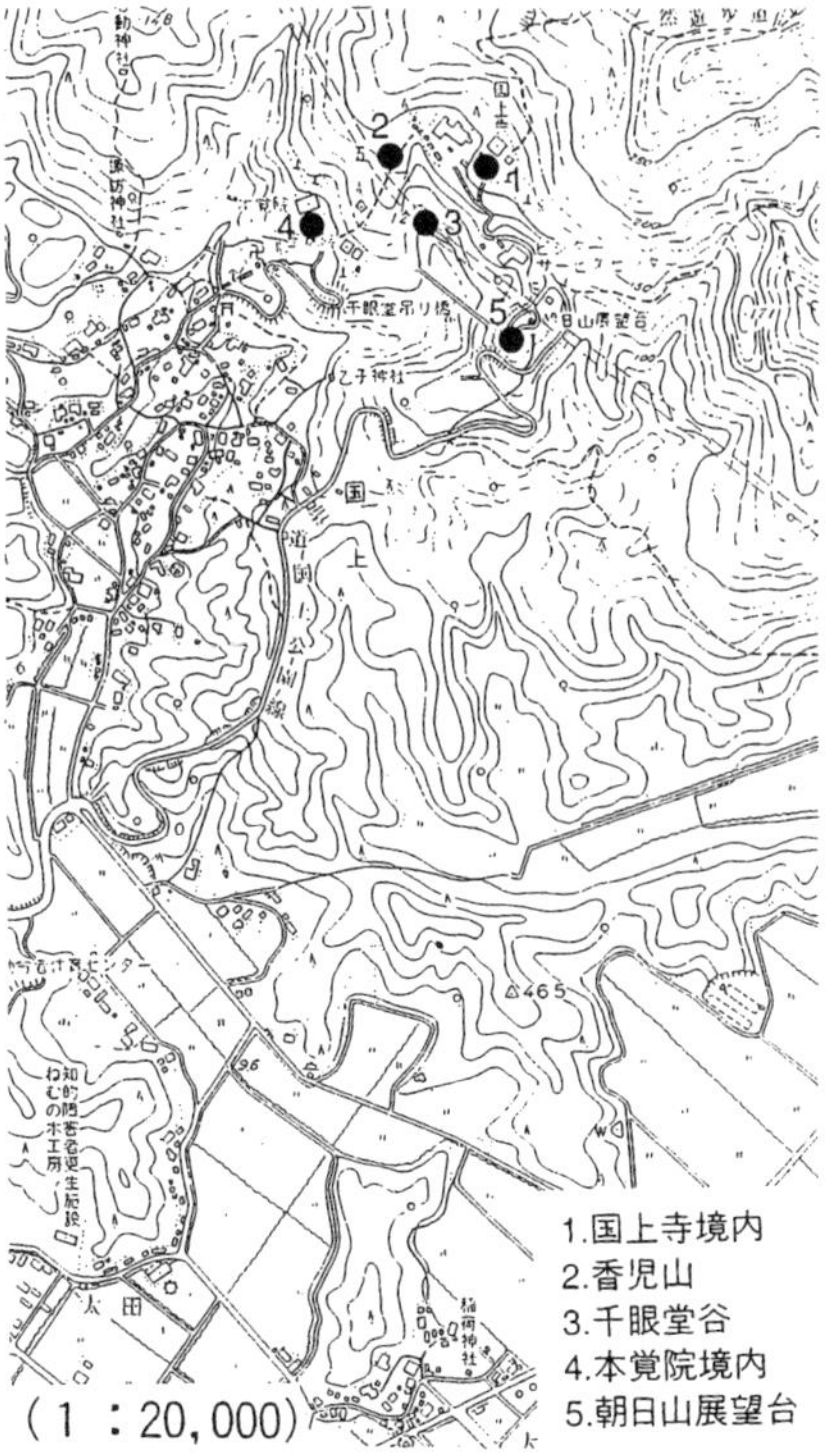

第52図　新潟県国上寺遺跡群位置図(分水町教育委員会2004)

第54図　新潟県国上寺遺跡群遠景(山腹中央の杉林、南東から、著者撮影)

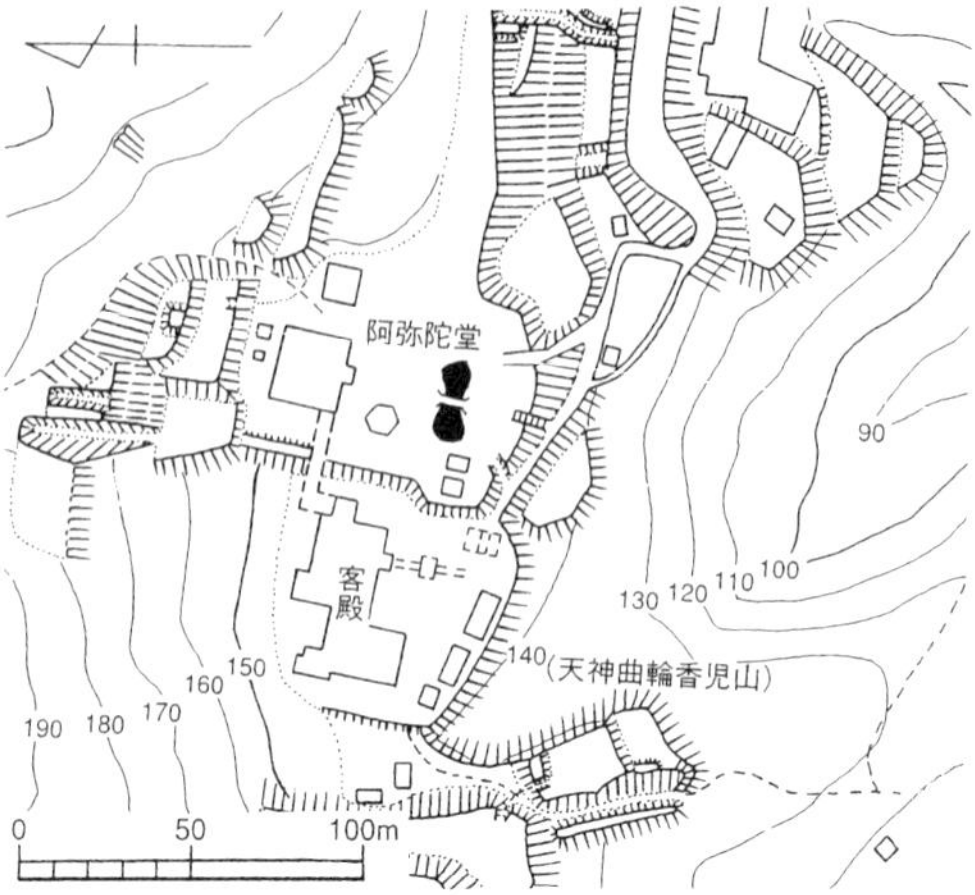

第55図　新潟県国上寺最高所中枢部の平場群と塚等の分布状況図（分水町教育委員会2004を改変）

からの山岳信仰に連なる山寺の造営があった可能性が高い。また、境内周辺と朝日山展望台からは、中世遺物の出土がある。

境内における平場群の状況は、中世の「国上寺院城郭」（同：一一二頁）の図面が参考になろう。古代山寺の平場をそのまま踏襲して中世期に堀切などを構築しているもので、京都府笠置山寺境内の中世期堀切などと同じ性格であろう。

国上寺最上段の小規模平場は、東西間口約一五メートル、南北奥行約五メートルで、中央部に直径約四メートルの塚がある。平場の平面形は、ほぼ長方形を呈し、滋賀県松尾寺遺跡の本堂背後斜面上方の小規模平場に類似する。塚は、経塚の可能性があろう。

上から二段目の平場は、間口東西約一五メートル、奥行南北六メートルで、現在の本堂の背後には、二段の平場が造成されているが、最上段の平場は塚を伴う小規模平場と考えておくことができよう（第55図）。

国上寺の古代山寺遺跡は、このように古墳時代からの山岳信仰・水源祭祀の延長上に、八世紀後葉から九世紀には山寺が成立し、北陸・新潟地域最大級の山寺遺跡が現存する貴重な事例である。その山寺成立の背景には、律令期における交通路である北陸道が佐渡へと続く交通の要衝にあり、かつ弥彦山に隣接するという宗教的側面もあったのであろう。

以上、北東日本における古代山寺の本堂背後に造成・造営された小規模平場について概観してみた。

第四章　中国・北陸・四国の山寺遺跡

一　山陰・山陽の山寺遺跡

本節では、山陰の島根県鰐淵寺《がくえんじ》から鳥取県大山寺をはじめとする発掘調査された山寺遺跡や、兵庫県の加陽《かや》大市《だいち》山《やま》遺跡、岡山県安養寺などの遺跡群を概観してみたい。

島根県鰐淵寺は、出雲大社の裏山とも言うべき場所に所在する古代創建で、現代まで法灯をともす山寺である。境内地の一部が発掘調査されており、出土遺物は現時点では平安期の九世紀からとなっている（出雲市教委二〇一五）。鰐淵寺中枢部は、海岸から鰐淵寺川を遡った閉ざされた山中空間に広がる川沿いの山麓斜面空間に展開する。古代以降の山寺遺跡は、A地区全体図にみられるように、雛壇状・階段状の平場群が鰐淵寺川に向かって、東面または南面するように造成されている（第56図）。

鰐淵寺山寺は、出土遺物からみて、古代に創建され中世以降まで存続する山寺遺跡（古代創建中世存続型近世存続系2b類）である。平場構造からみた類型では、多段性平場構造山寺の典型となる。発掘調査からは、この山寺の古代から中世の状況の一端が判明している。鰐淵寺中枢地区における古代須恵器の出土は、伽藍中心部となるA地区全域からの出土と、東方の谷部に位置するC地区にも分布することから、谷部における広範囲の活動があったことを示し

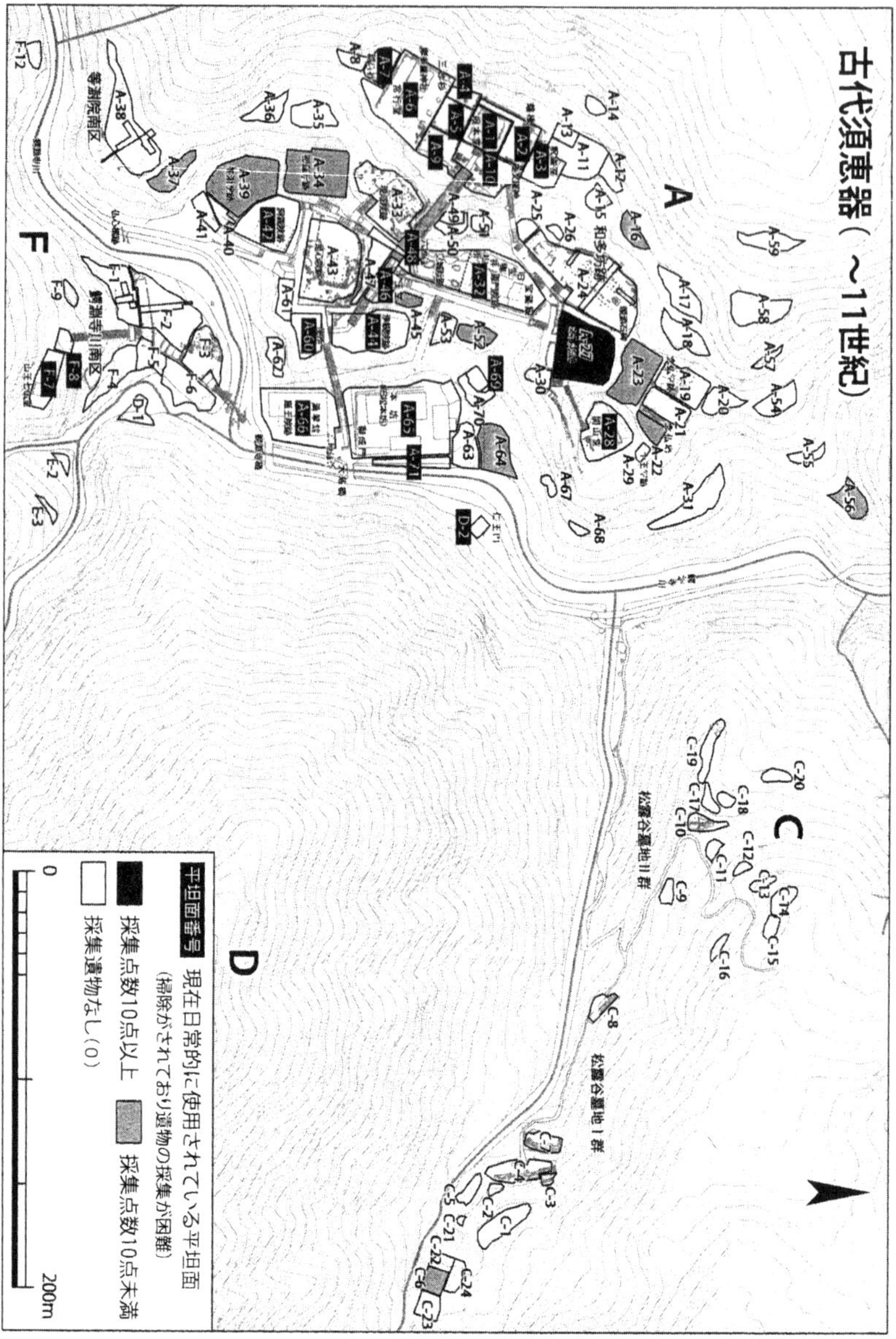

第56図　島根県鰐淵寺古代須恵器採集遺物分布図（出雲市教育委員会 2015）

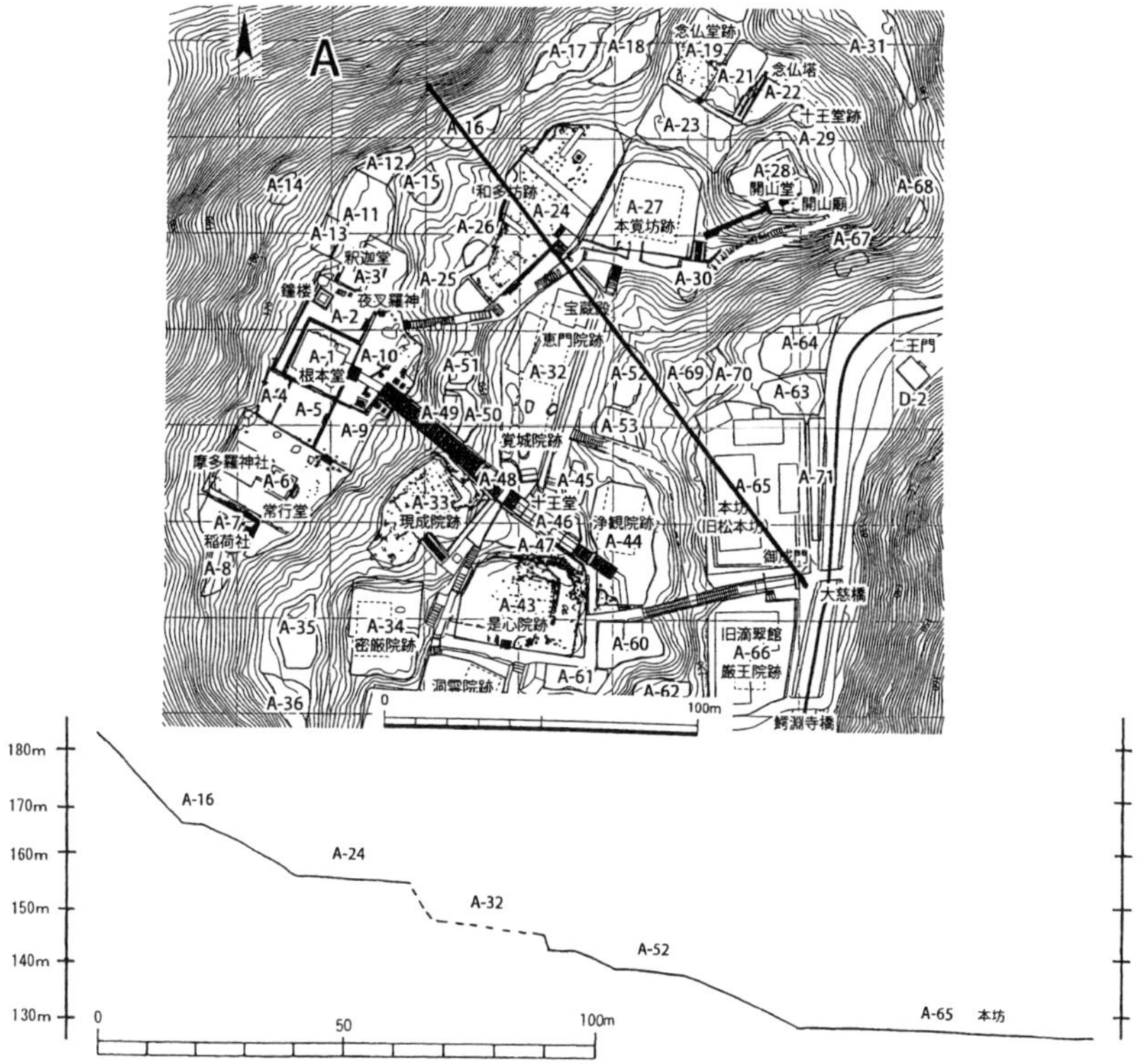

第57図　島根県鰐淵寺中枢地域平場断面図（古代須恵器出土平場を結ぶ北西～南東断面ラインを作図）（出雲市教育委員会2015を用いて、上野川2020作成）

ている。

鰐淵寺中枢部の中央からやや北側にある和多坊跡は、発掘調査が実施され、古代から江戸時代の各時期の遺物と遺構などが多く確認され、古代から中世初頭の平場遺構の上に、連綿として山寺での活動が継続されたことが判明したようである。この和多坊跡（A－24）の北西から南東には、A－16・32・52・65が連なり、和多坊跡を含めた平場の階段状の段数は、五段になろう（第57図）。

この中で恵門院跡（A－32）と本坊（A－65）は、現在日常的に使用され清掃が施されており、遺物の採集が困難なため活動時期を推し量ることはできないが、その他の平場から古代須恵器が出土している。このことから、これら五段の平場構成は、鰐淵寺の創建時期がどこまで遡るかは不詳ながらも、平安期の九世紀から一〇世紀には、すでに五段の多段的な平場群による山寺遺構が造成されていた可能性が高いと考えてよいのであろう。

最上段のA-16平場は、標高約一六三～一六五メートルであり、その南東直下の和多坊跡（A-24）が一五二～一五五メートルとなる。その比高は約八メートルとなり、かなりの差異を示す。和多坊跡とその南東直下の恵門院跡（A-32）の比高は約七メートルであり、その下位の恵門院跡とその南東直下のA-52平場との比高は、約七・五メートルである。A-52平場とその東部から南東部には、A-69・70・65（本坊）が隣接するが、A-52平場と本坊の比高は、約九メートルである。両者の中間標高斜面に、A-69・70が造成されており、山寺遺跡特有の平場分布を示す。

鰐淵寺中枢部の中央部平場群は、最上段のA-14を除いて南東方向に大きく五段程度に分かれる可能性がある。北東日本においては、九世紀から一〇世紀には存続していた群馬県唐松廃寺の四段の平場群構成に類似する可能性がある。

山寺中枢部の根本堂地区北部の和多坊跡からは、土器溜り（SX119）が確認され、土師器の杯・椀・皿などが出土している。和多坊の遺構外からは、一一～一二世紀の土師器が複数出土し、一一世紀以前の古代須恵器も確認されている。この古代遺構の約六〇センチ上層に、SD1215やSW120の確認面があり、複数期の遺構群が展開する。

鰐淵寺川の南にあたる浮浪滝地区北部の鰐淵寺川東岸からは、一トレンチの土層実測図（第58図）にみられるように、近世から古代までの三面の確認面を認めることができるようで、そこに堆積土層と遺物がある。

トレンチの層序は、上層に一五～一八世紀の面（KM3期）があり、中位に一三～一五世紀の面（KM2期）、最下層の地山面は一三世紀以前の面（KM1期）となる。このことから、最下層の確認面は、古代から中世初期（一一～一三世紀）となり、北東日本における中世山寺の創建期に該当し、また後述する福岡県竈門山寺の中世山寺造営期（一一世紀

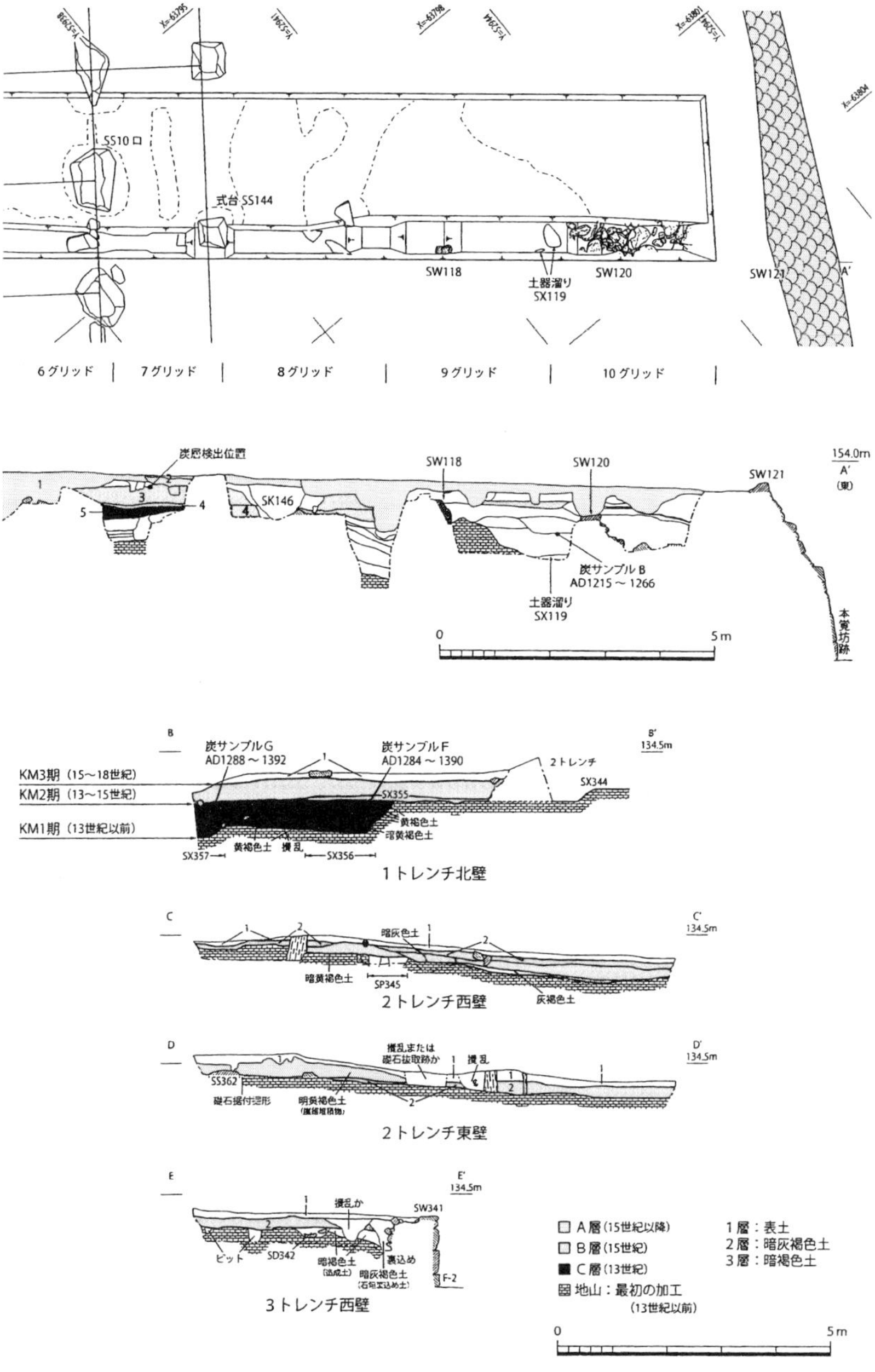

第58図　島根県鰐淵寺根本堂地区北部(和多坊跡)土器溜り(SX119)等実測図(上段)、浮浪滝地区北部1トレンチ等土層実測図(下段)(出雲市教育委員会2015)

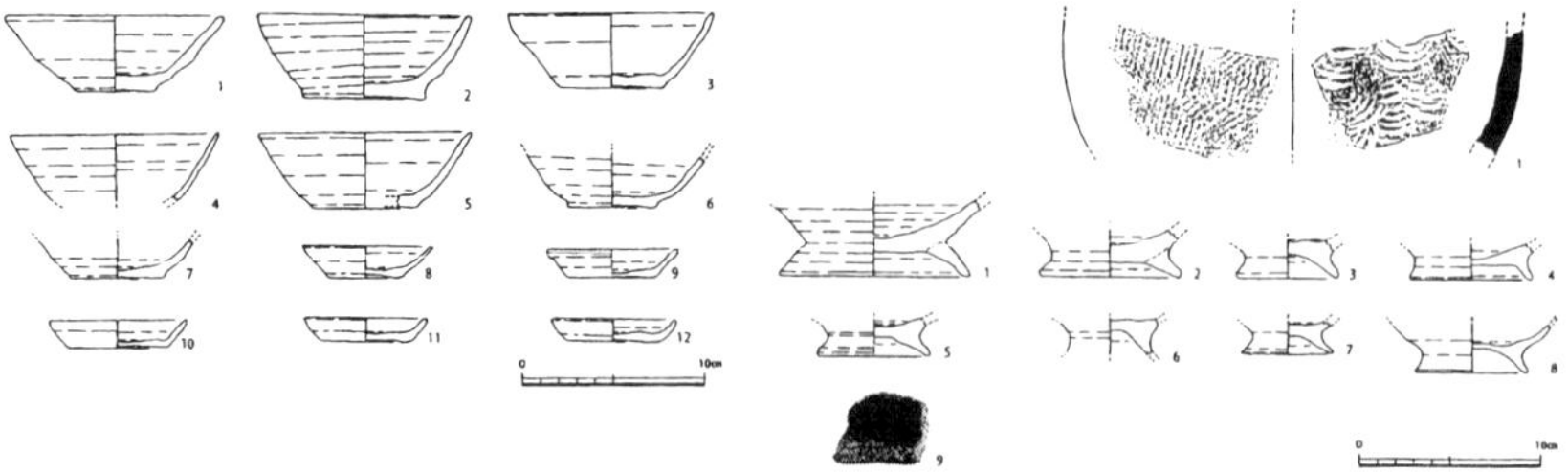

第59図　島根県鰐淵寺根本堂地区北部(和多坊跡)土器溜り(SX119)出土土器(1～12)等実測図(左)、和多坊跡遺構外出土土師器(11・12世紀)・須恵器(11世紀以前)実測図(右)(出雲市教育委員会2015)

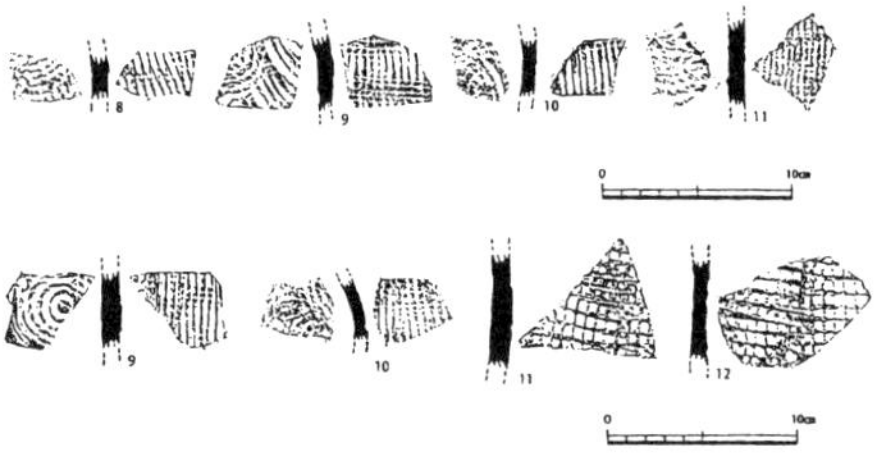

第60図　島根県鰐淵寺浮浪滝地区北部(鰐淵寺川東岸)出土古代須恵器(上段)、古代須恵器(下段、9・10)、中世須恵器(下段、11・12)(出雲市教育委員会2015)

後半～一二世紀前半頃)とほぼ同時期となろう。鰐淵寺川東岸からは、複数の古代須恵器・中世須恵器が出土した。

鰐淵寺の考古学的調査では、中枢部の平坦面(平場)における古代(九世紀)から昭和時代までの遺物による活動推定の消長表が提示されており、平場群からみた山寺での活動の傾向を窺い知ることができ、有用な資料となっている。著者は、二〇〇六年から、日本における山寺遺跡研究の視点として、古代中世通観の視点を提示してきたが、当然のことながら、近世から明治初期の廃仏毀釈を経た日本山寺群の存続と廃絶を念頭においてきたことは、前冊に触れたとおりである(上野川二〇一八)。

鰐淵寺の考古学的調査においても、そうした視点が採用されて、わかりやすい資料として提示されたことは、日本山寺考古学の研究史上に永く注目され続けることになるであろう。こうした古代から近世以降までの長い時間軸の中に、確実な考古遺物を基本とした山寺遺跡を論ずる視点は重要である。

鰐淵寺平場群については、その平場における出土遺物(第59図・第60図)からみた消長表が発掘調査報告書に提示されており、そこから幾つかの重要な点を読み取ることができる。

中枢部のA地区は、七一の平場が確認されているが、そのうちA-16・22・23・24・27・34・39・45・52・56・64などにおいて、「古代須恵器」と「遺物による活動推定時期」の表示がなされていることから、九世紀から一〇世紀までの山寺平場における活動があったものと解される。

A地区合計のうち、古代遺物出土平場は一二カ所であるから、中枢建物を含めた総数の中での割合としては、確認された平場総数の約一七パーセントが古代に関連する平場の可能性が看取されよう。中枢建物の平場も古代に造成されていれば、全平場の約三割は、九世紀から一〇世紀には造成され、山寺の平場群を構成していたものとみることも可能である。

そして、発掘調査報告書の消長表（第14表〜第16表）の古代から近代までの時間軸の中で、特に注目されることは、一一世紀に鰐淵寺山寺の活動推定が途切れ、空白の時代がみられることである。鰐淵寺古代山寺は、一一世紀に一度衰退すると考えられるが、中世初頭の一二世紀から鎌倉初期に連なる一二世紀後半からは、同一平場または寺域内各所の新規平場において、再び山寺活動が開始される様子が見て取れる。

鰐淵寺中枢部を除く平場における中世初頭から一二世紀後半の時期に活動が再開される平場は、A-17・24・26・27・33・34・35・37・38・40・41・42・44・45・52・55・64である。

このことは、一七カ所の平場において、一二世紀代には中世山寺の活動が再開されたことを示す。これは、古代の九世紀から一〇世紀の推定山寺活動を上回る平場数となり、鰐淵寺中枢地区であるA地区における中世山寺の規模が古代山寺の規模を超えて、大きくなったことを示す可能性があろう。

鳥取県の西部に聳える大山（標高一七二九メートル）北西部山腹には、大山寺《だいせんじ》がある。大山寺では、主に中世から近

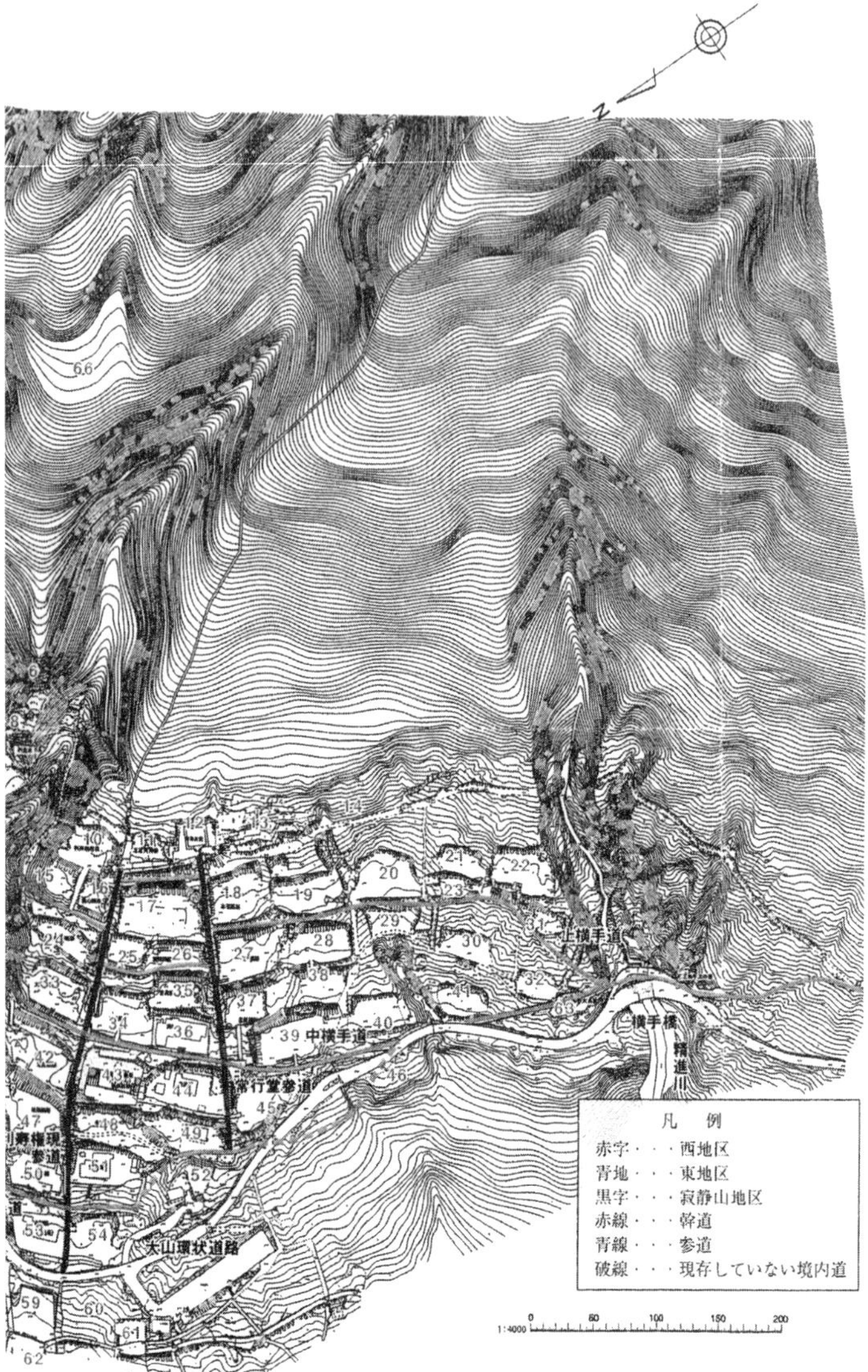
N
上横手道
中横手道
横手道
精進川
常行堂参道
大山環状道路
凡　例
赤字・・・西地区
青地・・・東地区
黒字・・・寂静山地区
赤線・・・幹道
青線・・・参道
破線・・・現存していない境内道
1:4000
0 50 100 150 200

西地区

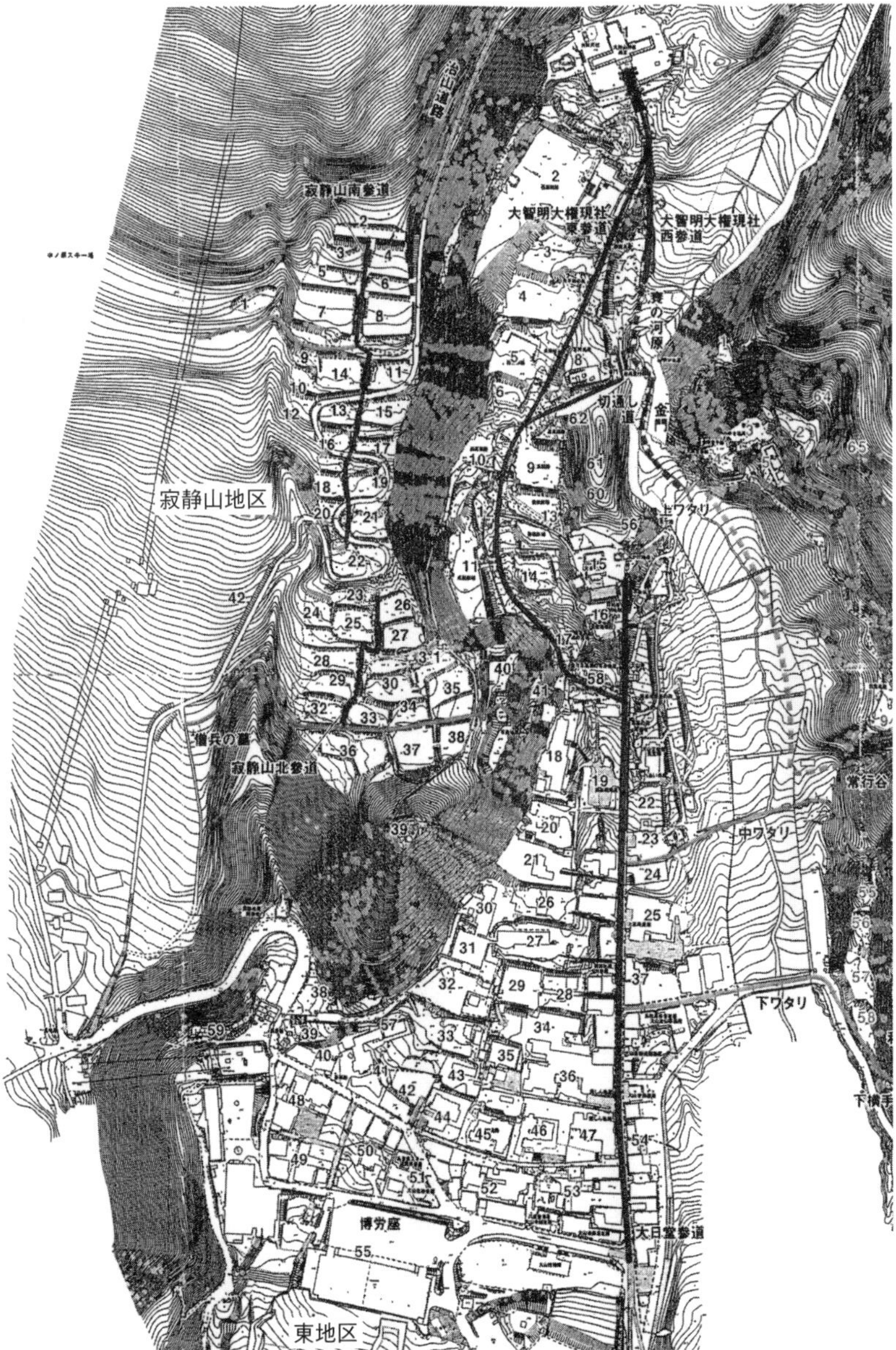

第61図　鳥取県大山寺僧坊跡等全体測量図(大山町教育委員会 2011)

世の坊院跡(僧坊跡)などが多数確認されている(第61図、大山町教委二〇一一)。

大山寺では、西地区に平場が六五カ所、東地区では平場が六二カ所、寂静山《じゃくじょうざん》地区では平場が四二カ所確認され、合計約一七〇カ所とされる(合計値は、大山町教委二〇一一のまま)。寂静山地区の最北端には、寂静山(標高八七一メートル)が聳え、大山寺の中央部を佐陀川が流れ下る。

発掘調査報告書によれば、寂静山地区のJ-32平場から、一二世紀中葉の白磁が出土している。この平場は、寂静山地区の雛壇状の平場群の下段部にあり、北から上方に登る参道脇の山際に位置する。寂静山地区は、東地区の北東側の一段高い山麓部に位置し、南東から北西に向かって低くなる緩やかな斜面にある。平場群は、斜面上位の平場が雛壇状を呈するのに対して、斜面下位の平場は段差を持つが、整った雛壇状ではなく様相が異なるとみられている。

寂静山地区は、中世に遡ると想定されたことから、J-14平場において発掘調査が実施され、僧坊跡とそれに付随する各種遺構が確認されている。まず、平場の造成地業では、盛土が約三メートルであることが確認され、掘立柱建物跡・礎石建物跡・石垣・石列・塀跡・竪穴建物跡などが精査された。出土遺物には、舶載陶磁器である青磁や白磁の香炉・花瓶・茶器類などがあり、また国産陶磁器では瀬戸・美濃・備前・越前などが出土した。なお、炭化米塊の出土もある。炭化米塊は、寿司であるとの報告となっている。

この平場の中心建物は、掘立柱建物から礎石建物へと建て替えがあり、その規模は長辺約二八メートル、短辺約六メートルであった。僧坊跡は、出土遺物からみて、一四世紀後半から一五世紀前半までが最盛期であり、一四世紀前半から一五世紀後半までの土地利用期間があった。

寂静山地区では、最上段のJ-22平場と中央やや下方のJ-22平場に堂舎が造営されたとみられる。J-22平場の面積は、一〇八〇平方メートルと、この地区でも屈指の広さとなる。

大山寺寂静山地区は、複数現存する江戸期の絵図には描かれてないことから、現時点で断定することは難しいが、発掘調査の結果から、戦国期に入る頃の一五世紀後半からそれ以降には廃絶した山寺遺跡と考えられよう。その平場群の中からは、一二世紀中葉段階の舶載陶磁器が出土していることからみて、中世初頭の山寺があった可能性があり、著者の存続期間分類に照らして、中世創建型中世廃絶系（3ａ類）の山寺遺跡か、または古代まで遡る古代創建中世存続型中世廃絶系（2ａ類）の山寺遺跡と考えられる。そして、各地区の平場群が雛壇状または階段状に造成されていることから、多段性平場構造山寺であった。

寂静山地区の山寺は、中世には寂静山地区山麓の大山寺東地区や、西地区に山寺寺院機能が移動したのかどうかなど、今後の精査が期待される。なお、発掘調査の結果では、東地区E-41トレンチなどで、一三世紀から一五世紀の青磁・白磁などが出土し、中世山寺が存在していたことが確認されている。佐陀川西部の山麓斜面に展開する平場群である西地区でも、陶磁器や土器類が出土しており山寺遺跡の存在が確認されている。この山寺の寺域は、山麓西部の精進川までとみられる。

第62図　鳥取県三仏寺投入堂遠景（中央奥・山頂付近、北から、著者撮影）

三仏寺《さんぶつじ》は、鳥取県三《み》朝《ささ》町にある寺で、現在の参道の両側斜面には、多数の雛壇状の平場群が造成されている。境内からの出土考古遺物や、平場遺構の時期などは、現時点では不詳なのであろうが、近世以降の平場や建造物があるにせよ、多段性平場構造山寺と言ってよいのであろう（第62図）。

平安後期の投入堂や、鎌倉期の納経堂や、室町末期の地蔵堂などの存在（今泉一九九九）から、この山寺自体は古代まで遡るものと推定され、今後の調査研究

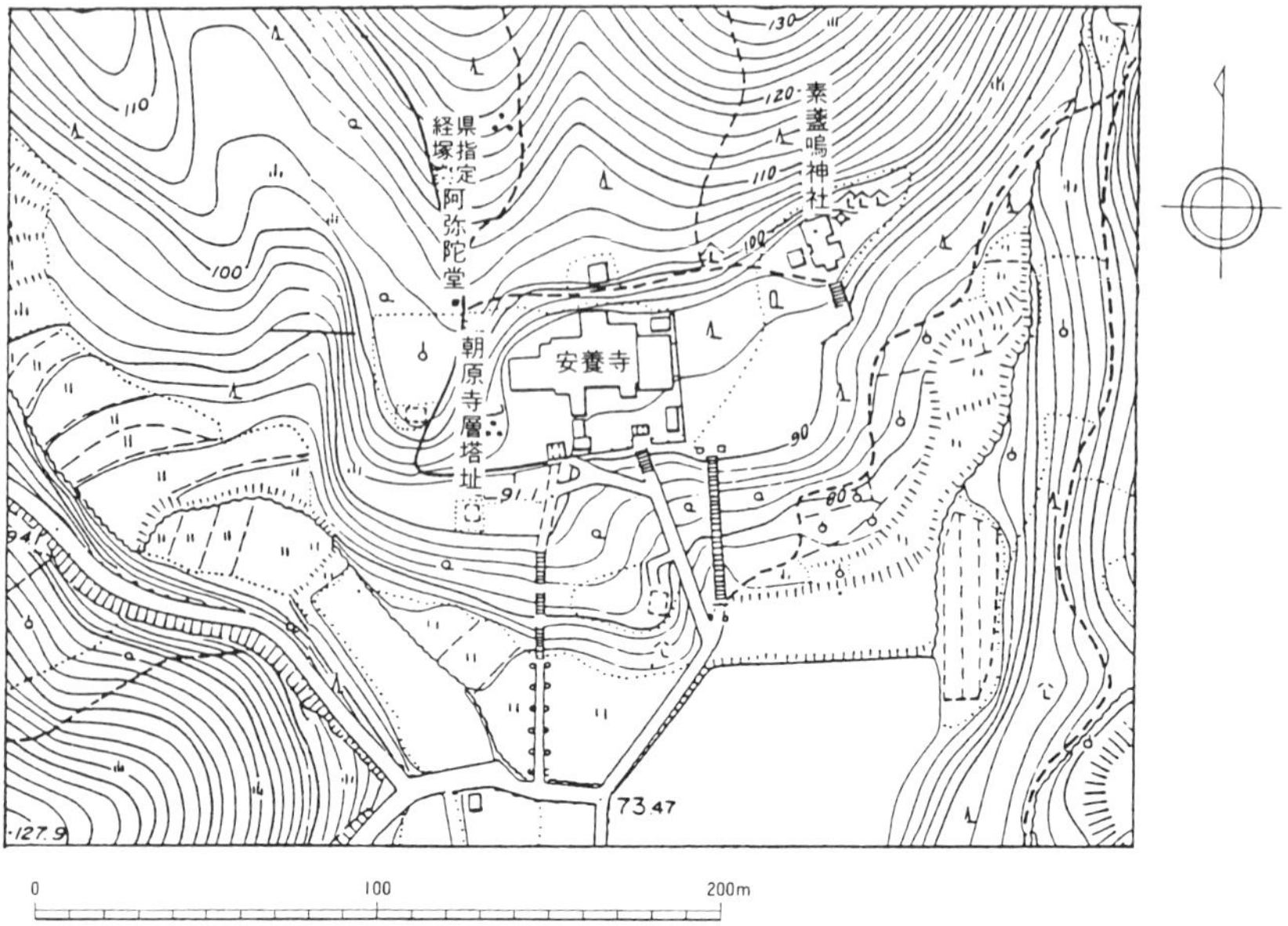

第63図　岡山県安養寺と安養寺経塚の遺構と地形(安養寺・岡山県立博物館 2006)

がまたれる。

懸造となる投入堂は、三仏寺の境内から上方となる三《み》徳山《とくさん》の中腹の北向きの急崖に建立されている。投入堂は、身舎の年輪年代測定が行なわれ、康和五年(一一〇三)と天永元年(一一一〇)の年代が確定されているようである(生田二〇一七)。

一二世紀の初頭には、北東日本においては、長治二年(一一〇五)の岩手県中尊寺の創建があり、また北東日本最古の山梨県大善寺の康和五年銘の経筒の存在や、栃木県大慈寺周辺の小野寺出土の長治元年の経筒などが知られる。北東日本とほぼ同時期に、三徳山投入堂の建造がなされていることになり、こうした同時性が、新たな仏教の潮流の一端を示顕しているものなのかどうか考えさせられるところである。

兵庫県はその北部が古代の但馬国であり、豊岡市域には但馬国分寺跡がある。国分寺から東方約三キロの丘陵北端の裾部は、円山川と出石川の合流する平野に面し、そこに古代山寺とされる加陽大市山遺跡がある(潮崎二〇〇二)。

丘陵下位の斜面には、八世紀から一二世紀前半頃までの二棟の古代建物と護摩壇状遺構、及び中世の建物などが確認された。古代山寺遺物は、八世紀後半から九世紀前半の鉄鉢形土器一〇点・須恵器転用硯・須恵器杯身・赤彩の土師器杯があり、九世紀後半から一〇世紀代の遺物では緑釉陶器(椀・皿)・須恵器類が出土した。また中枢部では約一〇カ所の鍛冶炉が確認され、鉄滓・坩堝・羽口が出土した。この遺跡が山寺であるとすれば、後述する福井県朝宮大社遺跡が酷似する立地であり、大河に面する丘陵の中位から下位にも古代山寺が造営されたことになろうか。

また、中枢部建物から北西へ約五〇メートルのところには、七世紀後半の横穴式石室を持つ古墳が築造されている。

なお、加陽の地名は、『和妙類聚抄』の古代郷名である「賀陽郷」の名残で、韓半島南部「伽耶」との関連が指摘されている。

山陽道では、岡山県安養寺《あんようじ》が山寺とみられる。この山寺遺跡は、著者の踏査では、北東日本の古代山寺と同じく、細長い谷の遮蔽された空間の山麓斜面に平場群が階段状に造成され、小規模な尾根端部には中世創建の塔跡がある(第63図~第65図)。

境内からは応徳三年(一〇八六)の瓦経などや瓦類が出土しており、寺の背後斜面上方の三基の経塚からは、瓦経や土製宝塔な

第64図　岡山県安養寺と安養寺経塚近景（山麓から山腹、南から、著者撮影）

第65図　岡山県安養寺経塚から南の谷部を望む（北から、著者撮影）

どが出土し、安養寺裏山経塚群として著名である（岡山県立博物館二〇〇六）。

瓦は、均整唐草文軒平瓦・宝相華唐草文軒平瓦・蓮華文軒丸瓦・宝相華文軒丸瓦・巴文軒丸瓦などであり、中枢部の堂宇が建立されたのは、一一世紀中葉から後葉とされている。それ以前の平安前期から中期の均整唐草文軒平瓦は、創建期またはその後の瓦葺堂宇に用いられたとされている。

安養寺の創建は、古代のどの時期となるかは現時点では不詳ながら、中枢堂宇はその後に長承元年（一一三二）頃に宝相華唐草文軒平瓦を用いて修理され、その後、室町期まで存続したようである。このことから、安養寺は、古代創建中世存続型の山寺遺跡とみられ、その後、近世以降にも法灯をともす。境内と周辺の地形状況などを総合的に判断すれば、すでに知られているように、平野部から北側に深く細長く続く谷部に面する各所に安養寺を中心とする堂舎が散在し、古代から中世初頭の山寺があったのであろう。なお、安養寺を含む寺院群の総称として、浅原寺ともいわれたとされる。

その山寺遺跡は、平場構造からみた場合、多段性平場構造山寺であり、安養寺の中枢部は大きく改変されているものの、旧本堂付近の背後の斜面に経塚が造営されていることがわかる。経塚の背後には自然の斜面が続くが、経塚の西側斜面には、階段状の平場が複数みられる。境内には、南北に四段程度の平場群が現存し、平場数は八カ所以上とみられる。

また塔は、史料から弘長二年（一二六二）に創建されたことが判明しており、一三世紀中葉の創建となる。塔跡には、一六個の礎石が現存し、瓦溜りがあった。塔跡からは、巴文軒丸瓦が出土することから、瓦を用いていたことがわかる。

このように、北東日本の山寺における経塚の造営が一二世紀初頭からであるのに対して、安養寺においては、前述のように応徳三年の瓦経を有することから、一一世紀後葉頃には古代からの山寺の本堂背後に、経塚を造営した可能性が出てくるのであろう。

著者は、日本における中世山寺の成立を一二世紀初頭の岩手県中尊寺の創建を以って考える視点を提示し（上野川二〇一八）、同時に山寺における経塚の造営が始まったとみたが、更なる精査が必要になっているのであろう。

二　北陸の山寺遺跡

若狭では、福井県多田寺《ただじ》が、多段性平場構造山寺である。小浜湾から南に約五キロの山中には、多田ヶ岳（多田山、標高七一二メートル）がある。その北側山麓の多田川に面するように、山麓から山腹にかけて平場群が階段状に造成されている。現在の寺域以外の上方や山頂には、平場群が展開していないことから（柴田二〇一三）、山麓の緩斜面を利用した造寺があったと考えてよい。こうした立地は、北東日本においては八世紀中葉から後葉に創建された多段性平場構造山寺である下野大慈寺や静岡県油山寺と同じである。なお、寺は西面して、細長い谷部を見下ろす立地となる（第66図）。

第66図　福井県多田寺境内（本堂を見上げる、西から、著者撮影）

寺域からの考古遺物の出土は報告されていないようであり、多田寺は若狭国分寺跡の西側にある尾根を越えた場所で、直線距離では国分寺から西方に約二キロであり、国分寺との関連性が注目されよう。

この多田寺に関しては、「座談会　古代山寺を考える」において、仏教彫刻史の研究者から、その立地からみて山寺と言ってよいのかどうか微妙なのではないかとの質問が出されている（久保二〇一六）。これに対して久保智康は「山寺でよいと思う」と回答するが、それは考古学的には適切な見方である。しかし、山寺である根拠が述べられていない。

著者も多田寺を山寺であると考えるが、その根拠は次のとおりである。多田寺の平場群の特徴は、山腹の上位に位置する本堂から山麓までの広範囲に造成されており、発掘調査は実施されていなくても、また時代を示す考古遺物が出土していなくても、また山上や高山に位置しなくても、多数の発掘調査による山寺遺跡と比較して、そうした平場が階段状または雛段状に造成されていることがいわゆる多段性平場構造を持つ山寺の特徴と合致し、その平場には堂舎跡が遺存していると想定される山寺遺構と目視されることから、山寺とみることができるのである。

また、若狭一宮である若狭彦神社は、下宮の若狭姫神社が国分寺の西側一キロに隣接し、上宮である若狭彦神社は遠敷《おにゅう》川が流れる細長い谷を南に一・五キロほど遡った山麓に鎮座する。なお、古代若狭国分寺は、当初は太興寺廃寺が国分寺に転用され、平安期になり若狭国分寺が建てられたとされている（福井県立若狭歴史博物館二〇一五）。

養老年間（七一七～七二四）には、若狭彦神社の神宮寺が建立されたとされ、若狭彦神社南方一キロに位置する神宮寺は、平場構造からみて山寺である（久保二〇一六）。若狭神宮寺は、多田ヶ岳の北東山麓の長尾山の東山麓緩斜面に多数の平場群が造成され、金堂跡・塔跡などが現存する。寺域からは、軒丸瓦（平城宮6225型式）や土器類が出土しており、その年代観から八世紀中頃に堂塔が建立され始めたことが判明している（下仲二〇一〇）。

若狭神宮寺は、山麓の緩斜面に階段状に平場群が造成され、古代の遺構と遺物が確認されていることから、著者の類型分類では、古代創建中世存続型近世存続系（２ｂ類）であり、その後も法灯をともす。平場構造による類型分類では、多段性平場構造山寺である。

なお、若狭神宮寺の東の谷の山麓には、一三世紀に本堂と三重塔が再建された明通寺《みょうつうじ》がある。境内からは、九世紀の須恵器・土師器が出土しており（明通寺二〇一七）、六段以上の多段性の平場が造成されていることから、古代創建の山寺である。松永川に面する山麓斜面には、最上段に塔（国宝）があり、その下位に本堂（国宝）が位置する。

明通寺では、現在の本堂と三重塔は一三世紀後半の創建とされている。両者の間の平場は、中世本堂創建に伴い狭められている遺構状況が窺えることから、中世再建の南面する山寺本堂の建立によって、本堂西側の斜面が掘削され本堂平場が拡張されたことがわかる。

こうした山寺本堂の中世再建に伴う本堂平場の拡張は、山梨県大善寺本堂（薬師堂・国宝）とその上位背後の平場遺構の状況からも窺え、古代山寺の一部では一三世紀後半に古代山寺が存続しあるいは再興される中で、山寺の中枢伽藍が大きく変貌した姿がそこに示されている。

越前では、朝宮大社遺跡において、古代遺跡が確認され、八世紀後半から一〇世紀前半までの土師器（甕）・須恵器（杯・蓋・椀・皿など）の遺物が出土している（古川二〇一八）。遺跡地は、福井県福井市南西部の日野川西岸の丘陵東斜面にあり、山腹に二〇カ所以上の平場が段差を持ちながら分布する。中心となる平場（平場群9）は標高七二メートル付近にあり、東西四〇メートル、南北四〇メートルである。著者も現地を案内されたが、遺構群の特徴からみて、古代創建古代廃絶型の遺跡の可能性があろう。

朝宮大社遺跡は、明寺山廃寺の北東約四キロにあり、日野川は北へ約四キロで足羽川と合流し、更に北方約四キロ下ると九頭竜川に合流する。遺跡地は、河川交通と係わる要衝かとも思われる。福井県内では、多くの山寺遺跡が確認されているが、九世紀から一二世紀に存続する山寺では、九頭竜川上流の白山平泉寺が想起されよう。

同じ丘陵の南西側には一一世紀後葉から一二世紀前葉頃の創建となる方山真光寺跡とその塔址が調査されており、

今後の精査が待たれる(古川二〇一八)。

この方山真光寺の塔は、古川が報告するように、その出土石塔を一二世紀第2四半期とすれば、この寺の創建は古代末から中世初頭となろうか。一二世紀初頭を前後する時期の中世寺院として、福井平野に続く日野川下流域の交通の要衝に立地したのであろう。

三　四国の山寺遺跡

四国では、香川県讃岐国分寺跡の南方約二〇キロの大川山《だいせんざん》(標高一〇四二メートル)山頂近くに中寺《なかでら》廃寺跡がある。この場所は、香川県と徳島県の県境となる讃岐山脈の連山中で、讃岐平野からは南方に竜王山(標高一〇五九メートル)などが遠望できる。遺跡地は、標高七三〇メートル付近のA地区から、標高六九〇メートル付近のB地区の山寺遺構が中心となり、C地区を含む三カ所に古代の山寺遺跡が確認された(まんのう町教委二〇〇七ほか)。

中寺廃寺跡の寺域内には、A地区では一二カ所のテラス(平場)、B地区では五カ所の平場群が確認されている(まんのう町教委二〇一一)。山寺遺跡からは、八世紀中葉の須恵器杯(琴南《ことなみ》ふるさと資料館展示)を最古の遺物とし、八世紀後半・八世紀末・九世紀前半・九世紀後半・一〇世紀代の土器類(土師器・須恵器・黒色土器など)が出土し、一二世紀の遺物も確認されている。B地区第2テラスでは、越州窯系青磁碗・須恵器多口瓶・須恵器(杯・皿)、第3テラスでは軒丸瓦・石帯・銅錫杖頭・銅三鈷杵などの特異な遺物群が出土した。寺域内からは、羽口・多量の鉄滓・鉄釘・鉄製品などが出土している。

中寺廃寺跡のA地区は、標高六五〇～七五三メートルに展開し、第1テラスには菜園場跡、第2テラスには仏堂跡、第3テラスで塔跡、第4テラスに大炊屋跡が確認された。大炊屋とされる掘立柱建物は、桁行三間・梁行二間で、竈があり、多量の土器類が出土した（第67図・第68図）。

A地区は、一〇世紀に仏堂・塔・大炊屋・菜園場からなる山寺が構えられたとみられ、それに呼応するように、B

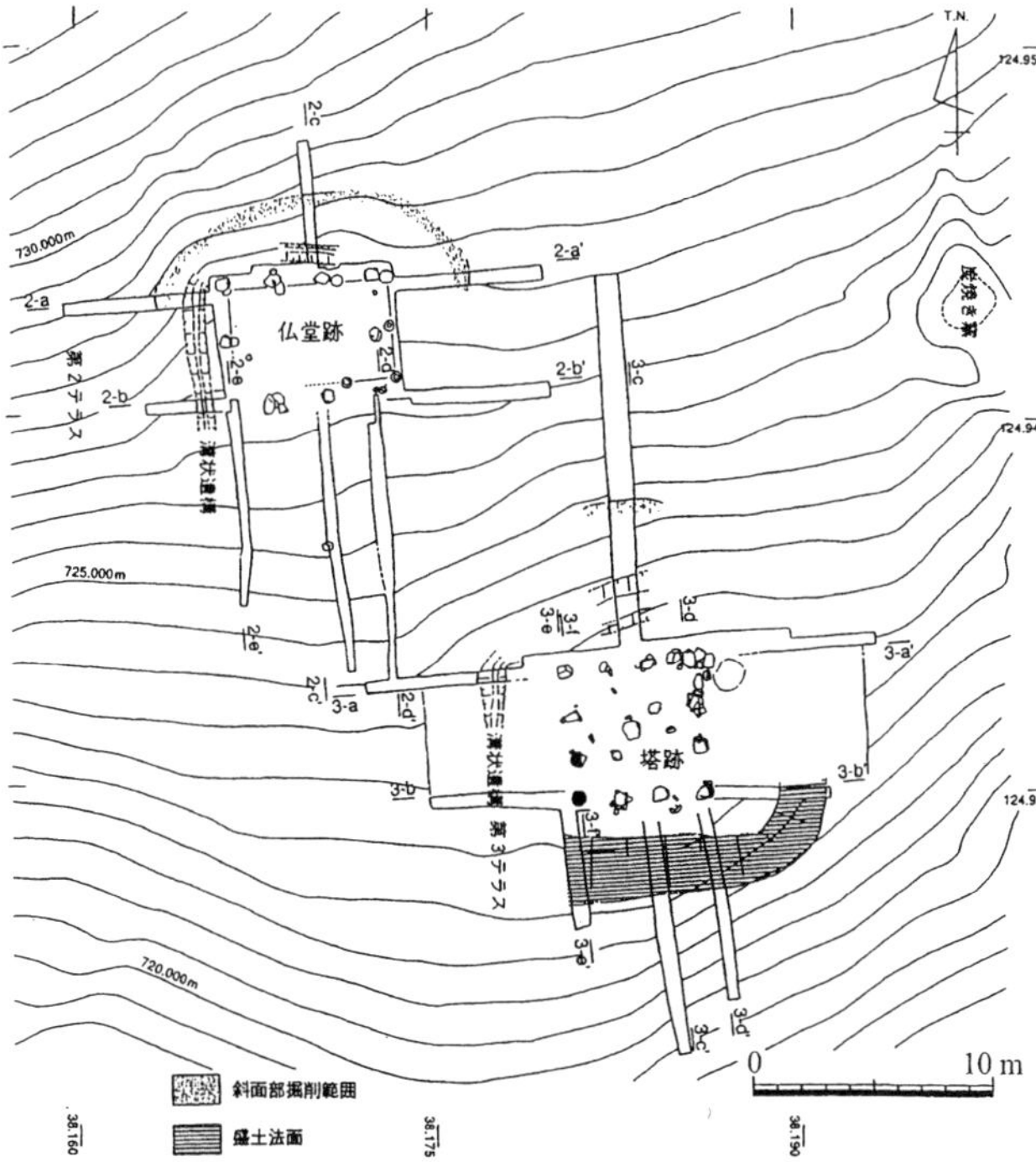

第67図　香川県中寺廃寺跡A地区遺構配置図（まんのう町教育委員会2007）

地区においても一〇世紀後半頃には、複数の性格を持つ伽藍が整備されたとみることができよう。菜園場とされる空間は、一般に薗院・花苑院などと呼ばれる性格の場所であったのであろう。

中寺廃寺跡A・B地区における一〇世紀の山寺遺跡は、次に確認するように、多段性平場構造山寺であり、この山寺中枢部は中世に存続しないことから、古代創建古代廃絶型（1類）の山寺遺跡となろう。

A地区仏堂は、掘立柱建物から礎石建物への二期の変遷があり、一〇世紀から一一世紀代の遺物が出土している。塔跡では、心礎石下部に地鎮・鎮壇具とされる一〇世紀前半の土器群を伴い、仏堂とともに山寺の中枢部となろう。塔心礎下部とその東側・南側からは、土師質土器長胴甕一点、土師器壺五点（酸化焔焼成の赤色土器）、土師器皿一点が出土した。

特徴的なことは、心礎石直下の土坑の外の「心礎石中軸のすぐ南にあたる地点で土師器坏が据えられていた」（まんのう町教委二〇〇七：二八頁）という状況であり、これは地鎮に伴い、土器類の器種を変えて、時間差をもって埋納し

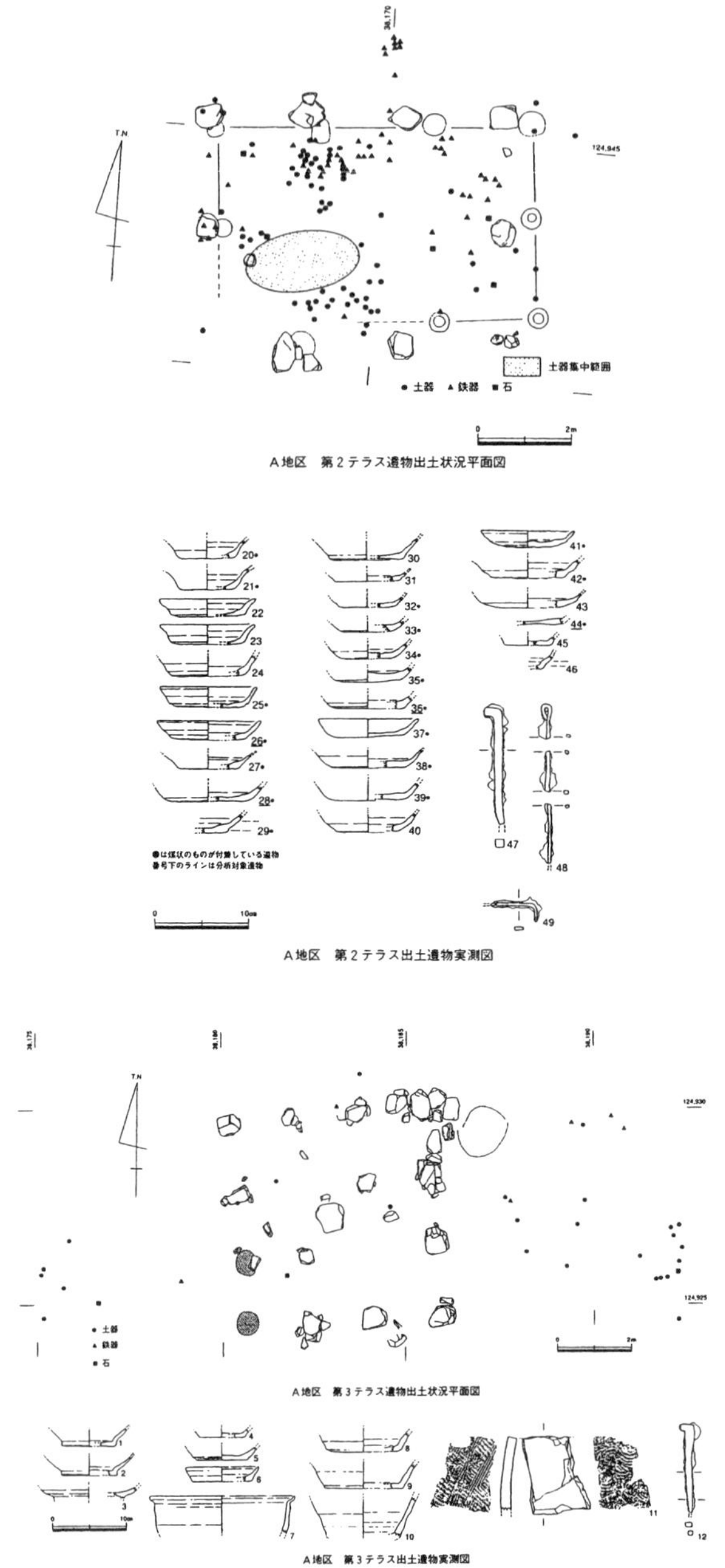

第68図　香川県中寺廃寺跡A地区第2テラス遺物出土状況（上段）、第2テラス出土遺物実測図（中段）、第3テラス遺物出土状況・出土遺物実測図（下段）（まんのう町教育委員会2007を改変）

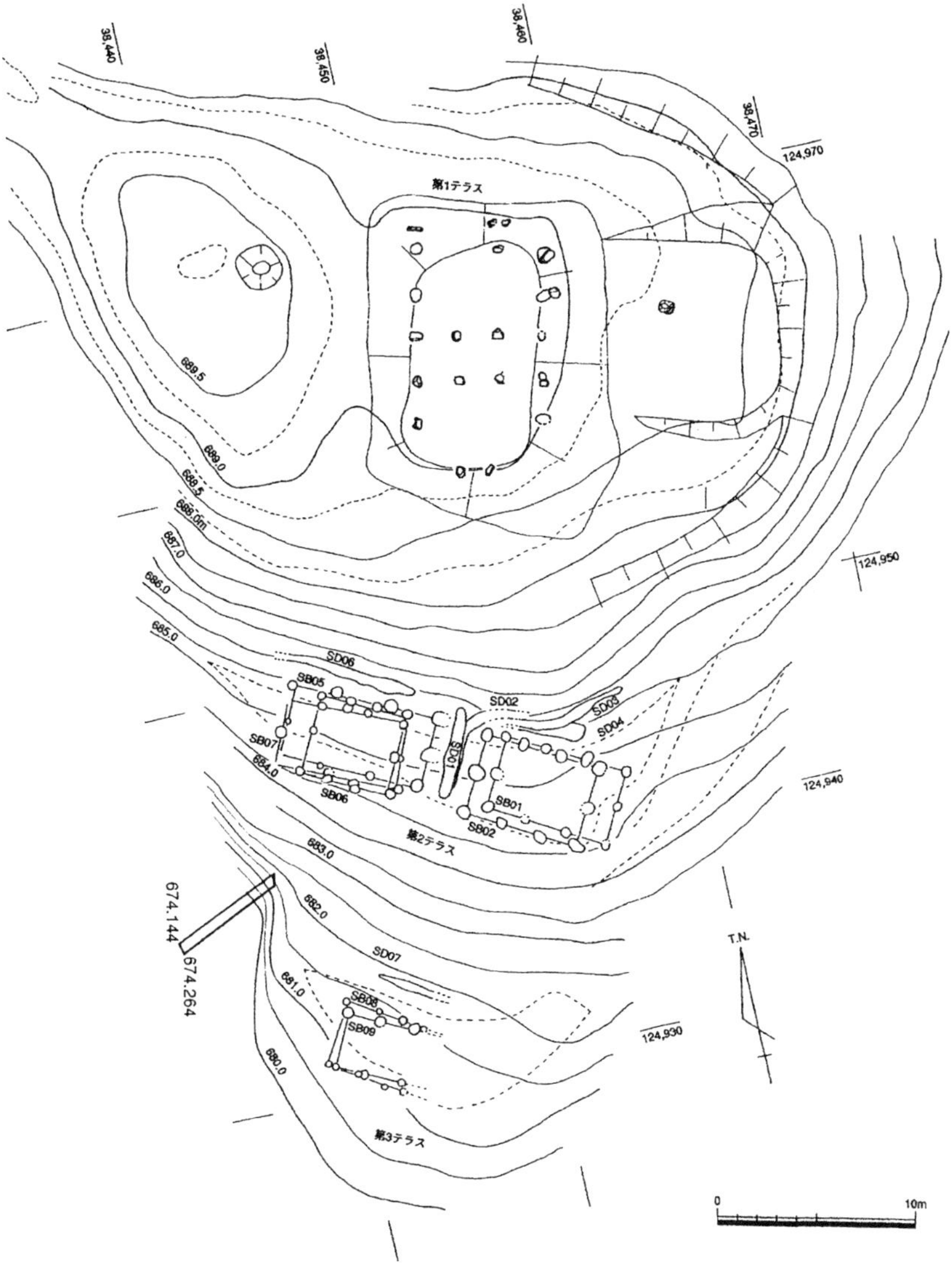

第 69 図　香川県中寺廃寺跡 B 地区遺構配置図(まんのう町教育委員会 2011)

ていることを示すのであろう。

Ｂ地区では、標高六八九・五メートル付近から六八一メートルの、標高差約八メートルの範囲に、第１・第２・第３テラス（平場）の三段の平場が、高低差約四メートルをもって、尾根上とその西側斜面に造成されている（第69図）。Ｂ地区の中心伽藍となる礎石建物は、標高六八九メートルに基壇状に造成された場所に構築されている。遺構の基礎は、基壇中央は岩盤まで平坦に削り出し、周囲を盛土で築盛している。礎石建物の東側に隣接して広場状遺構の平場があり、儀礼空間とみられている。

礎石建物の規模は、桁行五間（一〇・三メートル）・梁行三間（六・〇メートル）の南北棟で、建物中央に方一間の須弥壇礎石を配した仏堂の可能性が考えられた。盛土中から、一〇世紀前半から後半の土器類が出土していることから、基壇の造成時期は、古く見積もっても一〇世紀後半となろう。この礎石建物は、「仏堂または割拝殿」（まんのう町教委二〇一一、中村二〇一三）とされている。

また盛土直上からは、鉄滓一点が出土し、盛土中からは銅滓一点が出土している。この基壇状盛土の築造時などに、この場所か周辺で鍛冶の操業があったか、あるいは簡易的な儀礼の遺物として埋置・埋納された可能性も否定できない。鍛冶では、鉄以外にも銅が用いられたり、混入することもあり、Ｂ地区の中枢となる礎石建物の建造に、その建築資材などの製造がこの場所であった可能性もある。

事実、中寺廃寺跡からは、多量の鉄滓が出土しており、琴南ふるさと資料館にも遺物が展示されている。古代山寺造営における九世紀から一〇世紀代の鍛冶の操業は、前冊にも触れたとおり、福島県慧日寺戒壇地区、群馬県黒熊中西遺跡、埼玉県高岡寺院跡、福井県明寺山廃寺など、北東日本の複数の遺跡や九州・熊本県池辺寺跡において確認されている。

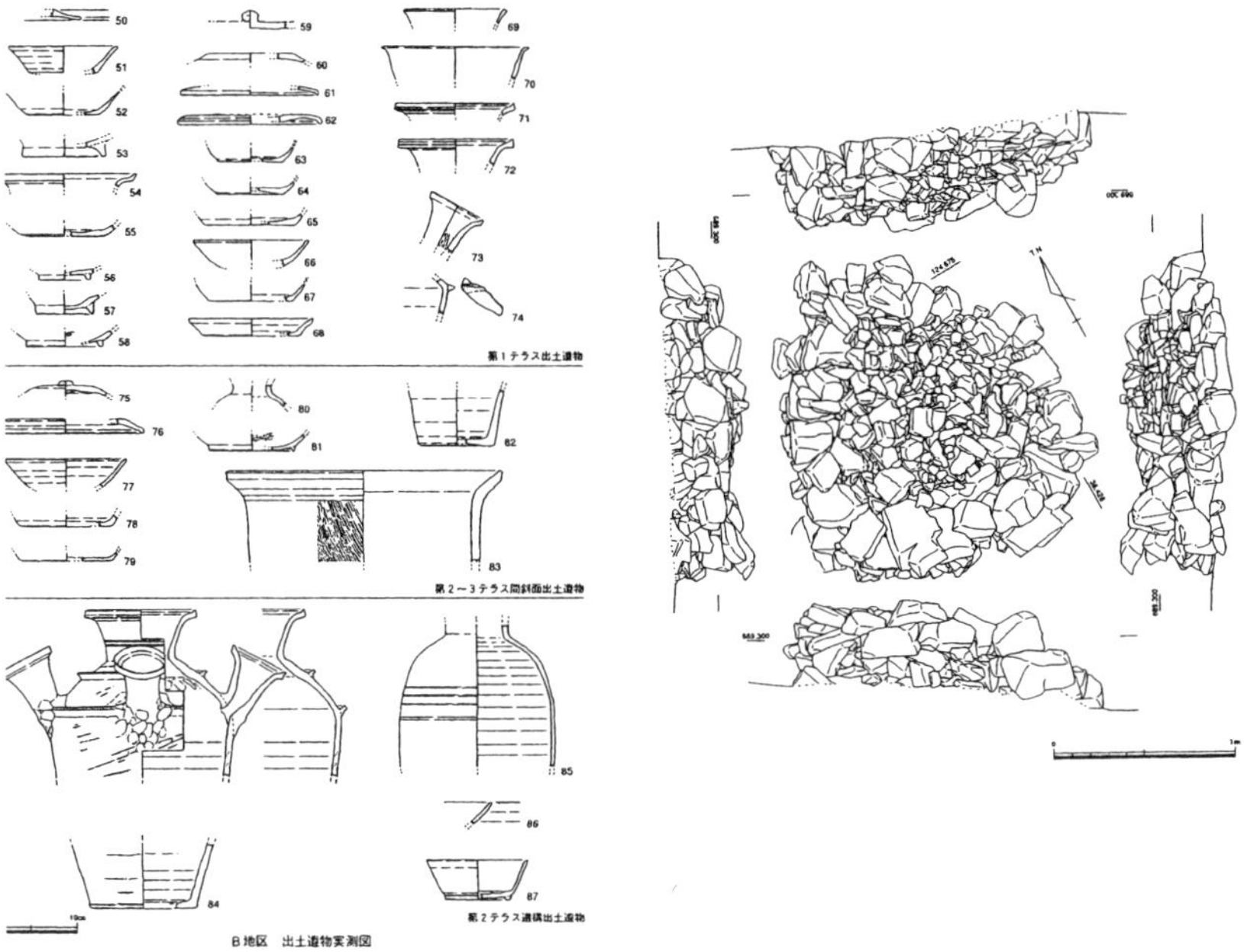

第70図　香川県中寺廃寺跡Ｂ地区出土遺物実測図（左）、Ｃ地区石組遺構２の平面・立面図（右）（まんのう町教育委員会2007を改変）

中寺廃寺跡Ｂ地区礎石建物西側平場は、窪みがあるが、建物は確認されていない。しかし、中枢建物の背後の一段高い場所にあたることから、基礎を持たない何らかの施設があった可能性が高いと考えてよいのであろう。ここでは、その検討を控えるが、北東日本における本堂背後の小規模平場の規模との比較検討が求められよう。

Ｂ地区中枢建物の下方にある第2テラスは、北西から南東に細長く伸びる平場であり、斜面に造成されている。そこには、掘立柱建物（ＳＢ01・02）の二棟が平場東側にあり、平場西側には並列するように三棟の掘立柱建物（ＳＢ05～07）が切り合い関係をもって確認された。その南西下方にも掘立柱建物二棟（ＳＢ08・09）が構築されている。

この第2テラス掘立柱建物は、僧房と考えられており、西播磨産の特注品とみられる多口瓶（第70図左）は、ピットより新しい土坑（ＳＫ2）からの出土と報告されていたが、その後に同一場所で三期の変遷を持つ僧房の最古の柱穴に埋置された遺物と考えられているようである。第2テラスでは、流土中から佐波理加盤破片も出土している。礎石建物に隣接する斜面において僧坊が確認されていることや、この場所から特殊遺物群が出土していることなどから、礎石建物の性格を推測する手がかりにもなろうか。

同一場所で複数時期の建て替えが確認される僧坊例は、埼玉県高岡寺院跡事例がある。そこでは、八世紀後半から一一世紀前葉までに、三期の掘立柱建物柱穴と、四期目の礎石建物が桁行三間・梁行二間の構造を踏襲して造られている。

群馬県黒熊中西遺跡における一〇世紀の僧房とみられる1号建物も、桁行三間・梁行二間の構造であり、中寺廃寺跡・高岡寺院跡・黒熊中西遺跡の一〇世紀の僧房は、規模は多少の差異があるものの、桁行三間・梁行二間の掘立柱建物と礎石建物という共通性があると考えられよう。

中寺廃寺跡B地区では、一〇世紀中葉から後葉には、第1テラスの礎石建物、第2・第3テラスの建物群という伽藍配置が整うことになるのであろう。これは、A地区の第3テラスの心礎石下部に地鎮・鎮壇具とされる一〇世紀前半の土器群を伴う塔と、仏堂が中寺廃寺跡の山寺中枢として建立された時期に続いて、谷を越えた尾根部であるB地区に山寺伽藍が拡大してゆく状況を示すと考えることができよう。

こうした中寺廃寺跡の伽藍の性格は、一〇世紀という同時代山寺遺跡である福島県流廃寺跡の建物群との比較等により、その性格が解明されてゆくのであろう。

中寺廃寺跡では、A地区とB地区の連絡道（寺域内通路。著者註）の調査で、時期は確定されなかったものの、山側を掘削し、谷側に盛土を行なった複数時期の平坦面が確認され、これが連絡道跡とされた。群馬県黒熊中西遺跡においても、寺域内通路が張りめぐらされており、両遺跡の通路跡・道跡は、古代山寺における貴重な事例となろう。

史跡内南東部にあたるＣ地区の斜面には、一辺が約一～二・七メートルの方形を呈する石組遺構三七基が確認された（第70図右）。遺構は、角張った山石を高さ一～四段に積み上げており、規模や配列には規則性はないとされる。遺構内部が調査されたのは三基で、石組遺構は、一〇世紀前半の遺物包含層の上に構築され、埋葬施設はなく、Ａ地区・Ｂ地区の山寺遺跡とほぼ同時期の造営と考えられよう。当時の史料にみられる石塔行事との関連が想定されており、Ｃ地区はその石塔を造営するためだけの空間とみられている。

これらの石組遺構は、熊本県池辺寺跡の百塔と同じような性格の遺構であり、石塔と考える見方があり、一〇世紀代には造営された仏教的民間信仰の遺構とみられている。

なお、古代山寺遺跡出土の鉄滓・羽口の出土標高は、次のとおりである。

・香川県中寺廃寺跡Ｂ地区礎石建物　鉄滓、標高六八九メートル。
・群馬県宇通遺跡（宇通廃寺）礎石建物Ｄ　鉄滓、標高六五八メートル。
・群馬県黒熊中西遺跡８号テラス（専業鍛冶工房）1号～5号鍛冶炉　鉄滓、標高約一八三メートル。
　同３号礎石建物鍛冶炉　標高約一九一メートル（鉄滓・羽口）。
・群馬県唐松廃寺　鉄滓・羽口、標高約七〇〇メートル付近。
・群馬県巌山遺跡（榛名神社遺跡）壇13・壇14　鉄滓・羽口、標高約九〇〇メートル（壇21・円乗院跡　標高八五〇メートルからも鉄滓・羽口が出土しているが、中世山寺の遺物か）。
・福島県慧日寺戒壇地区鍛冶炉（ＳＸ01）　鉄滓、標高約三九〇メートル。
・福島県流廃寺跡13号平場・礎石建物（ＳＢ07）東側　鉄滓、標高約三二〇メートル付近下方斜面。
・長野県牛伏寺堂平第16平坦面Ｆ-１トレンチ　鉄滓、標高約一一一五メートル（松本市域の松本平は、標高約六〇〇メ

第71図　愛媛県等妙寺旧境内本坊跡（平坦部A・右手前）から谷奥を望む、写真右斜面上方に観音跡と山王跡（北西から、著者撮影）

ートル。比高は、約五一五メートル。竪穴建物二軒が確認されており、工房か）。

・石川県浄水寺跡Ⅱ-3・4テラス大溝　羽口、標高約三〇メートル。
・静岡県南禅寺遺跡最上段平場　羽口、標高約六六メートル。
・愛知県普門寺旧境内元々堂南斜面　鉄滓、元々堂の標高は約二三〇メートル。
・熊本県池辺寺跡百塚地区A地点池跡北部下層（SX01）　鉄滓、標高約一二五メートル。

愛媛県等妙寺《とうみょうじ》旧境内は、中世創建の山寺遺跡である（第71図・第72図、鬼北町教委一九九九・二〇〇五ほか）。その調査結果は、前冊（上野川二〇一八）でも触れているので、再録しないが、遺跡地は高月山（標高一二二九メートル）の東北東の山麓に広大に造営された。占地は、山麓の細長い谷部を遡った所に開けた斜面を利用し、各所に平場群が展開し、各種遺構が確認されている（第73図）。

その閉ざされた谷部の寺域景観は、中枢部から眺めると実に広大である。そこに一四世紀前葉に中世山寺が造営され始めたのである。その寺域は、遠国四箇戒壇の一つとして相応しい景観であったのであろう。寺域下方の谷の入口付近の斜面には、鍛冶工房が確認されており（第74図）、中世山寺における鍛冶の操業があったことが確定できる。

なお、石川県浄水寺では、一一世紀前半から一五世紀まで存続した山寺の本堂（Ⅳ-4テラス）から、一二世紀前半と

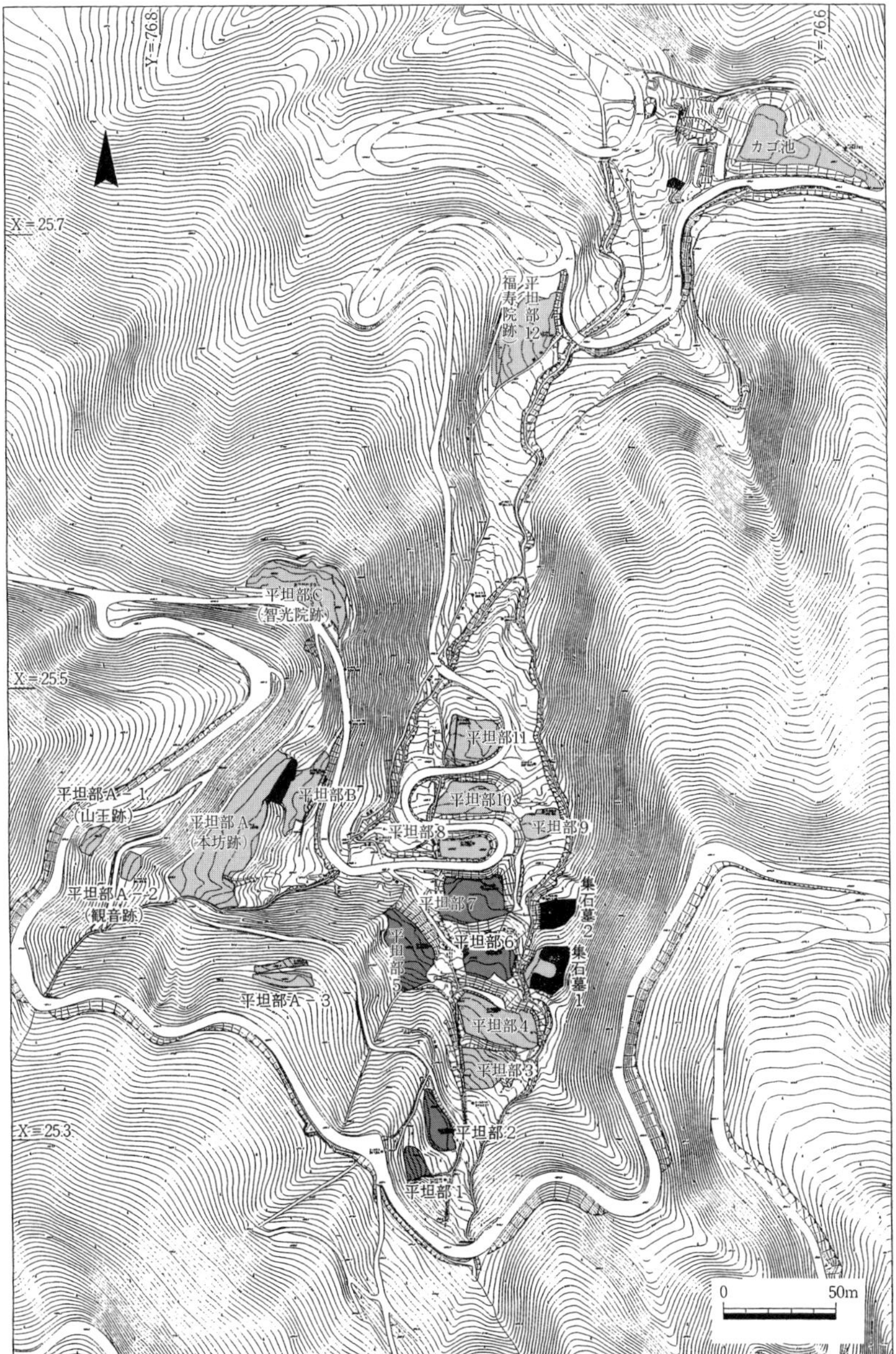

第72図　愛媛県等妙寺旧境内全体測量図（鬼北町教育委員会2005）

第73図　愛媛県等妙寺旧境内山王跡（平坦部A-1）の平場（左下は観音跡の平場、北から、著者撮影）

第74図　愛媛県等妙寺旧境内福寿院跡（平坦部12）と鍛冶工房跡（奥）（南から、著者撮影）

一四世紀前半の中世遺物と一緒に、二点の羽口が出土するなど、全国の複数の中世山寺において、その創建や補修時期に鍛冶が操業されたことが判明している。

なお、山麓にある現在の等妙寺は、近世に山腹から現在地へ移動してきたが、この近世に建立された等妙寺の下層に古代山寺の等妙寺がある可能性を指摘しておきたい。

その理由は、全国の古代山寺遺跡の一定数では、山麓の緩斜面に階段状の平場群が造営されており、著者の踏査によれば、山麓の等妙寺境内にも複数の平場が展開しており、その上位部分は、古代に創建された山寺遺構である平場群の可能性がみられるからである。そこの一部に、神聖視される神社が構えられていることも、近世山寺が移転してくる前からの聖地としての機能をそのまま保持していることを示すのであろう。

第五章　九州の山寺遺跡

一　宝満山と竈門山寺―道路遺構と鍛冶工房を中心に―

本章では、北部九州・国東・熊本周辺の遺跡について概観し、前冊において示した古代中世山寺存続期間類型（1類・2類・3類）と古代中世山寺平場構造類型（多段性平場構造山寺・一面性平場構造山寺）の二つの視点を用いて、その山寺遺跡の概要を示す。

北部九州では、福岡県の宝満山《ほうまんざん》（標高八二九メートル）の山麓に知られる下宮《げぐう》礎石建物跡（下宮礎石群）が古代竈門山寺《かまどさんじ》（「竈門山寺」は、「そうもんさんじ」とも呼ばれている）の跡であろうとされており、多くの古代創建山寺群と同じく、細長い谷を遡った山麓斜面に巨大な礎石建物跡が現存する。

山村信榮によれば、「竈門山寺」は、九世紀初頭の史料（『扶桑略記』延暦二二年〈八〇三〉）に「大宰府竈門山寺」とみえるのが初出であるという。その後、『叡山大師伝』にも「竈門山寺」がみえ、古代から一三世紀までの寺院の名称は、「大山寺」「内山寺」「有智山寺」などがみえるという（山村二〇一二）。入唐求法した最澄と円仁に関係することは広く知られるが、山村は、円仁が竈門山寺に参籠した際に、観世音寺の講師が助成していたことから、観世音寺との密接な関係があるとする。

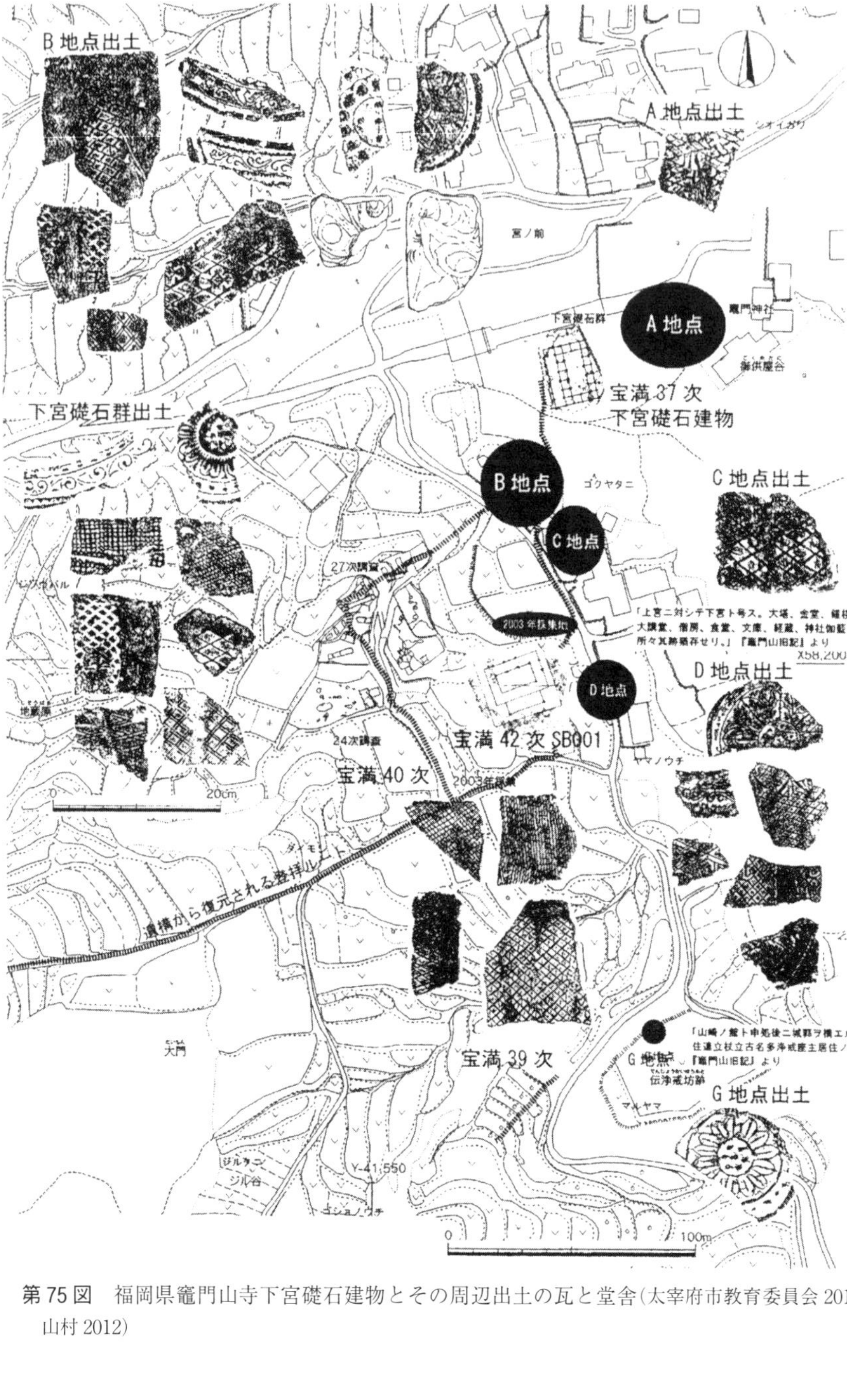

第75図　福岡県竈門山寺下宮礎石建物とその周辺出土の瓦と堂舎(太宰府市教育委員会2010、山村2012)

なお宝満山（竈門山）は、山岳祭祀遺跡が点在する信仰の山として知られ、山頂部には巨岩が露出しており、そこに上宮祭祀遺跡がある。初期の祭祀遺跡は、七世紀後半から八世紀初頭頃に形成されたとみられており、山頂祭祀は遣唐使の派遣に係わる国家祭祀との関連を持つとの評価がなされている（山村二〇一〇）。

下宮礎石建物跡（第75図〜第77図、下宮礎石群、宝37ＳＢ010）は、竈門神社下宮の境内にあり、西側斜面下には四段以上の平場群が造成されている。礎石群の上方にも多数の平場が雛壇状に展開しており、竈門神社下宮本殿への現参道に隣接して巨岩と池がある。下宮礎石建物を載せる平場は、間口南北四五メートル程度、奥行東西一二メートル程度である。礎石建物跡の西側下方

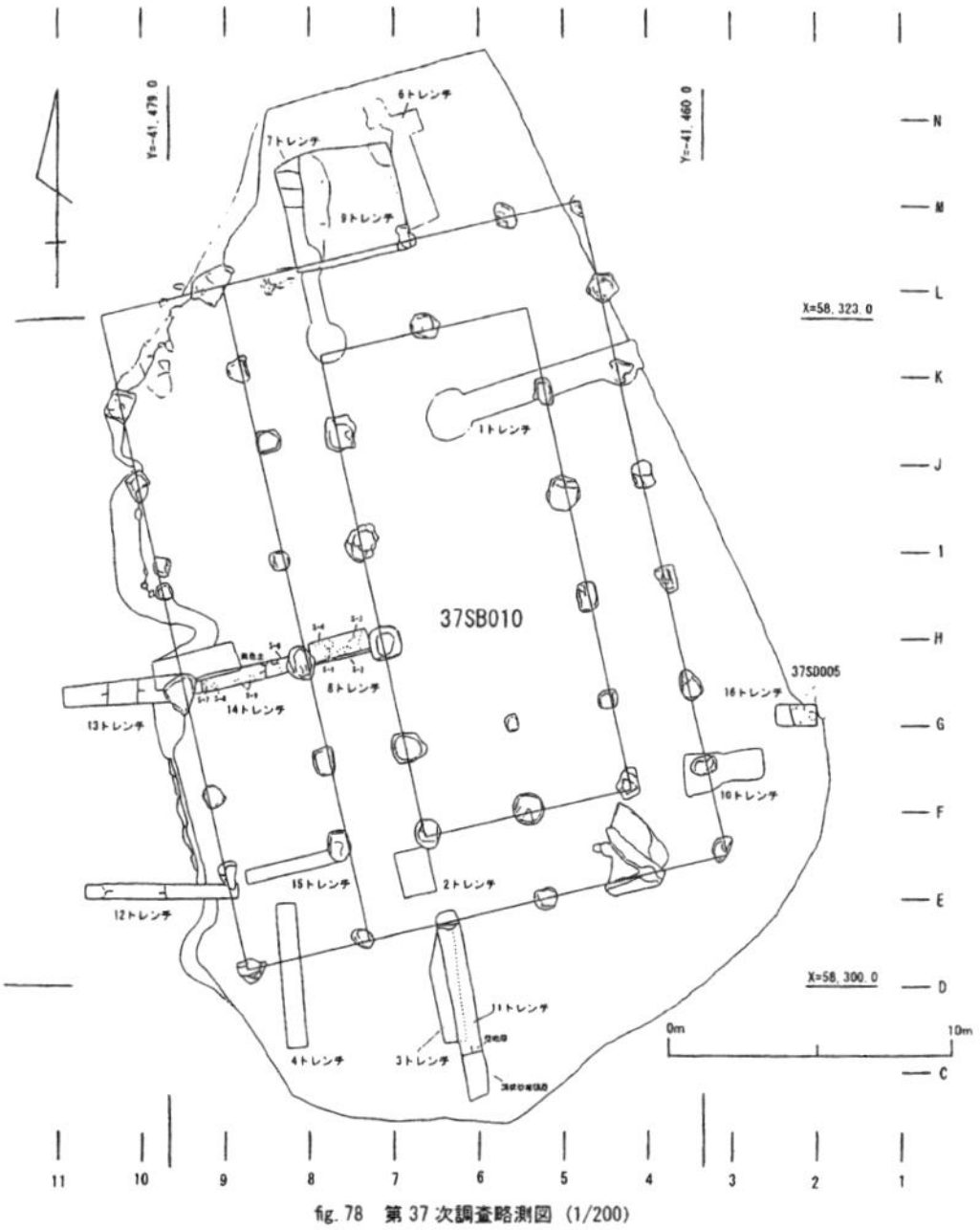

第76図　福岡県竈門山寺下宮礎石建物（宝37SB010）実測図（太宰府市教育委員会2010）

第77図　福岡県竈門山寺下宮礎石建物（宝37SB010）近景（南から、著者撮影）

の平場は、間口南北六〇メートル程度、奥行東西二五メートル程度かとみられる。

下宮礎石建物は、東西五間・南北七間で南北棟となる長大な西向きの建物で、宝満山山麓を眼下におさめ、遠方に脊振山地を遠望できる。建物は、梁行の西側一間分が礼堂と考えられている。過去の調査において、奈良時代の遺物包含層が確認されていることや、礎石に柱座の作りだしがあることなどにより、奈良期に建造された建物が平安後期になって再建された可能性が指摘されている。この遺構は、平安後期の整地層の上に構築されており、講堂などの寺院中枢建物とみられており、古代山寺の中枢部は山麓斜面のこの場所周辺であったと考えられている。

その古代山寺遺跡は、一二世紀後半以降頃に再建されるのであるが、この場所の山寺は、古代に創建され中世に存続し、近世以降は存続しないことから、著者の古代中世山寺存続期間分類においては、古代創建中世存続型中世廃絶系（２ａ類）に属する。また、山寺の平場構造類型では、多段性平場構造山寺となろう。

なお、宝満山の悉皆調査からは、古代遺物が集中して出土する場所は、山麓の下宮礎石建物一帯と、山腹の本谷《もとだに》礎石建物の二地点に限られることが判明している点が、特に注目されるところである（太宰府市教委二〇一〇）。

この下宮礎石建物の南西から南南西の隣接地点からは、古代の軒丸瓦類や格子目の叩きを持つ平瓦が出土し、古代から中世前期の建物跡（宝42ＳＢ001）・道路遺構（通路跡・道路側溝）・鍛冶工房・炉跡などが確認されている（第78図）。

下宮礎石建物の南方二五〇メートルの斜面からは、一一世紀後半から一二世紀前半の通路跡（宝39ＳＸ010・030）と報告されている道路がある。道は、直線的で、最大幅約三メートル、現存幅約一・二～三・〇メートルである。斜面に多量の礫を敷き込むようにしているが、礫の上部に飛び石状の中型石を配置している。飛び石状の中型石は、約六〇センチ間隔でみられるところもあり、また多量の礫より上位に位置することなどから、この通路跡は二期にわたって作道され、使用されたことがわかる（第79図左）。

第78図　福岡県宝満山遺跡(竈門山寺)40 次調査道路跡(両側溝・側溝、12 世紀後半)、鍛冶工房(12 世紀)等遺構全体図(太宰府市教育委員会 2010 を改変)

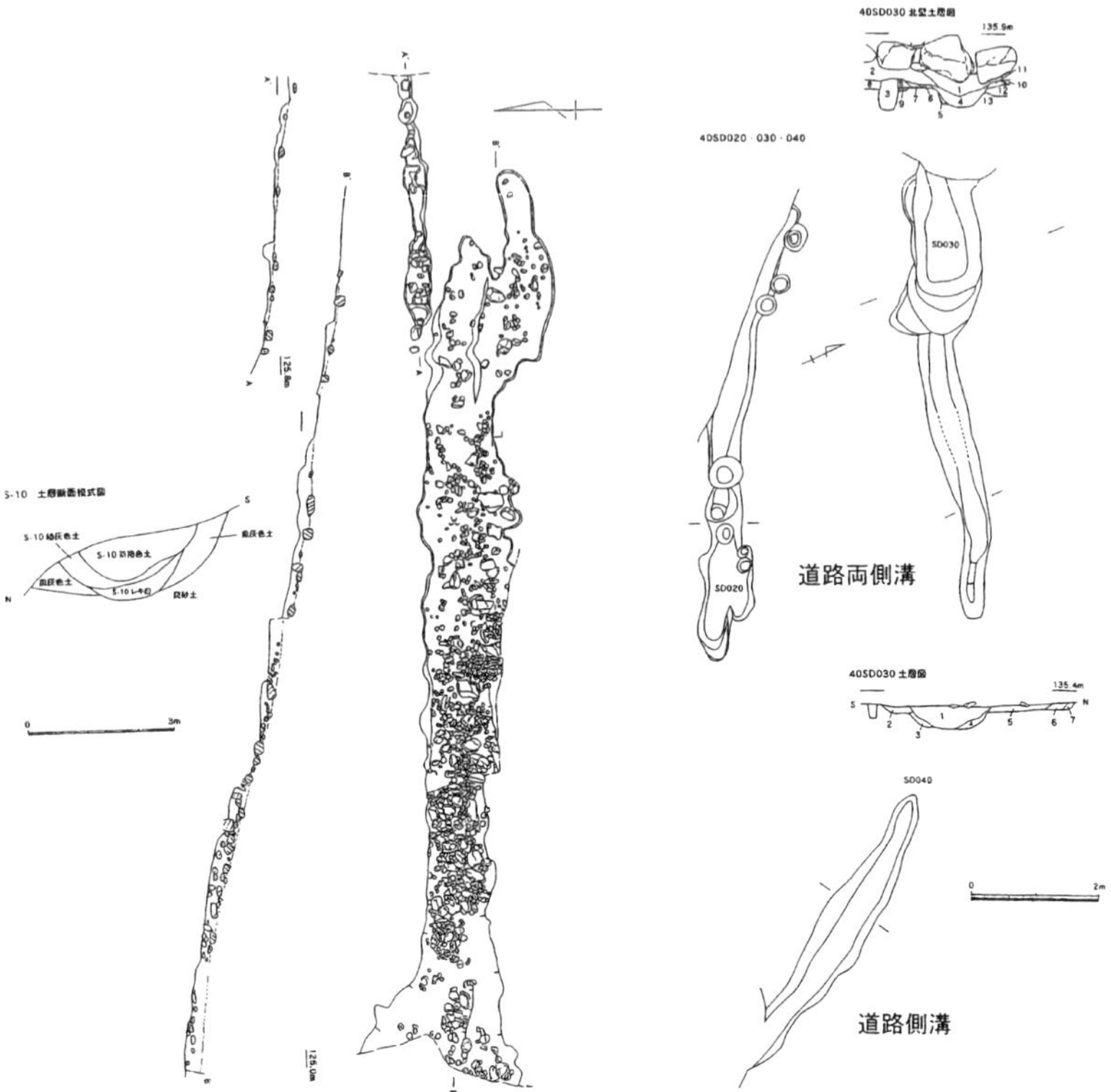

第79図　福岡県宝満山遺跡（竈門山寺）39次調査通路跡（SX010・030、11世紀後半〜12世紀前半）（左）、40次調査道路跡（SD020・030・040、12世紀後半頃）実測図（右）（太宰府市教育委員会2010を改変）

また、下宮礎石建物の南西約一七〇メートル付近からも、南東から北西に向かう両側溝を持つ屈曲した道路跡が発掘されている（宝40ＳＤ020・030・040）（第79図右）。両側溝の芯々距離は、三・三〜三・九メートルを示す。その時期は、一二世紀中葉から後半である。

北側道路側溝の断面実測図をみると、ＳＤ030の北西部の一段深い部分は、底面がやや平坦になる逆台形を呈することから、古代道路側溝の断面を踏襲する構造である（第79図右上）。そして、一段深い部分とその南東に続く細い溝状の部分からなる側溝であるため、側溝の掘り直しを持つ遺構とみてよい。つまり、この両側溝を持つ道路跡は、二期にわたる使用があったと考えることができる。

このように、発掘調査で確定された二カ所の道路跡は、一一世紀後半から一二世紀後半の間に機能し、ともに二期にわたり使用された痕跡を示しているとみることができる（第80図）。

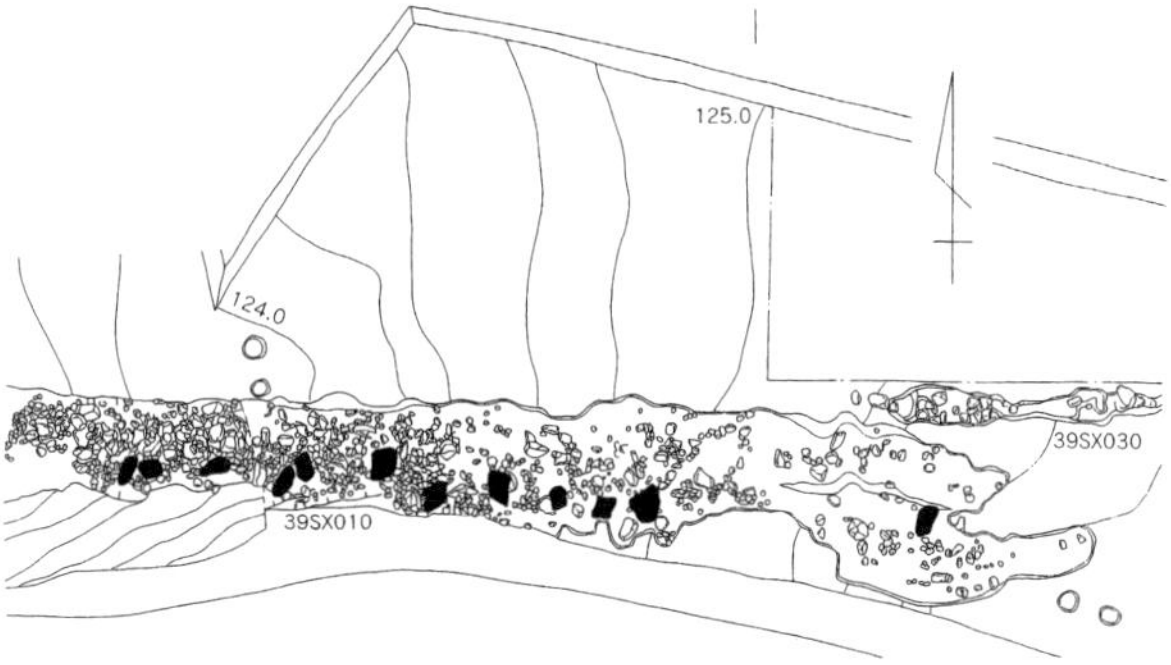

第80図　福岡県宝満山遺跡（竈門山寺）39次調査通路跡（SX010・030、11世紀後半～12世紀前半）の飛石状中型石の出土位置状況（飛石を黒ツブシ）（太宰府市教育委員会2010を改変）

下宮礎石建物は、古代の竈門山寺中枢建物とみられ、また一二世紀後半以降に再建されたという見方を念頭に置きつつ、この二カ所の道路（通路）の構築と使用時期を考えれば、両側溝を持つ道跡（宝40SD020・030・040）が下宮礎石建物（宝37SB010）と同時期に築造され使用されていたという状況を示しているのであろう。

北東日本においては、石川県浄水寺跡において、一一世紀前半から一二世紀の両側溝を持つ直線的な道路跡（参道）が発掘調査されている（石川県教委、石川県埋文センター二〇〇八）。この参道は、寺域の中央部を本堂跡に向かって真っすぐに構築されており、両側溝の芯々距離は二一～二一・七メートルである。この道路遺構は、側溝の掘り直しによる二時期の使用は行なわれなかった。

下宮礎石建物の南南西隣接地点における道路遺構は、石川県浄水寺跡の参道幅より広い数値を示す道路であることがわかる。そして、二時期にわたる道路の使用がなされたことから、やや長期間にわたり用いられた主要な道路（道・通路）の一つであったのであろう。それは、山村による「遺構から復元される登拝ルート」（太宰府市教委二〇一〇）とされたことを裏付けることとなるのであろう。なお、この場所からは、七世紀末の須恵器蓋が出土しており、この周辺が古くから利用されていたことを示すものと考えられる。

また道路側溝が確認された場所から三〜四メートル北側の隣接地点からは、炉跡を持つ遺構（宝40ＳＩ055）が発掘されており、竪穴建物か炉を持つ工房であろうと報告されている。この四〇次調査区からは、表土から複数の羽口が出土していることと、この遺構の西側に隣接して一二世紀中葉から一三世紀前半の鍛造剝片を多量に伴い、二時期の鍛冶炉を持つ鍛冶工房（ＳＸ005）があることなどから、炉を持つ遺構は竪穴建物に伴う一一世紀後半から一二世紀前半の鍛冶炉であった可能性が出てくる。一二世紀中葉に操業された鍛冶工房（ＳＸ005）は、鍛冶炉が二基確認されており、遺構の土層実測図にみえるとおり、北側の鍛冶炉が深い位置に構築されていることと、南側の鍛冶炉の南東に隣接して鍛造剝片が多量に分布すること、及び鍛造剝片の分布域の下部には、未発掘（保存され）ながらも鍛冶炉に付属する土坑がある状況が看取されることから（第81図）、南側の鍛冶炉が新しいもので、後世の撹乱により遺存状況が良くないことを示しているものと解される。

つまり、一一世紀後半から一二世紀後半までの道路遺構に隣接して、一一世紀後半から一二世紀中葉頃に操業があった鍛冶工房二軒がほぼ同時期に存在したということがわかる。この場所（宝40次調査区）は、すぐ北東に隣接する礎石建物（宝42ＳＢ001）の南西二〇メートル付近にあり、また下宮礎石建物からはやや距離が離れるが、山村が考える登拝ルートに接してこの二軒の鍛冶工房が道路遺構と同時期に操業されたわけである。

古代山寺の参道に隣接する場所に鍛冶工房が設置される遺跡例は、北東日本においては、一〇世紀後半頃の群馬県黒熊中西遺跡の８号テラス（平場）に、二時期にわたる五基の鍛冶炉を持つ専業鍛冶工房の事例と、南西日本の熊本県池辺寺跡の中枢部建物に至る参道北側に、九世紀後半に操業された専業鍛冶工房の事例がある。

竈門山寺の下宮礎石建物の南西部における古代末から中世初頭の遺構群の状況は、今後さらに解明されようが、道路遺構に隣接して鍛冶工房が立地するという在り方は、九世紀後半から一二世紀後半までの日本における山寺造営の一つの特徴であったのかどうかなど、今後の検討課題となるのであろう。

下宮礎石建物から北方の南谷地区からは、平安後期以降の桁行二間・梁行二間以上の礎石建物が確認され、小規模な堂舎も散在する。宝満山山頂の西側山麓の内山地区・南谷地区・辛野地区・北谷地区に一二世紀後半以降の掘立柱建物跡と石垣からなる遺構群があり、それらは一四世紀前半まで存続する(山村二〇一〇)。

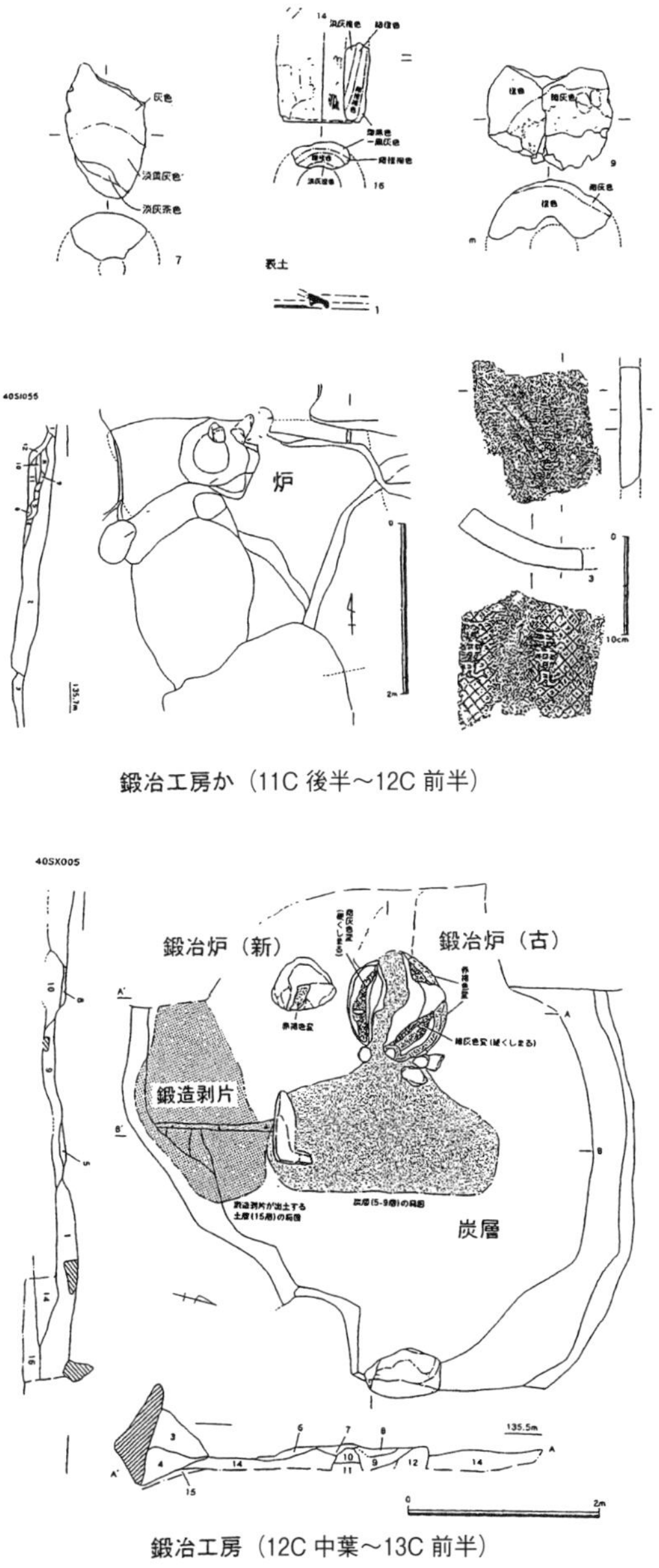

第81図　福岡県宝満山遺跡(竈門山寺)40次調査SI055(鍛冶工房か)(中段)、鍛冶工房(SX005)(下段)、表土層出土羽口(12世紀～13世紀)と須恵器(蓋・7世紀末)(上段)実測図(太宰府市教育委員会2010を改変)

そして、標高一六〇メートル付近の下宮礎石建物から上方の標高二七五メートル付近の本谷礎石建物跡（宝34SB001）は、三間四方の規模で、方形基壇を伴い、瓦の出土がある。この礎石建物は、その立地や南面する地山削り出し基壇や出土遺物など、またこの地点が「宝塔」として伝承されていたことなどを総合的にみて、最澄が九世紀前葉に企画した六所宝塔院の一つである「筑前宝塔院」であろうとの見解が示されている（第82図・第83図、太宰府市教委二〇一〇、山村二〇一二）。

このように発掘調査成果からは、山麓斜面の竈門神社境内に露出する礎石群が一二世紀後半以降の遺構であるが、これは奈良時代の建物が再建された可能性が指摘されており、また付近から古代の建物が確認され、瓦類が出土することなどから、古代山寺の中枢部がこの周辺であったとされる。そして時枝務が指摘するように（時枝二〇一六）、古代山寺の堂塔は、宝満山の西側斜面に地形に応じて散在することから、古代山寺遺跡の伽藍は、散在系の伽藍配置（上野川二〇一二b）とみてよいのであろう。

山村によれば、この礎石建物（宝37SB010）の規模は、太宰府観世音寺・宇佐弥勒寺の講堂などに近い九州最大規模の瓦を持つ建物であったという。礎石建物の規模は、桁行南北二三・三メートル、梁行東西一七・八メートルである。

礎石及び建物規模について、詳細な数値からの分析はここでは控えるが、その礎石群を目前にすれば、奈良東大寺講堂跡の礎石の規模に準ずるとさえ考えられ、山寺遺跡では近江崇福寺弥勒堂の礎石と礎石建物を想起させる。下宮礎石建物は、弥勒堂礎石建物と同じく、建物背後に切土による山の斜面が迫る。

そして、愛知県大山廃寺跡の塔跡礎石や、福井白山平泉寺講堂の礎石などが思い浮かぶほどであり、また太宰府観世音寺に準ずる礎石規模かとも思われ、この竈門神社の例は、全国屈指の巨石を用いた古代中世山寺遺跡礎石建物と、その礎石群とみてよいのであろう。

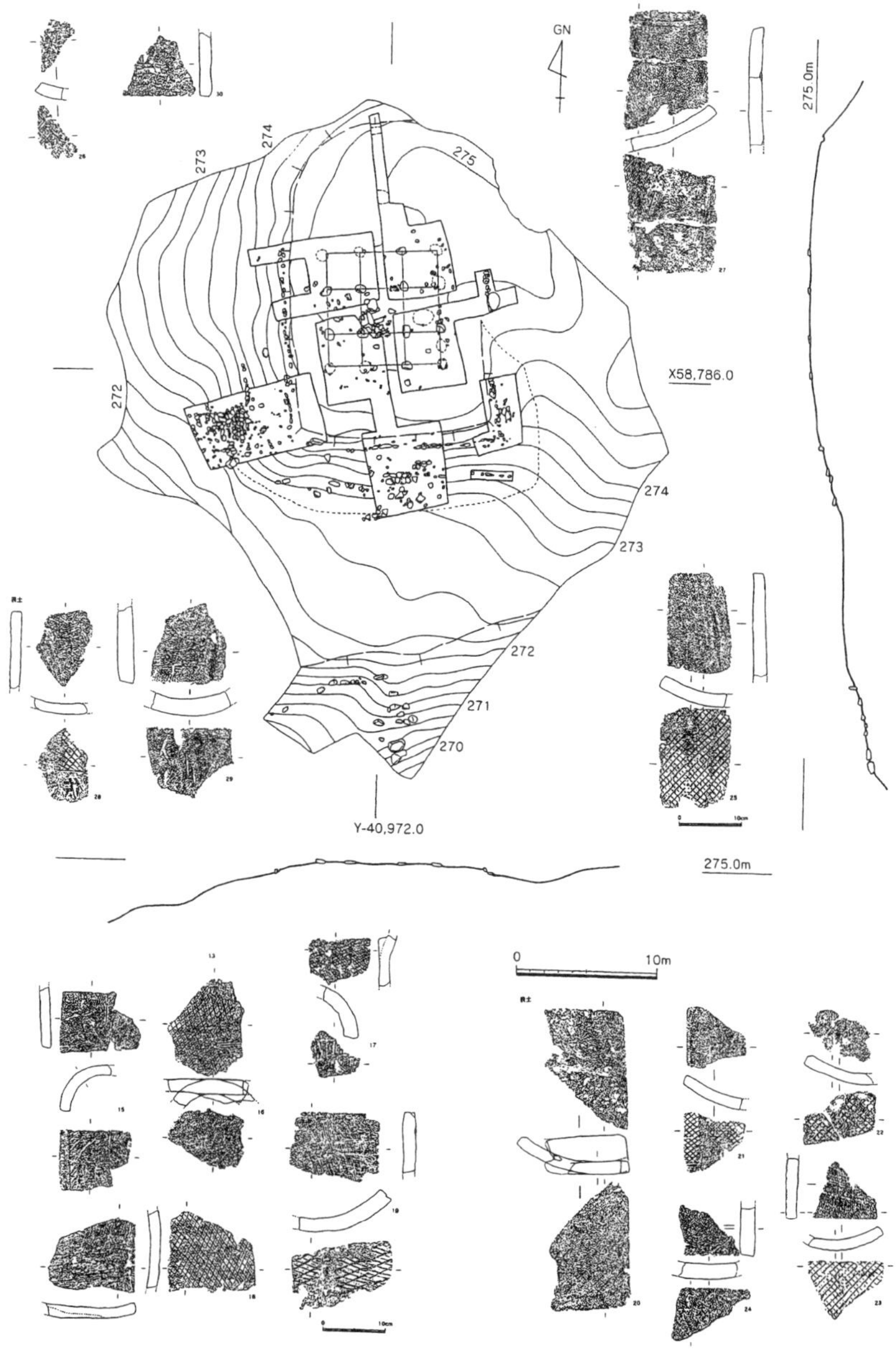

第 82 図　福岡県宝満山遺跡（竈門山寺）34 次調査本谷礎石建物（34SB001）と周辺遺構実測図（上段）、出土瓦（9 世紀後半～10 世紀）実測図（下段）（太宰府市教育委員会 2010 を改変）

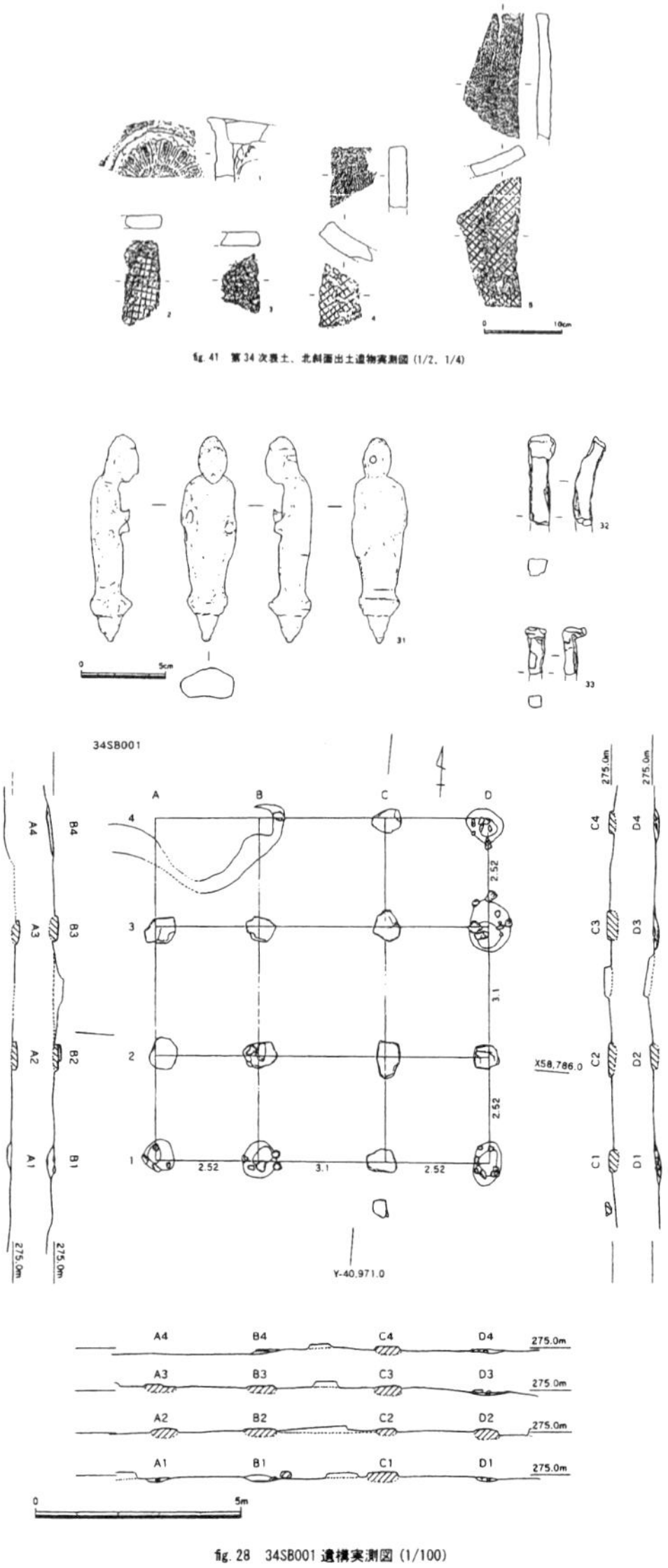

第83図　福岡県宝満山遺跡（竈門山寺）34次調査本谷礎石建物（34SB001）実測図（下段）、表土層出土如来像・釘（古代）・北斜面出土遺物実測図（上段）（太宰府市教育委員会2010を改変）

古代竈門山寺については、次の三点の状況からの確認が必要となろう。

一つ目は、山村による指摘で、宝満山の古代山頂祭祀は、遣唐使に係わる国家祭祀と関連するということ。

二つ目は、先行研究の中での須田勉による指摘では、古代国分寺の造営計画の中に国分寺に付随する山寺が国分寺と組合せ（セット）になるように計画されていたという見方（須田二〇〇二）があり、事実、北東日本には古代国分寺の近隣に同時期の山寺遺跡が確認されている事例が散見されること。

そして三点目は、九世紀における円仁と観世音寺との関係から、山村が「古代竈門山寺は観世音寺との密接な関係がある」（山村二〇一二）と述べていることである。

この三点から考えて、古代竈門山寺は、太宰府観世音寺と組合せ（セット）となる山寺として創建されている可能性が出てくるのであろう。そこには、八世紀中葉から九世紀代の地方の特別官庁としての大宰府と、観世音寺と、観世音寺に付属する古代山寺の竈門山寺の三者の姿を垣間見ることができようか。観世音寺自体は、天平一八年（七四六）に完成し、天平宝字五年（七六一）に戒壇が設置され、東大寺・下野薬師寺とともに天下の三戒壇と称された。

なお、奈良県春日山南西の山中には、天平勝宝八年（七五六）の『東大寺山堺四至図』に知られる香山堂跡があり、五段の平場が造成され、大型の建物が建立されていたとされる（大西貴夫二〇一六）。香山堂跡は、東大寺から二～三キロの山中斜面に位置する。宝満山竈門山寺は、観世音寺から北東に約三キロの距離であり、細長い谷を遡り平地からは直接的には見えない遮蔽された空間に山寺が造営されたというその類似性が注目されようか。

北東日本においては、埼玉県高岡寺院跡において、八世紀中葉から後葉には造営されていた山寺がある。高橋一夫によれば、この山寺遺跡は、「八世紀中葉に整地作業が開始され、八世紀後半に完成したことが明らかになった」（高橋一夫一九七八）とされ、渡来系氏族である高麗氏との関連が深く、高麗氏一族の氏寺的性格を有していたと結論される。この山寺遺跡は、高麗氏の本拠地である高麗神社と聖天院から直線距離で北北西に約一キロの山麓に位置する。造営場所は、蛇行する高麗川から細長い谷を約一キロ遡った山のやや緩斜面になった場所であり、山麓から谷部を通れば二キロ程度となろう。

高岡寺院跡は、竈門山寺や奈良香山堂と同じく、本寺に隣接するように位置し、かつ平地からは直接的には目視できない場所に立地している。高麗神社・聖天院、高岡寺院跡は、一つの山の東と西に氏寺と山寺が隣接して造営されたことになる。

こうした八世紀中葉から後葉は、国分寺の創建期でもあり、あるいは官寺や氏寺に付随する山寺を造営する場合は、ごく近隣の山の遮蔽された斜面空間に山寺を造営しているのかもしれない。

近年、これらの古代祭祀遺跡と、山麓の山寺である竈門山寺についての分析がなされた（時枝二〇一六）。時枝による山岳祭祀と山寺の成立に関する見解には、多数の重要な指摘が含まれている。それらを再録しないが、八世紀後半の段階では宝満山に山寺が創建されており、その堂塔は、時枝が指摘するように宝満山の西側山腹に散在的に造営され、一二世紀後半以降には、更なる堂塔の整備がなされたと考えてよいのであろう。

こうした状況は、この山寺遺跡が古代に創建され、中世に存続し、中世中期頃に廃絶する遺構群を含んでいるものとみられ、中世前期頃までには山腹に多段性の平場構造を持つ山寺が造営されていたことを示すものと考えられる。

北東日本では、各地に点在する大規模山寺の主要堂塔を載せる大規模な平場のうち、特に間口が四〇丈（一二〇メートル）または三〇丈（九〇メートル）を持つ山寺遺跡があり、それらの横長広大平場は九世紀から一二世紀代までに造営された可能性を指摘した（上野川二〇一八）が、下宮礎石建物が一二世紀後半から遅くとも一三世紀代には平場の造成と建物の建立があったのであろうから、北東日本における中世山寺の創建を一二世紀前葉から後葉と考定する著者の立場からみれば、そうした北東日本と同じ潮流の中に、大宰府に隣接する竈門山寺下宮礎石建物が古代山寺に続いて中世山寺としても整備されたということになるのであろう。

二　北部九州の山寺遺跡

大宰府南東約二〇キロに位置する筑後川北岸の朝倉市（旧朝倉町・旧甘木市）域は、宝満山から続く古処山《こしょさん》（標高八五九メートル）や馬見《うまみ》山《やま》（標高九七七メートル）の南西山麓に広がる丘陵地などに、古代遺跡や経塚が分布する。

福岡県堂ヶ《どうが》尾《お》廃寺は、筑後川の支流となる佐田川の北側に広がる山中に位置する（第84図）。この山寺遺跡では、標高二七五メートルの尾根頂部から南に階段状に三段の平場が南北に連続することが確認された。所在地は、朝倉市屋形原（小字「堂ヶ尾」）である。この場所は、古処山から続く山地で、筑後川の支流となる小石原川と佐田川に挟まれた丘陵とみることもできよう。堂ヶ尾廃寺と佐田川に挟まれた山麓には、古代から続く美奈宜神社とその旧社地である美奈宜神社上宮などがあり、昭和二〇～三〇年代に地元有志により探索された（加藤一九五八）。

堂ヶ尾廃寺の尾根頂部には、基壇とみられる一辺約一〇メートルの方形の高まりが確認された。頂部平場は、一辺二〇メートルの四角形に近い形状となる（第85図左、倉元・中島・遠藤・岡寺二〇一七）。

出土遺物は、古代の単弁一四弁蓮華文軒丸瓦、「平井瓦」の銘を持つ玉縁式の丸瓦、格子目叩きの平瓦、灯明皿、鉄鉢形土師器などがあり、大宰府式鬼瓦とみられる瓦も採取されている。これらの遺物は平安時代前期の年代が想定され、九世紀の遺物群とされている（第85図右、高橋一九八四、甘木歴史資料館二〇〇七、倉元・中島・遠藤・岡寺二〇一七、姫野二〇一九）。

現時点では、遺物が古代の九世紀に限られるようであることから、著者の存続期間類型では、古代創建古代廃絶型（1類）であり、平場構造類型では、多段性平場構造の山寺となるのであろう。今後の精査が期待される。

その他に、筑後川北部の山麓には、古代創建かとみられる広大山普門院や、中世寺院の医王山南淋寺や、三奈木大佛山経塚などが分布する。また高山《こうやま》出土の経筒や、楢原出土の経筒もあり、北東日本においては一二世紀の前葉から後葉にかけて、山寺に経塚が造営されることから考えて、経塚や経筒出土地に隣接して中世山寺遺跡が分布する可能性があろう。

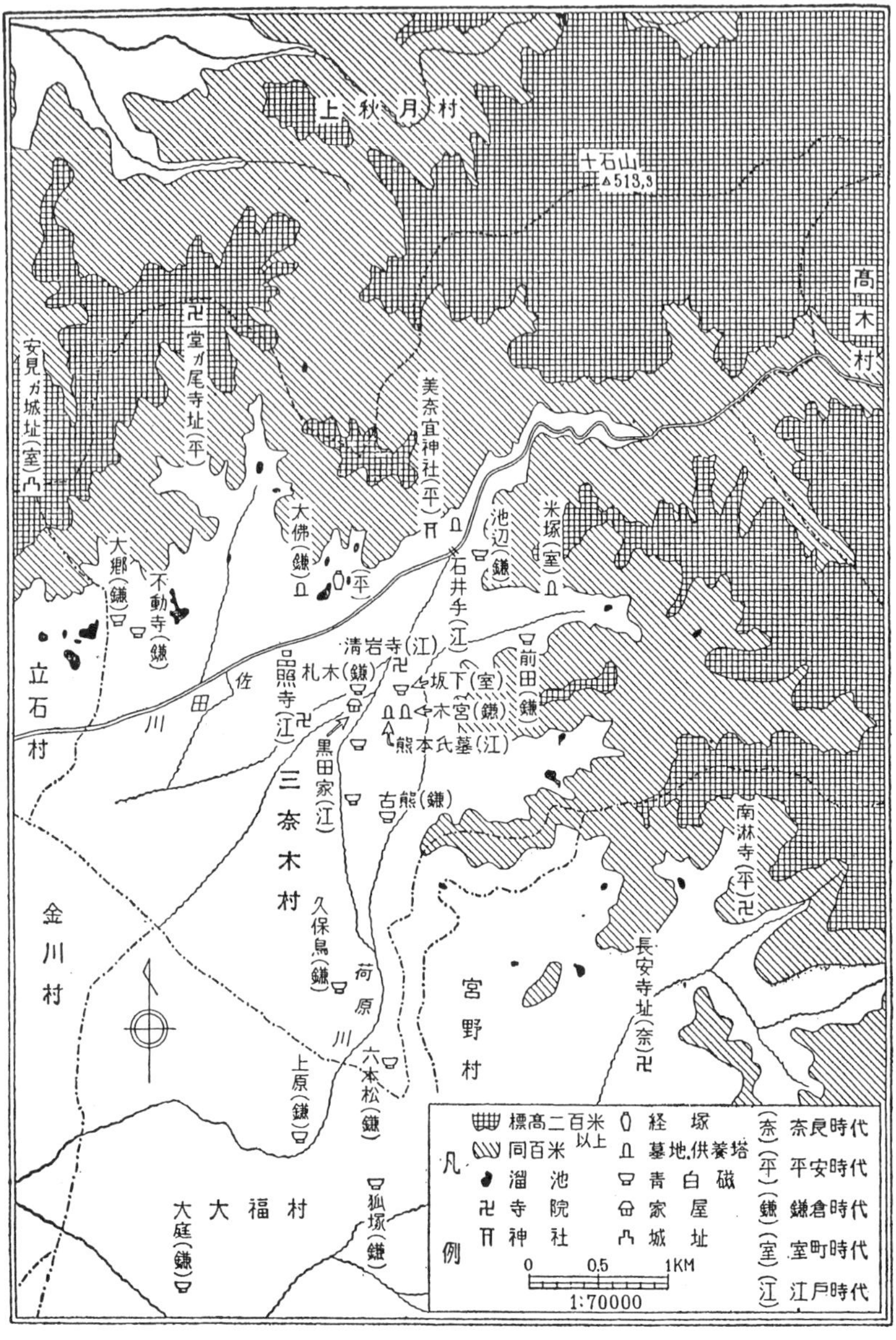

第 84 図　福岡県堂ヶ尾廃寺位置図(図中の左上)(加藤 1958)

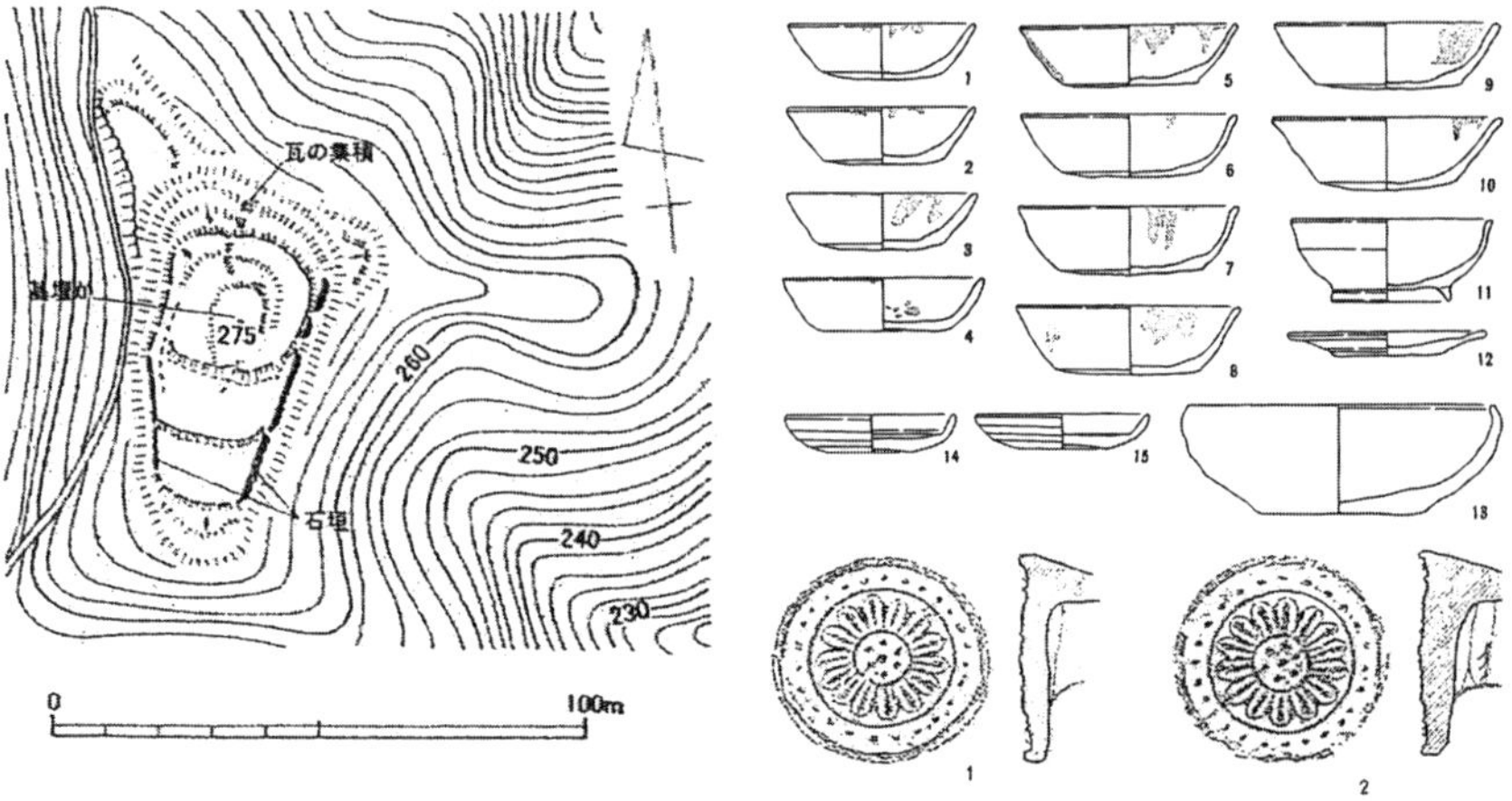

第85図　福岡県堂ヶ尾廃寺遺構平面図（左）、出土土師器・瓦（9世紀・縮尺不同）実測図（右）
（高橋1984、倉元・中島・遠藤・岡寺2017）

なお、朝倉市須川の長安寺《ちょうあんじ》廃寺は、八世紀前半からの寺院跡（桃崎二〇一五）とみられ、礎石建物に伴う土師器・須恵器・瓦等が出土しており、この場所は古くから朝倉橘広庭宮《あさくらのたちばなのひろにわのみや》との関係が指摘されてきた（姫野二〇一九、國生二〇一九）。朝倉橘広庭宮は、「日本書紀」にみえる斉明天皇の宮で、斉明七年（六六一）に百済救援のため征西した斉明天皇が没した場所として知られ、長安寺とその付近に比定されているようである。この地域は、こうした七世紀中葉からの流れの中で、大宰府や太宰府観世音寺との関係があったとみられ、北部九州の中でも特に注目される地域であろう。

福岡県首羅《しゅら》山《さん》遺跡は、糟屋郡久山町大字久原に所在する。遺跡地は、福岡平野の北東に連なる三郡山地の犬鳴山（標高五八三メートル）の南西に位置する白山《はくさん》の山頂・山腹・山麓にある（第86図・第88図）。現在は白山と呼ばれているが、かつては首羅山と呼ばれたとされる。

山腹東部の斜面にある本谷地区は、一〇〇〜二〇〇メートル付近に平場群が造成されており、中枢部とみられる中腹の遺構群には、基壇建物（SB001〜003）・礎石建物（SB011・SB012）・建物（SB013）・石組状遺構（SX014）・石列（SB016）・石段（SX015）などが展開する

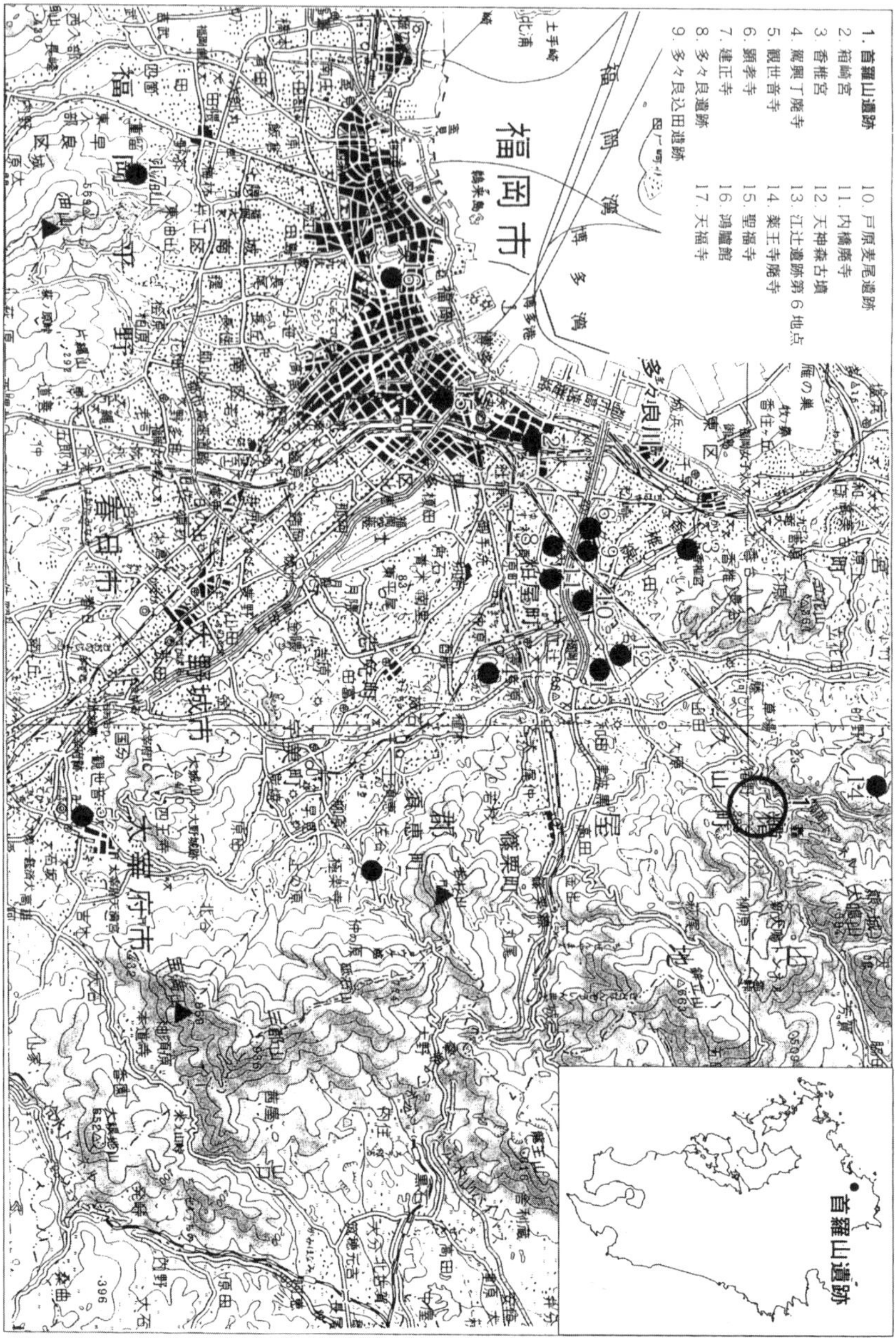

第86図　福岡県首羅山遺跡位置図（久山町教育委員会 2012）

（第87図、久山町教委二〇〇八・二〇一二）。

その西側谷部には西谷地区があり、多数の階段状平場群が造成され、複数の石垣・池状遺構・石鍋製作跡・湧水などが確認されている。谷部の山腹中位やや下方に位置する石鍋製作跡の北西上方には、複数の「大型平坦面」（平坦地1・平坦地2など）が造成されている。巨岩である観法岩は、斜面下位の平場端部に位置する。

山頂には、石祠・拝殿礎石・薩摩塔・宗風獅子があり、南面するそれらの前方には、尾根上に細長い平場が認められる。また、山麓の白山神社北東部には、複数の階段状平場群が造成されている。

出土遺物は、土師質土器・陶磁器類（青磁・白磁）・金属製品・瓦類・石製品・銅滓などである。土器類・陶磁器類の時期は、一二～一四世紀が中心となり、近世の遺物まで出土している。この山寺は、平安後期から中世までの存続期間とみられており、一二～一四世紀前半が山寺の最盛期とみられている。

山頂の経塚出土の経筒には、天仁二年（一一〇九）の紀年銘があり、首羅山の開山が遅くとも一二世紀初頭に遡るのではないかとされる（西谷二〇〇八）。

本谷地区の基壇周辺からは、青磁香炉・白磁（碗・皿）・土師質土器・褐釉壺が出土し、本谷地区の各平場からも多数の中世陶磁器・貿易陶磁器・土師質土器・石塔類などが確認されている。西谷地区においても、同様な中世遺物群が出土している。西谷地区でも二点の鉄滓があり、鍛冶の操業があったとみられる。山頂地区では、中世の石塔・石製品が確認されている。

本谷地区の基壇礎石建物跡（ＳＢ001～003）は、三期の変遷があり、山寺の中枢部となろう。この東側にある二トレンチ内鍛冶炉（ＳＸ047）から銅滓が出土していることから、この場所で鍛冶の操業があったことを確定できる。また、鍛冶炉と同じトレンチ内からは、羽口二点や鉄釘の出土もある。こうした、山寺の中枢建物の基壇における鍛冶は、古

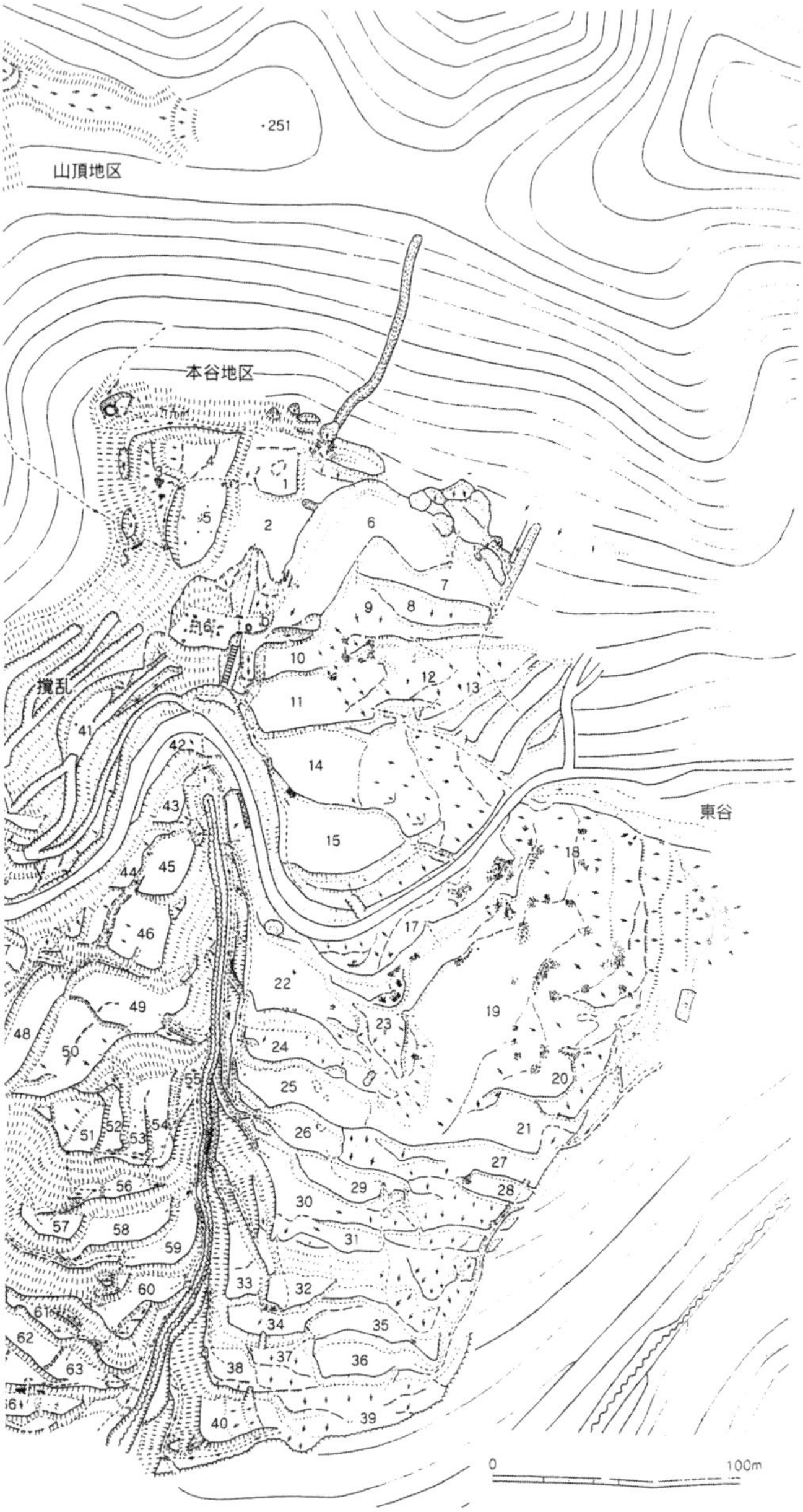

教育委員会 2012）

第 87 図　福岡県首羅山遺跡境内平面図(山頂・本谷・西谷地区)(久山町

第88図　福岡県首羅山遺跡山頂付近から福岡平野を望む（東から、著者撮影）

代以来の伝統であろう。

この山寺遺跡は、多数の平場群が階段状や雛壇状に造成されている多段性平場構造山寺とみることができよう。また、一四世紀後半頃以降には、山寺の寺院機能が衰退し、その後廃絶する。この山寺遺跡の創建時期は、中世初頭頃であるのか、またはそれを遡る時期の遺構と遺物が確認されるのか注目される。

首羅山遺跡の周辺における山寺は、九世紀前半にはそこに堂宇が建立されており、一一世紀後半頃に山寺が増加するとされる（江上二〇一二）。北部九州における山寺遺跡は、二〇カ所以上が報告されており、古代から近世の存続時期が知られている。

首羅山遺跡の平面構造分析では、伽藍域・本谷坊跡群・西谷坊跡群・墓地・大型平坦面・経塚などの寺域内の空間構造が示されており、こうした全体像の把握は大切である（第89図、岡寺二〇一二）。今後は、時期ごとの寺域内機能の変遷を追究することも必要であろう。

福岡県と佐賀県境に連なる脊振山地には、山寺遺跡である霊山寺《りょうぜんじ》跡がある。遺跡地は、脊振山（標高一〇五五メートル）の南東の坂本峠下方山中に位置し、現在は佐賀県吉野ヶ里町（旧東脊振村）となっている。田手川上流の標高約五〇〇メートル付近の山腹に、階段状の平場群が多数造成されている（第90図）。

佐賀県霊山寺跡では、中世から近世の各種の遺物が出土しており、一三世紀頃に坊院が成立したとみられている（時枝二〇一一）。遺跡地は中尾根区・東谷区・西谷区の三地区に分かれ、平場は八八カ所が報告されている。中尾根地区では、一列に並ぶ経塚が九基確認され、一二世紀前半の遺物群が出土した。

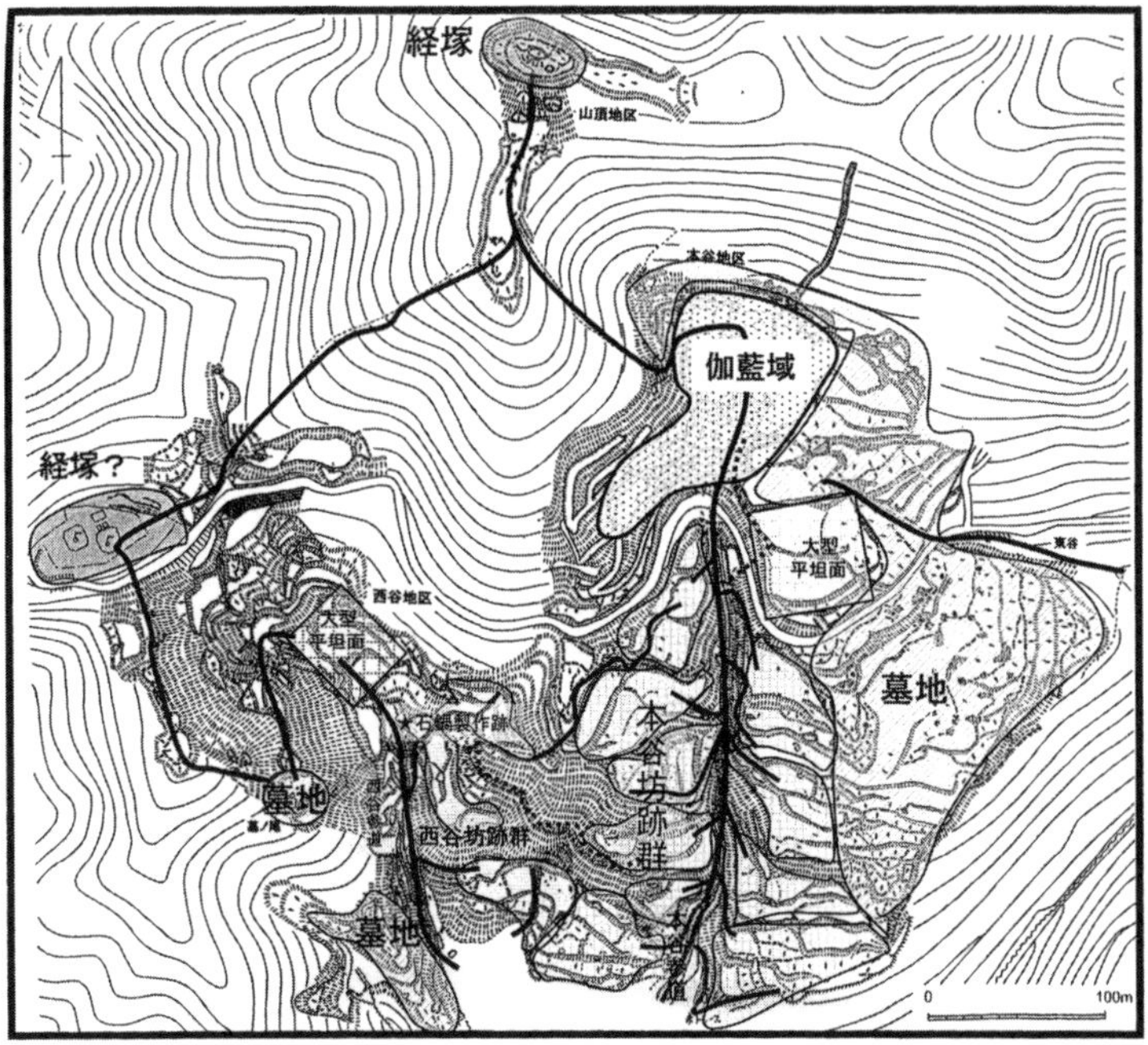

第89図　福岡県首羅山遺跡平面構造分析図(岡寺 2012)

遺物は、瓦経・陶製経筒・青白磁合子・和鏡などである。中世期には土塁と掘立柱建物による屋敷があったようであるが、近世には石垣と礎石建物となっている。遺物は、青磁・白磁などの舶載陶磁器各種、土師器(皿・杯)・瓦・鉄製品・滑石鍋などがある。

　このように霊山寺跡は、中世山寺であるが、中尾根地区に経塚が造営されていることが注目されよう。北東日本においては、古代山寺の多くで、一二世紀になると寺域の最上段付近に経塚が造営される。霊山寺跡においても、その創建が古代まで遡るのかどうかは、今後の精査に期待されよう。霊山寺跡は、多段性平場構造山寺の遺跡である。

　そして、山麓には霊山寺と関連が深い修学院があり、境内に多数の多段性平場が造成されている。修学院自体が山寺の多段性平場群からなる遺構群となっているが、その創建などについての考古学的資料からの検討は、今後に託されている。なお、現在呼

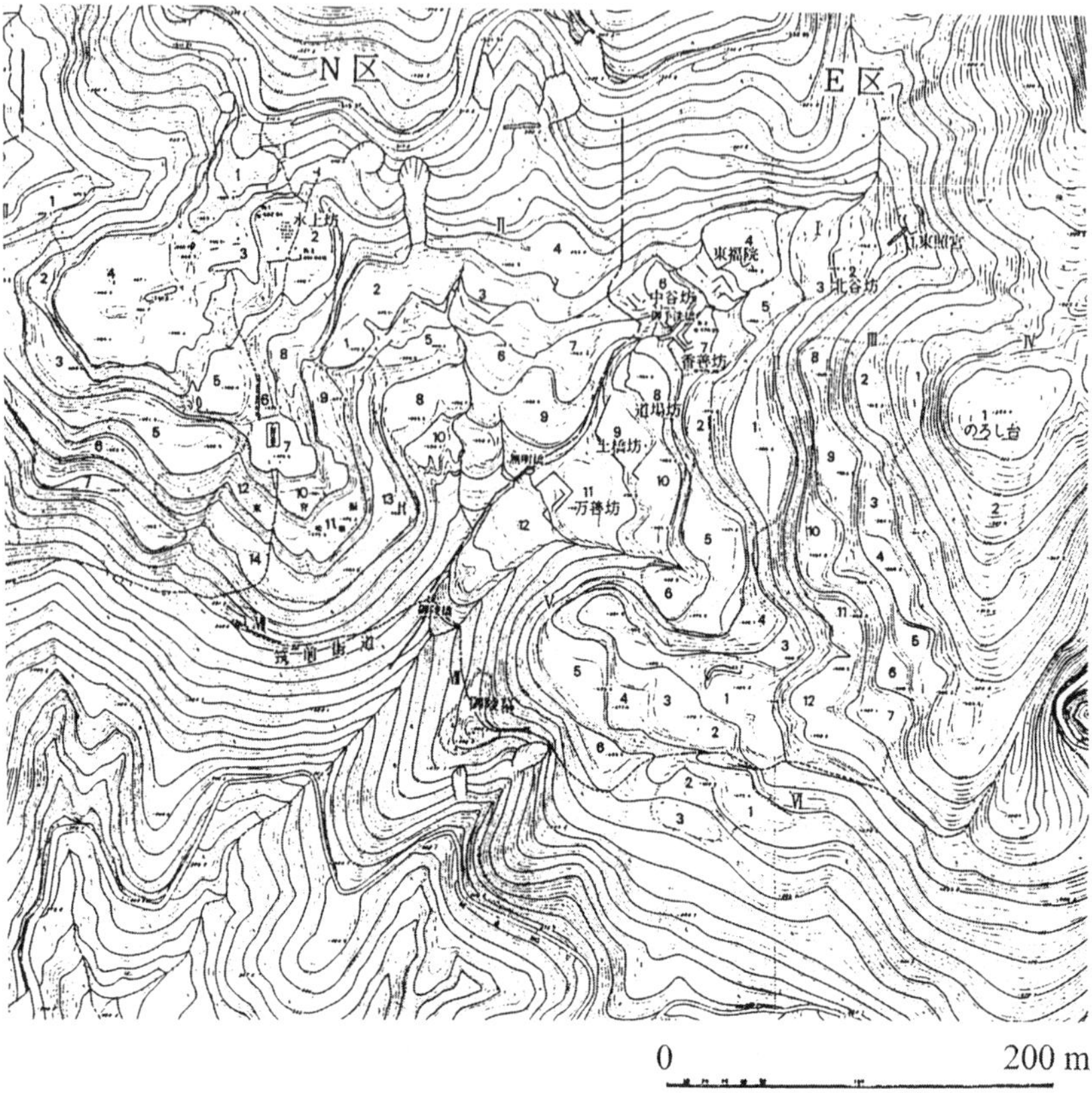

第90図　佐賀県霊山寺跡遺構配置図(時枝 2011)

称されている霊山寺跡は、かつて霊山寺・東門寺・積翠寺の三カ所の山号を持つ寺院であったとみられ、福岡県福岡市域までを含む一帯に広がっていたようである。現存する寺院と寺社は、修学院と乙護法堂とされ、霊山寺跡は古代から近世まで存続したとされている(江上二〇一二)。

三　熊本池辺寺跡と国東の山寺─造寺と鍛冶を中心に─

熊本県池辺寺跡は、肥後国分僧寺から西北西に約七キロの地点に位置する山寺遺跡である。遺跡地は、島原湾から東の山地に位置する金峰山（六六五メートル）南東約二キロの谷合いの山腹にある。周辺にも古代遺跡が分布し、池辺寺跡の谷の狭い入口部の尾根上には、堂床地区があり、塔跡もある（第91図、網田二〇〇九）。

池辺寺跡の堂床地区Ａ区・百塚地区Ａ地点・烏帽子地区は、九世紀第１四半期から九世紀第４四半期後葉までの遺物群が出土している。

百塚地区Ｃ地点は、九世紀第３四半期から第４四半期の遺物群がみられることから、百塚地区ではＡ地点が先行して造営されていることが判明した。烏帽子地区南斜面は、甕・鍋・壺などの生活容器が多数出土しており、僧坊域である。百塚地区から北西の山腹斜面の金子塔《かなごとう》地区は、標高二〇〇メートルから二四〇メートル付近までの尾根上に一〇カ所程度の平場群が階段状に造成されており、九世紀の土師器・須恵器が出土する多段性平場構造を示す。トレンチ調査では、土坑や石積み遺構などが確認されている。その平場構造は、階段状に連続して造成されており、北東日本における古代山寺の平場構造と全く同じである。中世石塔である金子塔には、池辺寺跡が天台別院であったことなどの記録がある（熊本市教委二〇〇九）。

池辺寺の創建時の瓦は、九世紀第１四半期末から第２四半期に生産された瓦であり、九世紀前葉の瓦群が確認されている。山寺入口の尾根部にあたる堂床地区では、長径一メートルの塔心礎が確認されており、ここに塔があったと考えられている。

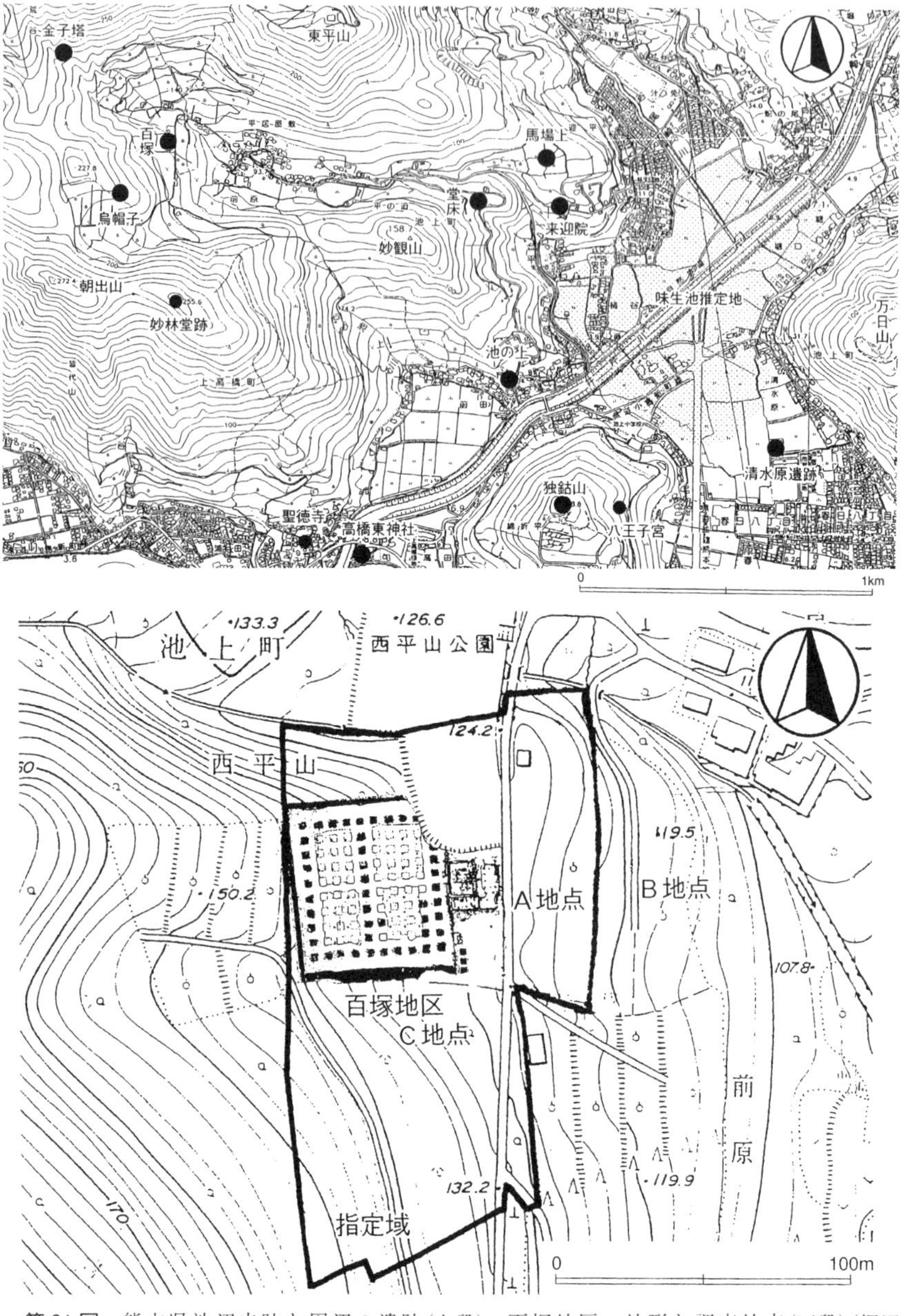

第 91 図　熊本県池辺寺跡と周辺の遺跡（上段）、百塚地区の地形と調査地点（下段）（網田 2009）

この山寺は、九世紀代に創建され廃絶していることから、古代創建古代廃絶型（1類）の山寺遺跡である。そして、中枢部の平場群は、雛壇状に造成されていることから、多段性平場構造山寺である。

ここで特筆すべき点として、山寺の中枢建物の下方に隣接する寺域内で、九世紀中葉から後半の鍛冶工房があったことである。鍛冶工房（SX-02）は、参道の北側隣接地点の平場で操業されており、九世紀後半に上方のC地点の中枢堂宇が造営されることから、山寺の造寺に伴う鍛冶の操業であったことが確定できよう（第92図）。

鍛冶工房は、柱穴を持つ構造であるが、竪穴状の掘り込みを持たない掘立柱建物であり、平地式の遺構とされる。規模は、長辺三・二メートル以上、短辺三・二メートル、鍛冶炉は深さ二〇センチで、炭化物が溜まっていたことから、鍛冶炉の炉底に炭化物を敷く構造であったことがわかる。鍛冶関連遺物としては、鉄滓・釘・土器の出土があり、堂塔の創建に鉄製品を鍛造した鍛錬鍛冶であろう。鍛冶工房は、遺構状況と出土遺物などからみて、専業鍛冶工房である。

第92図　熊本県池辺寺跡百塚地区A地点鍛冶工房（SX-02、左手前）と池跡（SX-01、奥）（左端の下位平場はB地点）（北から、著者撮影）

鍛冶工房から参道を挟んで約一〇メートル離れて池跡があり、上方からの流水を池に引き込んでいることが判明している。池では、下層から多くの土器と瓦が出土したが、その更に下位から鉄滓が出土していることから、二時期の堆積が判明している。下層の鉄滓等の鍛冶関連遺物とともに多数の鉄釘が出土しており、鍛冶工房に伴う遺構であろう。山寺の造営にあたり、鍛冶工房と鍛冶に使う水場としての池が組合せ（セット）になるように隣接して構えられた可能性があろう。そして、一時的な鍛冶工房の操業が終わった時点で、山寺の一施設として出島・石列・石積を伴う園池が造ら

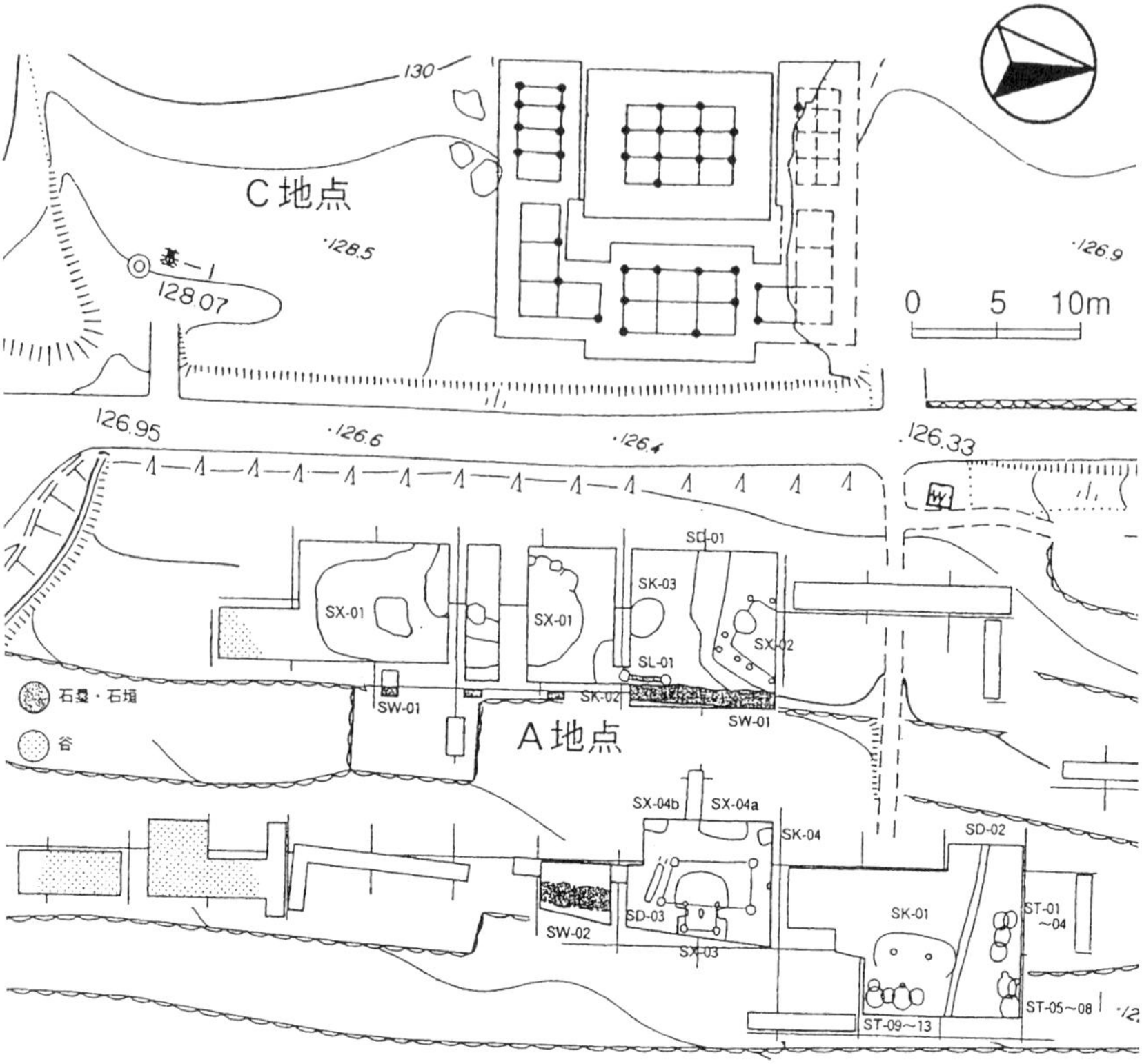

第93図　熊本県池辺寺跡百塚地区A地点・C地点遺構配置図（網田2009）

れ、山寺の庭園の一部としての景観を担ったのであろう。池は、百塚C地点の建物群とともに、九世紀後葉には廃絶している。

鍛冶工房（SX-02）を取り囲む溝（SD-01）の上層・中層からは、羽口と鉄滓が出土した。その下層からは、九世紀前葉の土器のみが出土し、この場所の溝の外側にあたる北側に鍛冶工房を構えたことがわかる。寺域内での鍛冶の操業にあたり、この場所が湿気を嫌う鍛冶の占地として適切であったため選ばれたわけである（第93図）。

百塚地区A地点東部の出入口（SX-03）から西方のほぼ正面には、九世紀第3四半期に中枢建物（SB-01）が建立されたが、その下段の平場に鍛冶工房が操業されたことになる（第94図）。

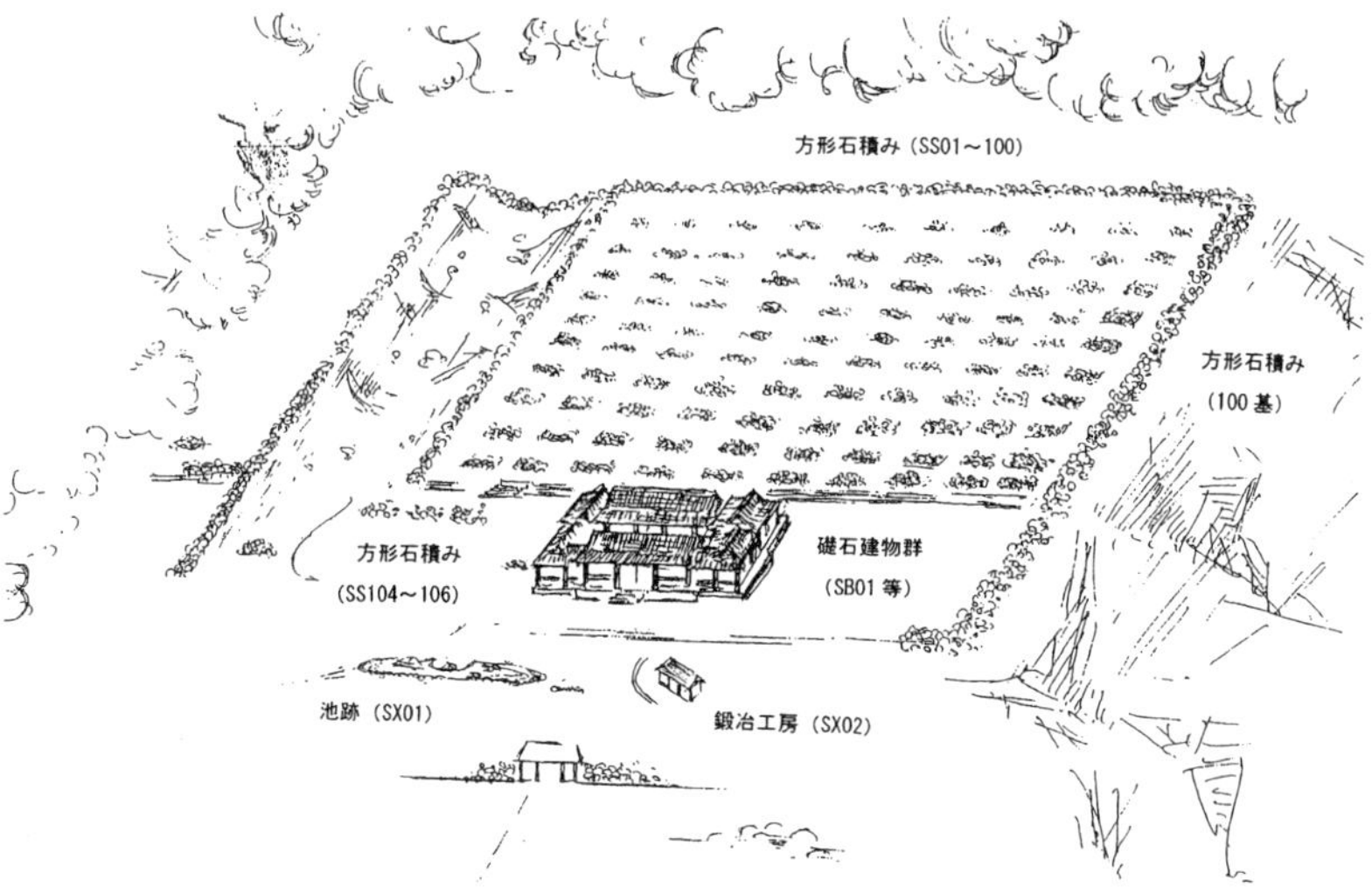

第94図　熊本県池辺寺跡百塚地区復元想像図（9世紀中葉～後葉）（熊本市教育委員会2008に遺構名を追加して改変）

北東日本においては、群馬県黒熊中西遺跡において、山寺の創建時に基壇造成途中や、基壇完成後の基壇段状などで鍛冶の操業があった。主に鍛錬鍛冶であるが、一部には精錬鍛冶を含む可能性があった（上野川二〇一八）。また、山寺の補修期には、参道の一部が専業鍛冶工房（8号平場）になり、二時期の鍛冶炉が合計五基操業された。その場所は、山寺中枢部の講堂の正面下方約二五メートルにあたり、本堂の北西正面約三三～三五メートルの場所でもある。

池辺寺跡においては、中枢建物の東方正面下方約一六～一七メートルの場所で鍛冶があり、両遺跡ともに本堂・講堂の正面に隣接する平場が、鍛冶の操業に利用されている。つまり、寺域内の中枢部に隣接する重要地点が選定されるという共通性を持つことが判明したといえよう。そこに、山寺造寺に伴う鍛冶の重要性を知ることができる。

北東日本においては、古代山寺造営における九世紀前半から一一世紀前半の鍛冶の操業は、前冊にも触れたとおり、福島県慧日寺跡戒壇地区・群馬県黒熊中西遺跡・埼玉県高岡寺院跡・福井県明寺山廃寺などで確定されている。池辺寺跡に

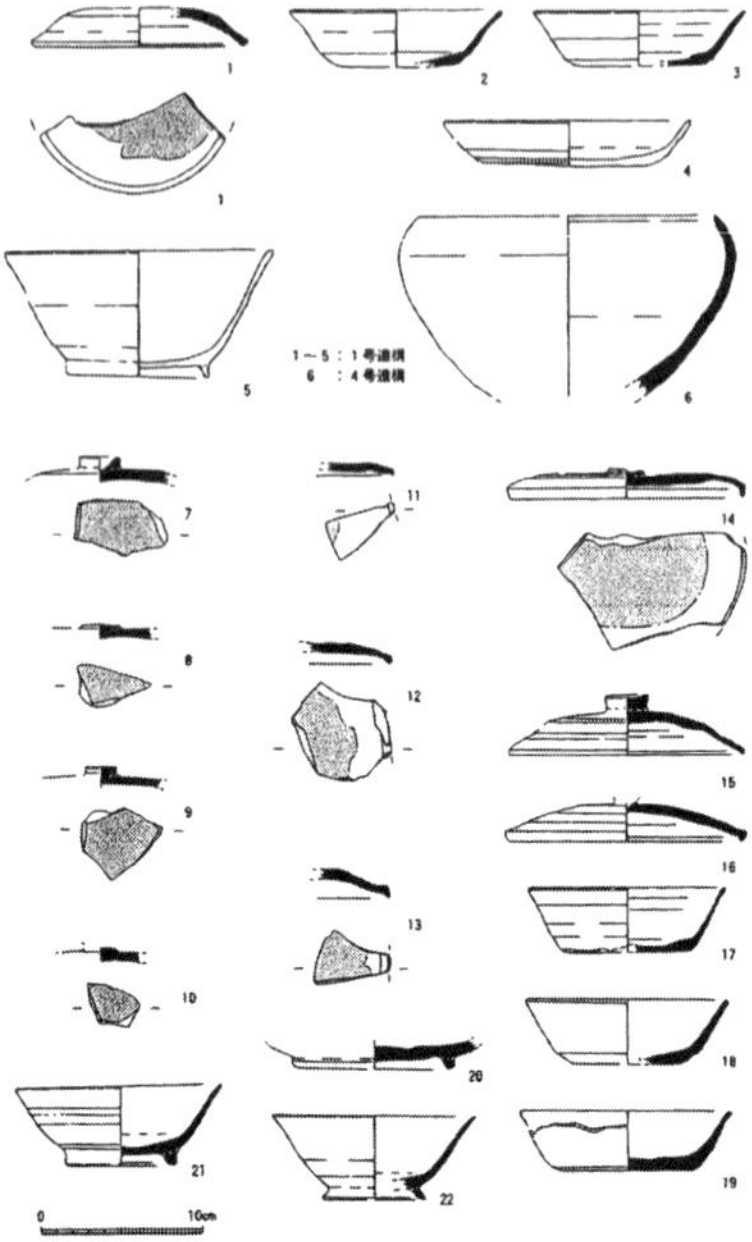

第 95 図　熊本県池辺寺跡百塚地区Ｂ地点出土遺物実測図（熊本市教育委員会 2006）

おける九世紀中葉の山寺中枢建物（本堂等）建立における鍛冶は、古代山寺創建における鍛冶の在り方が山寺遺跡の寺域内中心部で普遍的に操業されていた可能性を示唆する。

百塚地区B地点の発掘調査では、密教法具である六器の鋳型が多数出土しており、この場所で鋳造があったことが確定できる（第97図右中）。B地点では鋳造に伴う炉壁や銅付着の炉体も確認され、A・C地点では飾具の小型銅製品が出土していることから、鍛冶による鉄製品や釘の鍛造と、銅製品の鋳造があったとみられる。

山寺寺域内での鋳造遺構は、大山廃寺跡の中枢部付近で一一世紀のものが発掘調査されているが、池辺寺跡で九世紀の山寺造営に伴う鋳造があったことは、特に注目されよう。そして、九世紀に鍛冶と鋳造の両者が確認された稀有な山寺遺跡として、全国的にも貴重な事例となろう。

また、池辺寺跡では、百塚地区から転用硯（墨）が一七点、烏帽子地区から四点が出土し、転用硯（朱）は烏帽子地区から二点、堂床地区から一点の出土があった（第97図左下・中下）。百塚地区からの出土点数が多くを占めていることが特徴であろう。百塚地区B地点では鉄鉢形土器の出土もあり（第95図）、このA地点とともに山寺中枢部に隣接する日常的な山寺活動の場所であったことを示すのであろう。

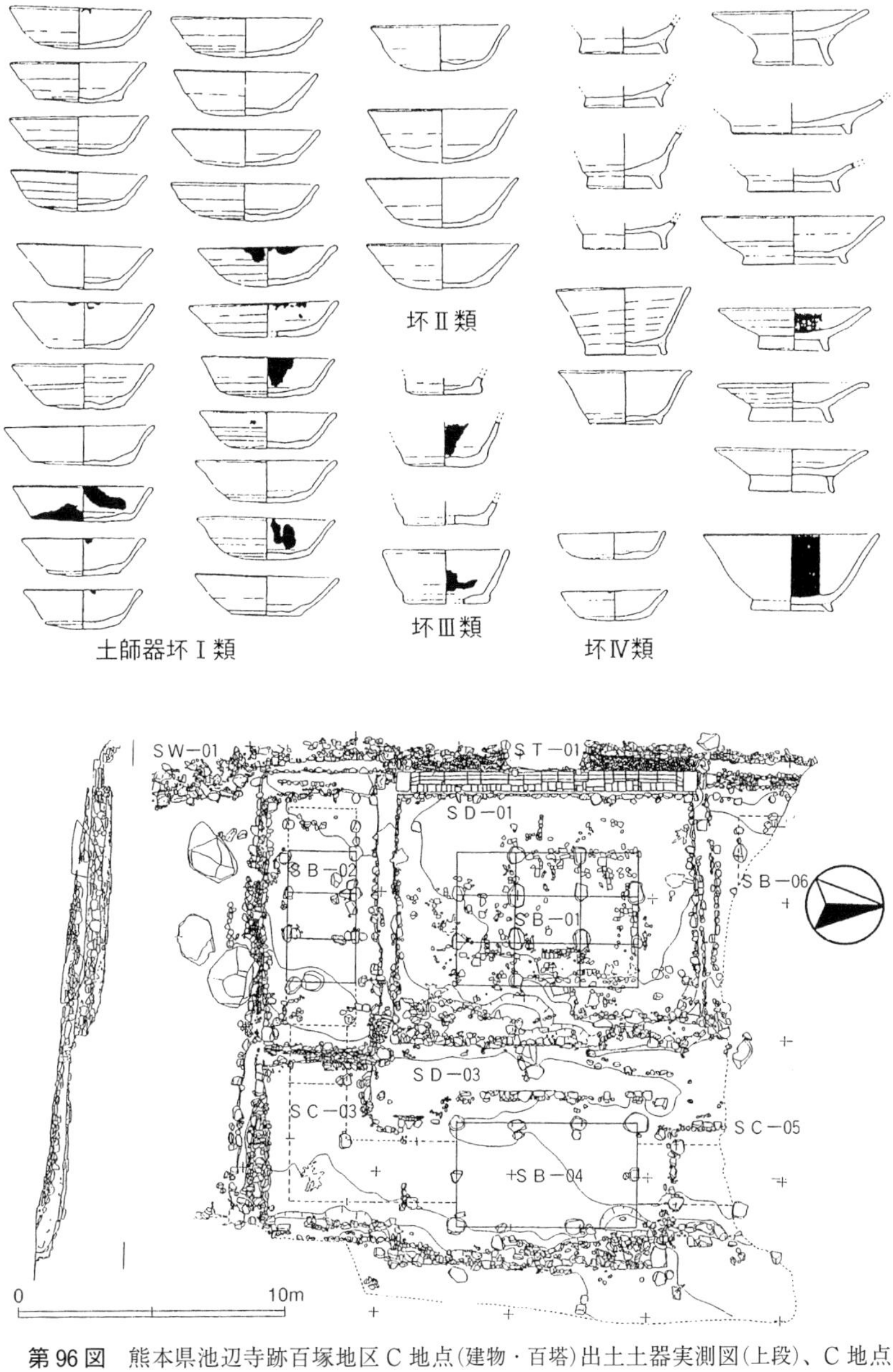

第 96 図　熊本県池辺寺跡百塚地区Ｃ地点(建物・百塔)出土土器実測図(上段)、Ｃ地点礎石建物群実測図(下段)(網田 2009)

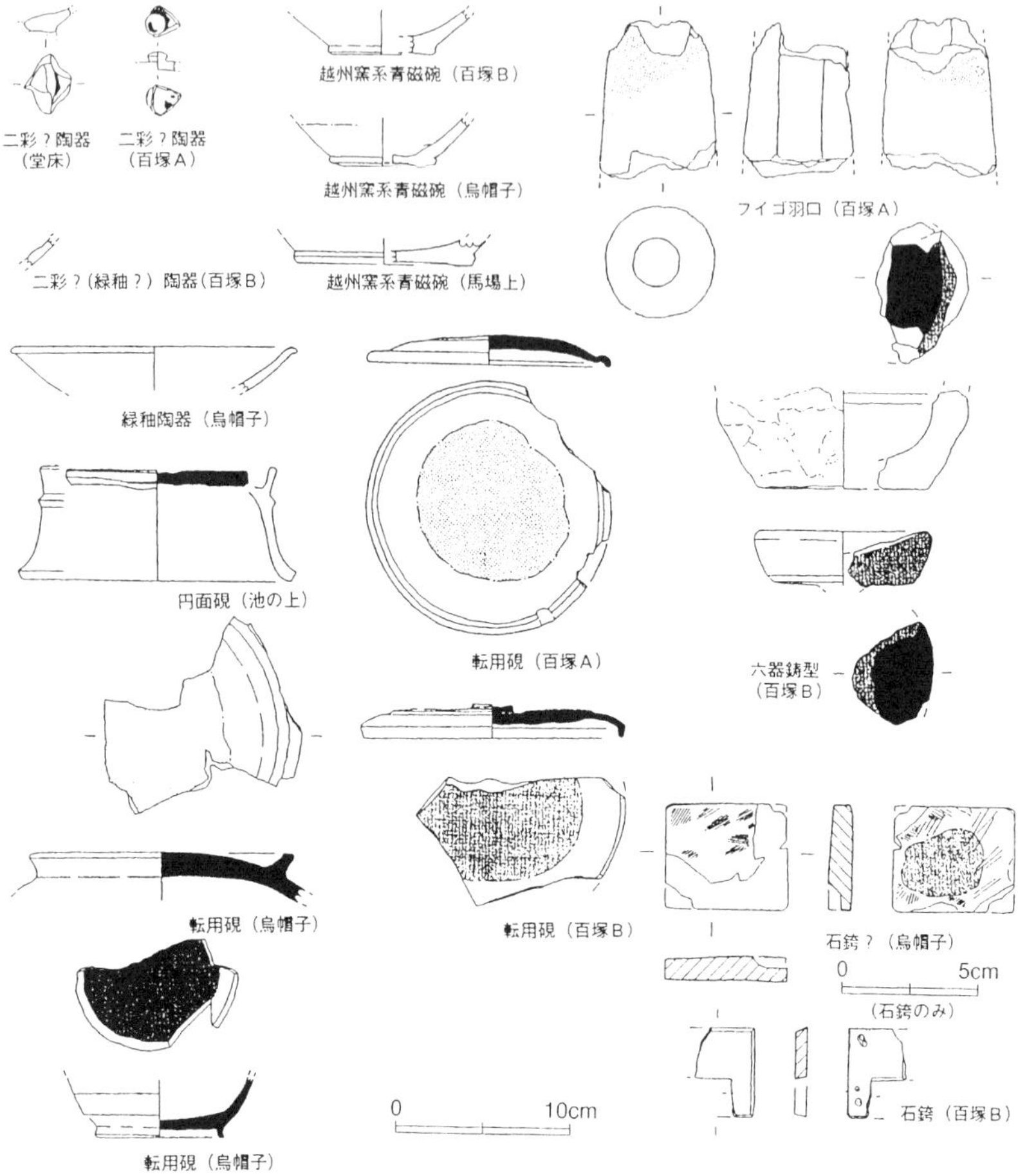

第97図　熊本県池辺寺跡出土重要遺物実測図（網田 2009）

北東日本の埼玉県高岡寺院跡では、本堂下方の平場に鉄鉢形土器と陶硯を伴う九～一〇世紀の僧房があり、群馬県黒熊中西遺跡では九世紀後半から一〇世紀に、講堂から西方下位に転用硯を伴う僧地空間がある。

このことから、九世紀の池辺寺跡においても、鉄鉢形土器と転用硯を持つ百塚地区Ｂ地点は、中枢建物があるＣ地点の下位に隣接する古代山寺の僧地的な空間であった可能性があろう。

本堂域の礎石建物群（ＳＢ01等）とＢ地点の間の斜面に造成されたＡ地点（第

第98図　熊本県池辺寺跡百塚地区C地点北西部からA地点（車の所）と谷の入口を望む（西から、著者撮影）

98図）は、東から本堂正面に向う参道左側に園池が配され、右側には古代国分寺で想定されている花苑などの空間が鍛冶の後に設定されたことも推定できよう。こうしてA地点は、日本古代唯一の遺構とされる一〇〇基の石塔が規則正しく並ぶ百塚地区C地点（第96図下段）と、山寺本堂正面の景観を整える役目を持つ空間であった可能性を考えることもできよう。

　百塚C地点の石塔とされる一〇〇基の正方形積石状の構造物は、日本において他に類例がなく、その性格の解明がまたれる。

　なお池辺寺跡の北方には、熊本県北部に古代山城である鞠智城《きくちじょう》がある。池辺寺跡が存続していた同時期の九世紀中葉の史料には、「菊池城院」とみえ（向井二〇一七）、新羅海賊の有明海侵入事件をも含めた社会宗教情勢の中に、池辺寺跡と古代山城の鞠智城が併存していたことになろう。

　大分県国東半島には、長安寺《ちょうあんじ》・両子寺《ふたごじ》・富貴寺《ふきじ》などの山寺群が点在するが、それらの寺院群は、六郷満山《ろくごうまんざん》と称される山岳寺院の総称とされ、宇佐神宮（宇佐宮・宇佐八幡宮）との強い関係が知られている（時枝二〇一一）。広く知られるように、宇佐神宮の境内には、神宮寺としての弥勒寺が八世紀後半には創建されている。

大分県長安寺は国東半島中央部の屋山（標高五四三メートル）の西側山腹中位斜面に位置し、両子寺は国東半島最高峰の両子山（標高七二〇メートル）の南麓中位斜面の巨岩地帯にある。

長安寺の境内からは、永治元年（一一四一）の銅板経（銅板法華経）が出土しており、伝承では寺域の最上段にある国東塔周辺からの出土とされ、最上段には経塚があったとみられている。

第99図　大分県長安寺北ノ坊巨岩（南東から、著者撮影）

山寺遺跡の多数の平場群は、標高二九〇メートル付近から最上部付近の標高三五〇メートル付近に構えられた講堂跡付近まで、大小の平場遺構が雛壇状に造成されている。特に、本堂背後や、現在の駐車場付近（北ノ坊跡）には、巨岩がある。講堂跡は、三間四方の礎石建物であり、一五・一六世紀から江戸期の土師質土器類（小皿・杯）が出土している。銅板経の出土からみて、一二世紀には中世山寺があったと考えられており、山寺の創建が古代まで遡るかどうか注目される。北東日本の中世山寺遺跡と同じ潮流の中に、一二世紀中葉に中世山寺が創建または再建された可能性を考えることができる（大分県歴史博物館二〇〇一）。

著者の踏査では、現在の本堂域の北西に位置する北ノ坊跡北西部に、直径約一〇メートル、高さ約四メートルの平坦な上面を持つ巨岩がある（第99図）。これは、いわゆる磐座とみられ、その上方の護摩堂から北東上方の講堂跡を経て、最上段の神社までの尾根部にある直線的な階段状の五段の平場群（第100図）は、一〇世紀創建の古代山寺遺跡であ

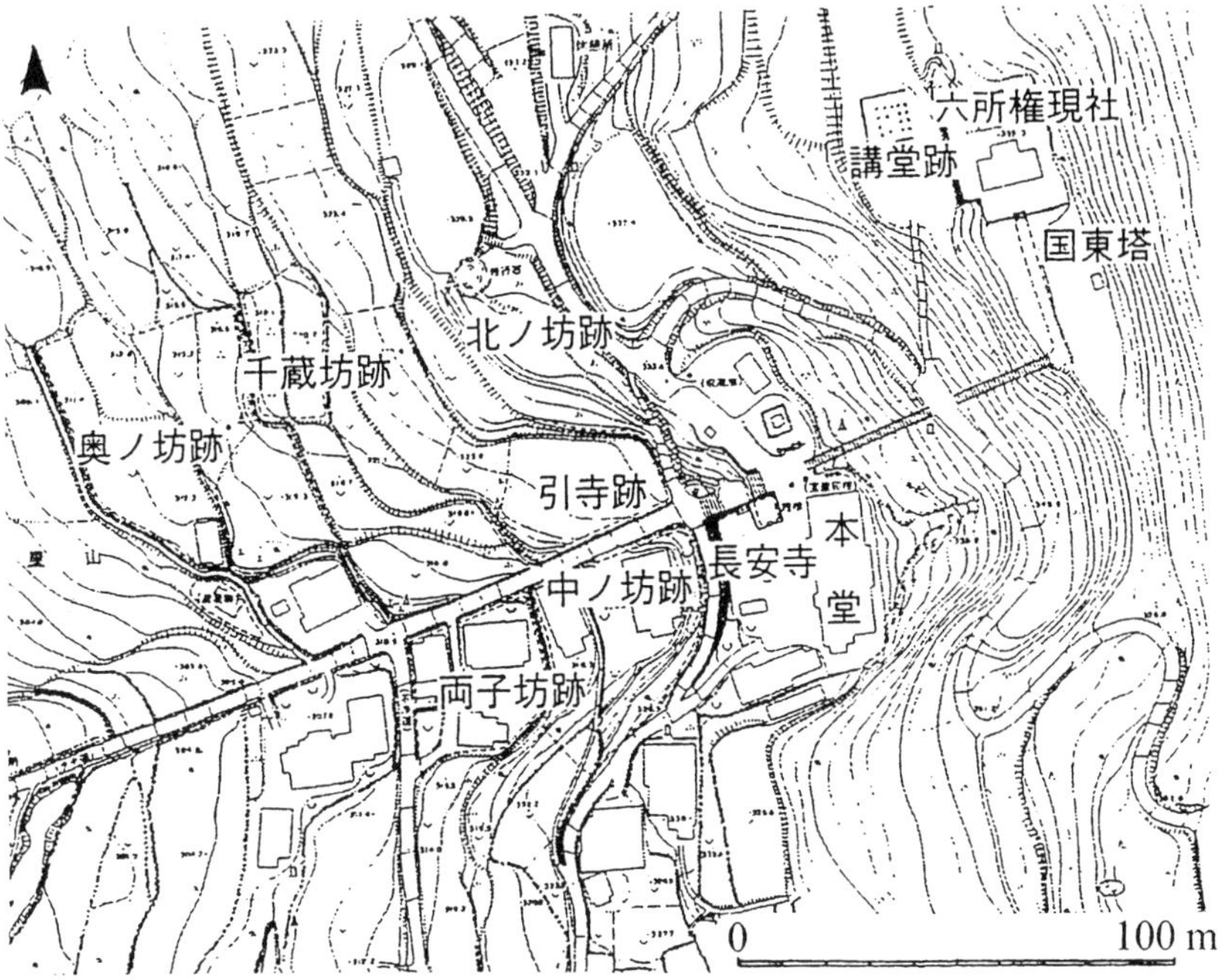

第100図　大分県長安寺中枢部地形図（大分県歴史博物館 2001）

る愛知県普門寺《ふもんじ》元堂《もとどう》や、静岡県建穂寺《たきようじ》跡などの尾根上に造営された古代山寺と同じような占地となろう。そして、最上段に神祇を祀る神社が鎮座していることも、重要な要素である。その最上段の講堂と神社の南側に隣接して、経塚が造営され、そこに国東塔が建てられたということになろう。なお講堂跡は、方三間の礎石建物で、身舎の四方に廂を巡らす構造であった。

長安寺は、時枝が指摘するように中世山寺であった（時枝二〇一二）が、北東日本の山寺遺跡と同じように、古代創建の古期の山寺が尾根部にあり、その後に中世山寺が隣接する谷部に造成された可能性があろうと著者は考える。これは、愛知県普門寺元堂が、一二世紀に古代山寺である元々堂から離れ、隣接する谷状の山腹に造営された事例に類似する。

両子寺は、細長く「く」の字状となる屈曲した谷部の最奥斜面にあり、山腹斜面に多数の平場群が造成されている。奥之院の観音堂は、岩窟と近世の懸造（舞台造）となっている。観音堂への参道は、崖に面した急崖に国東塔が複数あり、高さ一〇メートルからそれ以上の巨岩の立石が点在する特異な景観をもつ。この山寺は、長安寺とともに六郷満山の中心的な寺である。考古遺物の出土は、報告されていないようであるが、中世前期の巨大な国東塔が複数現存することから、中世山寺であったことは間違いなく、創建がどこまで遡るか注目されよう（大分県歴史博物館二〇〇一）。

富貴寺は、長安寺の南南西の細長い谷に面する山麓の斜面に位置する。桂川の支流である蕗川が南西から山地に入り込む場所にある。山麓の斜面には、約六段の雛壇状の平場群が造成されており、現在の参道の正面に大堂（阿弥陀堂）が位置する（大分県歴史博物館二〇〇一）。

大堂を載せる平場は、ほぼ東西方向に細長い大規模な平場で、間口六〇メートル程度、奥行二〇メートル程度の規模を示す。その下方には、三段程度の平場が雛壇状に造成されている。最上段の西部には、白山社の本殿と拝殿がある。大堂の北東上方には、奥之院の小規模平場が造成されている。その規模は、間口一〇メートル、奥行八メートル程度かとみられる。

富貴寺にみられる平場群は、東西方向に細長い間口の広い平場と、その周辺に、間口三〇メートル、奥行一五～二〇メートル程度の平場が付随するように造成されている。平場は、山麓斜面の上下に六～七段程度がみられ、平場数は合計一〇カ所以上である。こうした細長い谷に面する山麓の緩斜面に平場構造を持つ山寺は、北東日本においては、八世紀後半から一〇世紀前葉頃の創建となる山寺遺跡に多くみられ、それは平地寺院に対する山林修行を念頭にした山寺が早急に求められた背景も十分に考えられるのであるが、富貴寺の創建時期は現時点では不詳ながらも古代まで遡るものと私考する。

富貴寺は、宇佐神宮の大宮司の歴代の祈願所であり、大堂《おおどう》（国宝）は一二世紀前葉までは遡らないが、中葉から後葉頃の創建とみられているようである。この大堂を載せる平場の大堂部分は、平場の中央付近が斜面の奥側へ拡張され、地山の岩盤が大きく削られている。つまり、考古学的には、斜面の上方に向かって拡張された部分に、大堂が建てられたということになる。通常は平場上に堂舎が建てられるのであるが、大堂部分は、元あった平場の一部だった崖を一二世紀中葉から後葉頃に切り崩し、そこに大堂を建てた可能性が看取される。

こうした平場の拡張を目的にした崖の切り崩しは、北東日本では、山梨県大善寺《だいぜんじ》の本堂（国宝）とその平場の事例がある。大善寺本堂は、弘安九年（一二八六）に立柱・再建されるが、その時に背後の崖斜面が大きく切り崩され、本堂を載せる平場は後方に大きく拡張されたとみられる痕跡を有すると考えられる。大善寺は、鎌倉幕府の祈願所としてあったが、火災に遭い、一三世紀後葉にそれまでの古代中世山寺の中枢部の本堂を建て直すために、山寺の中心平場を拡張したという全国でも稀有な事例と考えられる。同様の一三世紀後半における古代山寺平場の拡張と本堂再建は、先に見たとおり福井県明通寺《みょうつうじ》でも観察される。

しかし、富貴寺はそれより以前の一二世紀代に、中枢部に新たな堂舎を建立するため、先述のような山の切り崩しがあった事例と考えることができよう。大善寺・明通寺・富貴寺における、一二世紀から一三世紀後葉の山寺の造寺に係わる平場拡張は、今後、更に精査されるべきものと考える。

第二部　古代山寺の周辺環境―北関東の事例から―

第六章　宇都宮丘陵における古代遺跡（大志白遺跡群）と仏教遺物

一　古代遺跡の変遷と鍛冶工房の出現

広大な栃木県宇都宮丘陵の東端部に位置する大志白《おおしじろ》遺跡群は、古代推定東山道駅路とみられる日枝神社南遺跡の北西約五・五キロの場所にあたり、古代には東山道駅路という幹線道路に隣接する山林地帯に位置し、その丘陵は樹枝状に開析され、丘陵の東側を山田川が北から南へと流れている（第101図）。また平安時代の大谷磨崖仏《おおやまがいぶつ》は、この遺跡から南西約八キロに位置する。

ここでは、宇都宮丘陵の一角において新たに確認された古代山林遺跡における古代鍛冶工房とその関連遺構及び竪穴住居などの発掘調査事例を示し、その遺構群の在り方からみた古代における山の生産活動の痕跡と、出土した匙などの仏教関連遺物の持つ意味を検討する。

大志白遺跡群では、丘陵の各所を発掘した結果、飛鳥（白鳳期）・奈良・平安時代の竪穴建物跡一六カ所、鍛冶工房跡二カ所、井戸跡二基、池跡一カ所、土坑二基、掘立柱建物跡四棟が、山の頂上・斜面・斜面下位から低湿地などに構築されていたことが判明した（第102図）。古代竪穴建物の立地は、丘陵の頂上において一カ所、丘陵上面の平坦面から緩斜面において六カ所、丘陵上位の斜面において四カ所、丘陵上位の窪地状斜面において四カ所、丘陵中位から下

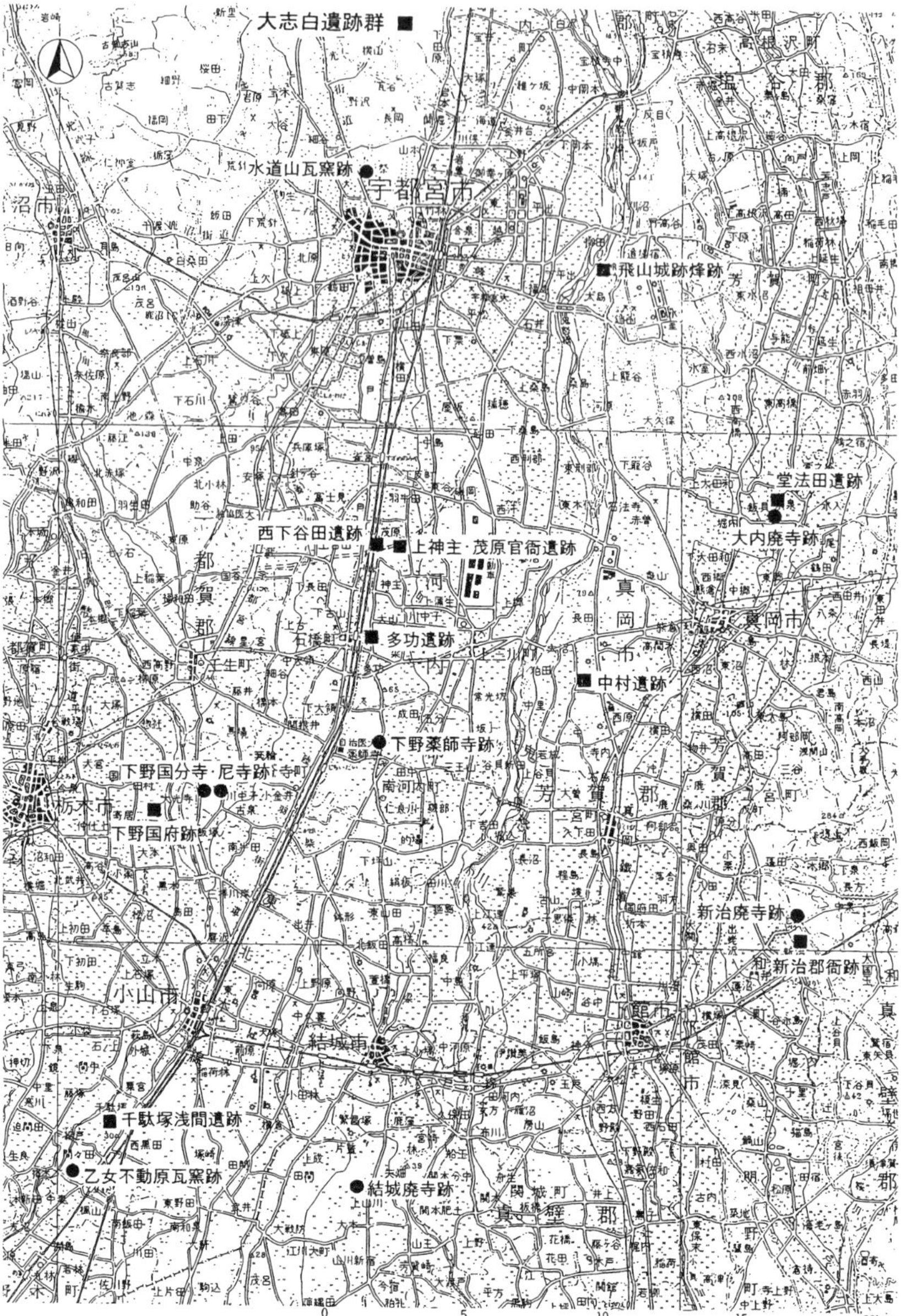

第 101 図　栃木県大志白遺跡群位置図（深谷 2005 に加筆）

位の窪地状斜面において一カ所であった（河内町教委二〇〇〇）。

古代遺構から出土した遺物は、土器類では土師器（杯・甕・椀）・須恵器（杯・鉢・甕・転用硯）・灰釉陶器（皿・椀・壺）があり、土製品（土錘）もみられた。出土文字資料には墨書土器が複数あり、八世紀後半の須恵器には「日」が墨書された例があり、九世紀後半の須恵器では「千」の文字が墨書された遺物などが出土している。このほか墨痕がみられる土器や転用硯も出土しており、周辺の集落遺跡などから持ち込まれているものとみられる。

鉄製品では匙・環状金具・鎌・刀子・釘などがあり、鍛冶関連遺物では椀形鍛冶滓・流動滓・鉄床石・羽口・粒状滓・鍛造剥片などが鍛冶工房から出土し、精錬鍛冶段階から鍛造鍛冶までの操業があった。また木製品では池の堤から杭が出土し、種実（炭化桃実・胡桃）は鍛冶工房と池から出土している。

古代竪穴建物は丘陵のあらゆる場所に立地しており、丘陵の頂上で発掘された竪穴建物（ＳＩ36）は、調査地区内で最高標高を示す二カ所の頂上のうちの一方の頂上に接して構築され、平野部からの比高は約五〇メートルと小高い丘の頂上に構築されている。この場所からは丘陵下に広がる台地と沖積地まで見渡すことができ、この丘陵地を管理するためなどの何らかの役割を持っていたのであろう。

丘陵の尾根付け根部分にあたる場所は、南向きの窪地状の斜面で外界から隠されたような場所となっており、そこで九世紀後半から一〇世紀中葉の鍛冶工房が操業された。この他に丘陵下位の尾根上に構築された専業鍛冶工房（ＳＩ3）があり、この遺構も東側の平地からは見えにくい立地であり、古代鍛冶の操業が平地に隣接するものの、平地空間からは遮蔽された山林空間に立地する状況が窺える。

この山の遺跡の最終末期における鍛冶遺構は、丘陵の尾根に挟まれて奥まった窪地状の斜面中位に、竪穴専業鍛冶工房（ＳＩ14）と竪穴建物（ＳＩ15）の二軒が東西に五メートルほど離れて並ぶように構築されている。この二軒は、工

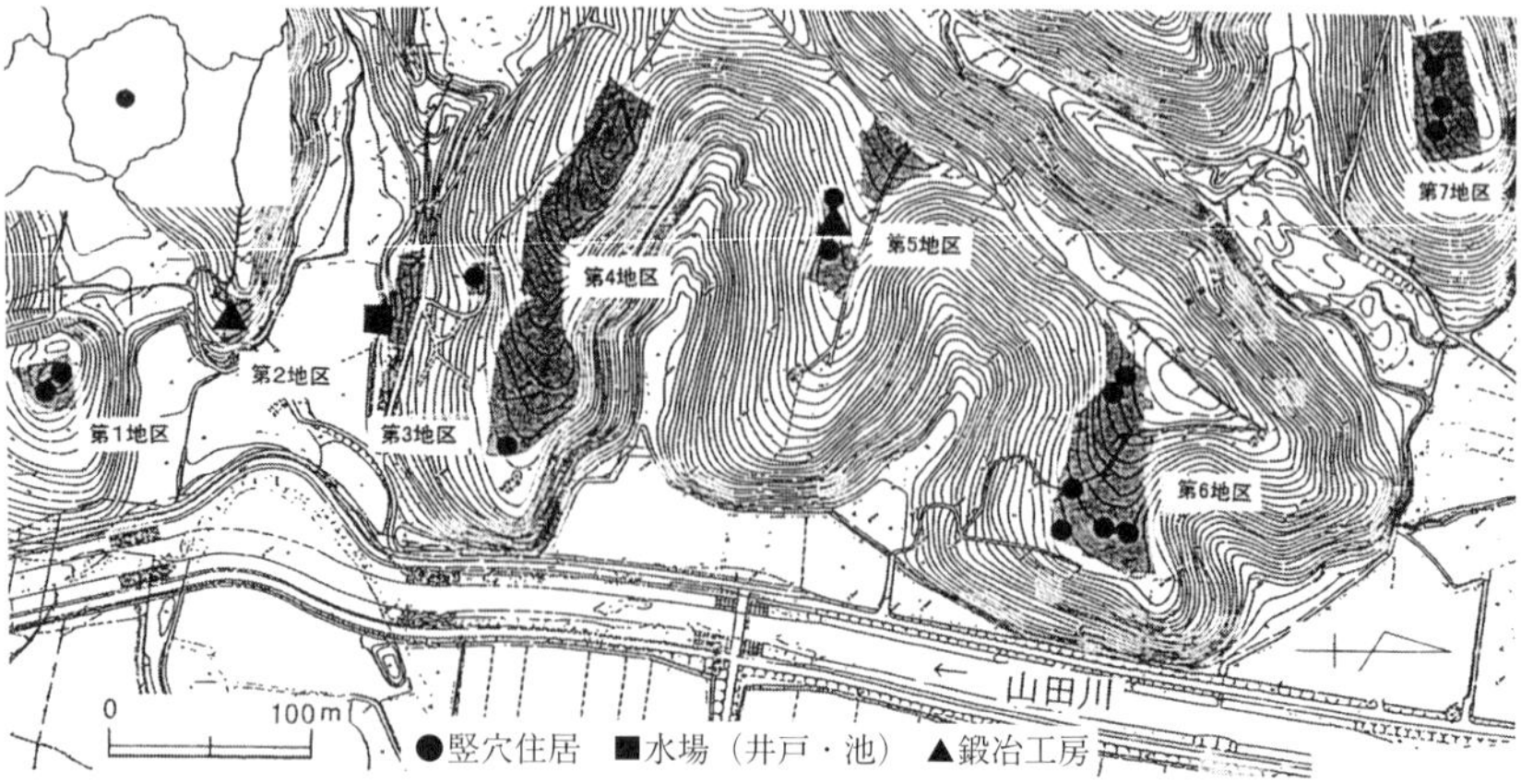

第102図　栃木県大志白遺跡群遺構分布図（上野川 2004）

房出土の土師器（甕）と住居竈内出土の土師器（甕）が接合したことと、工房床面出土の丸石とほぼ同じ大きさ・形態の丸石が住居の床面から出土していることの二点からみて、同時に存在したことが確定できよう。

鍛冶工房と竪穴建物は、標高一七〇メートル付近の比較的急斜面にしっかりとした掘り方をもって構築されている。竪穴専業鍛冶工房（SI14）は、不整長方形の平面形を呈するが西側がやや狭くなる形状を呈しており、西側へ拡張されている可能性がある。つまり当初の工房は、東西約五メートル、南北三・五〜三・八メートルの不整長方形を呈していたものが、東西方向に拡張されたため、東西約六・五メートルとやや長大になったものとみられる。鍛冶工房には、床面中央部に直径約五〇センチの鍛冶炉一基があり、炉壁と炉底が青灰色の還元色を呈していた。鍛冶炉周辺には鍛冶関連土坑が複数構築されており、遺構内からは、総量四七・三六キロの鍛冶滓や鍛造剥片ほかの金属系遺物が出土した。工房床面からは、土師器（杯・甕など）・灰釉陶器椀・炭化種実（桃）・羽口・鉄床石・鉄製品（刀子状鉄製品・釘など）・椀形鍛冶滓・流動滓・鍛造剥片・粒状滓・砥石・丸石などの鍛冶関連遺物が多数出土した。

ここで取り上げる鍛冶関連遺物である丸石は、鍛冶炉周辺及び西側の床面直上から鍛冶滓や土器類とともに出土していることから、この工房に伴う鍛冶遺物群の一つであることが確定できる。丸石は、卵形や球形や不整球形を呈し合計一〇点で、石質は火山岩系の川原石を素材としている。その特徴は、表面の一部または全面が被熱して赤化しており、ヒビが入り、一部にはアバタ状の傷や線状の傷がみられ、表面に滑らかな部分が観察されるものもある。丸石の長径は七・一〜一〇・二センチの範囲に収まり、重量は二四八〜六二五グラムの範囲となる。遺存率は一〇点のうち九点が完形で残り、一点が一部破損している。

大志白遺跡群の鍛冶関連遺物の丸石は、他の専業鍛冶工房などからの出土例を含めると合計一三点ある。破損している一点を除く丸石の大きさの平均数値は、長径八・五センチ、短径七・〇センチ、厚さ五・〇センチ、重量四六六グラムである。この丸石の性格は現時点では不詳とせざるを得ないが、石の表面に敲打痕とみられる窪みや傷が多く残っていることから鍛錬鍛冶段階の敲く作業を反映した遺物とみられ、石鎚などの用途があった可能性が看取できようか。大志白遺跡群では、他に直径約三メートルの浅い竪穴状を呈し、平面形が楕円形を呈する九世紀後半以降の専業鍛冶工房（SI3）があり、その立地は周囲の尾根に隠されたような斜面下位に構築されている。

この他に鍛冶関連遺物は、九世紀後半の土器類とともに丘陵裾部の低湿地で発掘された水場遺構（井戸・池）の中から椀形鍛冶滓・羽口・砥石などが出土しており、すでに九世紀後半からこの山で鍛冶の操業が開始されていたことを示す。

二　井戸と池からなる水場遺構

山の斜面下位から低湿地に築かれた池跡と井戸跡の場所は、この場所が比較的長い期間にわたって水場として機能

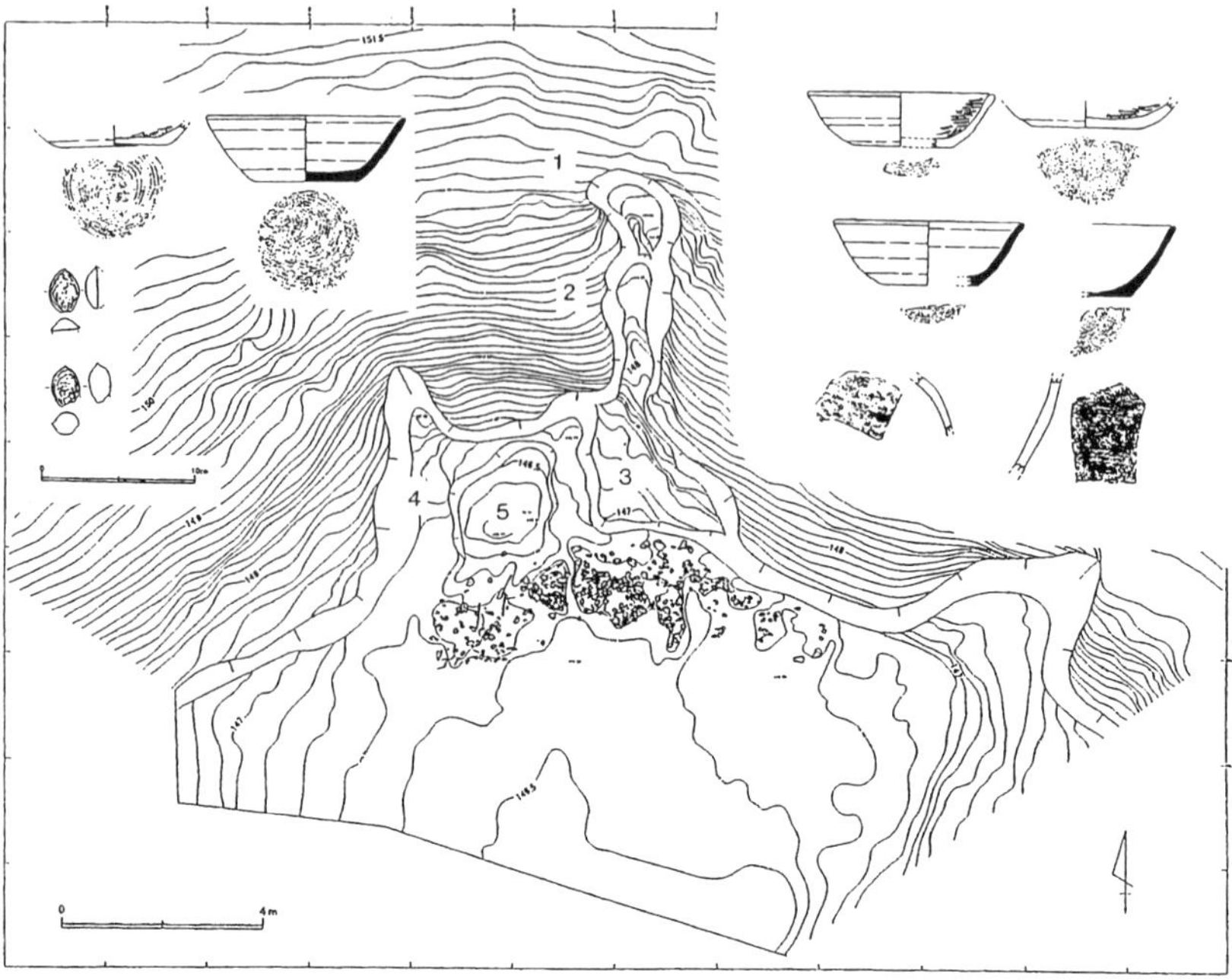

第103図　栃木県大志白遺跡群第3地区水場遺構と出土遺物実測図（図中の数字は、井戸と池の築造順序）（上野川2004）

したことを示している。つまり井戸が掘られた後、その下方に方形の池が二回掘られている。最終的には、九世紀後半には堤を築き、その上に石を敷き詰めた方形の池が造られた（第103図）。

池の基本的な平面形は長方形であり、規模は初期段階で東西南北約二メートル程度であったものが、堤を構築した段階で東西約四・四メートル、南北約二・九メートル、深さ五〇～八〇センチとなる。池の最終段階には、東西約七・三メートル、南北約四・四メートルの規模となる。池は出土遺物からみて九世紀後半から一〇世紀前半にかけて使われている。

この場所の井戸と池の変遷は、一期から五期までの五段階である。

一期は、最初に丘陵裾部のやや上位の地点に1号井戸跡が掘られた時期である。

二期は、1号井戸のすぐ南に隣接して2号井戸が掘られた時期である。

三期は1号・2号井戸の湧水点をそのまま利用してさらに南側の低地に1号池を掘った時期で、水の需要が増加し水場を大規模にした時期である。

四期は、三期の池の西半分を壊すようにして池の造り替えと拡張を行ない、堤を築いた段階である。

五期は、拡張された四期の池の底を一段深く掘り下げるように池の改修を行なった段階となる。

この遺構の立地は、斜面の窪地であることもその特徴の一つである。池の南辺は水をせき止めるための堤が木材や杭で構築され、その上面には川原石が敷き詰められていた。池の堤は上幅約六〇～八〇センチ、基底面幅約一二〇～一五〇センチで、遺存長約六・七メートルである。堤の上面には、拳大よりひとまわり大きな礫が平らに敷き詰められている。堤とその周辺から出土した石は総数五三〇個であり、その総重量は約二八四・一キログラムであった。平均重量は五三一グラムである。このうち堤の上面に敷かれた石は総数三六八個で、石の総数の約七〇パーセントにあたる。

これらの石には、自然礫の他に縄文時代の石皿破片や凹石などが混入していることから、自然にこの場所に流入したとは考えられず、池の近辺にあたる丘陵斜面下位に散在していた石も用いられたことがわかる。池の堤に用いられたこれらの石は、河床や池の近辺から人為的に運ばれ、意識的に堤の上面に高さと幅をそろえて並べられたものである。

この堤はその構築材料として木杭や自然木の枝や幹が用いられており、池の堤を築く際に近隣から伐採した樹木を使用している。その木杭など一八点を分析した結果、モミ属六点、コナラ属五点、ムクロジ一点、ケヤキ二点、クリ一点、サクラ属二点、広葉樹一点で、合計七種類であった。木杭では主に杭先が一〇本以上遺存しており、これらと粘土質の土と自然木の枝や幹とを用いて、方形に掘りくぼめた池の一辺に堤を築き、池として水を溜めたものである。

この池は造り替えが行なわれており、堤は拡張された新しい時期の池に伴うものとみられる。

そして池の上方には井戸が掘られており、居住などに伴う井戸の開削に続いて、鍛冶の操業が開始された段階で水の需要が増え、井戸から池への水場の拡張が意図され、池が構築されたものと考えることができる。池跡からは、椀形鍛冶滓・羽口・砥石などの鍛冶関連遺物と、九世紀後半の土師器・灰釉陶器が出土しており、この頃に鍛冶の操業があったとみられる。

史料では、『日本書紀』において多数の池に関する築造記録がみえる。その中には、池には堤が造られ竹が植えられていた状況なども記されている。これらの池は、農業灌漑用の溜池とみられている。

また、『続日本紀』にみえる「池」の記録では、養老七年(七二三)二月三日条「矢田池」、神亀四年(七二七)五月二〇日条「楯波池」、天平四年(七三二)一二月一七日条「狭山下池」、天平宝字六年(七六二)四月八日条「狭山池堤《さやまのいけのつつみ》」、天平宝字八年八月一四日条「諸国に池を築かせる」などがある。また、宝亀八年(七七七)六月一八日条、延暦二年(七八三)四月二〇日条、延暦三年五月一三日条にもみえる。

「井」については、『日本書紀』天智天皇九年(六七〇)三月九日条に「山御井《やまのみい》」とみえ、これは通説では滋賀県大津市園城寺町三井寺金堂傍らの泉を指す。『続日本紀』文武天皇四年(七〇〇)三月一〇日条には「路の傍に井を穿ち」とみえ、また平城京内衛門府の泉を指す「靫負御井《ゆけいのみい》」が、宝亀三年三月三日条にみえる。

平安時代の弘仁年間(八一〇~八二四)に編纂された『日本霊異記』には、池と井について次の記載がみえる。①「その家の童女、水を汲みに井に赴く。(中略)村の童女も、井に集まりて水を汲む」(上巻第九)、②「平群の駅の西の方に、小さき池あり。(中略)池の中にいささかなる木の頭あり」(中巻第一七)、③「な楽の京野越田の池の南の蓼原の里」(下巻第一二)。

『日本書紀』『続日本紀』『日本霊異記』に記録されている池は、主に農業灌漑用の溜池とみられ、井はおもに井戸を指す。井では、釣瓶が備えられていたと考えられているものもある。

『常陸国風土記』では、池や井や泉の記録が残る。池では、「桝池」「椎池」「栗家池」等の記録があり、行方郡椎池の記載では、「壬生連麿初めてその谷を占めて、池の堤を築《つ》かしめき」とみえる。久慈郡の条では、「軽の直里麻呂、堤を造《つ》きて池を成《つく》りき」とみえる。これらは、池と堤の記録である。

また、香島郡白鳥の里の条では、「石を摘《ひろ》い池を造り、其が堤を築むとして」とみえる。これは、石を拾って、その石を積んで堤を造り、水をせき止めて池とすることを表している。同じ香島郡の条にみえる鹿島神宮に仕える神官である占氏《うらべうじ》の条では、「嶺の頭に舎を構えて、松と竹と垣の外を衛り、谷の腰に井を掘て」という記録がある。これは、嶺のふもとの谷のなかほどの所に井戸を掘ったことを表し、大志白遺跡群における池に隣接する井戸の立地そのものである。

『常陸国風土記』は、和銅六年(七一三)の詔に基づいて撰進されたものである。これらの事例によれば、八世紀前半頃には常陸国では、その規模は不詳ながらも、石を積んで堤とし池を造るということが行なわれていたことを示す。大志白遺跡群一号池跡は、堤の上面に石を平らに張って周辺に木杭などが打ってあったものとみられ、『常陸国風土記』の堤と多少の差異はあるにせよ、石を用いた堤と池という共通点が注目される。またその立地と構造においても、『常陸国風土記』に記された古代の池に非常に類似する遺構である。

宇都宮丘陵の北東部に位置するこの丘陵の開発は、飛鳥時代(白鳳期)の七世紀後半に丘陵東側先端部に一軒の竪穴建物が構築され、何らかの社会的・経済的な活動が展開されたことから始まった。この場所はまるで東山道駅路に続く平地とその西側にある未開拓の山林の境界地点ともいえる。この竪穴建物(SＩ11)は、土師器(杯・甕)・須恵器

（杯・蓋・横瓶）・匙・頭部環状の鉄製金具などを床面から出土した焼失遺構である。

　管見の限りでは、日本古代の匙との比較からみて、大志白遺跡群出土例は古期に属する遺物とみられ、匙の性格からこの地に持ち込まれた仏具や匙の可能性を指摘し（上野川二〇〇〇ａ）、七世紀後半代の寺院に関係する遺物の可能性をみた。東国における匙の出土例は後述するとおりであるが、古代においては地鎮に用いられた七宝の一つであったことも知られている（中野一九七五）。

　奈良時代の八世紀中葉以降になると、この丘陵の台地の縁辺部に近い緩斜面（第６・第７地区）に、一軒から二軒の住居がしっかりとした竈を持ち構築される。八世紀前半の竪穴建物（ＳＩ26）からは須恵器杯の転用硯が一点出土し、同時期の竪穴建物（ＳＩ25）からは灯明具と墨書土器が出土した。

　八世紀後半の竪穴建物（ＳＩ34）では転用硯と墨書土器と灯明具などが出土し、八世紀代の転用硯（二点）・墨書土器（二点）・灯明具（二点）などがこの丘陵地に持ち込まれていることが判明し、八世紀中頃から後半には東山道駅路に隣接するこの山へ山林開発が入ってきたことを強く示唆する。

　この丘陵を平地からみた場合はまさに山であり、この山の竪穴は単に居住を目的として構えたとみるより、山からの産物を獲得するための拠点としての性格を想定することもでき、また竪穴施設を構えることで山の所有権を主張し、山の比較的平坦な場所を何らかの生産活動に使う土地として利用していたとみることもできる。

三　竪穴建物出土の匙とその仏教的性格

宇都宮丘陵の大志白遺跡群では、飛鳥時代後期（白鳳期頃）に属する11号竪穴建物の床面から鉄匙と頭部環状の鉄製金具などが出土し、匙の持つ性格を、寺院に常備される供養具と薬匙の側面などから捉える必要がある（第104図・第4表）。古代における匙の用途は、先学の研究からみて次の三つである。一つは、仏具（供養具）としての匙で、鉢や椀等の飲食器の一つとして、仏供養具の役割を持つ。二つ目は文書具としての匙で、硯と水滴等との組合せで用いる道具である。三つ目は施薬具（調剤具）としての匙で、薬剤の調合に用いる薬匙としての役目を持つ。

『大安寺伽藍縁起並流記資財帳』（奈良時代）には、「仏供養具十口、白銅鉢一口、白銅多羅二口、白銅鋺七口、匙一枚、箸一具」とあり、『法隆寺伽藍縁起並流記資財帳』（奈良時代）にも同様な記録がみられる。このことから、奈良時代には、供養具として鉢・多羅・鋺・匙・箸が一具であったことがわかる。

正倉院宝物には、佐波理鋺四三六口、佐波理皿七〇〇口、佐波理匙三四五枚などがある。匙では、金銀匙がある。これらは、仏分・僧分と日常飲食器としての区分が判然としない場合もあるようだが、金銅製品は仏供養具である。史料からは、匙は奈良時代の寺院に常備されていたと考えられている。

また、飛鳥・奈良時代の寺院建立に際しては、金銀財宝を地中に埋納し、諸天を祭祀した。その鎮壇具の中に、匙がある。興福寺金堂の鎮壇具には、金延金・金塊・砂金・銀金延・水晶製品各種・金銅大盤・銀大盤・和同開珎・各種金銅製品とともに、銀匙がある。銀匙の匙面形は円形で、その全長は一三・〇センチである（中野一九七五）。

ここでは管見の範囲で、古代の佐波理匙と銀匙の伝世品と発掘出土品の例を示し、参考としたい。

まず伝世品として、法隆寺献納宝物（東京国立博物館、N82、N274）がある。法隆寺献納宝物には、匙面形が蓮弁形ほかの各種の匙がある（東京国立博物館一九九〇）。法隆寺献納宝物（N82）は、墨台・水滴と合わせて一具と伝承されるものであるが、当初からの一具とは考えにくいとの見方もある。この三本（支）は、小振りで薄手で軽く、匙面の窪みが浅いことから、薬剤の調合などに用いられた薬匙の一種などとも考えられている。また、朝鮮半島で製作された可能

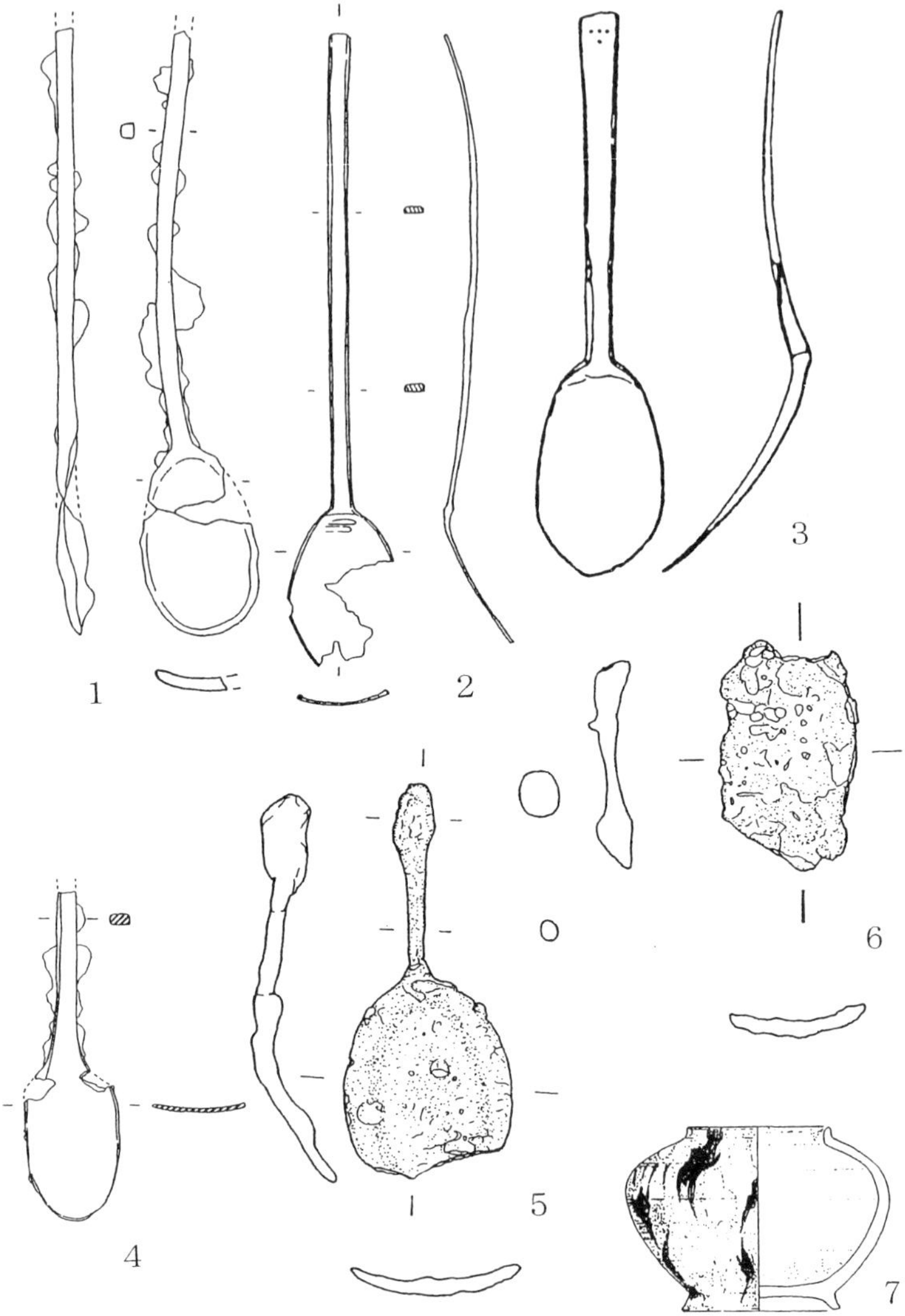

1.栃木県大志白遺跡群　2.栃木県星の宮ケカチ遺跡　3.千葉県萩ノ原遺跡
4.千葉県永吉台遺跡群(西寺原遺跡)　5～7.群馬県桧峯遺跡

第104図　古代東国出土の匙等実測図(縮尺不同)(上野川 2000a・2004)

第4表　古代東国出土等の匙

	出土地・伝世地等	遺構	素材	時代(C)	技法	全長(cm)	匙面径(cm)	重量(g)	匙面形	匙面凹	柄断面	反り	備考
1	栃木県大志白遺跡群	SI11竪穴建物床面	鉄	7後半～末	鍛造	15.0	3.3	18.8	卵形	浅い	方形	反らない	山林遺跡
2	栃木県星の宮ケカチ遺跡	A-2号竪穴建物	佐波理	9	(鍛造)	21.2	3.2	—	(木葉形)	浅い	板状	反る	集落遺跡
3	群馬県桧峯遺跡	62号竪穴建物	鉄	8中葉～後半	(鍛造)	約10	約5	—	(卵形)	浅い	円形	反らない	奈良三彩小壺伴出
4	群馬県桧峯遺跡	62号竪穴建物	鉄	8中葉～後半	(鍛造)	—	—	—	—	浅い	—	—	匙面破片
5	千葉県永吉台(西寺原)遺跡	26号竪穴建物	鉄	10	(鍛造)	7.8	2.55	—	卵形	浅い	板状	—	西寺原区出土
6	千葉県萩ノ原遺跡	柱穴列・周囲に焼土	佐波理	9	(鍛造)	14.8	3.4	28.9	卵形	浅い	板状	反る	柄端部に4つの窪み
7	奈良県法隆寺献納宝物（N82）	—	佐波理	8	鍛造	11.8	—	—	瓢箪形	浅い	円形	一部反る	鍍金
8	奈良県法隆寺献納宝物（N82）	—	佐波理	8	鍛造	12.5	—	—	木葉形	浅い	楕円形	一部反る	鍍金
9	奈良県法隆寺献納宝物（N82）	—	佐波理	8	鍛造	13.5	—	—	蓮弁形	浅い	楕円形	少し反る	鍍金
10	奈良県法隆寺献納宝物（N273）	—	佐波理	8	鍛造	36.0	7.8	—	円形	半球状	板状	多く反る	鍍金
11	奈良県法隆寺献納宝物（N274）	—	佐波理	8	鍛造	23.3	5.4	—	卵形	浅い	板状	僅少反る	鍍金

群馬県桧峯遺跡62号竪穴建物では、床面中央に大きな台石が据えられており、工房を兼業した性格を持つ。（上野川2000a、2004）

文献（上野川2004、河内町教育委員会2000、益子町教育委員会1978、日本文化財研究所1977、千葉県文化財センター1997、君津郡市文化財センター1985、前橋市教育委員会1982、東京国立博物館1990・1996）

性があるとされる。法隆寺献納宝物では、浅く卵形をした匙面に細長くあまり反りを持たず断面板状の柄を付ける匙や、柄は断面が板状で大きく反りを持たせ、裏面に幅一センチ程度で数段に段を刻む匙などがある。

正倉院宝物の佐波理匙は、供養具としての仏具である。正倉院南倉には佐波理匙が三四五本伝世しており（中野一九八四）、その種類は匙面形が円形の匙と木葉形の匙の二種類がある。そして、円形一本と木葉形一本の二本で一組になり、一〇組で一セットになる（奈良国立博物館二〇〇二）。正倉院宝物では、佐波理匙の他に、佐波理の皿と佐波理の加盤があり、これらは一緒に伝世している古文書から、新羅で製作されたようである。

匙の発掘出土例は管見では、東国においては群馬県桧峯遺跡・栃木県星の宮ケカチ遺跡・千葉県萩ノ原遺跡・千葉県永吉台（西寺原）遺跡・千葉県荒久遺跡・東京都武蔵国府関連遺跡などでみられる。古代古期の匙の例は少なく、群馬県桧峯遺跡において八世紀代の鉄製の匙が出土しており、八世紀の匙は東大寺正倉院宝物や法隆寺献納宝物や興福寺金堂鎮壇具などにある。

群馬県桧峯遺跡では、62号竪穴建物から奈良三彩の小壺などとともに、全長約一〇センチ、最大幅五センチの鉄製の匙と、匙の破片が、合計二点出土している（前橋市教委一九八二）。奈良三彩は、口径四・三センチ、底径四・七センチ、器高五・三センチ、最大径八センチで、薬壺とみられる。土器類の時期は八世紀中頃から後半頃とみられ、床面中央には大きな平たい石が据えられたまま出土するなど、特殊な状況がみられる。石の出土状況は、住居の中央にしっかりと据えられており、石は上面が平坦で四角く大きいことから台石である。

この竪穴建物は竈を持つことから、住居は兼業工房であった可能性が高い。調査写真では住居の床面が台石を中心として浅く窪んでおり、台石の北側に土坑状の窪みがみられることから、台石を中心として何らかの作業が行なわれた痕跡を見て取ることができる。

この竪穴建物では、土師器杯（底部外面に墨書「宅」）・須恵器杯・土師器小型甕・奈良三彩小壺・鉄匙二点・台石がセットで出土しており、竪穴建物の掘り込みや竈の構築がしっかりとしていることから、何らかの生産活動を目的とした竪穴兼業工房であったことが確実である。

栃木県益子町星の宮ケカチ遺跡は、大形の建物跡や掘立柱建物跡が複数存在し、佐波理匙のほかに石帯二点、円面硯、ハート形装飾品や多数の墨書土器が出土している（益子町教委一九七八）。出土遺物からみて平安時代の富豪層の集落と考えられている。

佐波理匙を出土した竪穴建物（A区2号）は、九世紀である。匙は柄の断面が板状で全体に緩やかに反りを持つ。匙面は木葉形で先端がやや尖るようになる。ここからは、墨書土器（「東方」「高」）が出土した。また、遺跡では「寺」の墨書土器も出土している。

匙の用途や性格の中には、薬匙という側面があり、また墨書の「寺」と「東方」という二者を含めた状況の中からは、あるいは薬に関する何らかの行為などが集落の内外で行なわれていた可能性が指摘できよう。薬や寺院を表す「寺」からは、あるいは施薬という行為が浮かび上がってくるかもしれない。古代における医療行為などは、どういうものであったのか判然としないが、そうしたひとつの状況を想定することも可能であろう。

千葉県萩ノ原遺跡は、八世紀後半に成立し一〇世紀前半まで存続した小規模な寺院跡で、建物基壇・瓦塔基壇・掘立柱建物跡・竪穴建物跡・鍛冶跡が検出され、この中に仏堂建物や僧坊などが含まれる。遺物には1号基壇から鎮壇具と香炉蓋・浄瓶・鉄製風鐸などの仏具のほか、瓦類と「寺」「寺塔」「塔寺」「法」「佛」「酒坏」など多量の墨書土器があり、佐波理の匙も出土した（日本文化財研究所一九七七）。

匙は、九世紀の遺物で、1号基壇から鎮壇具・香炉蓋・浄瓶・鉄製風鐸等とともに出土している。匙の出土地点の周囲には焼土が散乱していた。匙が祭祀や地鎮などと係わっていたのかどうかは、今後慎重に検討される必要があろう。匙は匙面が卵形とみられ、その先端はやや尖るような形状となる。柄の断面は板状で、全体に緩やかに反りを持つ。また、柄の端部に四カ所の窪みを持つ。

星の宮ケカチ遺跡は、有力者あるいは富豪層の村という見方があり、萩ノ原遺跡は小規模寺院とそれに伴う集落という差異はあるものの、多量の墨書土器の中に「寺」の墨書がみられることや匙が出土していることの共通点がある。両遺跡の匙は、匙面の形態がやや類似することと柄の断面形状及び反り方が類似することを指摘できる。先に示した法隆寺献納宝物の匙の中には、先端が尖るような木葉形のものがあり、薬匙の可能性が指摘されている。その長さは一一～一四センチの範囲で、その時代は八世紀である。こうした匙の大きさや先端部の形状から類推すると、星の宮ケカチ遺跡や萩ノ原遺跡の出土例は、八世紀の薬匙の系譜を引く可能性があろう。

千葉県永吉台（西寺原）遺跡は、永吉台（遠寺原）遺跡に隣接し、大規模な建物跡はみられないものの、掘立柱建物跡や竪穴建物が発掘されている。鉄製の匙は26号住居から出土し、現存長七・八センチ、最大幅二・五五センチで、匙の時期は一〇世紀である（君津郡市文化財センター一九八五）。出土遺物は仏教関連遺物が多く、多数の墨書土器や陶印・土馬・鉄製三足鍋など特異な遺物が出土している（千葉県文化財センター一九九七）。

なお永吉台（遠寺原）遺跡は、仏堂とみられる二棟の掘立柱建物跡とそれに付随する竪穴建物群が多数の仏教関連遺物とともに発掘されており、著名な遺跡となっている。遠寺原遺跡では、出土文字資料として複数の「山寺」という文字を持つ墨書土器（土師器杯）が注目され（上野川二〇〇三）、その他に薬壺（灰釉陶器）の出土があることなど、山寺と薬壺という組み合わせの持つ意味が関連遺物を含めて今後さらに検討されるべき重要な遺跡である。

千葉県荒久遺跡では、九世紀中頃の佐波理匙が出土している（房総考古資料刊行会一九八五）。この遺跡は上総国分寺跡の南に位置し、八世紀中頃から一〇世紀まで継続する国分寺関連集落で、匙は10号住居から出土している。匙の全長は、約一〇センチ、匙面の最大幅は三センチである。匙面形は木葉形を呈する。

以上のような古代の匙の出土例などからみて、大志白遺跡群出土の匙は偶然の出土ではなく、当時の社会的または宗教的な何らかの必然性をもって、他の土器類とともに七世紀後半代にこの山に持ち込まれたと考えることができ、先に見てきたように古代寺院に関連する遺物とみられるが、また他方で穴澤義功が指摘したように官衙的な施設から持ち込まれた可能性もある(穴澤二〇〇〇)。

北東日本においては、古代の匙は平地寺院等に付属する仏具などであったわけで、薬匙としての性格や硯との組み合わせで用いる文書具の一つでもあり、大志白遺跡群の古代竪穴からは須恵器転用の朱墨硯が出土していることからも、その性格は断定できないものの、寺院または官衙から搬入されたものとみてよいだろう。

大志白遺跡群の11号竪穴建物(SＩ11)は、掘り込みもしっかりしており、床面も堅牢で、出土遺物は床面直上から炭化木材や炭化物を伴っており、いわゆる焼失遺構からの出土である。この竪穴施設はその役割が終了した時点で遺物が遺棄され、焼き払われたとみることができる。竈は保存地区にかかった住居東半分にあるとみられるが、出土遺物は、七世紀後半から末の須恵器(杯・蓋)と、土師器(甕・杯)である。

この竪穴からは鍛冶関連遺物の出土が皆無であることから、現存長一五・〇センチ以上の鉄製品である匙と、長さ三・四センチ以上の頭部管状金具は、外部から持ち込まれたことが確定できる。この竪穴からは油煙痕が付着した土師器杯が出土し、底部穿孔の土師器杯もある。匙が仏教的または官衙的な性格を保持することから、これらの遺物の組み合わせから考えると、この竪穴の持つ性格の一端に迫ることができるかもしれない。

先に触れたように、古代における匙の用途は、一つは仏具(仏供養具)としての性格、二つ目は文書具、三つ目は施

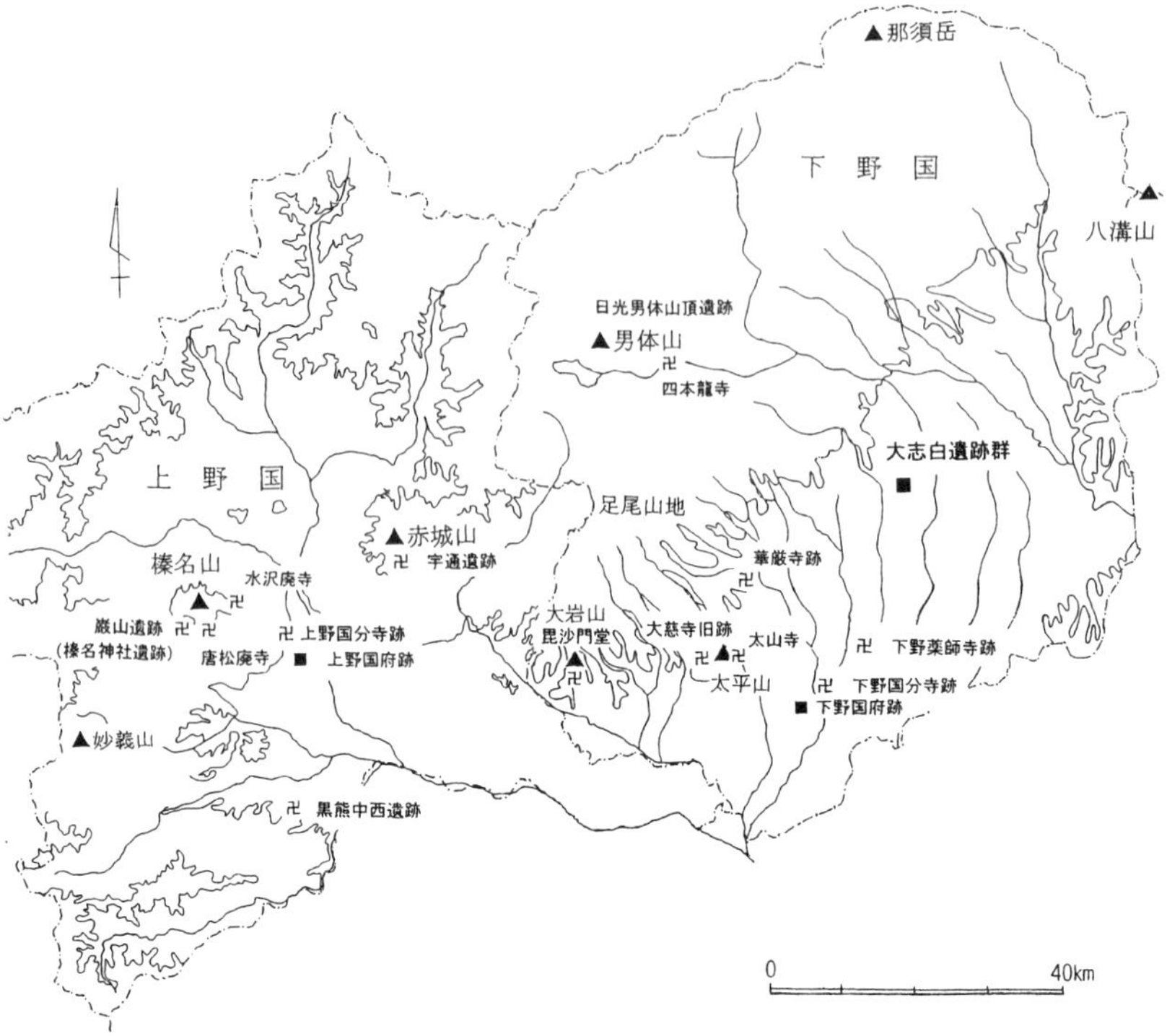

第105図　栃木県大志白遺跡群と北関東の山寺遺跡等位置図(上野川2011を改変)

薬具(調剤具)としての薬匙で、薬剤の調合に用いる。これらの用途からみた場合、この竪穴建物での文書具として匙と転用硯という組み合わせの活動や作業は考えにくいとみられることから、この竪穴に何らかの仏教的な信仰の対象物を持ち込んで、その供養具として匙も持ち込まれた可能性は否定できないだろう。

また施薬具として竪穴居住施設で薬壺などの容器と共に使用した可能性も想定できよう。あるいはこの山から採集した薬草で薬を作る活動があったとすれば、そうした薬作りに関係した可能性もあろう。

なお、匙の持つ性格から類推する遺構の在り方については、飛鳥時代後期の寺院との関連を持って存在したのか、あるいはこの竪穴建物が単独で完結していたのかについてはなお検討を要する。下毛野国の飛鳥時代後期

（白鳳期）寺院では、下野薬師寺などごく少数の遺跡が確認されているのみである。ちなみに大志白遺跡群から下野薬師寺までの直線距離は約二五キロである（第105図）。

四　結語

このように大志白遺跡群では、広大な丘陵の斜面上位や斜面中位および斜面下位に古代の竪穴建物と鍛冶工房が点在するように構築されており、竪穴建物は、七世紀後半に初めてこの山に構えられてから一貫して集落を構成することなく、八世紀から九世紀にかけて各尾根の南側斜面あるいは南東斜面の一角に単独で構えたり、一〜二軒程度の少数で構えたりするという状況を読み取ることができる（茂木二〇〇〇）。

このような遺構の在り方は、まるでこの山の各尾根を管理するように居住施設等を配置していたと判断することさえできる。山林原野になっていたこの山は飛鳥時代後期になって初めて開発の手が加えられたが、その目的は当時の社会的・経済的な必要性に基づいてなされたものと考えることが妥当であろう。ここでは、古代大志白遺跡群の性格を、山の開発・管理・所有などの行為によって、山野から得られる資源を確保するために建物を構築し、山の土地の権利を主張したと考えておきたい。

たとえば、山から得られる資源としては、植物資源・動物資源があり、植物では薬草・食用植物・木材・燃料（薪）などが生活に結びつく資源として採取することができ、動物では皮革用原材料なども山の産物であろう。なかでも薬草は古代の薬の原料として注目されようし、薬草の採取は山を所有する重要な要素であったと思われる。

また、丘陵上面の比較的平坦な場所に、畠などの農業生産施設を営み農作物や有用な植物を栽培したり、果樹園を営んだりしていた可能性も否定できない。その場合は丘陵上に薗地（園院）を営んでいたことも考えられる。この山の尾根上で最大の面積を持つ第六地区では、八世紀前半から九世紀後半の竪穴建物と掘立柱建物が尾根上の東・南・西に散在し、尾根上の中央部の平坦部には古代の遺構が全くない空間が広がる。竪穴建物は八世紀前半のものが一軒、八世紀後半が二軒、九世紀前半が一軒、九世紀後半が二軒で、八世紀後半と九世紀後半の二軒はともに東西に七〇メートル以上離れて構築されている。

また古代の掘立柱建物が尾根上西部の斜面に複数点在することから、居住施設である竪穴建物と作業小屋や倉庫としての掘立柱建物という組み合わせにより、この場所を管理していたとみることができる。古代遺構が全くない中央部の広場状の平坦地は、造成こそされていないとみられるが、時期によって多少の規模の前後はあるものの、東西約五〇メートル、南北約四〇メートルで、その面積が約二〇〇〇平方メートルにも達しようかという広さである。

本遺跡の七世紀後半から末頃の竪穴建物からは匙が出土しており、もともと古代寺院系列か古代の有力氏族系列などの開発地であったことも考えられよう。平地遺跡の古代寺院では、寺域内に古代遺構が建立されない広大な園院や花苑院が造営され、蔬菜などの栽培が行なわれていたことが判明している。

そうした事例からみて、第六地区の中央部の空間は、第四地区の七世紀末葉までには始まる山の管理が八世紀代にはその北側の丘陵に及び、その開墾による山林開発を経て作物栽培を行なう畠などが造成され、その後も半世紀に一度の建物の建て替えを行ないながら、この場所を約二〇〇年間に亘り管理してきたことを示すと考えることも可能であろう。そして九世紀後半に丘陵東端部の不整四角形を呈する27号住居から土器類を持ち出して焼き払い、この場所の所有と管理を放棄したのである。

この遺跡の変遷からは、特定の集団や勢力によってこの山林の所有が継続的になされていた可能性も考えられる。

大志白遺跡群では、九世紀後半までは山小屋的な竪穴と掘立柱建物の組み合わせによる山の管理があったが、一〇世紀代には律令的な管理が崩壊し、その後一〇世紀中頃まで竪穴専業鍛冶工房と竪穴建物による鍛冶の操業で古代遺構の終焉を迎え、一〇世紀後葉から一一世紀にかけて古代遺構が皆無になる。このことから、この頃にはこの山を意識的に所有・管理するという状況は消失し、古代におけるこの山の開発と土地利用が終わりを告げたことがわかる。その時期は、平地における古代官衙遺跡などでその衰退と消滅がみられる時期と一致するとみてよい。

次に、大志白の山に初めて構築された11号竪穴建物（SＩ11）の在り方を考える上で、管見では次のような興味深い史料がみえる。『日本書紀』天武天皇八年（六七九）一〇月条には、「是の月に勅して曰く、「凡そ諸の僧尼は、常に寺の内に住りて、宝を護れ。然るに或いは及び老い、或いは患病みて、それ永き狭き房に臥して、久しく老疾に苦ぶる者は、進止便もあらずして、浄地穢る。是を以て、今より以後、各親族及び篤信ある者に就きて、一二の舎屋を間処に立てて、老いたる者は身を養ひ、病ある者は薬を服へ。」とのたまう」とみえる。

これは、僧尼や信仰の厚い者が病気で伏した場合などは、清浄な場所が穢れるので、天武八年以後は、一つ二つの舎屋《やかす》をあいた土地（間処）に立てて老いた者はそこで生活し、病気になった者は薬を服用しながら暮らすように命じているものとみられる。この詔は六七九年であるから、七世紀第4四半期となる。大志白遺跡群竪穴建物（SＩ11）の土器群は、まさにこの詔と同じ頃の遺物である。この史料からは、律令国家成立期である天武・持統朝の仏教政策の中にこうした概念が存在したことを読み取ることができる。

山野の占有については、『日本書紀』天武天皇四年（六七五）二月一五日条に、親王・諸王・諸臣・諸寺が山野を採草・狩猟・漁撈・灌漑のために占有することを禁止しており、このことから、当時すでに古代の有力者層によって山林原野の占有や開発が始まっていることを読み取ることができよう。

その後、八世紀初頭には慶雲三年(七〇六)三月に王公諸臣による山沢兼併を禁じた詔が出された。和銅四年(七一一)一二月にも、「詔曰、親王已下及豪強之家、多占山野、防百姓業。自今以来、厳加禁断」とみえ、王臣家などの山野占有を禁じている。和銅六年一〇月八日条にも、「制、諸寺多占田野、其数無限。宜自今以後、数過格者、皆還収之」とみえ、諸寺が田野を占有することを禁止している。

これら七世紀後半から八世紀第1四半期の史料からは、「諸寺」や「豪強之家」等が競って「山沢」「林野」「山野」「田野」を占有すべく活動していたことが読み取れる。この史料の状況を、直ちに東国北部に位置する下野国に当てはめてよいかどうかということもあるが、当時の社会的・政治的な状況であったことは確かであろう。この山野占有の裏には、「諸寺」や「豪強之家」が土地の所有によって経済力を確保しようとしていたことが映し出されているのであろう。

そして、先に触れた匙などの遺物も、こうした諸寺や豪強之家に結びつく遺物とみることもできよう。巨視的にはそうした社会・経済情勢の中に、仏教的な性格を保持する鉄匙などが存在していたとみることができるのである。

大志白遺跡群では、先にも触れたように古代竪穴建物等の分布状況は、七世紀後半から九世紀にかけて、各尾根の南側斜面あるいは南東斜面に点在したり、一～二軒程度の少数での居住であったという状況が判明した。このような遺構の在り方は、まるでこの山(丘陵)の各尾根が、律令期を通して、意識的に継続して管理されていたような状況にあったと考えることができよう。

そして、律令制の終焉を迎える一〇世紀には、鍛冶工房とそれに伴う竪穴建物を最後として、この山の各尾根からは、古代遺構は姿を消すのである。その時期は一〇世紀の中葉とみられるが、今後さらに慎重に検討される必要があろう。

この山での生産活動を示す遺構と遺物群は多くないが、そのことがこの山の性格の一端を反映している可能性を示唆している。そして考古学的研究から判明している九世紀後半以降の郡衙の衰退や廃絶と、一〇世紀代から一一世紀前半における国衙機能の消滅（山中一九九四）などと軌を一にするかのように、大志白遺跡群の古代遺構群は廃絶するのである。

第七章　日光男体山頂遺跡出土の鉄製馬形と古代の祈雨

一　男体山頂出土遺物と山岳祭祀の画期

日光男体山頂遺跡は、日本の古代山岳信仰・山岳祭祀の代表的な遺跡である。その位置付けは、発掘調査報告書における斎藤忠の考察（斎藤一九六三）や、全国の山岳信仰遺跡を調査した大和久震平の研究（大和久一九九〇）や、古代から中世の画期を論じた時枝務の報告（時枝一九九一）などによってなされており、あの空気の薄い高山で発掘作業をされた諸先生に対して、深く敬意を表するものである。

遺跡の立地は、標高二四八六メートルの男体山頂の断崖絶壁である。出土遺物の種類は極めて豊富であり、金属製品・石製品約三二〇〇点余を数え、土器・陶磁器類は二〇〇〇を超える個体数になろうとの報告となっている。ここでは、報告書において「鉄製馬形模造品」と「不明鉄片」とされている三点の遺物について、若干の考察を加えてみたい。

男体山頂遺跡の調査は、太郎山神社の西側から北西に切り立つ露岩のすきまや、太郎山神社の南から南西にかけて設定された斜面のトレンチが発掘されたものである。遺跡の立地は、東側から延びる火口の断崖絶壁の西端にあたり、その場所だけが空中に突き出た形となっている。正しく、天と地の接点のような場所である。

出土遺物について報告書から引用すれば、１鏡鑑、２銅印、３錫杖頭、４法具（独鈷杵・三鈷杵・三鈷鐃・三鈷剣・羯磨）、５経筒・経軸頭、６銅製容器（附 柄香炉）、７火打鎌、８御正体、９鰐口、10鈴・鐸、11禅頂札・種子札、12鉄製利器（武器）、13兜鉢、14鉄鐙（附 轡）、15農工具、16飾金具、17玉類、18古銭、19陶器・土器（附 磁器）、20その他（鉄製馬形模造品・石帯・砥石・巻貝残欠・不明鉄片・鉄製釘・不明白銅板）となる。

次に、時枝によってなされた新資料の検討に伴う男体山頂遺跡の考察では、一〇世紀後半と一二世紀末に大きな画期を設定している（時枝一九九一）。時枝は、はじめに奈良時代から平安時代前期の遺物には密教法具としての仏具が多く、これらを山頂における祈雨儀礼の修法と関連を持つ遺物との認識を示し、次に二つ目の画期の間である平安時代後期には銅鏡などの納鏡習俗が盛行し、鎌倉期になると経筒や懸仏が出現し、仏具と武器が増加するとした。また奈良時代の錫杖・三鈷鐃・憤怒形三鈷杵・鐘鈴・銅鋺・塔鋺などは、勝道上人とその弟子によって奉納された遺物であると指摘している（時枝一九九九）。

なお、斎藤によれば、男体山頂出土鉄製馬形は、奈良時代から平安時代はじめの遺物であるとされ（斎藤一九六三）、先に記したように鉄製馬形は二点報告されているが、土馬は出土していないことが注目される。この時期の史料には、勝道が大同二年（八〇七）の旱魃の祭に、男体山（二荒山）において祈雨の修法を行なったことが知られている（栃木県史編さん委一九七四）。

二　男体山頂出土の鉄製馬形と鉄製動物形

鉄製馬形模造品として報告されている鉄製馬形の一つ（第106図No.１、国指定重要文化財）は、Ｂ地区の岩のすきまから

１・２.日光男体山頂出土鉄製馬形　３.日光男体山頂鉄製動物形

４.山梨県金峰山頂出土鉄製馬形　５.愛知県鎌田古墳群１号墳出土鉄馬

６・７.韓国月出山天皇峰山頂出土馬形鉄製品

８.山梨県金峰山頂出土土馬　９.静岡県原川遺跡出土牛形土製品　（縮尺不同）

第106図　古代山頂遺跡等出土の馬形・牛形(上野川 2001a)

出土した。全長一〇・二センチ、高さ六・八センチである。この馬形の製作技法と特徴を概観すれば、次のとおりである。

馬形の頭部から尾部までは、厚さ三ミリの鉄板で形造る。次に同じ厚さで、長さ一〇センチ、幅六ミリ程度の細長い鉄板を折り曲げて、胴部の前後を上から挟み付け、その両端を広げて四足としている。頭部には、長く角のような部分が後方に突出しており、これは馬耳の表現とされる。

もう一つの鉄製馬形（第106図№２、国指定重要文化財）は、Ｃトレンチから出土した。全長約六センチ弱、高さ約四・四センチである。この遺物は、前者よりもやや小形である。後足と尾部を欠損している。頭部から胴部に至る形状は、前者と同様に、土製あるいは石製の馬形と非常によく似ている。

この二点の鉄製馬形は、古代祭祀に関係する遺物であり、発掘当時においては、我が国最初の発見例であるとされた。

次に、報告書で「不明鉄製品」とされている遺物については、ここでは四本脚を持つ動物であることから、「鉄製動物形」（第106図№３、国指定重要文化財）と仮称しておきたい。この遺物は、Ｃトレンチから出土している。全長約八センチ、高さ約五センチ、厚さ約二～三ミリである。発掘調査報告書では、何かの動物に切り抜いたものであるが、明らかではないとされた。しかし、四脚の形状はややはっきりしているとの記載もあり、動物であることは確定できる。この遺物は、鉄製馬形二点とは明らかに異なる形状を示すものの、動物であることは間違いないので、ここでは鉄製動物形と呼んでおきたい。

三　鉄製馬形の山頂出土例と牛形土製品からみた日光男体山頂出土遺物

ここでは、管見に触れた山頂遺跡出土の鉄製馬形の事例などを概観してみる（第107図）。

山梨県甲府市甲斐金峰山頂出土例は、長さ約九センチ、高さ約四・五センチである（後藤一九九八）。出土地点は、標高二五九九メートルの甲斐金峰山頂から南西に少し下がった所の五丈岩と呼ばれる巨岩が峻立している場所である。鉄製馬形の形状は、頭部から尾部までの体部がほぼ完全に残り、脚部は前脚を欠損するが、後脚は完全に残る。脚部の先端は、やや尖る形状を示し、蹄と思われる表現がみられる。

また、頭部と頸部は細長く、日光男体山頂遺跡出土の小さいほうの鉄製馬形の頭部と頸部に類似する。後脚は、細長く前後に開いており、この特徴は、日光男体山頂出土の大きいほうの鉄製馬形にやや類似する。体部の中央には横方向に棒状の突起があり、素材には薄い鉄板を用いている。

甲斐金峰山頂遺跡は、五丈岩の南側を中心にして、その周囲から多種多様の遺物が出土している。それらは、土馬・金銅製円盤・土師質土器・渥美・瀬戸・常滑・銅銭・鉄製品（馬形・釘・鏡・剣・刀子・ヤス状・鎌・火打鎌）等であり、高山山頂の巨岩に伴う祭祀として男体山頂遺跡に類似するものとみられる。

次に、国外の事例ではあるが、韓国の月出山天皇峰山頂出土の馬形鉄製品（渡辺一九九八）について触れてみる。遺跡は、韓国南西部光州南西の月出山の最高峰である天皇峰の頂上にある。標高は八九〇メートルである。この遺跡は、韓国における最初の山上祭祀遺跡の調査として注目されている。馬形鉄製品は、長さ約七・五センチの完形に近い遺物と、他二点の合計三点が出土している。

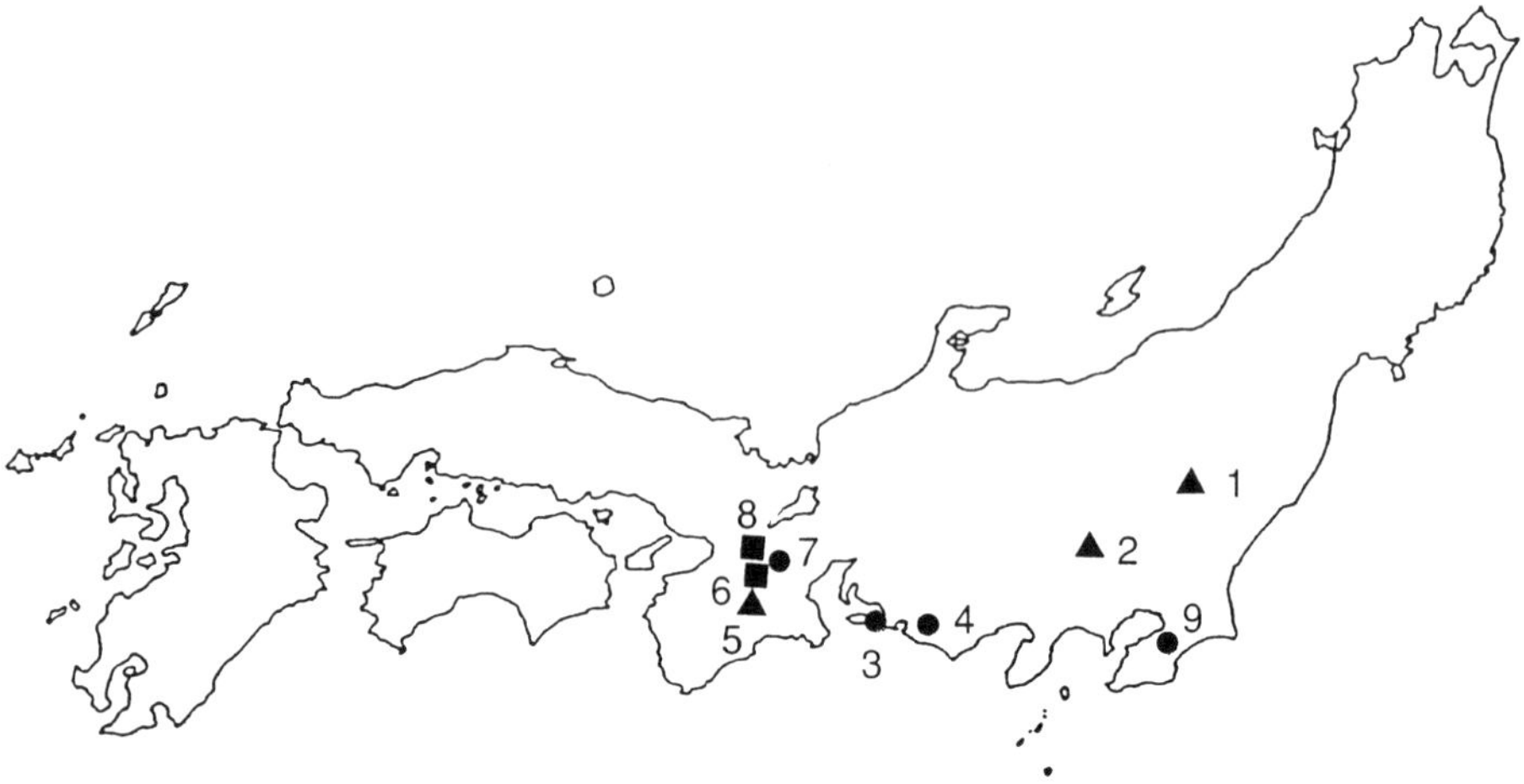

1.日光男体山頂遺跡　2.甲斐金峰山頂遺跡　3.三河鎌田古墳群　4.遠江原川遺跡　5.吉野(芳野)
6.飛鳥京　7.百済大寺　8.平城京　9.上総国府

第107図　馬形等出土の古代山頂遺跡等位置図(上野川2001a)

また、山頂遺跡出土例ではないが、愛知県鎌田古墳群1号墳出土の鉄馬は、鋳鉄製である(森一九九三)。遺跡は、愛知県渥美郡田原町大字田原に所在する。鉄馬は垂直鞍をのせた状態を表現しており、古墳は横穴式石室を備えた後期古墳である。

日本古代の牛形については、管見の範囲では、静岡県掛川市原川遺跡の井戸状土坑から、「牛形土製品」が出土している(静岡県埋蔵文化財調査研究所一九九〇)。牛形土製品が出土した遺構は、井戸として報告されている楕円形の土坑状のものである。遺物は、複数の須恵器・土師器と共に出土した。牛形土製品は須恵質であり、伴出した土器類の年代観から、奈良時代とされている。報告された須恵器短頸壺は奈良時代後半(八世紀後半)とされ、土師器坏は奈良時代中頃(八世紀中頃)の特徴を持つ。

この牛形土製品が、牛とされた理由は、角をもつこと、顔が大きいこと、頸が細く短いこと、馬形にみられるたてがみや鞍の表現がないことなどの形態的な特徴からである。遺物の大きさは、現存長約八・七センチ、高さ約六・一センチである。

この牛形土製品の特徴は、前脚は二本揃えて垂直に近く表現されているのに対し、後脚は前方に踏ん張る表現であり、四本の脚は二本ずつ揃えられて、静的な表現で立っている様子を表し、その脚が太いなどの点が指摘できる。このことから、静岡県原川遺跡出土の牛形土製品は、牛の特徴を持つ遺物とみられ、その年代は八世紀中頃から後半である。

先に触れたように、鉄製馬形には男体山頂出土例と甲斐金峰山頂出土例があり、それらに共通する特徴を抽出してみたい。鉄製馬形の特徴のうち馬を最も端的に表現する点は、顔が細長く、頸が長い点や、背中と腹部が直線的に表現されている点、また脚が細長く動的に表現されていることなどであろう。これらの特徴は、各地で出土する古代の土馬とほぼ同一の特徴である。土馬では、腹部がやや窪むような形状のものもある。

次に、日光男体山頂出土鉄製動物形の特徴をみると、脚が二本ずつ揃えてあり、立っている様子を表現し、後脚は前方に踏ん張る表現となり、腹部から臀部が全体の体形の中でも大きく表現され、腹部が垂れ下がる様子である。また脚が太く、静的な様子をみせる。

この男体山頂出土の鉄製動物形を、静岡県原川遺跡出土の牛形土製品と比較してみると、脚が太く二本ずつ揃えられており、後脚が前方に踏ん張る表現があり、体部の最高部が胴部後半になることなどの共通点がある。ここでは、日光男体山頂出土鉄製動物形が、牛を表現している可能性を指摘しておきたい。

四　史料からみた古代の祈雨

日光男体山頂遺跡（第108図）は、古代においては、律令国家による祭祀が執り行なわれた場所であり、平安初期（八世紀末頃～九世紀前半）には、国境の祭祀としての性格があったことが指摘されている（大和久一九九〇）。

本節では、古代国家の正史である『日本書紀』と『続日本紀』にみえる七世紀後半から八世紀末までの国家的な祈雨（雨乞い）に関する史料を抽出し、若干の検討を加える。

史料からは、古代の祈雨においては黒馬が奉納され、長雨を止める（止雨）には、白馬を献ずることが知られているが、古く『日本書紀』皇極天皇元年（六四二）七月二五日条にみえる祈雨においては、屠殺した牛馬を神に奉献した記録があり、「殺牛馬、祭諸社神」（牛馬《うしうま》を殺して、諸《もろもろ》の社《やしろ》の神を祭《いの》る）とみえ、文献史学では、これを中国の習俗とみている（『日本書紀』下一九七七：二四〇頁註一七、佐伯一九七〇）。

また、古代の祈雨として有名な文武天皇二年（六九八）四月二九日条の「奉馬于芳野、水分峯神。祈雨也」（馬を芳野の水分《みくまり》の峰の神にたて奉る。雨を祈《こへ》ばなり）がある。これは、文献史学では、祈雨のための神馬の献上とされる。祈雨のために生きた馬を神に奉献したことの文献上の初見であるとされる（『日本書紀』上一九七七：補註一―六九）。

これらのことから、本来は屠殺した牛馬を神に捧げたものが、天武・持統朝の仏教政策の中の殺生禁断と放生思想の影響を受け、生きた馬が奉献されたとみる考えもある。

その後、八世紀代の馬の奉献では、『続日本紀』天平宝字七年（七六三）五月二八日条に、「奉幣帛于四畿内群神。其丹生河上神者加黒毛馬。旱也」（幣帛《みてぐら》を四畿内《しきない》の群神《かみがみ》に奉る。その丹生《にふ》の河上の神には黒毛のうまを加ふ。旱《ひでり》すればなり）がみえる。そして宝亀年間（七七〇～七八一）には合計八回にわたり、黒馬・黒毛馬を丹生川上神に奉献している。

このように旱の際に行なう祈雨では、丹生川上神などの神に対して、「馬」「黒毛馬」「黒馬」を奉献するという儀礼が継続していた。その史料は、七世紀最末期の文武天皇紀（六九七～七〇七）と、八世紀後半の天平宝字年間（七五七～七六五）から延暦年間（七八二～八〇六）までの間にみえる。

また奉幣は、天武天皇五年（六七六）以降数多く行なわれている。奉幣は、「諸神祇」「諸社」「名山」「諸国神社」「四畿内群神」に対して行なわれ、「名山」「名山大川」に祈雨がなされたと読み取ることができる。それは、持統天皇六年（六九二）五月一七日条の「祠名山岳于請雨」（名ある山岳《やまかは》を祠《まつ》りて雨請ひす）や、大宝元年（七〇一）四月一五日条の「奉幣帛于諸社。祈雨於名山大川」（幣帛《みてぐら》を諸《もろもろ》の社《やしろ》に奉り、雨を名山大川《めいさんたいせん》に祈《こ》ふ）などに示されているとおりである。

第108図　栃木県日光男体山頂遺跡近景
（中央の巨岩下と社殿周辺等に遺跡、2000年9月26日、北東から、著者撮影）

また、祈雨を行なう主体者は、天皇や浄行僧などであったことも知られる。慶雲二年（七〇五）六月二八日条には、「遣京畿内浄行僧等祈雨」（京畿の内の浄《じやう》行僧《ぎやうのほうし》らをして雨を祈《こわ》しめ）とみえ、浄行僧が祈雨を行なったことがわかる。

皇極天皇元年（六四二）と天平四年（七三二）と延暦七年（七八八）には、天皇自身が関わっていることが知られる。特に、延暦七年四月一〇日条には、「自去冬不雨、既経五箇月」（去ぬる冬より雨ふらずして、既に五か月を経《ふ》）、「是日早朝、天皇沐浴、出庭親祈焉」（是日《このひ》早朝に、天皇《すめらみこと》沐浴して、庭に出て親《みづから》祈りたまふ）とあり、桓武天皇自身が祈雨を行なったことが知られる。

以上のように、史料上で知られる祈雨の祈願者は、天皇（皇極・聖武・桓武）・蘇我大臣・百済僧道蔵・浄行僧・僧尼である。祈雨の方法は、次のとおりである。牛・馬を殺して神に祈る。寺々で大乗経典を転読する。僧に大雲経を読ませる。手に香炉を持ち、香をたき発願する。跪いて四方を拝み、天を仰いで雨を請う。諸国の神社に幣を奉る。馬を神に奉る。奉幣する。

また祈雨を行なう場所とその対象は、百済大寺の南の庭・諸神祇・名山岳河・諸社・芳野水分峯神・名山大川・名山・天神地祇・丹生河上神（丹生川上神）などである。これらの祈雨の原因は、当然のことながら日照り（旱）による水不足である。

こうした日照りによる水不足とは反対に、大雨が続くことによる農作物への被害や自然災害などに対しては、雨を止める（止雨）ことが求められる。こうした止雨の場合は、白馬を丹生川上神に奉っていることは、先にみたとおりである。

『日本書紀』と『続日本紀』にみえる七世紀後葉から八世紀末までの中で、八世紀後葉の七七〇年代となる宝亀年間には、特に多くの史料がみえ、注目されよう（上野川二〇〇一ａ）。

なお、『続日本紀』宝亀三年七月二一日の条には、神馬の偽作とその処置についての記録がみえ、興味深い。その内容は、上総国から献上された馬の前の蹄（つめ）が二つに分かれていたので、牛に似ており祥瑞とされ、神馬に準ずる扱いを受けたが、実は人が刻んだものであった。そのため、上総国司は祥瑞偽作の罪で解任され、馬の持ち主も刑を受けたのである。ここでは、牛と馬の蹄の形の相違が古代においても認識されていたことがわかる。

五　男体山頂出土の鉄製馬形の性格と山麓の山岳施設

先にみたように、日光男体山（二荒山）頂遺跡からは、二点の鉄製馬形と一点の鉄製動物形が出土していることが報告されている。甲斐金峰山頂出土遺物では、鉄製馬形と土馬が出土しており、男体山頂にも土馬が奉納された可能性も窺えよう。こうした馬形は、史料にみる「黒毛馬」「黒馬」に該当する可能性が高く、古代における「名山」「諸神祇」「天神地祇」を対象とする雨乞い（祈雨・請雨）に用いられたと考えることができる。

これらのことから、日光男体山頂出土遺物の鉄製馬形の性格を類推すれば、雨乞いに関する遺物とみることができる。特に男体山頂出土鉄製馬形は、しっかりした鉄板を丹念に加工し、馬耳や爪先の表現まで細部にわたって丹念な造りを示している。

これらの馬形は、甲斐金峰山頂出土の史料に比べて大きく厚い鉄素材（鉄板）を用い、脚が前後左右に開く形状など、きわめて丁寧な製作痕を持つ。男体山頂出土の鉄製馬形は、まさに奉賽するために作られたものとみるべきであろう。なお、甲斐金峰山頂遺跡では、一〇世紀代の灰釉陶器や平安後期の経筒の外容器が出土していることから、その頃に山岳祭祀の始原が認められるとされる。

また祈雨の実行者は、男体山頂へ登攀することができた浄行僧などとみてよいだろう。時枝務は、奈良時代の遺物群のうち憤怒形三鈷杵・塔鋺・銅鋺の類例が正倉院や法隆寺にあることから、奉納品には畿内で製作されたものが含まれているとみている。

勝道は、大同二年（八〇七）に東国の旱魃の祭に、国司の要請により二荒山（男体山）にて祈雨の修法を行ない、雨を降らせた。この祈雨は、先にみた史料から類推すれば、「二荒神」に祈願するものであったとみてよいだろう。勝道は、国家的な要請のもとに、天応二年（七八二）に男体山の登頂に成功しており、空海や最澄などに先行する山林修行者とみなされ、祈雨の祈願者としてふさわしい浄行僧とみてよい。

また、日光男体山頂遺跡からは、下野国分尼寺の寺印とみられる「東尼寺印」が出土しており、律令国家が関連する山岳鎮祭の遺物の可能性が高い（上野川二〇〇〇ｂ）。ここで論じた鉄製馬形は、そうした古代国家による山岳祭祀の中に位置づけられるものと思われる。日光男体山（二荒山）は、主に古代以降の山岳信仰の山として崇拝され、幾多の宝物が奉賽されてきた名山であるということが可能であり、その基底には二荒神の信仰が形成されていたからにほかならないとみることができよう。

また、現時点では日光山内から男体山の山腹・山麓での古代遺跡の発掘調査事例はみられず、古代山岳信仰に確実に伴う遺跡・遺構はみつかっていないが、こうした山頂遺跡の形成に伴い、登山道や山中での行動拠点となる何らかの山岳施設があったものとみてよいだろう。

男体山（二荒山）の南側山麓には、中禅寺湖が広がる。現在は二荒山神社中宮祠が山麓に位置し、そこから山頂への登拝道が始まる。その境内には南北に階段状の平場が三〜四段程度みられ、最下段の平場は間口九〇メートルにも達しようかという大規模平場の可能性がある。

境内は近世・近代以降に改変されているとしても、中世末期の「模本日光山図」*にみえる平場に酷似する部分が見受けられ、その造成時期が九世紀から一二世紀に属する横長広大平場となるのかどうかという大きな問題を内包している。山麓のこの境内地から考古遺物が出土すれば、その平場遺構とそこに眠る推定山寺遺跡の状況が判明してくるのであろう。

＊「模本日光山図」は、元和三年（一六一七）に東照宮（東照社）が創建される以前の古絵図（写本・模本）である。そこには中禅寺湖の北側に二荒山神社中宮祠・中禅寺の諸堂宇が描かれている。この絵図は、寛政一二年（一八〇〇）に模写されたものであるが、中世の中禅寺の平場状況や堂宇の状況などを知る手掛かりとなろう。

現在の男体山登山においては、中禅寺湖の北岸山麓に位置する二荒山神社中宮祠境内からの登山道が山頂に向かって直登しているが、古代においても、男体山(二荒山)頂に登頂するためのいくつかの登山道があったものとみられ、日光山内からでは山頂までの往復は一日では不可能なことから、山中に宿泊する場所があったものと考えられよう。

ここでは古代の遺跡・遺物を扱っているため、中世以降の修験道などに関する登山道などについては触れないが、日光山内から男体山周辺の広大な地域の中で、古代遺跡がどのように分布するのかを検討することも必要となる。

今後、古代遺構の発掘調査が行なわれ、新しい遺跡が発見されることも期待したいが、山寺の平場(造成面・削平面)などの地表面から観察できる遺構群の分布と、そこに散布する遺物などから、そうした山中に分布する遺跡の解明などがなされる必要もあろう。

特に、古代に属する山中の施設があるとすれば、それは勝道以降に造営された四本龍寺や日光山内の宗教活動に伴う山寺やその付属施設などである場合も想定され、そうした遺跡群の発見と調査研究がまたれるところである。

第三部　古代山寺研究への展望

第八章　古代山寺の鍛冶操業地点

前冊においては、山寺遺跡内の古代鍛冶遺構の分析を行ない、鍛冶炉についてはその底部に粘土を貼る鍛冶炉と、炭化物を敷き詰める鍛冶炉の二種類があることを示し、それは山寺以外の鍛冶工房の鍛冶炉や、製鉄炉に隣接する鍛冶工房の鍛冶炉にみられる構造と同じであることを示した。その時間軸は、八世紀前半から一〇世紀前半の約二〇〇年間であり、その空間範囲は北関東とその隣接地域の鍛冶遺構例に基づくものであった。

こうした鍛冶遺構は、山寺造営の創建期からそれに続く時期に操業されたことが判明したと思っているが、それは山寺を実際に建造する過程でなされた工程の一部であり、山寺の土地と基壇などの造成や、建物築造工程の中に組み込まれていたものと想定できよう。そこでは、山寺の仏地予定地・僧地予定地がすでに選定されていたものと推測できるが、鍛冶の操業自体は、どちらかと言えば宗教的側面を持つというよりは、山寺築造工程上の金属加工であったと捉えることができる。

こうした中で、前冊と本書で扱った山寺遺跡における鍛冶遺構が少数であるという限界のもと、現時点におけるその在り方を概観すれば、確実な発掘調査資料としては、九世紀代に属する遺跡では福井県明寺山《みょうじやま》廃寺・福島県慧日寺《えにちじ》戒壇地区・熊本県池辺寺《ちへんじ》跡百塚地区A地点があり、一〇世紀に属する遺跡では群馬県黒熊中西《くろくまなかにし》遺跡がある。ここでは、発掘調査で確定しているこれらの鍛冶炉の位置取りなどを確認してみる。

まず、福井県明寺山廃寺と福島県慧日寺戒壇地区においては、九世紀前半から第3四半期に、鍛冶炉が寺域内中枢部の堂宇に隣接して操業されている。

明寺山廃寺では、鍛冶炉（SX9501）が中枢平場北西部に位置し、南面する本堂の南西隣接地点で鍛冶が操業されている（清水町教委一九九八）。本堂からの距離は、約五メートルである。時期は、九世紀第3四半期である。こうした中枢堂宇隣接地での鍛冶の操業は、堂舎造営との前後関係を検討する必要性が出てくる。

福島県慧日寺戒壇地区では、西側が谷となる台地の平坦部に三棟の建物と複数の土坑が確認されている（第109図、磐梯町教委一九八七）。礎石建物（SB01）は、南面する桁行三間（九・〇メートル）・梁行三間（六・三メートル）の身舎に四面庇を持つ桁行五間・梁行五間の規模である。建物南側に隣接して敷石があり、二～三段の階段状となる出入口とみられている。この建物は盛土造成が観察されていることから、基壇を持つ礎石建物跡とみられ、基壇盛土中には九世紀の土器類が混入している。この礎石建物跡の場所からは鉄鉢形土器も出土している。その規模と位置などから南面する山寺の中枢仏堂であったとみられよう。

この礎石建物跡（SB01）の南東に鉤の手状に隣接する南北棟の掘立柱建物跡（SB02）は、桁行五間（一二・〇メートル）・梁行三間（五・四メートル）で、九世紀前半とみられる須恵器杯や、九世紀中葉とされる内面黒色処理で口唇端部が外反するような土師器杯が出土している。SB01からは図示できるような土器類はみられないようであるが、遺物からみてもSB02のほうが基壇礎石建物跡より古期の建物と推定され、講堂などの性格が考えられよう。

慧日寺戒壇地区と同じ一面性平場構造山寺である石川県三小牛ハバ遺跡においても、北面する本堂の左手に本堂より規模の大きい講堂が隣接し、八世紀後半から一〇世紀の山寺中枢伽藍を形成しており、コの字・L字系伽藍配置の山寺遺跡として、その類似性をかつて指摘した（上野川二〇一八）。

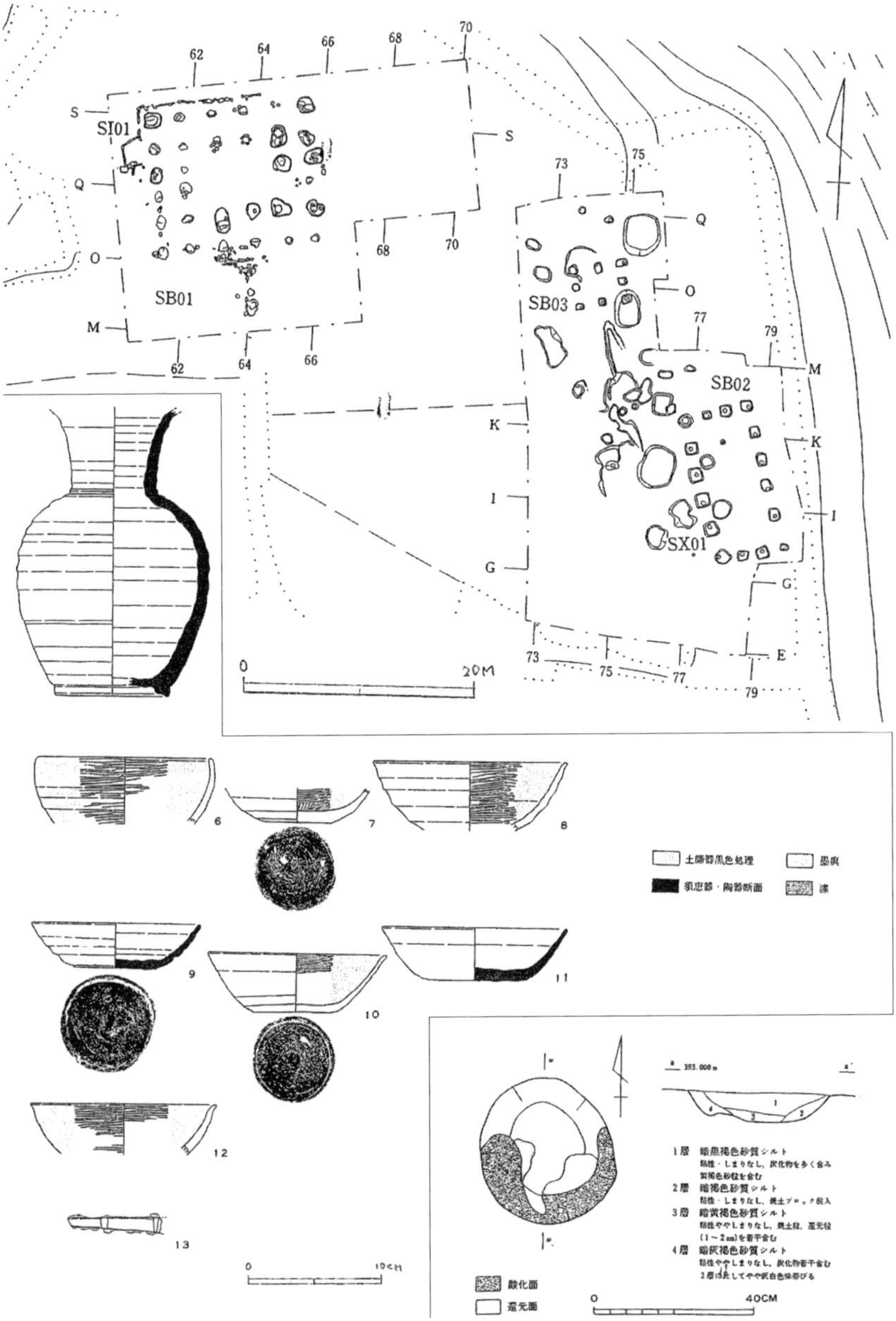

第109図　福島県慧日寺戒壇地区遺構配置図(上段)、出土遺物(6～10は1号掘立柱建物、11～13は2号掘立柱建物、他は2号掘立柱建物西側隣接地点)(下段左)、鍛冶炉実測図(下段右)(磐梯町教育委員会 1987)

慧日寺戒壇地区では、中枢伽藍二棟の建物の間には、桁行二間・梁行二間の小規模な掘立柱建物(ＳＢ03)がある。この建物は、千葉県新林廃寺の調査事例(須田二〇一六)からみて、倉であろう。この三棟は、鉤の手状に近い配置となり、山寺伽藍配置類型では、Ｌ字系配置型となるが、本来はコの字系伽藍配置であった可能性も皆無ではないのであろう。

この場所は、慧日寺戒壇地区の山寺中枢部であるが、鍛冶炉(ＳＸ01)は西面する堂宇である掘立柱建物(ＳＢ02)の南西隣接地点で操業された。建物柱穴からの距離は、約四メートルである。鍛冶炉の周辺には、九世紀前半の土師器・須恵器を出土する土坑が四基分布しており、鍛冶炉の時期も九世紀前半であり山寺の創建期と考えられる。

鍛冶炉は、長軸三五センチ、短軸三二センチの楕円形で、深さ六センチである。炉底の南半部が赤色に酸化し、炉底中央部付近の二カ所が、青灰色の還元色を呈することから、鍛冶炉の送風は南側からあったものとみられる。鍛冶炉下層からは、鉄滓・鍛造剥片や、九世紀の土師器杯・砂鉄などが出土し、過去の試掘でも羽口が出土していることから、鍛冶の操業があったことが確定できる。

鍛冶炉の南側黒色中には、鍛造剥片と粒状滓を多量に含んでおり、鉄滓は直径二〜三センチのものが多数であり、おそらく鉄素材が混入しているのであろう。鍛冶炉の底部には、黄白色の粘土が遺存しており、鍛冶炉が粘土を用いた炉底構造であったことがわかる。鍛冶炉は、当然のことながら何度かの造り替えがあったとみられる。

これらのことから、慧日寺戒壇地区では、山寺中枢建物の一つである掘立柱建物(ＳＢ02)の築造前の山寺創建最初期に鍛冶の操業があったか、または、基壇礎石建物の本堂(ＳＢ01)を建てる前に既に完成していた講堂かとみられる掘立柱建物(ＳＢ02)の軒下に近い場所で鍛造鉄製品が製造されたかの、どちらかであろう。鍛冶炉出土の土師器杯型土器片の精査により判明することもあろうが、いずれにせよ、山寺中心仏堂である基壇礎石建物(ＳＢ01)からは南東に約四〇メートル離れた場所という、一定の距離を隔てた場所での鍛冶となろう。

これらのことから、慧日寺戒壇地区では、二棟の山寺主要堂宇と鍛冶炉（SX01）の関係などから、山寺造営最初期の建物の建造前に鍛冶があったとすれば、その時期を含めて三期となる山寺造営の順序を想定することができようが、更なる検討が求められよう。古代山寺の造営が三期になる事例は、静岡県大知波峠廃寺跡と福島県流廃寺跡で確認されている。古代山寺は、複数伽藍を一度に造営することは、できなかったのである。

慧日寺戒壇地区山寺遺跡における九世紀の二棟の中枢堂宇は、現時点ではL字系の伽藍配置となろうが、本堂に先行して講堂が造営されたとすれば、京都府如意寺《にょいじ》跡本堂跡地区における一〇世紀前半の山寺造営における講堂先行の伽藍造営と同じ状況を示すこととなるのであろう。

なお前述の福井県明寺山廃寺では、本堂正面ではなく本堂跡斜め前方隣接地点での鍛冶であった。慧日寺戒壇地区でも、本堂正面ではなく斜め前方隣接地点であり、両遺跡での鍛冶操業位置は、本堂隣接地点という共通性を示す。

群馬県黒熊中西遺跡では、本堂と講堂の基壇上面と基壇造成途上面に鍛冶炉が確認されている（群馬県埋文事業団一九九二）ので、本堂と隣接する講堂という山寺中枢部において操業されたことが確定できる。そこは、鍛冶操業時点では、仏地予定地・僧地予定地であったともみることができようか。

その鍛冶炉の位置や構造などは、前冊で論述してあるので再録は控えるが、本堂（3号礎石建物跡）では基壇上面に掘立柱の上屋を持つ工房が構えられ、鍛冶炉が操業された。講堂（2号礎石建物跡）では、基壇造成の途中で鍛冶が操業されたため、鍛冶炉は講堂基壇の中に位置している。また、5号礎石建物跡の基壇上二カ所と基壇下一カ所に鍛冶炉がある。

これは、今後の精査をまつ部分も多く、現時点では古代山寺の創建期の主要堂宇建造と、5号礎石建物跡の性格が確定されていないという限界はあるが、その後の堂宇建造の中で二時期以上にわたり、鍛冶が山寺寺域内の主要部において操業されたことを示している可能性が高い。そのことは、取りも直さず、黒熊中西遺跡の山寺堂宇の建造が複数時期にわたることを示している。

なお、近年では、一〇世紀から出現すると言われてきた羽釜の年代観が、それ以前に遡るのではないかとの見解(昼間二〇一六)が出されている。黒熊中西遺跡は、日本を代表する古代創建古代廃絶型の山寺遺跡であるから、その創建年代などは更なる精査が必要となる。

熊本県池辺寺跡百塚地区A地点においては、鍛冶工房を取り囲む溝(SD-01)の上層から中層に羽口と鉄滓が出土し、下層から九世紀前葉の土器のみが出土していることから、鍛冶炉は九世紀中葉から後半に操業されたとみられる(網田二〇〇九)。そして、九世紀第3四半期には、中枢建物(SB-01)が建立されることから、それ以前または同時進行的に鍛冶操業があったと考えられることも、鍛冶工房(SX-02)と鍛冶炉の時期決定に矛盾しない。

池辺寺跡百塚地区A地点鍛冶操業地点は、C地点の東面する本堂のほぼ正面下方約一六メートルの場所である。その場所は、本堂より一段低い平場内で、鍛冶操業時点では水場として機能した池が、その後には山寺の池として機能したとみられることから、本堂に準ずる場所であった可能性があろう。多段性平場構造山寺である池辺寺跡では、第五章に記した九世紀の山寺空間を描くことができよう。

前冊で示したように著者は、一面性平場構造山寺は、その伽藍配置をコの字・L字系類型と捉え、これは古代の国府政庁域や郡衙郡庁院などの官衙系建物の系譜が反映されている可能性を指摘した。明寺山廃寺と慧日寺戒壇地区の鍛冶は、同じ九世紀の池辺寺跡の鍛冶より本堂に近い場所で操業されたと言ってよいのかもしれない。

このように、古代山寺の創建期とそれに続く時期には、山寺中枢部の堂宇建造に鉄製品を供給する目的などで鍛冶炉が操業され、上屋を持つ掘立柱建物が臨時的に建てられ工房とされたこともある。

それは、鉄をはじめとする銅などの金属類が、造寺における最も貴重な物資・材料の一つであったからに違いない。そこに、鍛冶工人が出向いてきたか、または工人を兼務する僧や沙弥の身分で鍛冶工人となっている者がいたかと推測されるが、それらの論証は今後の課題となろう。

なお、時代は下り一二世紀初頭の山梨県柏尾《かしお》山《さん》二号経塚出土の康和五年（一一〇三）銘経筒には、蓋の表面に「鋳造僧永尊」と刻銘されており、その実態は不詳ながら、永尊という僧が経筒を鋳造したことを示す出土文字資料とみられよう。愛知県大山廃寺跡では、一一世紀の鋳造遺構が中枢平場から発掘されており、古代中世山寺における金属加工の一端を示す考古資料となろう。

また、福岡県竈門山寺では、池辺寺跡の古代鍛冶と同じく、古代からの系譜を引くとみられる中世初頭の大型礎石建物（下宮礎石建物、宝37ＳＢ010）へ向かう通路や、中世前期の建物跡（宝42ＳＢ001）の通路の近隣に、一一世紀後半から一三世紀前半頃の鍛冶工房と鍛冶炉が複数確認されており、そうした鍛冶は古代の鍛冶操業位置の系譜を引くものと考えることができよう。

日本古代における九世紀から一〇世紀創建の山寺では、山寺創建期とそれに続く造営時期に、山寺寺域内と主要堂舎基壇上などや、堂舎や基壇周辺において鍛冶の操業が行なわれていた遺跡例が複数あり、鍛冶炉と堂宇の関係から山寺堂宇の造営順序を解明する手掛かりを得ることが可能であり、更なる精査が必要となる。

第九章　古代山寺の僧房

北東日本の複数の古代山寺遺跡と、南西日本の古代山寺遺跡の一部では、八世紀後半から一一世紀前葉頃の僧房とされる建物跡が複数確認されている。その規模は、桁行三間・梁行二間の掘立柱建物と礎石建物であり、第一部に示したとおりである。しかも、その僧房遺構は、同一地点で複数回の建て替えがなされている場合が多いことも特徴である。

多段性平場構造山寺である埼玉県高岡寺院跡では、八世紀後半から一〇世紀代まで、本堂の南側の前方下位に、桁行三間・梁行二間の僧房とされる第3建物遺構が同一地点で四時期にわたって構えられた。

香川県中寺廃寺跡では、B地区中枢建物の下方第2テラスの掘立柱建物が僧房跡(まんのう町教委二〇一一：一一頁)と考えられており、同一場所で複数期の変遷を持つ。

香川県中寺廃寺跡・埼玉県高岡寺院跡・群馬県黒熊中西遺跡の九世紀後半から一〇世紀の僧房規模は、桁行三間・梁行二間であったという共通性がある。そして、僧房は本堂隣接部の前方下位や、一定の距離を置いて構えられるなどの状況がある。僧房規模については、桁行三間・梁行二間という規模が果たして古代山寺における標準的な規格として考えられていたのか、などの点が問題になるのであろう。

これに対して北東日本における八世紀後半創建の一面性平場構造山寺においては、千葉県遠寺原遺跡において僧房

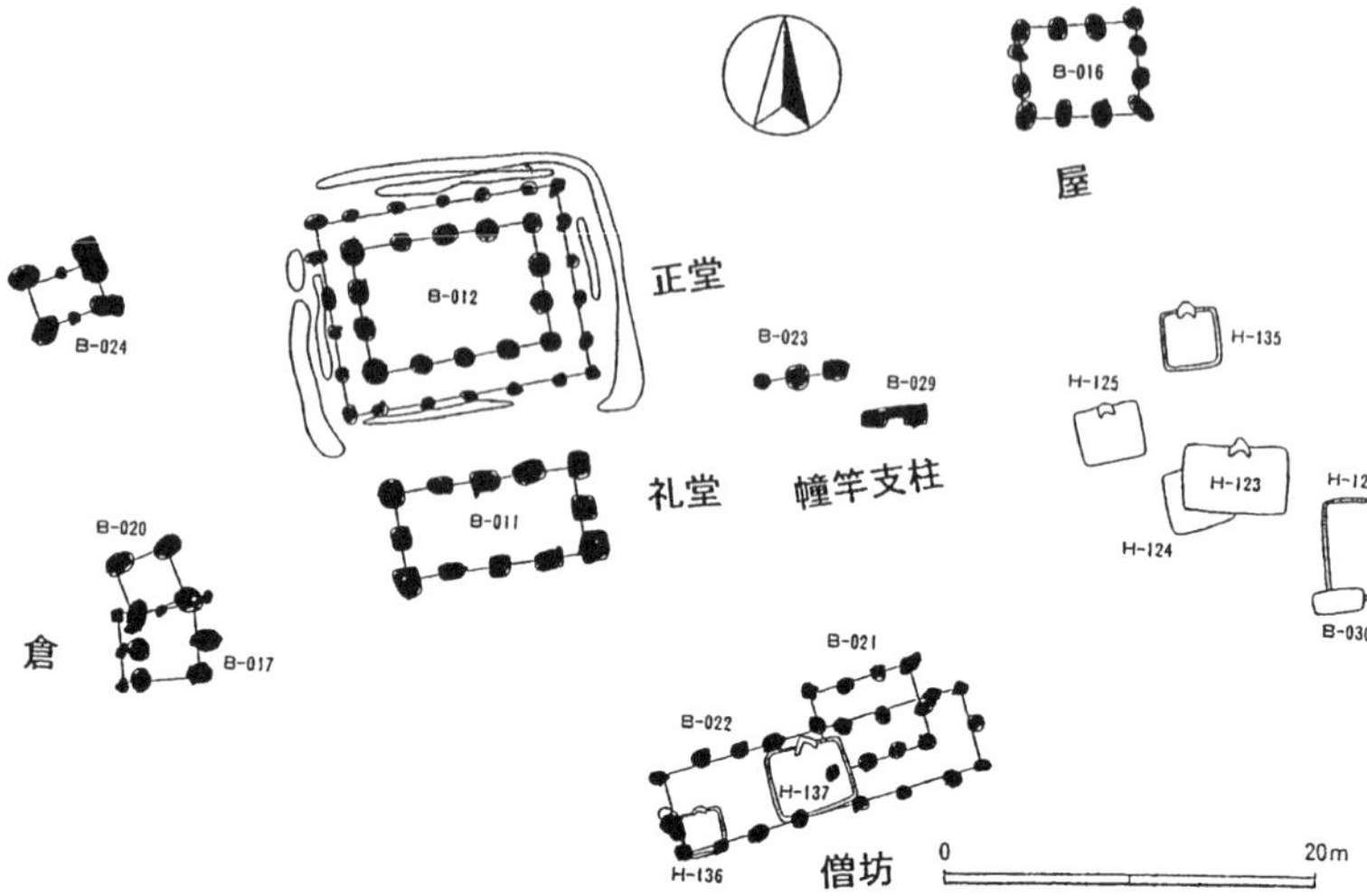

新林廃寺全体図

第110図　千葉県新林廃寺全体図(須田2016)

と考えられる建物がみられるが、更なる検討が必要となろう。

　近年の論考では、須田勉が上総国分寺に関連する寺院としての千葉県新林廃寺における仏堂などの分析を行なっている。新林廃寺の僧房と考えられる掘立柱建物は、正堂と礼堂を持つ双堂建築の南東に位置し、桁行三間・梁行二間の建物から、同一地点で桁行七間・梁行二間の長大な僧房になるという(第110図、須田二〇一六)。中枢建物の周囲には、倉や屋や竪穴建物が構えられている。倉は、東西一間・南北二間、東西一間・南北一間の二棟が中枢建物南西隣接地点で切り合い関係を示していることから、同一地点での建て替えがあったとみられる。

　かつて、千葉県遠寺原遺跡の寺院空間については、仏堂の北側と東側の建物群を僧地とする見方が提出されていた(第111図、糸原一九九八)。それらの建物は、9号・10号・11号・12号・13号・5号・6号など九棟である。6号建物は、東西一間・南北八間の南北に長大な建物跡である。この建物の類例は、遠寺原遺跡と同じ一面性平場構造山寺である石川県三小牛ハバ遺跡の北面する本堂斜め右前方のＳＢ04がある。この建物は、梁行東西一間・桁行南北五間またはそれ以上かとみられ、遠寺原遺跡

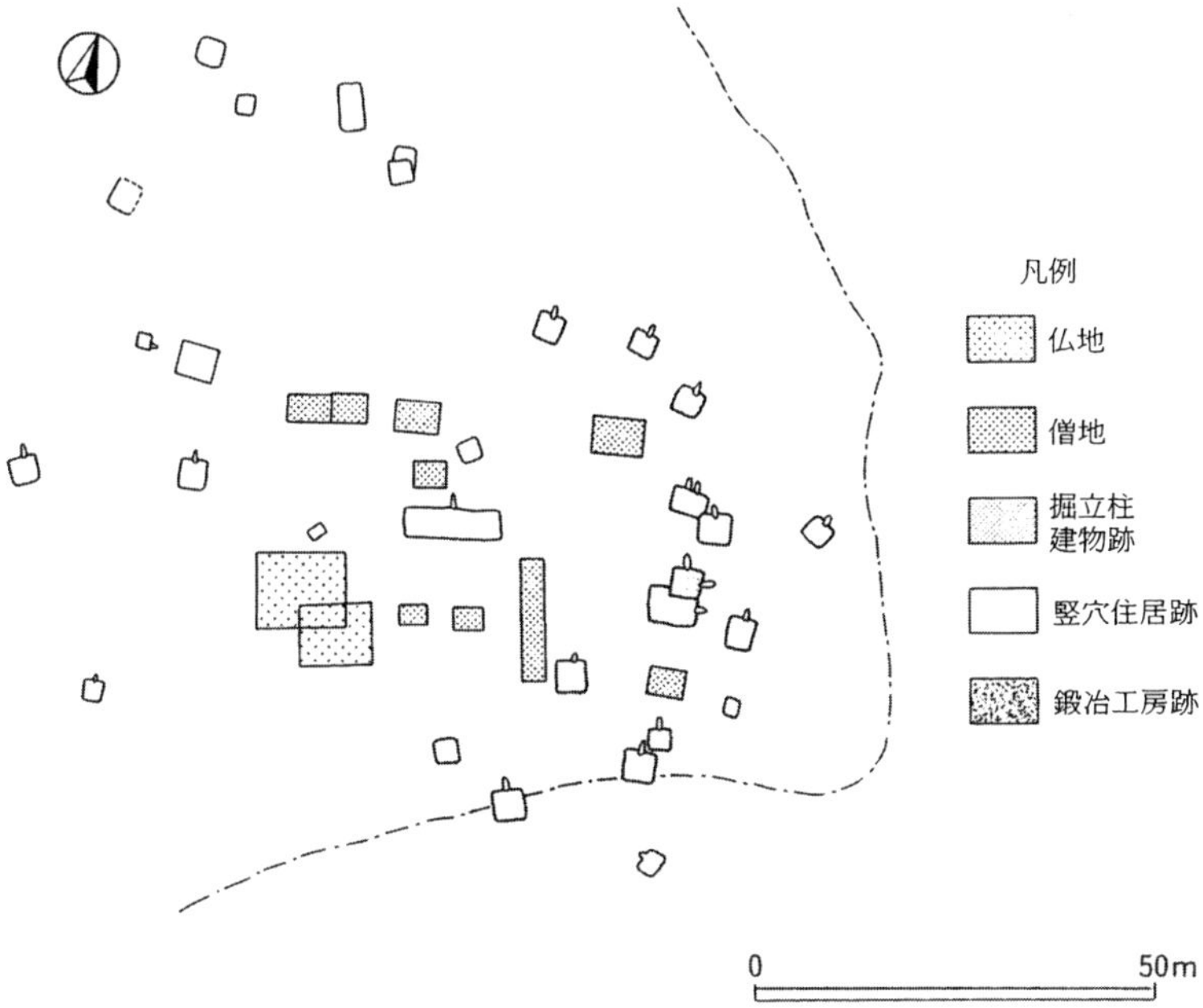

第111図　千葉県遠寺原遺跡仏堂・付属施設模式図(糸原 1998)

と同じく建物の軸線を本堂の軸線と揃える配置である(上野川二〇一八:一〇七頁)。

遠寺原遺跡13号建物は、東西二間・南北二間の建物であり、その位置取りが本堂跡に近接しすぎており、その遺構の時期と性格を検討する必要があろうが、5号・9号・10号・11号・12号建物は、桁行東西三間・梁行南北二間という共通する規模を持ち、三期の仏堂(掘立柱建物)の建物軸線とほぼ同じ方位軸を持つことから、仏堂に伴う複数の僧房と考えてよいのであろう。その中の複数の僧房は、柱穴の状況から、建て替えの痕跡が観察される。

この遠寺原遺跡における僧房の建て替えは、埼玉県高岡寺院跡の四時期にわたる僧房や、香川県中寺廃寺跡の複数時期にわたる僧房などの事例を含めて、八世紀後半から一〇世紀の山寺遺跡の僧房が、その規模は桁行三間・梁行二間で、建て替えを行なわない一時期の僧房と、同一地点で二時期から四時期の建て替えを示す僧房に分かれる可能性を示すこととなるであろう。

それは、山寺本堂の建て替えに関連すると考えられる。

事実、発掘調査報告書を見る限り、群馬県黒熊中西遺跡においては、山寺存続期間中の九世紀後半から一一世紀前半の間、本堂（2号礎石建物跡）と僧房（1号礎石建物跡）には、建物の建て替えはなかったと考えられる。

熊本県池辺寺跡では、百塚地区上位にあるC地点の礎石建物群の東方下段に位置するB地点出土遺物が問題となろう。百塚地区の山腹斜面は、大規模な雛段状または階段状となる平場に造成されており、多段性平場構造山寺の特徴を示し、その時期は九世紀である。山寺上位に位置する標高約一二八メートルのC地点の礎石建物群（SB01等）は、本堂と関連建物とみられ、この山寺の中枢部となるが、その一段下のA地点東端には、門跡とみられる遺構がある。更に東側一段下の標高一一七メートル付近のB地点平場からは、鉢形土器と多数の須恵器転用硯が出土している（熊本市教委二〇〇六）。本書第一章に示した群馬県黒熊中西遺跡では、転用硯の分布は、本堂跡にはみられず、講堂からその西方や北西下方から出土しており、僧房と考えられる1号建物からは、須恵器円面硯の出土もある。

この事例からみれば、池辺寺跡のB地点は、硯を多用した場所とみられ、講堂や僧房に関する平場である可能性があろう。本堂の前方下位に講堂を構える遺跡には、京都府如意寺跡がある。その講堂跡からは、九世紀末から一〇世紀前半の灰釉陶器が出土しており、山寺はその時期に最初に講堂が造営されたとされている（江谷・坂詰二〇〇七）。

こうしたことから、池辺寺跡の空間構造は、礎石建物跡とその前方空間であるC地点・A地点が仏地、その東方下位のB地点が僧地となる可能性があろうか。

福井県明寺山廃寺は、山麓の鐘島遺跡との一体性がある山寺遺跡とみられ、古代の有力氏族である佐味氏との関連が想定されている（田中一九九八）。かつて中心建物（SH9501）の南西に懸造で斜面にせり出す状況の桁行南北三間・梁行東西二間の掘立柱建物跡（SH9504）は、僧房であるとの判断があった（久保二〇〇一）。その存続期間は、発掘調査報告書によれば、九世紀代の前葉から後葉であり、建て替えがないことから、山寺創建期から僧房が構えられたことになろう。明寺山廃寺では、頂部の古墳南側に位置する中心仏堂とこの懸造の掘立柱建物の二棟が主要堂宇となり、中心仏堂を本堂とみると、講堂に相当する建物とその役割をどのように考えるかという問題が派生してくるのであろう。明寺山廃寺の二棟のL字系の配置は、岡山県鬼城山の九世紀仏堂（亀田二〇一六b）とその西南西に隣接する桁行東西三間・梁行南北二間の礎石建物の位置関係に類似する。

石川県浄水寺跡では、Ⅳ-3テラス（平場）の掘立柱建物（ＳＢ01）が桁行三間・梁行二間の南北棟であり、これが僧房であるとの見解が提出されている（時枝二〇一七）。この建物は、発掘調査報告書では桁行三間・梁行二間よりやや大きくなる可能性が考えられており、総柱建物に推定復元されているようである（石川県埋文センター二〇〇八）。平場上には多数の柱穴が確認されており、その扱いは慎重にならざるをえないが、建物が何期かにわたり構築されていることは確かであろう。

推定復元されたの建物の位置は、南面する中枢仏堂が継続して造営された山寺上段の中枢平場であるⅣ-4テラスの南西部に東向きの建物が構えられたと考えることができようから、本堂跡に隣接し、その下段に位置する僧房であった可能性がある。その場合は、桁行三間・梁行二間の側柱建物と考えられる。事実、推定復元建物の柱穴は、複数箇所が切り合い関係を持つ建て替えの痕跡が観察されることから、二時期または三時期の建物があった可能性を示している。

このⅣ-3テラスからは、多数の土器類が出土している。包含層からは、九世紀後半から一〇世紀前葉の須恵器鉄鉢形土器上半部一点、全体の約七～八割が遺存する須恵器風字硯一点、須恵器転用硯二点ほかである。ピット群からは、九世紀後葉から一〇世紀中葉の土師器（杯・椀・皿・鉢）・須恵器（杯・杯蓋・瓶）などが出土しており、一一世紀後半から一三世紀の珠洲などの少量出土もあるが、古代からの平場とみてよいのであろう。

そして、浄水寺創建期とみられる時期の鉄鉢形土器と須恵器風字硯と須恵器転用硯の存在と、先の建物規模などから類推すれば、この場所に古代山寺の僧房があった可能性は十分に考えられよう。なお、古代中枢堂宇がⅢ－4テラスとする見方（望月二〇一一）があるが、一一世紀前半創建の礎石建物の場所（平場）がその後も中枢仏堂として建て替えられながら一五世紀の山寺廃絶まで継承されることから、時枝が論じるように、「キヨミズデラ」の池を持つⅣ－4テラスに古代山寺の本堂があったものと考えてよいのであろう。その場所から南に展開する古代山寺堂舎群は、一一世紀から一二世紀の古代末から中世初頭頃に、大きな勢力によって大規模に改変されたとも考えることができよう。

なお、発掘調査報告書においては、古代墨書土器を大量に出土した大溝の北西約一五メートルに位置するⅢ－4テラスの所属時期は、時期不詳ながら中世の可能性をも示唆するが、「古代主堂想定地」（望月二〇一一）という見解については、その平場から九世紀後半の緑釉陶器椀（遺物No.2275）が出土していることが注目される。

古代山寺中枢部からの緑釉陶器の出土例では、埼玉県高岡寺院跡本堂出土の九世紀後半の緑釉陶器、静岡県大知波峠廃寺跡創建期仏堂下に埋納された緑釉陶器鉄鉢形土器、群馬県黒熊中西遺跡の伽藍群東端最上段平場の4号建物の東方斜面下出土の緑釉陶器、また岡山県鬼城山の仏堂〈掘立柱建物1〈推定中枢建物：著者註〉、岡山県教委二〇一三、亀田二〇一六b〉斜面下出土の九世紀前半から中頃の緑釉陶器などの発掘調査事例がある。

このように八世紀後半から一〇世紀前半創建の複数の山寺では、その中枢建物とその近辺から緑釉陶器が出土している。石川県浄水寺跡では九世紀代の山寺創建期頃のⅢ－4テラス（平場）には、望月が指摘するように、同時期の山寺と同じく何らかの重要な施設があったことが十分に考えられる。それは、本堂完成前の仮設的な仏堂などの性格を持つ堂宇なのか、神域的な空間を一時的に作出した施設なのかなど、今後更なる検討が必要となろう。その平場は、山寺創建期頃における祭祀儀礼にも関係するのであろう。

以上のように、古代山寺遺跡における僧房は、桁行三間・梁行二間の建物が主流であり、かつ本堂(金堂)や講堂に隣接する場所に構えられる場合が多いという傾向が成り立つとすれば、愛知県大山廃寺跡の山腹上段のＢ１・Ｂ２造成面における三棟の掘立柱建物群の中に、桁行七間・梁行二間で二面廂となる東西棟の中心堂宇(ＳＢ04)があることから、その西側に二時期に亘って構えられた桁行三間・梁行二間の東西棟の掘立柱建物二棟(ＳＢ05・06)を僧房と考えてもよいのであろう。この三棟は、発掘調査報告書にみえるとおり、奈良・平安期の遺構で、その存続時期は八世紀から九世紀代とみてよいのであろう。

なお、香川県中寺廃寺跡の僧房最古の柱穴からは、地鎮遺物とみられる多口瓶が出土している。福島県慧日寺戒壇地区の桁行五間・梁行三間のＳＢ02は、講堂などの性格を持つとみられるが、柱孔から刀子が出土しており、創建時の地鎮となるのであろう。これら山寺遺跡の講堂や僧房は僧地とみられ、地主神などの神祇への儀礼と考えられよう。

第一〇章　基肄城跡出土の「山寺」墨書土器

本章と次章では、古代山城である佐賀県基肄城跡《きいじょうあと》の「山寺」の墨書土器と、同じく古代山城である岡山県鬼ノ城跡（鬼城山）の山寺遺構とその出土遺物について概観する。それらの遺構と遺物は、現時点では、古代山城の機能が衰退廃絶した後の遺構と遺物として捉えられている。

著者は、前冊において北東日本における「山寺」の出土文字資料を示し、八世紀後半（第３四半期）から一〇世紀中葉の土師器・須恵器・瓦に「山寺」の文字が墨書や刻書で書かれている遺物群が存在していることを指摘した（上野川二〇〇三・二〇一八）。

それらの資料群は、七世紀後葉頃の「山寸」という刻書を「山」と「寺」の二文字の組み合わせ文字とする事例を除けば、大まかには、八世紀後半から九世紀初頭までの一群と、九世紀前半から一〇世紀中葉までの一群がある。墨書土器類では、千葉県に所在する山田《やまだ》宝馬《ほうま》古墳群1020地点遺跡出土の八世紀第３四半期の「小金山寺」二点と「小金寺」が古期に属する。

千葉県遠寺原《とうてらはら》遺跡では、34号住居跡・35号住居跡（ＳＩ34・35）から「山寺」の墨書を持つ八世紀第４四半期から九世紀初頭の土師器杯が出土している。群馬県田篠上平《たじのかみだいら》遺跡では、31号住居跡から「山寺」の墨書を持つ九世紀前半の土師器杯が出土している。

その後は、九世紀後半から一〇世紀中葉の墨書土器として、愛知県瀬戸市上品野蟹川遺跡出土の「山寺」墨書土器（灰釉陶器椀）、福島県荒田目条里遺跡出土「山寺」墨書土器（土師器杯三点）が知られる。一〇世紀前葉から中葉の資料としては、神奈川県草山遺跡129号住居跡出土墨書土器（土師器杯）、栃木県多田羅遺跡4号竪穴建物跡（ＳＩ４）出土の「山寺」墨書土師器杯がある。

以上のように、組み合わせ文字資料を除いた北東日本における「山寺」の文字を持つ出土文字資料の年代は、八世紀後半から一〇世紀中葉までの約二〇〇年である。

佐賀県基肄城跡の出土文字資料である「山寺」の墨書土器は、須恵器蓋の外面にその文字が書かれている。遺物の出土地点は、一九七六年発掘調査地点位置図の第四地点（小田二〇一一）からであり、現在は北帝地区Ⅳ群中となる（第112図、基山町教委二〇一一）。この場所は、基山頂上（四〇四・五メートル）付近から東へのびる尾根の先端付近が谷部に面する場所であり、「特別史跡基肄城跡平面図―地形と遺構―」（第113図、基山町教委二〇一一：付図）のⅣ群８の地点とみられる。

基肄城跡の地形は、南から北へ細長い谷が入り込み、その谷に向かって東側の尾根頂部から幾筋かの細長い尾根が張り出す状況である。その尾根上を中心として、城内となる坊住地区・北帝地区・大久保地区からは四〇棟の礎石群（礎石建物跡）が確認されている。

基肄城跡北帝地区Ⅳ群（一九七六年発掘調査第四地点）出土の「山寺」銘墨書は、須恵器蓋の外面に書かれている。須恵器の年代は、八世紀末から九世紀初頭である（小田二〇一一：五一～五三頁）。基肄城からは、創設時となる七世紀後半代の瓦類、八世紀の瓦類や、土師器・須恵器などが出土しており、須恵器底面に「持」と釈読されている刻書土器もある。

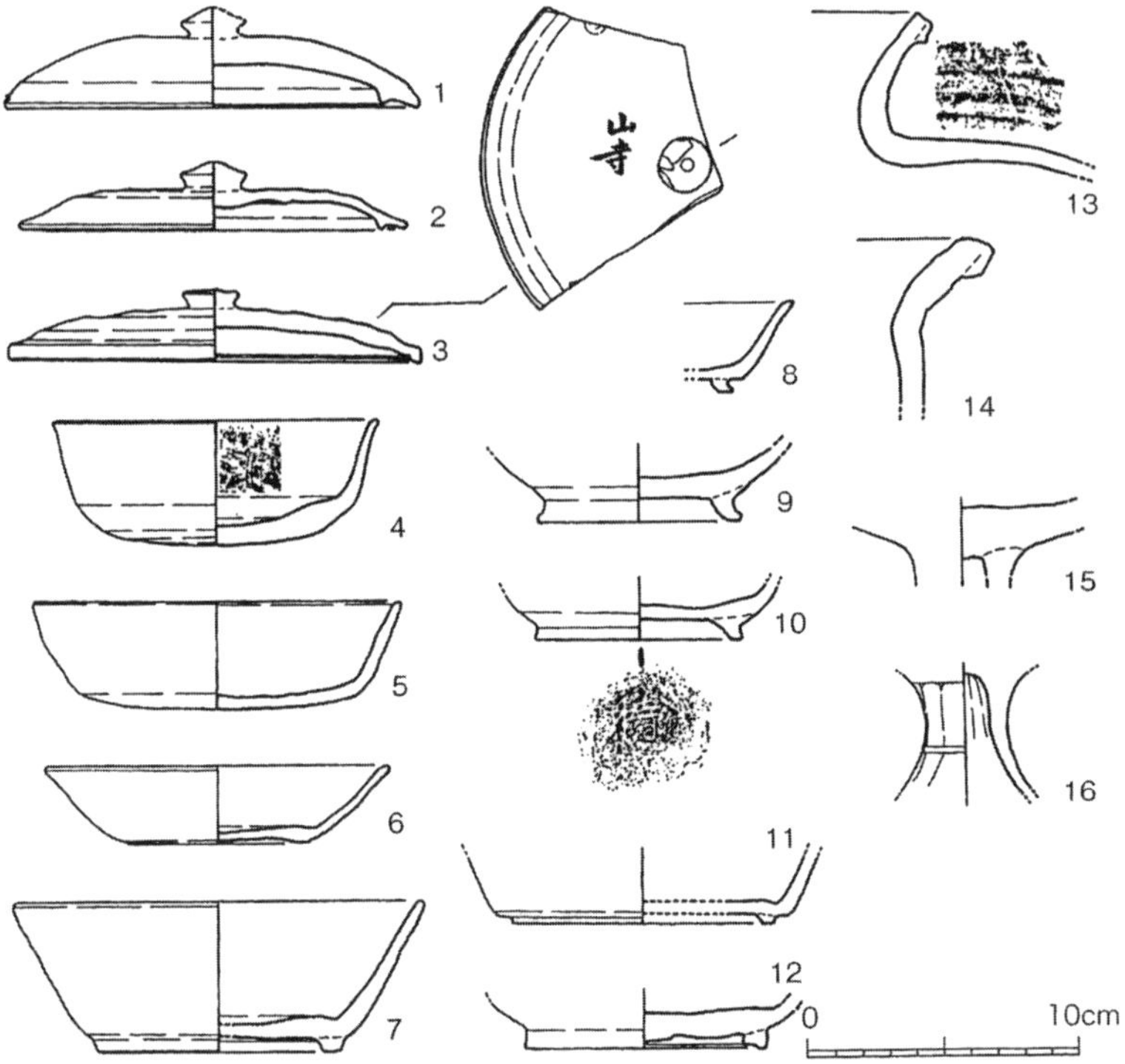

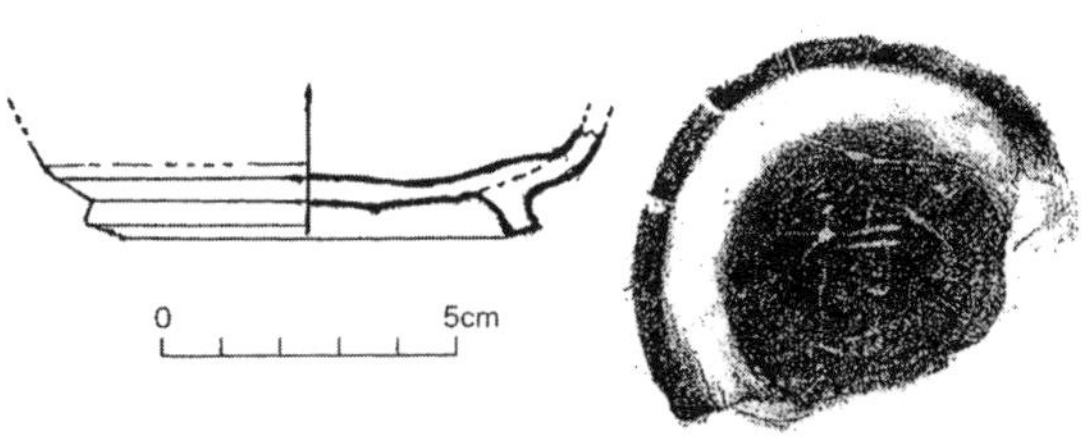

上・須恵器
下・須恵器10の再調査（「持」銘刻書）

第112図　佐賀県基肄城跡出土「山寺」墨書土器と須恵器(基山町教育委員会2011)

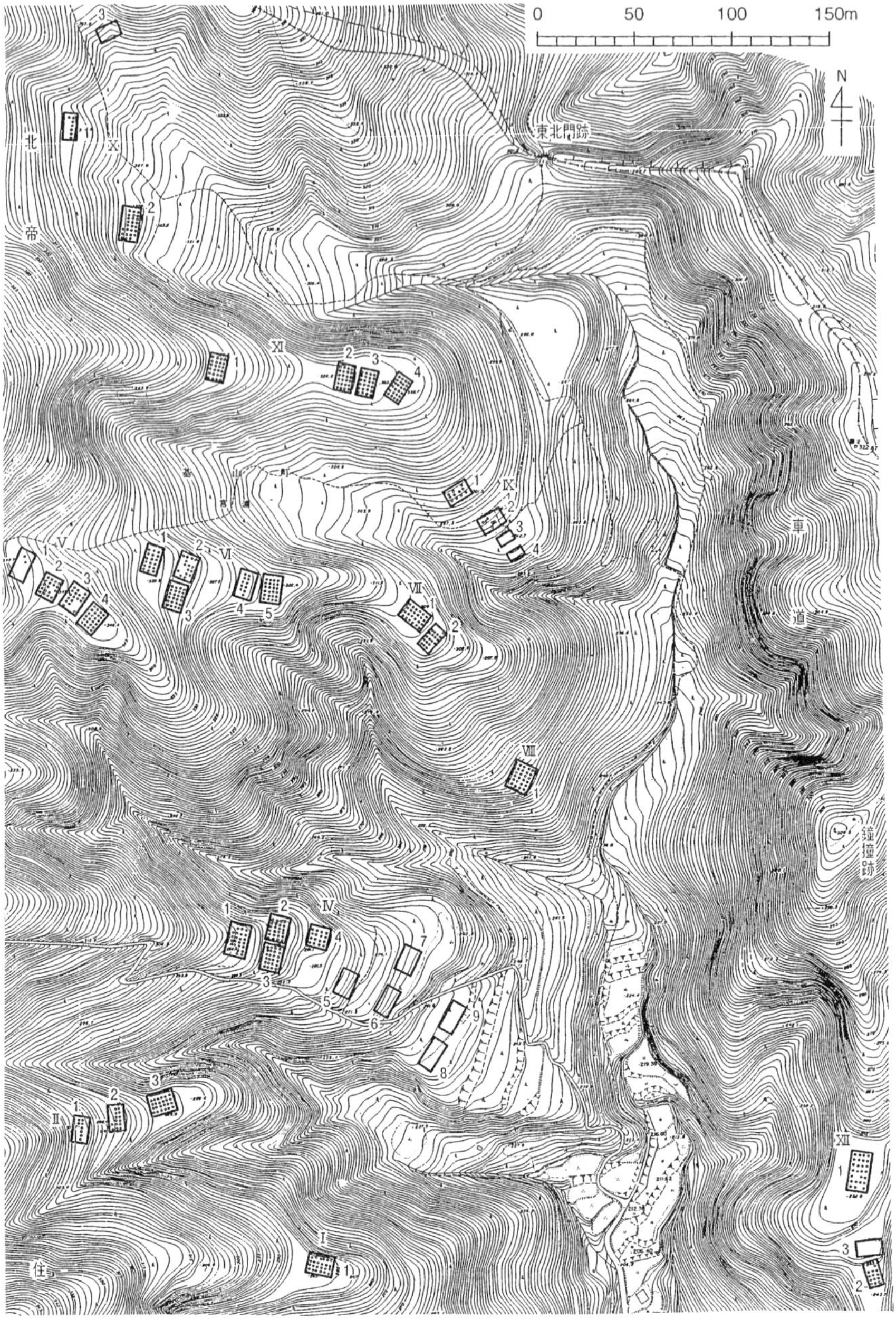

第113図　佐賀県基肄城跡平面図―地形と遺構―(基山町教育委員会 2011)

この「山寺」墨書土器は、近隣からこの基肄城跡に持ち込まれたか、または基肄城の城内に山寺が造営されたことを示すのかどうかなどの問題が内包している（小田二〇一一、亀田二〇一六b）。それらは今後の課題となろうが、古代山城の築城時代の社会情勢を概観しておくことも無意味ではないであろう。

七世紀中葉後半の六六〇年に百済が滅亡し、六六三年に朝鮮半島白村江の敗戦の後に、天智政権によって北九州に大野城・水城・基肄城などの古代朝鮮式山城などが構築される。その築城は、百済からの亡命貴族の指揮によってなされ、六六五年から開始されたとされる。瀬戸内では、岡山県鬼城山（鬼ノ城跡）をはじめとする古代山城があり、畿内では高安城が築かれた。この時は、唐と新羅が日本に侵攻してくるのではないかとの状況から、当時の天智政権は国家存亡の危機に直面していたとされる。

その後、六六七年に天智政権は、近江遷都を行ない、六六八年に大津宮北西の比叡山山麓に「志賀山寺」（崇福寺）を建立する（『続日本紀』）。史料からみれば、古代最初期の山寺である「志賀山寺」の創建と古代朝鮮式山城の築城は、ほぼ同時期の六六〇年代となろうか。

例えばその時期には、現在の群馬県域では、東国の大豪族である上毛野氏が畿内政権と密接な結びつきを保持していたとみられる。それは前代の古墳時代中期の太田市の太田天神山《おおたてんじんやま》古墳と伊勢崎市のお富士山古墳において、畿内と直結する長持形石棺を保持し、また古墳時代後期の藤岡市の七輿山《ななこしやま》古墳においては畿内に直結する墳丘の設計企画が存在するなどからみてとれる（若狭二〇一七：一五四頁）。

太田天神山古墳の墳丘規模は、古墳時代の北東日本において最大であることは広く知られている。そうした中から、七世紀中葉後半に百済の再興を目指す斉明朝の軍事派遣の中で、上毛野稚子《かみつけののわかこ》が新羅征討将軍として半島に赴くが、白村江での敗戦となった。

この時期の国際情勢などを概観すれば、次のようになろう。朝鮮半島の百済は、斉明天皇六年（六六〇）に倭国に対して救援を求める使いを派遣してくる。日本（倭王朝）はその年から戦備を整え、朝鮮半島の情勢が急変する中で、天智天皇二年（六六三）朝鮮半島白村江の戦いで、日本は唐と新羅の連合軍に大敗し、百済が滅亡する。そして近江の天智朝は唐や新羅が日本に攻め入ってくるかもしれないとの危機感から、九州の大宰府周辺の防備を固め、大野城・水城・基肄城を築くなどの行動を起こした。

斉明天皇（皇極の重祚・女帝）は、同六年一二月二四日に百済救援の軍を起こし（『日本書紀』）、翌七年に瀬戸内を通り、五月九日には福岡県甘木市（旧朝倉町）の朝倉橘広庭宮《あさくらのたちばなのひろにわのみや》に移る。『日本書紀』によれば、その時に、九州・朝倉の土地の神である朝倉社の社叢を切り開き、宮を造営したため、土地の神の怒りをかい、宮殿に落雷を受けたり、鬼火が現れたりしたという。そして宮内では病気になり死去する人が多く出たとされる。続いて、斉明天皇自身も七月二四日に朝倉宮で崩御してしまうのである（奈良国立文化財研究所飛鳥資料館一九九六）。

このように、斉明天皇は宮の占地と造営に関して地主神の怒りを受け、倭国は唐や新羅に攻め滅ぼされるかもしれないという社会政治情勢の中で、近江大津京への遷都がなされる。

こうした時代に上毛野稚子が出た上毛野氏は、強大な軍事力・経済力を持っていたと思われる。

七世紀中葉後半の天智朝頃には、東日本最古の長方形箱型炉の製鉄炉と製鉄技術が、赤城山南麓の群馬県三ケ尻西《みかじりにし》遺跡（七世紀第３四半期頃）へ畿内から持ち込まれ設置された（笹澤二〇一二）。そのことは、状況証拠からみれば、もし唐や新羅が南西日本から飛鳥を占領した場合に、天智政権は、琵琶湖から北東の北東日本を保持するため、その軍事的基盤である鉄生産を、東日本最大の規模を誇る五世紀の群馬県太田天神山古墳の時代から畿内王権と直接的に強く結びつく東国の豪族である上毛野氏の膝下に構築した、という可能性を示す。

同時期の下毛野では、正史にも登場し、大宝律令の撰定に係わり王侯・諸臣に講説を行なった下毛野国造の直系とされる下毛野古麻呂《しもつけののこまろ》が下野薬師寺の創建に係わったものと考えられている。下野薬師寺跡からは、「薬師寺瓦」の文字を持つ瓦が出土しており、その伝承地から古代寺院の堂塔跡が発掘調査で確認されていることは、周知の事実である。下野薬師寺の創建は、七世紀第3四半期とみられており、その後の八世紀中葉の天平宝字五年（七六一）に戒壇院が設けられる。

上野国では、山王《さんのう》廃寺跡が遅くとも七世紀第3四半期までには創建されていたことが確実視されている。山王廃寺は、法起寺式伽藍配置を持ち、完存する日本最古の石碑として知られ、天武天皇一〇年（六八一）建立の山上碑にみえる「放光寺」であると考えられている。

『日本書紀』によればこの時期には、天智朝以降の渡来人の東国安置があり、天智天皇四年（六六五）の百済人四〇〇余人を近江国への安置、翌五年には百済の男女二〇〇〇余人の東国安置があった。東国の北端に位置する下毛野には、持統天皇元年（六八七）に多数の新羅人が配されている。同時期には、同三年と四年に「新羅人を下毛野国に居らしむ」とみえ、その後に那須国造碑の建立がある（斎藤一九八〇b）。

仏教史からの見方では、こうした渡来氏族は、それぞれの氏寺を持っていたとされ、「氏寺の住僧は倭人ではなく、渡来系出身僧であり」、「渡来氏族―氏寺―住僧の仏教は自己完結していた」という指摘もあった（田村一九九四）。

斉明天皇崩御後の天智政権では、畿内に「飛鳥不定形都城」が構えられ（井上和二〇一六）、唐の侵攻に対する防御的な軍事施設として、南西日本には古代朝鮮式山城が構築された。その時の飛鳥の入り口は、都城西側の川原寺と橘寺の間とされ、その東方正面には、八世紀には山寺となっていたとみられる岡寺（龍蓋寺）が造営されている。現在の岡寺の西側には、奈良時代の伽藍基壇などが確認されてきている（学生社二〇一二）。

その後、天智政権は、飛鳥を去り、近江大津宮に遷都する。琵琶湖に面する大津宮は、防衛上の利点があったとされ、また羅城が必要ではなかったのかもしれないが、有事の際には北方や東方への退避に有利であったとの見解が多数を占める。大津宮の立地は、西に比叡山の峻険な山岳が連なり、東には広大な琵琶湖が広がる。

この間は、繰り返しになるが斉明天皇六年（六六〇）の百済の滅亡、翌七年には斉明天皇の死去、天智天皇二年（六六三）の白村江の敗戦、同六年飛鳥から近江大津宮への遷都、翌七年の天智天皇の即位と続く。史料からは、天智天皇七年一月に大津宮北西の比叡山の山麓斜面を平坦に造成し、志賀山寺（崇福寺）の造営を始めたとみられる。そこに、「山寺」が史上初めて史料に登場してくると言ってよいのであろうし、山寺は大津宮との組合せ（セット）によって存在していると言ってよいのであろう。そして、大津宮の北西にあたる比叡山の一画には、大規模な古代山城があったとの見方がある（阿部一九九二）。

阿部義平が「長等山中の山城」とする場所は、滋賀県崇福寺跡の西方一キロから三キロの南北山稜線と、比叡山頂四明岳（八三八メートル）から南へ約一キロの山稜から南へ約四キロの山稜を結ぶ、不整三角形ともいえる盆地状の場所で、南北三キロ・東西二キロの地域を指す。盆地外縁の稜線上には土盛があり、上面幅一～二メートル、基底面幅五～六メートル、高さ二～三メートルであると言い、写真資料からもそのような遺構の存在が見て取れる。古代山城に関する詳細は不明であるが、この場所が古代大津宮の西側の要地であることには違いなく、今後の精査がまたれる。

近江への遷都は、有事の際には近江は瀬戸内海から遠く、東国への避難がしやすいとの見方があり（吉川二〇一一、井上和人二〇一六）、そこに東国が登場してくるのである。天智政権下の日本は、井上和人らの見解に従えば、九州・瀬戸内海諸国の南西日本は、唐の侵攻に対する古代山城による防御網を構築する場所であった。天智朝に創設されたとされる不破の関など三関から北東の東国は、唐の侵攻に対する避難の場所となっていたのであろう。

唐の侵攻を許し、九州や飛鳥から南西日本が唐などの支配下になった場合でも、琵琶湖から北東の北東日本を天智政権が保持する構想があったとしても不思議ではないのであろう。それは朝鮮半島に複数の国が並立・鼎立してきた状況と同じである。東国には、一つの国を形作るに十分な広大な土地と資源があり、そして前代から王権に結びついていた尾張(尾治)をはじめとする地域の国造氏族・地方豪族が多数存在していたからである。

七世紀後半では、天武天皇四年(六七五)から翌五年に、唐は半島の統治を新羅に任せて、西方へ軍事力を注ぐことになるとされ、結果的には日本は七世紀第4四半期の初期には、唐からの侵攻を免れることになり、天武・持統朝の藤原京の造営へと向かう。そこでは、律令制下の政治軍事態勢を完成させ、百済式の山城と都城における羅城を放棄し(井上和人二〇一六)、対外勢力に対抗できる国力を付けることを目指したとされる。しかし、六七六年頃に半島が新羅に統治され始めたといっても、唐が半島から倭国へ再び侵攻してくる可能性は皆無ではなかったのであろう。

その後の天武朝の藤原京の造営では、その初期には政治的施設と「精神的中枢となる寺院」(網二〇一六)が飛鳥北方に計画・設定された。

北九州基肄城跡の発掘調査出土遺物では、第九地点礎石建物跡(現在のⅧ群1号)出土須恵器が、七世紀後半代とされ、第3四半期に遡りうるような遺物もあるという。そして須恵器の年代は、七世紀後半から九世紀初めまで継続するが、主体は八世紀後半以降であるという(基山町教委二〇一一)。

こうしたことから、基肄城は七世紀後半から造営された「志賀山寺」(崇福寺)や、「飛鳥不定形都城」の構築から、その後の矩形都城である藤原京宮の造営とも重なる時期の、国家防衛施設と考えられよう。

小田富士夫による基肄城跡出土「山寺」墨書土器報告(小田二〇一一)によると、この土器は八世紀末から九世紀初頭の年代であり、北東日本「山寺」墨書土器の年代と同時期であり、また後述する岡山県鬼城山(鬼ノ城跡)の九世紀前半の仏堂などの山寺施設とも近い年代（岡山県教委二〇〇六・二〇一三）であることは、重要である。

小田の報告では、「基山にも一堂程度の寺を考える余地はないのであろうか」との記載があるように、基肄城跡北帝地区Ⅳ群（一九七六年発掘調査第四地点）の尾根上東西に七～八段にわたる多段性の平場構造を持つ遺構群の西半分の下方平場群は、基肄城中枢部に南方から入る細長い谷が開けた場所であり、中央部から北方礎石建物への入り口となることから、「山寺」銘墨書土器出土地点とその遺物群は看過することはできない。

佐賀県基肄城跡の城内に、鬼城山（鬼ノ城跡）と同じく九世紀頃の古代山寺が造営されたのかどうか、または古代山城域に隣接する山麓などに、山寺遺跡が存在しているのかどうかなどは、今後の精査が必要になろう。

なお、基肄城跡東北門は、大宰府都城の政庁中軸ラインの延長上にあり、基肄城跡の内外を北方からの道路が通過するという（井上信正二〇一五）。このことは、大野城・大宰府・基肄城の三者が密接な関係の下に造営されたことを物語るのであろう。

またこうした七世紀後半から八世紀前半の古代遺跡では、例えば下野国においても、下野薬師寺・下野国府・下野国分寺の三者が、南北方位軸に対して斜交的ながらも一直線となる配列を示しており（上野川二〇〇〇b）、その状況は当時の政治的あるいは軍事的な必然性を体現させているのかもしれない。

第一一章　鬼城山（鬼ノ城跡）の山寺遺構と山寺遺物

岡山県鬼城山は、鬼ノ城跡とも呼ばれている古代山城である。近年では発掘調査が実施され、遺構状況と古代遺物などが報告されている（岡山県教委二〇〇六・二〇一三）。この古代山城は、天険要害の地とされており、標高は三九七メートルを測る。その築城時期は、七世紀後半とみられている。ここでは、その古代山城内に確認された山寺遺構（報告書では、「山岳寺院」）とみられる遺構とその出土遺物について、前冊で示した遺構群と出土遺物、及び本冊で論じた遺構群との比較検討などを行ない、その性格などを考えてみたい。

鬼城山は、古代山城の城壁・城門・礎石建物・水門・鍛冶工房などが知られ、古代土器などの出土がある。また鬼城山では、その南西隣接地点の盆地状の山中標高約三〇〇メートルの一帯には、一一世紀後半に天台僧の修行が行なわれたという新山寺《にいやまでら》（新山廃寺）があり、強い結びつきが想定されている。

鬼城山では、古代山城の高床倉庫や管理棟とみられる礎石建物などが構えられたが、九世紀になると中枢部付近のⅡ区に仏堂とみられる掘立柱建物1が南面して新しく建立され、「山岳寺院の一部として利用されたと推測できる」（岡山県教委二〇一三）との報告がある（第114図）。

その仏堂の西側隣接地にも、古代山城の礎石建物5の東側の礎石を取り除き、桁行東西三間・梁行南北二間の建物に改変された建物が確認されている。この建物は、出土遺物からみて、古代山城が平安時代になって再造成・再利用

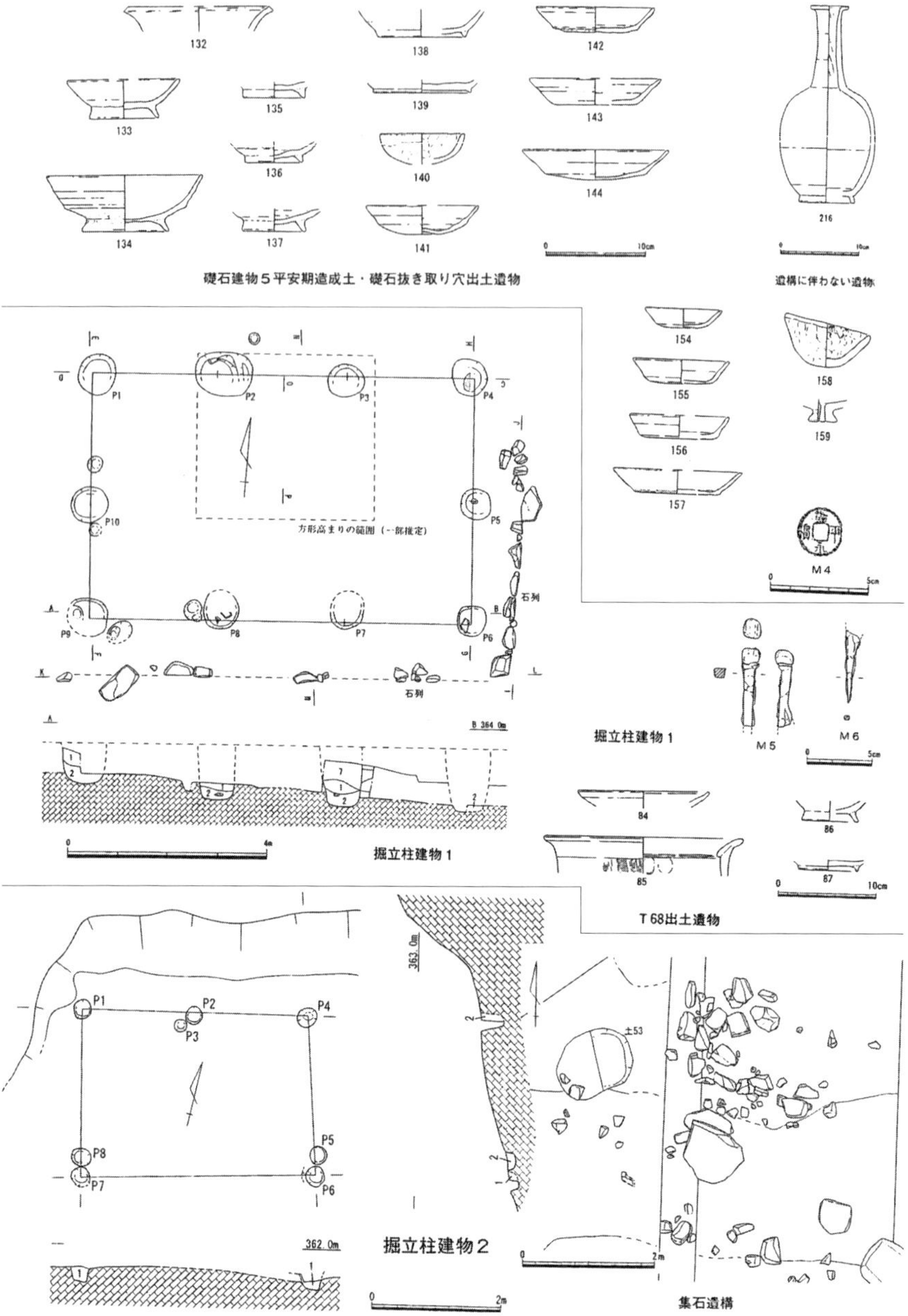

第114図　岡山県鬼城山礎石建物５出土遺物(上段)、掘立柱建物１と出土遺物(中段)、掘立柱建物２・集石遺構(下段)実測図(岡山県教育委員会 2013)

されたものと考えられており、注目される。

掘立柱建物1は、鬼城山の城域高位の中央部（Ⅱ区）の標高約三六四メートルに建立された桁行三間・梁行二間の規模を持つ南面する建物である。この遺構は、九世紀の仏堂と推測されており（岡山県教委二〇一三、亀田二〇一六b）、須弥壇とみられる高まりがあり、その柱穴（P1）からは隆平永寶（初鋳延暦一五年〈七九六〉）が出土している（第114図）。

掘立柱建物1とその周辺斜面などからの出土遺物は、平瓦・丸瓦・土師器・須恵器・緑釉陶器・瓦塔・鉄製品などで、土師器は九～一〇世紀の遺物が中心となる。また礎石建物の南側斜面からは、水瓶が出土しており、山寺関連遺物として注目されよう。その他に灯明具や瓦があり、瓦は少量であるが山城の施設に葺かれたのではなく、山寺関連堂宇に用いられたとの報告がある。

仏堂や僧房などの掘方などに意識的に土器や鉄製品を埋め込む事例は、山寺遺跡においても散見されるが、掘立柱建物1から出土した皇朝十二銭の一つである隆平永寶は、地鎮の遺物と考えてよいのであろう。

兵庫県豊岡市但馬国分寺の東方に位置する加陽大市山遺跡では、護摩壇とみられる遺構を持つ礎石建物の北東礎石下から、和同開珎六枚、万年通宝一〇枚、神功開宝一六枚の合計三二枚の銅銭が出土しており、地鎮に伴う遺物と考えられている。これらは、土地の神や諸神祇に対する奉賽儀礼に伴うのであろう。なお、福島県慧日寺戒壇地区の山寺講堂とみられる建物（SB02）では、柱孔から刀子が出土しており、創建時の地鎮となるのであろう。

この仏堂とみられる掘立柱建物1の南東平場から斜面にかけてのトレンチ（T68）からは、九世紀前半から中頃の京都産の緑釉陶器の皿（№84）が出土している。この緑釉陶器は、その出土位置からみて、仏堂に供えられていた可能性が高いのであろう。

古代山寺本堂から緑釉陶器が出土した例は、埼玉県高岡寺院跡にある。高岡寺院跡では、遺跡内から高台付皿（または椀）と段皿の二点の緑釉陶器が出土している。近年に報告された愛知県黒笹90号窯跡の発掘調査報告書によれば、出土陶器の高台の断面形態は、①角高台：断面角形の高台、②帯高台：断面長方形の帯状の高台、③三角高台：断面二等辺三角形状の高台、④面取高台：角高台の先端部が外側から面取状に整形された高台、⑤三日月高台：断面が弧状に湾曲する高台、⑥蛇ノ目高台：低く幅の広い高台の六種に分類されている（井上二〇一三）。

高岡寺院跡本堂（第1建物遺構）から出土した緑釉陶器高台付皿（または椀。高岡寺院跡発掘調査会一九七八：第49図10）は、発掘調査報告書の実測図にみえるとおり、その高台は角高台の先端部が外側から面取状に整形された面取高台となっているようで、その時期は黒笹90号窯跡の時期とみられることから、九世紀後半の年代となろう。

高岡寺院跡では、本堂とされる桁行五間・梁行四間の規模を持つ山寺の本堂（高橋一夫一九七八、鈴木一九七八）に九世紀後半に緑釉陶器が供えられたとみることができる。これは、鬼城山城の仏堂（掘立柱建物1）出土の緑釉陶器が九世紀中頃までのものとされることから、両遺跡の緑釉陶器は近接する時期に山寺本堂に供えられたものと考えることもできよう。このことは、第九章で触れたように、山寺中枢建物等と緑釉陶器の出土位置関係からも裏付けられよう。

この高岡寺院跡で最初に建立された仏堂（第2建物遺構）は、その上段の本堂（第1建物遺構）の南西下位の斜面に位置し、寺域中央高位に位置する本堂の創建前に建てられた堂宇とされている。この仏堂は建物軸を方位に合わせ、須弥壇と想定された空間があり、その南側前方に一段低い石敷床が二メートル四方に広がる。

鬼城山Ⅱ区の仏堂西側隣接地点の礎石建物5は、標高約三六四メートルの平場に位置し、南側に直線的な石列を伴う（第115図・第117図）。平安期になると、山城の施設であった礎石建物5が改変され、桁行東西三間・梁行南北二間の礎石建物として再利用されたことは確実である。その出土遺物は、土師器椀・手捏土器などで、発掘調査報告書にあるとおり、その特徴からみてもおおむね一〇世紀の土器とみてよいのであろう。

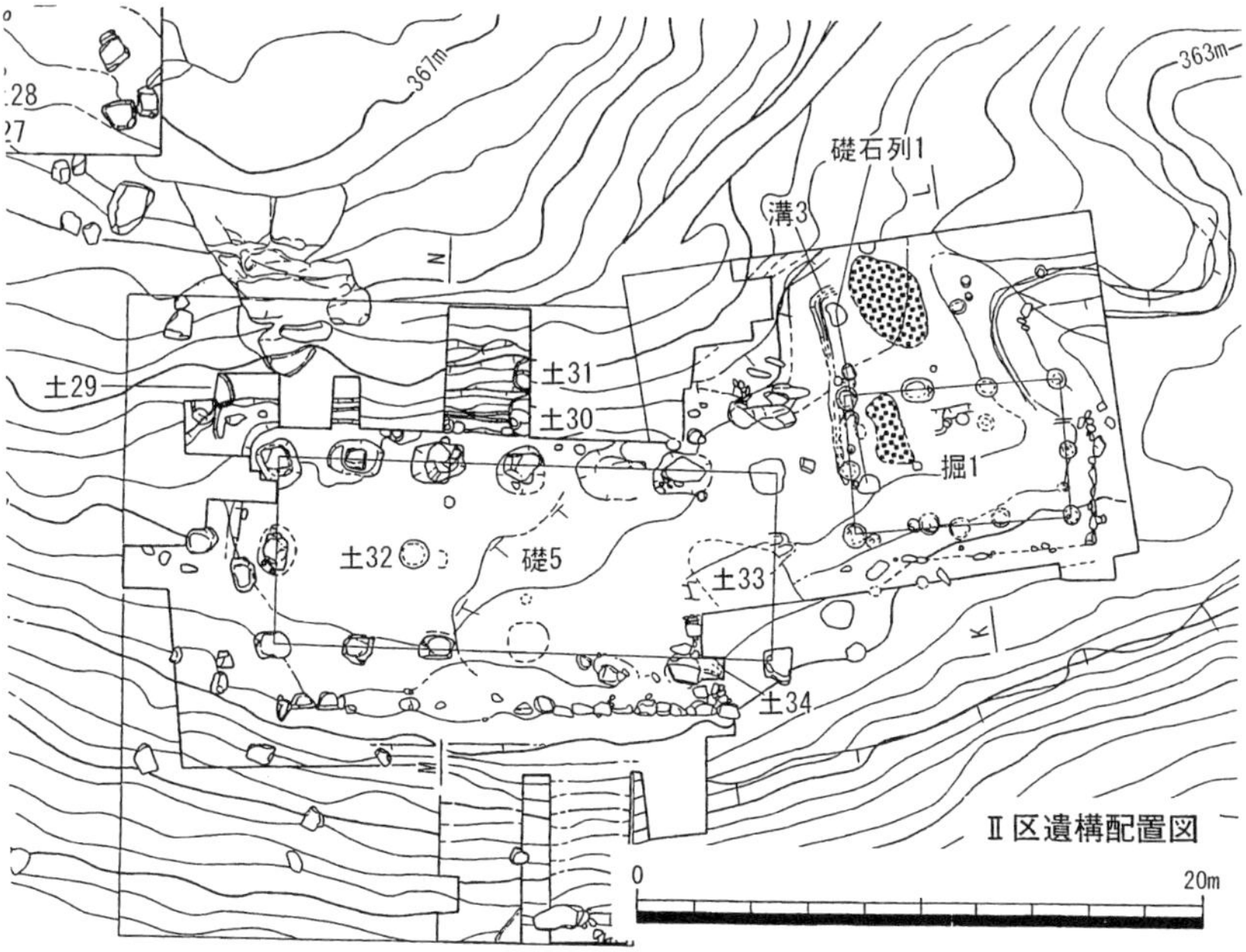

第115図　岡山県鬼城山Ⅱ区掘立柱建物1と礎石建物5実測図（岡山県教育委員会2013）

この建物は、掘立柱建物1（第116図）がこの山寺の仏堂だったのであろうから、そこに隣接する堂舎と考えられよう。古代山城内の全容が判明していない段階での推定は控えるべきかもしれないが、先に触れたように、北東日本から南西日本の多くの山寺遺跡に存在する僧房の桁行と梁行の規模に一致することは、注目されよう。

ここで思い出されるのは、福井県明寺山廃寺の本堂西側の桁行三間・梁行二間の僧房（久保二〇〇二）と推定されている懸造の掘立柱建物跡である。明寺山廃寺では、丘陵上面を全面にわたり発掘調査したが、九世紀の山寺の主要建物としては、本堂跡と推定僧房の二棟のみが確認され、本堂正面の平場中央には臨時的に小規模な掘立柱建物が設置された程度であった。

岡山県鬼城山では、仏堂である掘立柱建物1と、礎石建物5を改変した建物は、ほぼ東西に並ぶように南面しており、古代山城の廃絶後に山寺伽藍として再造成されたものと考えられ、あるいは福井県明寺山廃寺

第 116 図　岡山県鬼城山Ⅱ区掘立柱建物１近景(北東から、著者撮影)

の発掘調査事例と類似するように、仏地としての仏堂の他に、僧地としての僧房が構えられ、僧房には講堂的な役割をも併せ持つ性格が付与されたのかなどの問題が生じてこようか。

このように鬼城山Ⅱ区では、九世紀前半から一〇世紀前半頃に、古代創建古代廃絶型の山寺が存在していたと考えられる。二つの建物の基礎部分には、石列が南側と東側などに遺存していることから、この場所の堂宇は眼前の急斜面に備える平場とするために、石列を平場の端部に配した山寺伽藍であった。

掘立柱建物１の北方尾根にあたる古代山城北部のⅤ区では、平安期の掘立柱建物２と集石遺構がほぼ同時期に造営されたとみられる。Ⅴ区掘立柱建物２は、標高約三六二メートルの小規模平場西端部に位置する。その東側には、遺構のない空間と岩場があり、遺構がない空間は神祇祭祀・各種儀礼に関することなどが考えられ、一定の意味を持っているのであろう。掘立柱建物２は、桁行東西二間・梁行南北一間であるが、南側の柱列の中央の柱穴がない変則的

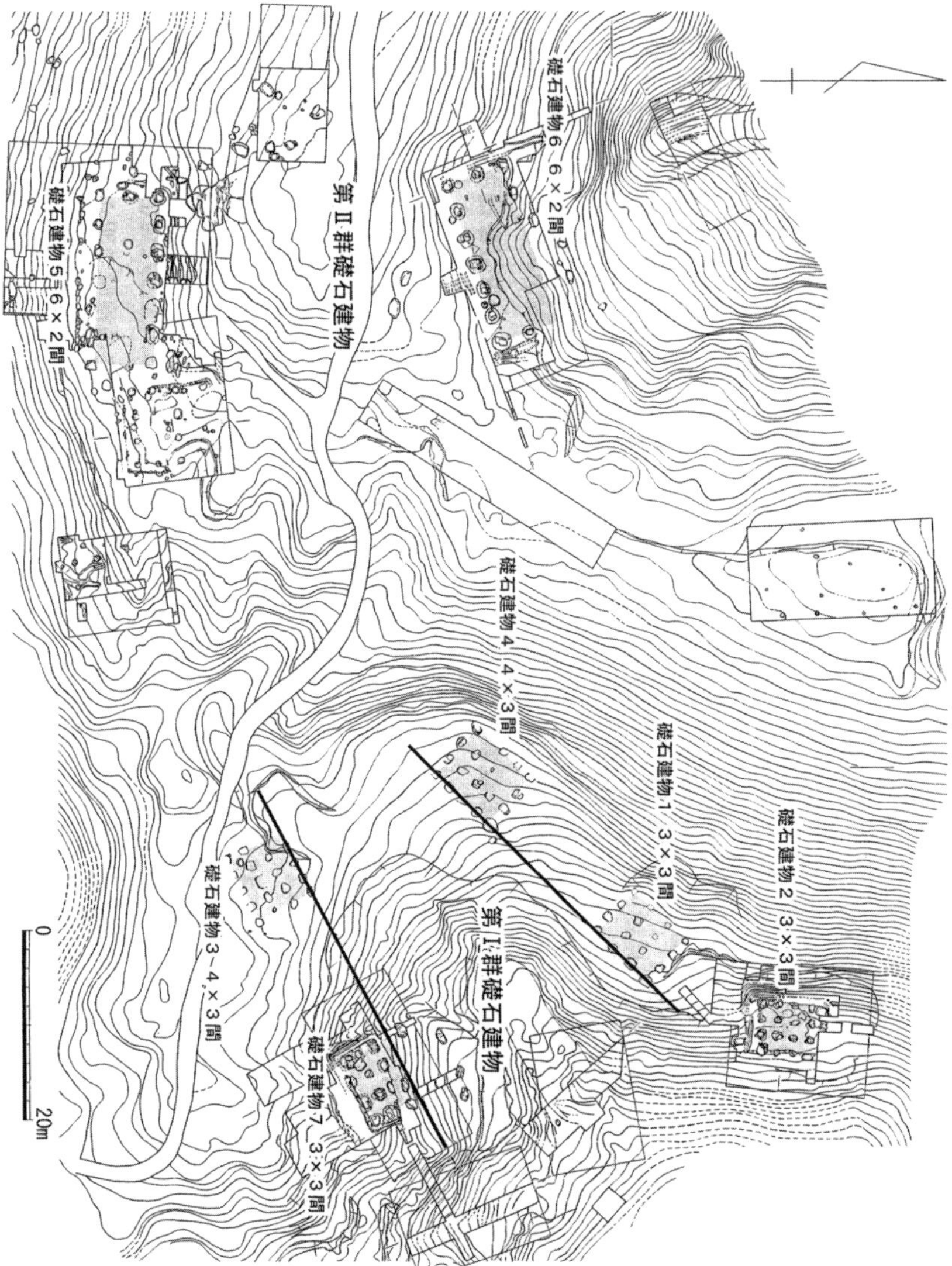

第117図　岡山県鬼城山II区礎石建物配置図（岡山県教育委員会 2013）

な掘立柱建物であり、特殊な構造となるのであろう。

この場所は発掘調査報告書にあるように、磐座とみられる巨岩が存在することや、山腹斜面に構えられた仏堂の場所から離れた山上北端部の山頂に、集石遺構と掘立柱建物2が造営されたという特徴がある。

集石遺構は、Ⅴ区斜面上位の小規模平場にあり、約四メートル四方に石が分布するが、その北部の長軸二メートル・短軸一・六メートルの範囲には石の集中がある。集石遺構の土層からは、掘立柱建物1にある橙色の土と同様な土があり、その関連性が指摘されている。

この二つの掘立柱建物と仏堂の合計三棟は、標高約三六二～三六四メートルに位置することから、ほぼ同じ標高に堂宇を揃えて造営したと考えられ、北東日本における九世紀から一〇世紀創建の並列系山寺の同一標高に堂宇を揃える特徴に類似する可能性がある。山寺建物として創建された掘立柱建物二棟と、山城管理棟であった礎石建物5を改変した山寺堂宇は、尾根上部近くの斜面にほぼ南面して建てられている。山城の高床倉庫五棟とは、建物の方位軸が異なっており、山寺の施設は南に谷部を望むという立地上の共通性が窺える。

山寺最上部の集石遺構の遺構例には、滋賀県松尾寺跡本堂背後の最上段の小規模平場に確認された集石遺構がある。これは、石列と集石が東西約四メートル・南北約三メートルの範囲に方形に近い形で分布しており、私見では何らかの社殿などの小規模建物の基礎、または何らかの儀礼の場かと思われる。鬼城山の集石遺構は、城域内の最北部の山頂(標高約三七四メートル)に特別な意識をもって構築された遺構とみることができる。

その場所と遺構は、九世紀から一〇世紀の鬼城山の山寺においては、北東日本の古代山寺の本堂背後の小規模平場に類似する場所として機能し、そこで神祇に対する祭祀・儀礼を行なった可能性をみておきたい。この山の地主神などを祀った場所として機能したことも考えられよう。そしてそれは、緑釉陶器を持っていた山寺仏堂と強い関連性を持って構えられたとみることができよう。

鬼城山の南西山腹隣接地点の盆地状の空間に位置する新山寺は、その詳細は不明ながらも鬼城山の古代山寺に強く関連する寺跡とみられる。新山寺からは、平安初期の遺物が採取され、山上の鬼城山の山寺とほぼ同時期には創建されていた可能性も指摘されている（岡本二〇一三）。また、山上の山寺が古代創建古代廃絶型山寺であるのに対して、新山寺は古代創建中世存続型となる山寺であろう。

このように、近年の研究によっては、福岡県基肄城跡出土の「山城」墨書土器の存在と、岡山県鬼城山（鬼ノ城跡）で確認された九世紀の仏堂などの存在から、古代山城の廃絶後頃に造営された古代山寺の在り方を追究する必要性がみえてきたといえよう。

日本古代最初期の山寺である「志賀山寺」（崇福寺）は、古代国家存亡の危機を背景として、古代大津宮との一体性を持って、琵琶湖西岸・比叡山山麓の細長く屈曲した谷奥に天智朝期に造営されたとみられるが（第118図）、そこには、昭和・平成の日本考古学界が、八世紀中葉以降から一〇世紀頃までの山寺遺跡とその出土遺物から古代山林修行や古代山林仏教の在り方について検討を重ねてきたこととは、異なる状況があったと考えたい。

七世紀後半の政治・宗教情勢を、仏教史からの見方を援用してみれば、それまで王権に従順ではなかった畿内などの渡来氏族は、上宮王家を日本仏教の中枢におくことに成功した天武朝の仏教政策（田村一九九四）と律令制などにより、初めて安定するとされるが、その時期には東国においても、山寺である尾張大山廃寺跡や武蔵馬騎の内廃寺や、山寺に近い寺である武蔵寺谷廃寺などが出現してくるものとみられる。

そうした中で志賀山寺（崇福寺）が、八世紀における僧尼の山林修行の寺と同じであると考えるには無理があるのではなかろうか。そこには仏教史から提唱された奈良朝の求聞持法などに関連する山林修行を行なう状況があったと考

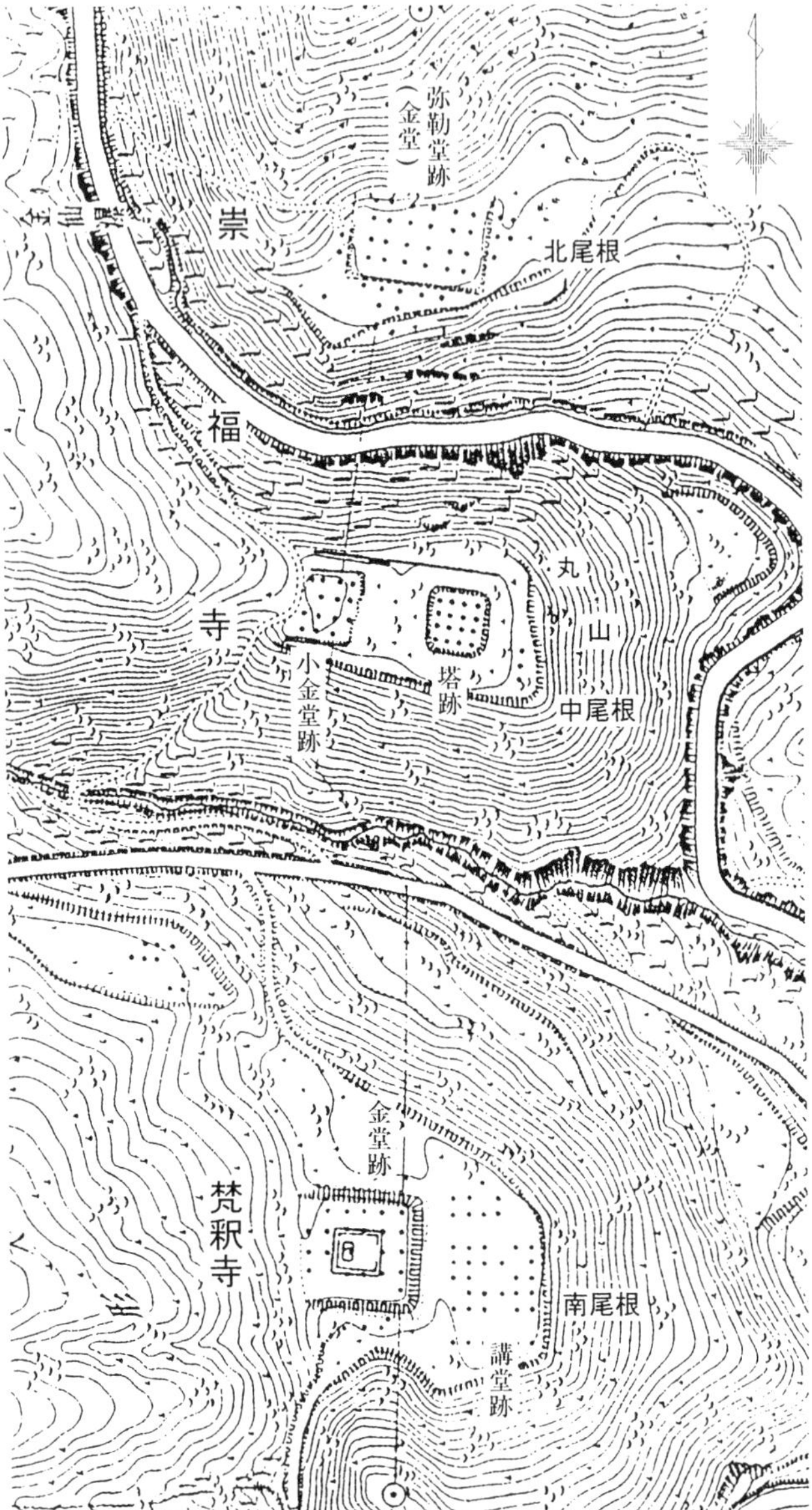

第118図　滋賀県崇福寺跡の伽藍配置（新尺 2021）

えることは難しく、むしろ大陸と半島の敵対勢力に対する鎮護国家を祈る怨敵調伏などの修法などが行なわれた可能性は、憶測ながら、否定はできないのであろう。八世紀後半の史料には、山林仏教における他者への呪詛などの修法を律令国家が取り締まったとみえ、そうした状況は七世紀代から山林仏教の中で行なわれてきたものと解してもよいのであろう。

結果的には、唐は半島の統治を新羅に任せて、西方の勢力へ軍事力を注ぐことになったとされる。そして日本は、七世紀第4四半期の初期には唐からの侵攻を免れることになり、天武・持統朝の藤原京の造営に続く。

ここで、南西日本の古代山城を概観すれば、次のようになろう。「西日本の古代山城」（亀田二〇一六b）では、朝鮮式山城と神籠石系山城を併せた古代山城の分布は、大野城・基肄城・鞠智城《きくちじょう》が大宰府の北と南を意識して築城されたとする。そして、瀬戸内海沿岸の山城を含めた防御線は、唐と新羅からの攻撃を意識したものではないかとされ、古代山城が築かれた場所の重要性が推測できるという。

また、廃城後の山城の使用については、大野城に新羅からの呪詛を打ち払う国家鎮護祈禱の寺として四王院を建立したとの史料から、基肄城にもそのような「山寺」があった可能性が指摘されていることを紹介している。こうした見方は、著者の視点と同じである。

近年の研究では、崇福寺の完成は天武朝以降であるとの論考があり、従来は大津宮期に位置づけられていた瓦生産は、天武朝を遡りえないという（新尺二〇二一）。そして、崇福寺の造営順序は、北尾根の弥勒堂跡が最初に造営され、続いて中尾根の小金堂跡となり、中尾根の塔は奈良時代以降の造営とされるようである。『日本書紀』には、天智天皇六年（六六七）三月に近江大津宮へ遷都し、同七年一月に崇福寺を建立するとみえる。

北部九州から瀬戸内海沿岸を経て畿内までの南西日本には、天智朝から古代山城が構築されるとされ、佐賀県基肄城跡の出土土器にもその時期の遺物が見られるようであるが、同時期には近江と美濃の国境付近に天智朝創建とされる不破の関が設置される。そして、七世紀後半の畿内から南西日本の緊張状態は、果たしてそこだけにとどまっていたのか、あるいは東国の七世紀後半の寺院や山寺遺跡にも影響があったのかなどの問題には、今後の巨視的研究が求められることになろう。

以上のように、基肄城跡出土の「山寺」墨書須恵器と、鬼城山の山寺遺構の存在から、古代山城の内部または近隣に造営されたであろう八世紀後半から一〇世紀の山寺の概要を、先学の研究に導かれながら概観してみた。その延長上には、七世紀後半から八世紀の古代山城の築城に伴うなどして、その内外に古代山寺または同類の遺構が同時に造営されていたのかどうかという問題が浮上してくるのであろう。

なお、熊本県池辺寺跡は、天台別院と呼ばれた存続期間類型1類の古代創建古代廃絶型で、九世紀の山寺遺跡であるが、その北方には古代山城の鞠智城が同時期に存在していた。それは、古代山寺と古代山城における活動が、隣接して九世紀にあったということを示すのであろう。

その背景には、新羅海賊の活動があったことも推測されようが、全国唯一の遺構である熊本県池辺寺跡百塚地区の一〇〇基の石塔とそこでの儀礼も、そうした社会・宗教情勢の一端に結び付けることができるのかどうかなどの検討も必要になろう。最近では百塚地区の石塔群について、「鎮護国家の祈禱の目的など」があったのではないかとの推測が示されている（網田・芥川二〇二二）。

このように、古代山寺の遺構と遺物は、古代山城の消長の中にも確認されてきたといえよう。

第一二章　山陰栃本廃寺跡の検討—山寺類型論の視点から—

栃本廃寺跡は、鳥取県鳥取市（旧国府町）の山間部に位置する遺跡で、古代に創建され古代の内に廃絶する寺跡である。遺跡地は、鳥取平野へ流れ下る袋川の支流となる大石川の北岸の狭い平地に位置し、寺域の南と西は大石川に面する。寺跡の北側から東側は山が迫っており、山麓の狭小な土地に造営されている。伽藍中枢部は、標高約二四二メートルである（第119図）。

その立地は、古代因幡国府が位置する平野部からは、一四キロほど山間部へ入り、四方を山に囲まれているという特徴がある（津川二〇〇二）。山寺類型論における古代山寺の社会的立地と、北東日本の山寺遺跡の立地からみると、巨視的にはC類国界域山地型に該当するのであろうし、微視的には4系の細長い谷の川に面する山腹や山麓に造営される山寺と同じ状況である（第123図）。

現地を微細に観察すると、寺域の南西隅付近から大石川が流れを直角に近く変えて北西方向に進み、寺域の北西部付近で北東の山麓谷部から流れ下る谷川と合流し、大石川の本流が西方へ流れ下るという状況である。その状況は、単に大石川の北岸に造営されているという見方ではなく、東方と北方山地から流れ下る二本の川に挟まれた寺域とみることが重要である。

古代因幡国では、栃本廃寺跡の西側の山間部を北東から南西に下り因幡国府へ向かう道があり、栃本廃寺跡付近は

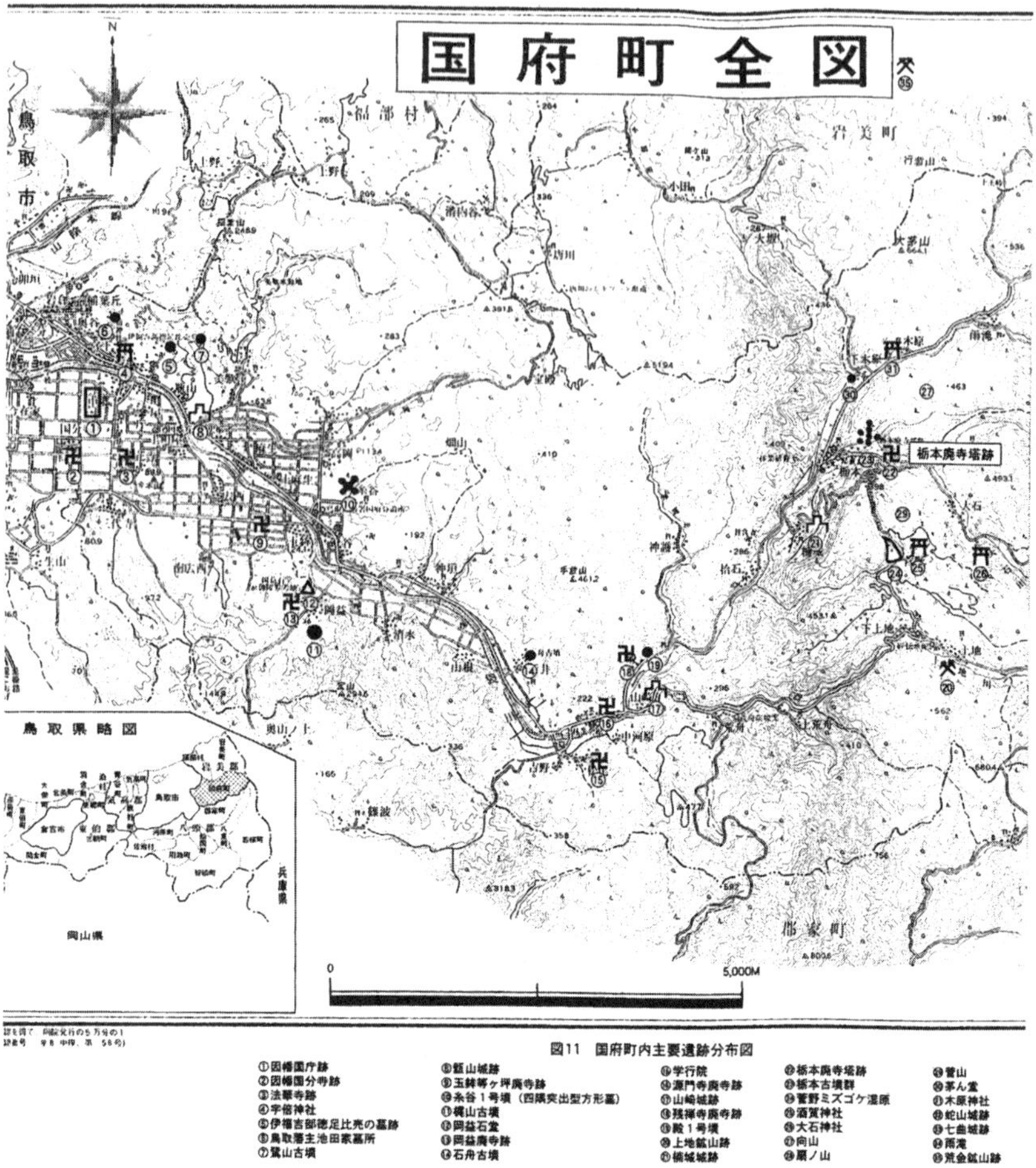

第119図　鳥取県栃本廃寺跡位置図（国府町教育委員会2003）

交通の要衝であった。『続日本紀』文武天皇二年（六九八）条には、「因幡国銅鉱献」の記録があり、銅鉱を献上したという。栃本廃寺跡の北方には、大茅山《おおかやま》（六六四メートル）が聳え、その北側に銅生産地として推定されている岩美町荒金地区があり、南方の上地地区などもいわゆる産銅遺跡推定地として知られており、古代寺院との関連は不詳ながらも注目されよう。

　発掘調査では、金堂・東塔・南塔・講堂・溝跡などが確認されている

（第120図、国府町教委二〇〇三、鳥取市教委二〇〇八）。講堂には基壇と犬走状の石敷などもみられる。主要伽藍では金堂の東と南に二塔を配しており、全国に類例がない特異な伽藍配置であることが判明している。

金堂と隣接する二塔は、方位軸と中軸線を揃えるなどの計画性が確認されているのに対して、講堂は背後に山が迫っていることから、地形に制約された基壇方位などを選択せざるを得なかったことが判明しており、講堂を含めた伽藍は同時並存していたとされる。伽藍の東西には、南北方向の溝があり、その溝により伽藍が画されているようである。伽藍地の規模は、東西約九〇メートル、南北約五五〜九五メートルとみられる。

伽藍が溝で囲まれた山寺遺跡には、上総国分寺に付随するとされる（須田二〇〇二）千葉県小食土《やさしど》廃寺がある（上野川二〇一八：二八七頁）。小食土廃寺では、北辺溝が約四六メートル、東辺溝は約四〇メートルの不整長方形の区画を持ち、一面性平場構造山寺が八世紀第3四半期に創建され、古代の内に廃絶した。

栃本廃寺跡の金堂と東塔の遺物は、七世紀後葉から八世紀前葉の時期であり（鳥取市教委二〇〇八）、その頃から寺が創建されたとみられよう。講堂の礎石・根石に関わる遺物は、八世紀前葉から中葉とされる。これらのことから、栃本廃寺跡では、七世紀後葉から一〇世紀前葉（緑釉陶器・蓋）までの土器類が出土していることとなる。伽藍からは、瓦の出土はないので、非瓦葺の堂塔であった。

金堂は、東西一四・六メートル、南北一三・〇メートルの規模で、桁行五間・梁行四間の四面廂建物である（第121図左）。梁行が八尺等間の身舎に、七尺の廂が巡る。基壇まわりには、幅約一・二メートルの自然石を用いた石敷きを持つ。

東塔は、基壇が一辺八・四メートルと推定され、方位軸は北から三度東へ振れており、金堂・南塔と同じく真北を意識している。心礎は、長径一・二メートル、短径一・〇五メートルで、上面に柱孔と舎利孔を持つ。基壇は、推定一

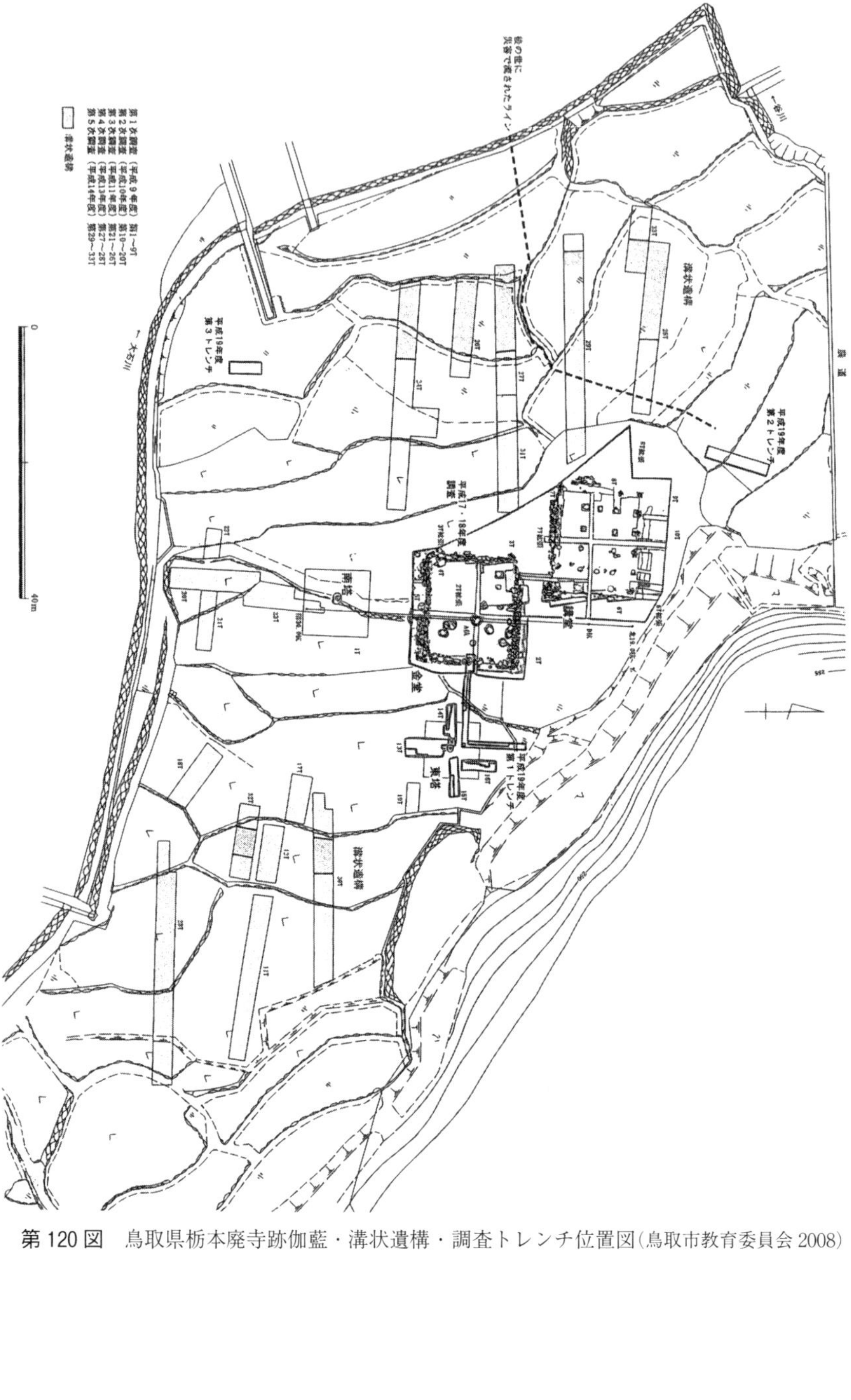

第120図　鳥取県栃本廃寺跡伽藍・溝状遺構・調査トレンチ位置図(鳥取市教育委員会 2008)

メートルの高さを持ち、地上式の心礎である。

東塔の南辺は、金堂基壇の南辺と揃えられていることから、金堂と東塔は強い関連性を持つようである。金堂と東塔が、堂塔の南辺ラインを揃え、金堂基壇の須恵器小破片が七世紀末まで遡る（国府町教委二〇〇三）ことなどから、金堂と東塔が先行して造営され、その後の八世紀前半以降に南塔が創建されたのであろうか。

南塔は、基壇の一辺が一〇メートルであり、基壇方位は金堂と同じく北から三度東に振れているが、真北を指すように造営されている。心礎は、長径一・八メートル、短径一・四八メートルで、柱孔・舎利孔・円形柱座がある。基壇は、推定約一メートルの高さを持ち、地上式心礎の塔で、三重の塔であったと推定されている。基壇中から八世紀前半の土師器甕が出土しており、南塔と金堂の中軸線がほぼ揃えられており、堂塔を南北に揃えた造営となる。

講堂は、金堂基壇北西に位置する基壇礎石建物跡であり、その伽藍位置から講堂とされている。基壇規模は、東西一五・八メートル、南北一三メートルで、桁行五間・梁行四間の四面廂建物と考えられている。北側には、溝状遺構があり、講堂を区画する溝とされ、また雨水などの排水機能を持っている。

講堂の裳階礎石の下からは、八世紀中葉の須恵器（№34）が出土しており、その時期には講堂基壇の造成が開始されたのであろうから、講堂は八世紀後半代の創建とみることができようか（第121図右）。発掘調査では、講堂の方位軸が金堂よりやや東へ振れ、出土遺物もやや時期差がみられるが、土層断面での造営の時期差は認めがたいとの見解がある。

この寺の伽藍を区画する施設には、伽藍の東側と西側に掘られた溝状遺構がある。東側の溝状遺構は、幅四～五・五メートル、西側の溝状遺構は約一四メートルの幅である。

伽藍及び寺域内からの出土遺物には、須恵器（鉢・杯・杯蓋・壺・盤・平瓶）・土師器（甕・高台）などがあり、金堂と

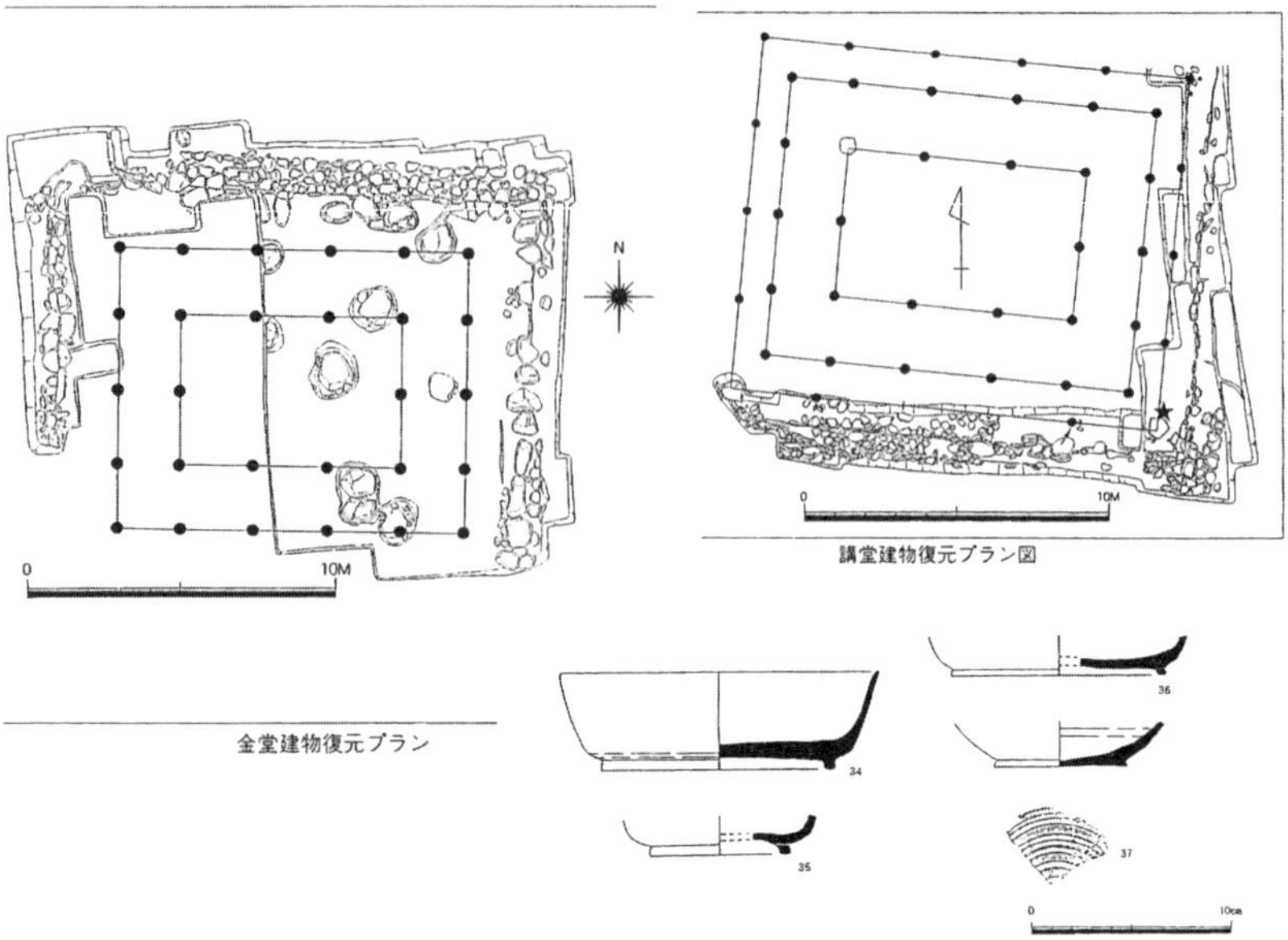

第121図　鳥取県栃本廃寺跡金堂建物復元プラン・講堂建物復元プラン、講堂出土遺物実測図（国府町教育委員会 2003 を改変）

講堂からは、鉄鉢形土器とみられる遺物や、灯明具なども出土しており、また南塔からは、九世紀末から一〇世紀初頭の緑釉陶器蓋が出土している。

栃本廃寺跡では、講堂が金堂の北西にずれる伽藍配置となり、これは寺の背後に山麓斜面が迫っているため、金堂の後方に方位軸を揃えた造営ができなかったことを示している（第120図）。この寺跡は、地形の影響を受けた伽藍配置となっていることが指摘されており、そのことはこの古代寺院の性格の一端を色濃く映し出しているのであろう。

東塔と南塔は、金堂と密接な位置関係を持ち、八世紀の創建とみられるが、金堂の東と南に塔を置く伽藍配置は、特異な伽藍配置である。

栃本廃寺跡の最大の特徴は、山間部の山麓に位置し、古代の因幡国・伯耆国で唯一の瓦葺の堂塔を持たない点であろう。現地と周囲を踏査すればわかるのであるが、平野部から屈折した谷を遡り、さらに遮蔽された山間地に入り込み、川沿いの多くの支谷が派生する樹枝状の谷部の山麓に立地するという状況を示し、推定古代道からは寺の堂塔が遠望できたと思われる。

これらを含めた栃本廃寺跡の特徴と注目点は、繰り返しになるが、現時点では次のとおりである。

一、平野部から離れた遮蔽された山間部の細長い谷を遡る先の狭隘な山麓に位置する寺跡である。

二、寺域の南方前面と西方側面は大石川によって画され、寺域の北西は谷川により画され、谷川は大石川に合流する。寺跡は、山奥に位置し、しかも二本の河川に囲まれた山麓という二重の自然的隔絶性を持つ。

三、伽藍は、金堂を中心に東西南北に東塔と南塔の軸線を揃える二塔を持つ特異な伽藍配置を示し、講堂は地形の制約を受け西側にずれる。

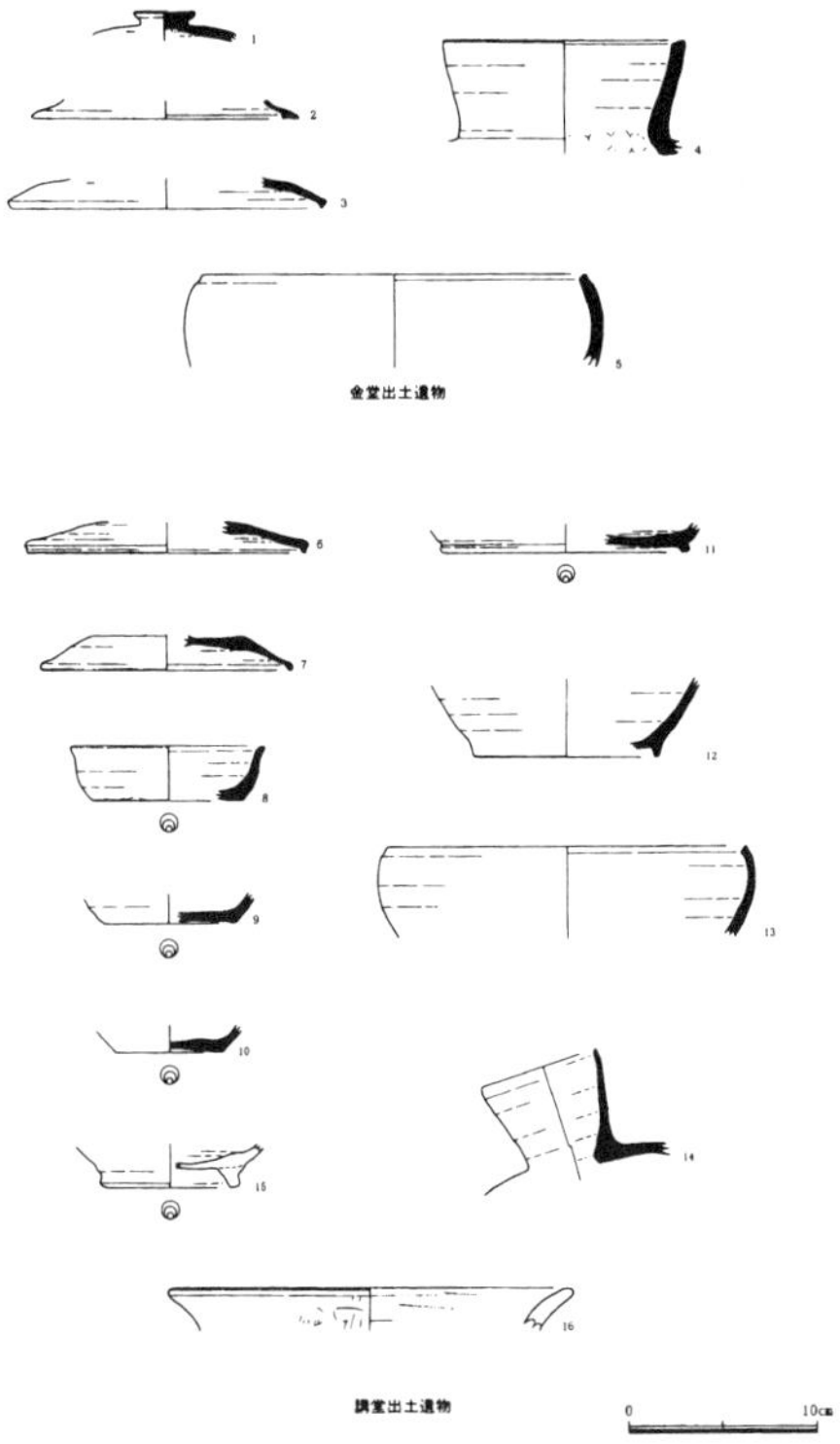

第122図　鳥取県栃本廃寺跡金堂・講堂出土遺物実測図（鳥取市教育委員会2008）

四、伽藍は東西に溝状遺構を持ち区画されるが、南辺と西辺は自然の川を寺域として利用している。

五、寺域北東の山麓部では、講堂北側から金堂北側を経て東塔北側まで、長さ約六〇メートル・高さ約三メートルの切土がなされ、寺域を確保したとみてよい。発掘調査では、寺域の平坦地造成は一気になされたと報告され、山麓斜面を切土した土は伽藍の整地土などに使用したのであろう。

六、伽藍の東西に掘られた南北方向の溝は、講堂に取りつかない。

七、試掘調査報告書では、南塔心礎から南へ約二〇メートル付近のトレンチで、掘込地業を持つ基壇状のものを確認したとの記述がみえるが、中門と回廊は未確認とされる(第120図、国府町教委二〇〇三)。

八、伽藍はほぼ同時に造営されたとされるが、講堂基壇は金堂と東塔に後れて造成された可能性もあることから、北東日本古代山寺群と同じように、二時期から三時期となる堂宇群の造営過程に類似する可能性がある。伽藍の造営が二時期となる場合、伽藍地の造成が一気になされたとの発掘調査報告を考え合わせると、最初期の伽藍地造成を一時期とみれば、三時期程度の造営過程も考えられようか。

九、伽藍東側溝状遺構の東側の11トレンチ内西部からは、土器類が多数出土しており、伽藍地東側隣接地点には、何らかの遺構群が埋もれているのであろう。寺を維持管理するための何らかの機能を持つ場所(院)なのであろう。

一〇、東塔北側の山裾に何らかの遺構があるのではないかとの指摘もみられる。

一一、発掘調査出土遺物には、須恵器底部や蓋がやや多くみられるようであるが、群馬県黒熊中西遺跡では講堂から転用硯が出土しており、栃本廃寺跡にも転用硯が含まれているのかどうかの再検討も必要となろうか。

一二、寺跡の西方山麓には、六世紀後半の栃本古墳群が位置する。寺跡は、古墳群に隣接して造営されたと言ってよい。古墳群は、山腹に七基が確認されており、横穴式石室を持ち、舟の線刻を持つ古墳や、装飾古墳が知られる。

一三、因幡国の古代寺院一二遺跡と、伯耆国の古代寺院一三遺跡の、合計二五遺跡のうち、栃本廃寺跡だけが非瓦葺の堂塔となる寺である(中原二〇一九)。

また、栃本廃寺跡の寺域内外の状況は、十分に解明されているわけではなく、特に回廊は発掘調査において確認しづらい場合がある(上原一九八六：三一五〜三一六頁)とされている。

このような寺院の自然環境上の立地を、俗地との隔絶性（上原一九八六）とみなすことができるかどうかは、更なる検討も必要となるのであろうが、現時点では、北東日本の多くの古代山寺遺跡に類似する立地とみてよいのであろう。そして先に示したように、この寺の伽藍が地形的な制約を受けている点は、いわゆる「山寺」「山岳寺院」の特徴の一つ（時枝二〇〇三）であることが指摘できよう。また、山麓を約六〇メートルにわたり切土していることは、多くの山寺遺跡で斜面を切土して法面と平場を造成する手法に合致するといえる。

このように、山寺類型論から栃本廃寺跡を総合的に考えれば、現時点では古代山寺遺跡と考えることが可能である。栃本廃寺跡の造営者において、「山寺」を構えようとした企図があったかどうかは、推し量ることはできないが、少なくとも現代考古学における古代寺院分類では、各国国分寺制が導入される以前に創建され始めた古期山寺の一群に栃本廃寺跡が属すると考えることは可能であろうし、現時点では先に示した特徴から考えて山寺遺跡の一つの在り方を示していると考えざるを得ないのであろう。

栃本廃寺跡の講堂基壇は、金堂と東塔に後れて造成された可能性も看取されることから、北東日本の山寺遺跡での二時期から三時期に亘る堂宇群の造営過程に類似する状況を示しているのであろう。そして栃本廃寺跡は、著者の山寺類型論に照らし合わせると次のようになる。

古代から中世までの時間軸を用いた存続期間類型では、古代に創建され古代のうちに廃絶することから、栃本廃寺跡は、1類「古代創建古代廃絶型」となる。平場構造による類型では、山麓の斜面に階段状・雛段状の平場群となることはなく、伽藍が同一平面上に造営されていることから、「一面性平場構造山寺」と捉える視点を取りたい（第123図）。

古代山寺の伽藍配置類型では、南面する堂塔が南から北へ連なる様相を示すことから、栃本廃寺跡は、Ⅰb類「縦

第123図　鳥取県栃本廃寺跡近景(手前は東塔跡、東から、著者撮影)

列系集中型」の可能性があろうか。

因幡国域では、七世紀後半から八世紀後半に創建された古代寺院には、岩井廃寺・岡益廃寺・玉鉾等ヶ坪廃寺・因幡国分寺・土師百井廃寺・菖蒲廃寺・吉岡大海廃寺・寺内廃寺・大権寺廃寺・上原廃寺があり、栃本廃寺を含めると一二カ所が知られる。また伯耆国域では古代寺院として、弥陀ヶ平廃寺・野方廃寺・大原廃寺・大御堂廃寺・伯耆国分寺・伯耆国分尼寺(法華寺畑遺跡)・石塚廃寺・藤井谷廃寺・斎尾廃寺・上淀廃寺・高田原廃寺・大寺廃寺・坂中廃寺がある。これらの中で堂塔に瓦を持たない寺は、栃本廃寺跡のみである(中原二〇一九)。

因幡国・伯耆国の古代寺院では、伯耆国の斎尾廃寺と大寺廃寺が法隆寺式の伽藍配置を持ち、その他に法起寺式の伽藍配置を持つ寺院跡として、岡益廃寺・土師百井廃寺・大原廃寺があり、観世音寺式伽藍配置には大御堂廃寺が知られる。栃本廃寺跡の伽藍配置は、金堂と東塔が先行して七世紀末から八世紀前半には造営され始めたとみられる状況から、法起寺式系の伽藍配置が意識された可能性が看取されるのであろうか。

なお茨城県山尾権現山廃寺は、筑波山の標高約二六〇メートルの山腹の平坦地に造営された九世紀初頭頃創建の古代一面性平場構造山寺であり、回廊は不詳ながら、中門とみられる遺構が確認されるなど、法起寺式系の伽藍配置を想定する見方もある。また筑波山の峠を越える道に面し、筑波山の東西を結ぶ重要な交通路に面しているが、この栃本廃寺跡も、古代因幡国から但馬国への山沿いの主要道路に隣接するという共通点がある。

栃本廃寺跡の古代における社会的立地に関しては、古代因幡国の東端部に位置することからC類「国界域山地型」であろうが、銅の産地であった伝承からみて、生産遺跡の範疇に入るとみられる鉱山遺跡に隣接する山寺遺跡と考えることもできようか。鉱山遺跡が発掘調査などで確認されれば、D類「窯業製鉄地域隣接型」にも関連するため、山寺遺跡の立地分類をD類「窯業製鉄鉱山遺跡隣接型」と更新することが必要かどうか、今後の検討課題となろう。これらのことは奇しくも、古代「山寺」の環境にあり、「山林寺院に準じた性格」であるのではないかとの予見(津川二〇〇二)に通ずるものとなろう。

そうした遺跡状況の中でも、山中の立地に関しては、奈良県比曽寺《ひそでら》跡との共通性を窺うことができると思われる。考古学からみた比曽寺跡は、大和における最古の山寺(大西貴夫二〇一六)と考えられており、寺の南方以外の三方を丘陵に囲まれている。寺は、二本のほぼ並行する川が南流し、その合流地点がY字形となる付近の平坦な場所に造営されている(上野川二〇一八)。栃本廃寺跡も、大石川の北岸に位置するのではなく、大石川と谷川の合流地点に造営されているという視点を持つことが必要であろう。比曽寺跡では、初期山寺の造営位置が確定されているわけではないが、現在の比曽寺跡境内の薬師寺式伽藍配置の双塔の礎石の場所とその北側に金堂と講堂が推定されており(大西貴夫二〇一六)、寺域は川によって画され、後方には山が迫り、南方に視界が開け吉野を遠望できるという立地となる。

その比曽寺は、宮都外縁の山寺であり、日本最古級の一面性平場構造山寺である可能性が考えられる中で、古代因幡国栃本廃寺跡の在り方は、今後の古代山寺研究の重要な遺跡となろう。

山寺遺跡が古墳に隣接する事例は、北東日本では福井県明寺山《みょうじやま》廃寺・愛知県全福寺《ぜんぷくじ》跡・福島県高寺山《たかてらやま》遺跡があり、南西日本では栃本廃寺跡に栃本古墳群が隣接する。なお、古墳時代の推定水源祭祀遺跡を谷部に持つ山寺遺跡は、新潟県弥彦山の西部に続き、弥彦山との一体性を持つ国上山中腹に北陸最大級の平場群を持つ新潟県国上寺にある。その場所は、北陸道が佐渡国へ向かう海岸に近い要地であり、山寺からは八～九世紀の土師器・須恵器・瓦が出土し（上野川二〇一八：三四〇～三四一頁）、谷部からは六世紀中葉の須恵器杯などが出土している。

福井県明寺山廃寺では、山寺本堂北側隣接地点山頂に、明寺山古墳（風巻3号墳）がある（古川ほか一九九八）。古墳は、寺域北辺となるようであるが、山麓の鐘島遺跡が北陸地方の有力豪族であり檀越である佐味氏の集落であろうから、明寺山古墳は佐味氏の祖霊に関係する奥つ城（奥津城）と考えることができる。発掘調査報告書にもあるように、古墳と山寺の一体性が窺える。

愛知県全福寺跡は、三河湾を望む御堂山（三六三メートル）と砥神山（二五二メートル）の間の山腹谷部の標高二四六メートル付近に造営された古代創建古代廃絶型の一面性平場構造山寺である（三河山寺研究会・三河考古学談話会二〇一〇、上野川二〇一八：二九一～二九二頁）。全福寺跡には、隣接して荒井古墳が山寺の南東斜面を登った場所にある。平面距離では山寺から約一〇〇メートル離れており、山頂の標高は二六五メートルである。著者は、全福寺跡を踏査した際に古墳もみてきたが、古墳は七世紀末に築造され横穴式石室を持つ。全福寺跡は、標高二四六メートル付近であり、古墳は伽藍地隣接地点となり、山寺寺域の東辺を画するものとみられ、九～一〇世紀の山寺と七世紀末古墳の一体性が窺える事例であろう。

福島県高寺山遺跡では、九世紀初頭頃までには創建された山寺の西方に隣接する山頂に、古墳時代前期の前方後方墳かと推定されている古墳が位置する(会津坂下町二〇一七)。山寺との関係は、現時点では不詳ながら、古墳は寺域西辺を示す可能性がある。古墳は、その北方の只見川南岸と南方に開ける会津盆地の境界に築造されたものと考えられている。

こうした古代山寺とその前代の古墳との関係が論じられることは、今までほとんどなかったが、大和岡寺の場所は聖地であったこと(大西貴夫二〇一六)や、著者が主張する霊地性との関連も視野に入れる必要があろう。

栃本廃寺跡の発掘調査報告書では、最後に、寺院を建立した豪族はこの地域に強い執着・愛着を持っていたと結ぶが、そうした観点を重視すれば、栃本廃寺跡の建立場所は、栃本古墳に隣接する大石川と谷川の合流部以外になかったと考えることが許されるかもしれない。それを、栃本古墳群からの同祖同族的関係(倉本二〇一六)を主張するための造営者の強い意志が反映されていると考えることも可能かもしれない。そこに山寺造営地の霊地性・聖地性があったのかもしれない。なお、栃本廃寺跡を著者が最初に西方や南西から見たとき、山寺の北東背後に横長の半円形を呈する山が目に入り、神名備(神南備)形の山とみえたことを付記しておきたい。

そして、因幡国庁の北東山腹に造営された因幡国の有力豪族の娘である伊福吉部徳足比売《いふきべのとこたりひめ》の墓跡から出土した青銅製骨蔵器と、そこに記された八世紀初頭の和銅年間(七〇八~七一五)に火葬された記録などの歴史的状況が、栃本廃寺跡の創建時期に近いことから、古代氏族である伊福吉部(いふくべ・いほきべ)氏と山寺である栃本廃寺跡が関係してくるのかどうかなど、明らかにされることを期待したい。

なお、伊福吉部氏は大化前代から中央につながる氏族で、「伊福」は息吹「いぶき」で、製鉄の送風に係わるという説がある。栃本廃寺跡は、「献銅」の史料や、近隣の鉱山遺跡にも通じる歴史的状況の中に存在している。

また、北東日本における古代山寺の造営氏族に関しては、武蔵国高岡寺院跡が渡来氏族である高麗氏との関係が強いのではないかとの視点が早くに提出されている（高橋一夫一九七八）。高岡寺院跡は、埼玉県高麗神社と聖天院の西方一キロの山腹に八世紀中葉から後葉には造営された山寺である。

越前国明寺山廃寺は、先に触れたように北陸古代有力氏族である佐味氏との関連が指摘されており、北陸道の駅路には佐味駅が設置されるなどの状況がある。古代下野国では、八世紀後半の下野国分寺の造営に連動して、三《み》毳《かも》窯跡群の北端に、八世紀後半創建の山寺である大慈寺（大慈山寺・小野山寺）が、中央官人の近江氏族である小野氏により造営された。そこには八世紀中葉に下野国司となった小野《おのの》小贄《おにえ》の関与も想定され、九世紀前葉の弘仁年間（八一〇～八二四）における最澄の東国巡錫を経て、天台宗寺院となっている（上野川二〇一八）。

北東日本においては、そうした渡来人や古代氏族が山寺の造営者であった可能性が強いとされる場合も散見されるが、古代因幡国の栃本廃寺跡周辺の歴史的状況からは、有力豪族であった伊福吉部氏が関係していたのかどうかという視点も見逃すことはできないであろう。

栃本廃寺跡については、『国指定史跡事典』（学生社編集部編二〇一二）において、「山間地に位置しており、山寺などと呼ばれる地方寺院の実態が判明したことは、古代仏教史研究上、また寺院の性格を考える上で意義深い」との見解が記されている。なお、栃本廃寺跡の他に、鳥取県域となる古代の伯耆国・因幡国では、高田原廃寺・大原廃寺・岡益廃寺なども山寺であった可能性が指摘されている（中原二〇一九）。

結章　本書の結論と山寺考古学の課題

一　本書の結論

本書は、日本考古学における山寺（山岳寺院・山林寺院）の研究史を踏まえつつ、著者が専門とする考古学の方法論から、山寺遺跡の発掘調査によって得られた遺構と遺物の考古資料を精査し解読し、発掘調査の経験に裏打ちされた遺構群の解釈を、斬新的に行なうことを一つの目標とした。

前冊（『古代中世山寺の考古学』岩田書院、二〇一八）に続き、今回も、限られた山寺遺跡の発掘調査報告書などを扱うという限界の中で、それらを読み解き、著者の山寺類型論の論証に必要な資料を独自に作出するなどの作業を行なってみた。

いわゆる山寺の特性として、古代の七世紀代から中世を経て、近世初頭頃に寺院機能を山麓に移しつつも、近世から近代以降まで存続するということもあり、前冊では、こうした長い時間軸の中での山寺遺跡の存続と廃絶を考察し、また畿内とその周辺から北東日本全域の空間軸における山寺遺跡の在り方を概観した。そして、古代から近世初期までの山寺遺跡の消長を類型化し、その類型名称を模索しつつ提示した。

そこでこの結章では、今回本書で論じた要点を以下に記し、また今後の展望などをもここにまとめておくこととした。

本書では、北東日本における多段性平場構造山寺と一面性平場構造山寺の垂直方向平場構造などを視覚的にわかりやすく図示したことで、一面性平場構造山寺と多段性平場構造山寺の造成方法が根本的に異なっていたことが判明したと思われる。そして、多段性平場構造山寺における垂直方向の空間構成について考え、その一部についての私見を示した。次に、北陸・山陰・山陽・四国・九州の山寺遺跡を概観したが、その多くは古代創建の多段性平場構造山寺遺跡であり、階段状・雛段状の平場群が上下に造成されるという状況は、北東日本の古代山寺と同じであった。

南西日本における古代山寺の立地も、細長い谷の奥のやや閉鎖されたような空間を占地し、その山腹斜面に多数の平場群を階段状に造成し、その上位に山寺中枢部を造営した状況も、北東日本の古代山寺遺跡の立地・特徴と同じであった。その事例として、島根県鰐淵寺《がくえんじ》が挙げられよう。

また、谷の出入り口は狭いものの、谷部の空間が広大な寺域となる熊本県池辺《ちへんじ》寺跡や愛媛県中世等妙寺跡など、大規模な山寺遺跡は、北東日本における埼玉県旧慈光寺跡に類例をみることができる。

古代山寺平場構造に関しては、南西日本における古代一面性平場構造山寺として鳥取県栃本廃寺跡を検討したが、今後も南西日本における類例を広く求めることが必要となる。古代創建の一面性平場構造山寺は、北東日本と鳥取県栃本廃寺跡において、古代創建古代廃絶型の存続期間類型を示すことから、南西日本の古代寺院跡の中にも一定数の造営があったものと推測される。南西日本各地の発掘調査事例を精査する作業などが必要となろう。

近年、福島県会津坂下町高寺山遺跡が発掘され、鉄鉢形土器などの土器類や九世紀の石敷遺構などが確認されている（会津坂下町教委二〇一八、吉田二〇一九）。遺跡地には複数の平場群が造成され、発掘調査資料から、現時点で詳細な時期は確定されていないものの、高寺山遺跡は八世紀末から九世紀初頭頃に建立され、古代末から中世初頭の一二

第5表　11～12世紀の社会・宗教状勢

	11C後半	12C前葉	12C中葉	12C後葉
中尊寺		創建（1105） 金色堂創建（1124） 大池の造作（12C前葉）（長軸120m） 金鶏山経塚の造営（約20基）		大池の改変（12C後葉）（長軸90m）
延暦寺	白山平泉寺を末寺化（1084）	中尊寺の創建に関係（1105）（註1）	加賀白山宮を末寺化（1152）	
園城寺	増誉が初代熊野三山検校に（1090）	増誉が天台座主、延暦寺の反対で翌日辞任（1105）		
金剛峰寺	白河上皇高野山に参詣（1088、1091）	覚鑁、金剛峰寺座主（1134）	（根来寺創建・1140）	（根来寺分立・1288）
熊野那智大社 青岸渡寺 補陀落山寺 熊野速玉大社 熊野本宮大社	白河上皇熊野に参詣（1090）	本宮・備崎経塚（39基）（1121）（註2） 行誉・那知経塚の造営（1130）（註3）	那知経塚の造営（1156～1192） 熊野三山統一（12C前半）	
備　考	白河上皇院政（1086～） 大山寺衆徒上洛強訴（1094）	伯耆一宮経塚鋳銅製経筒（1103）（註4）	富貴寺大堂（1147頃）	播磨一乗寺三重塔建立（瓦銘1174）

（上野川2021作成）

註1　菅野成寛「平安期の奥羽と列島の仏教―天台別院・権門延暦寺・如法経信仰―」『兵たちの極楽浄土』高志書院　2010年

註2　時枝　務「二　熊野の台頭」『山岳宗教遺跡の研究』(第二章中世大峰山の空間構造) 岩田書院　2016年

註3　時枝　務「那智経塚考」『山岳修験』第37号　2006年ａ

註4　伯耆一宮倭文神社境内（直径16m、高さ1.6m）。『図説日本の史跡第五巻　古代二』同朋舎出版　1991年

世紀頃には廃絶したと考えられ、存続した期間などからみて、古代創建古代廃絶型の多段性平場構造山寺と考えられよう。

この時期には、北東日本においては延暦寺が北陸で勢力伸張を行ない、一二世紀初頭には岩手県中尊寺までその影響を与える。これに対して一二世紀前半には、熊野三山で経塚の造営が隆盛し、三山の統一が成るという(第5表)。

また、最近の長野県北信濃の仏像と経塚出土遺物の報告からは、多数の山寺遺跡が分布していることが推察される(長野市立博物館二〇一九)。古代中世山寺等と寺社・経塚等の全国的な位置関係については第125図に示した。

長野県域では、前冊で、九世紀の土器を持つ大町市山寺《やまでら》廃寺と、多段性の平場群と礎石建物跡と緑釉陶器・灰釉陶器・鉄滓を持つ松本市牛伏寺《ごふくじ》堂平遺跡・中野市建応寺《げんのうじ》跡について記した。その他、松本市波田の白山山腹の若澤寺《にゃくたくじ》跡の上方の元寺場跡(元寺場遺跡、第124図)では、断面三角形の高台を持つ九世紀後半の灰釉陶器椀や、一〇世紀の灰釉陶器の底面に「安養□」の墨書を持つ遺物が出土している(波田町教委二〇〇二)。この元寺場跡は、九世紀末から一一世紀の複数の灯明皿や、一〇世紀

の緑釉陶器小瓶が出土するなど、古代創建の山寺遺跡である。山寺中枢部の二基の基壇隣接部からは、椀形鍛冶滓などの鉄滓が複数出土しており、北東日本の古代山寺遺跡で複数確認されている古代堂宇を載せる中枢平場の鍛冶操業と同じ状況を示し、鍛冶の操業があったことは確実である。なお同じトレンチからは、鋳型とみられる遺物もあり、古代山寺での鋳造があったのかどうかが問題になろう。

若澤寺跡においても古代土器類が出土しており、両遺跡ともに多段性平場構造山寺であるが、瓦の出土はない。遺跡では、中世から近世の遺物と遺構も多数確認されており、明治の廃仏毀釈による建造物・仏像・仏具等の移転先まで判明している全国でも稀有な事例といえよう（波多町教委二〇〇五・二〇〇七、長野県立歴史館二〇一〇）。

前冊では、考古学の研究史上にも大きな影響を与えた仏教史の成果から、本寺と山寺という構図のみではなく、山寺が古代の社会経済的状況下における手工業工人集団と密接な関連性を持つ可能性を予測した。そして、生産遺跡的観点からは、古代山寺では山林修行を行ないつつ薬湯などの生産活動があった可能性を間接的に示唆した。山寺における宗教活動と並立した可能性がある生産活動などの在り方を見極めてゆくことも必要であろう。

なお、個別の山寺遺跡の建物群の遺構構造などからみた建物の性格や、出土遺物からみた遺構の性格付けと山寺遺跡の宗教的変遷などについては、本書で個別に論じるには至らなかったが、各山寺遺跡のそうした側面からの個別分析の積み重ねにより、各地における古代山寺遺跡の実態が判明してくることは論をまたない。

そうした中で、古代山寺と神祇の関係では、北東日本の複数の山寺遺跡で、何らかの施設となる遺構などや、神域の可能性を持つ平場空間が、本堂域の上位斜面に古代創建時頃から造成された可能性を指摘した。その空間からは、遺構が確認された事例は少なく、遺物の出土も少ないことが特徴であり、そのことが古代山寺遺跡最上段空間の小規模平場の特徴となろう。古代山寺の造営にあたり、地主神などの神祇を祀り、造営地を鎮祭したとすれば、それはか

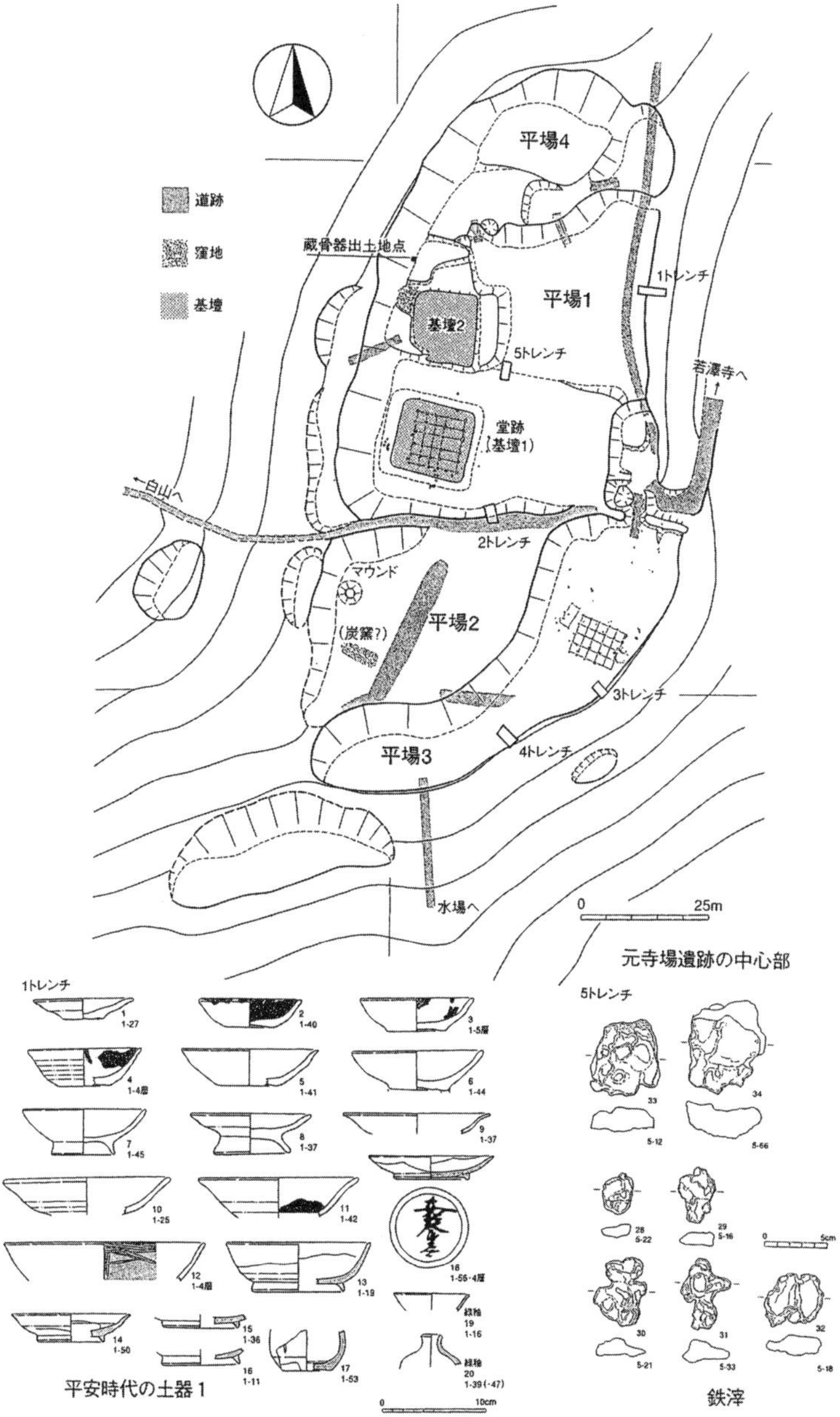

第124図　長野県元寺場遺跡中心部実測図(上段)、1トレンチ出土土器実測図(下段左)、5トレンチ出土鉄滓実測図(下段右)(波田町教育委員会2002を改変)

って石田茂作が山岳伽藍の中に「鎮守」を位置づけている（石田一九七五）ことに通底するのであろう。
これは、国分寺の造営にあたり、古代山寺が国分寺とセットで造営された可能性があるという見方（須田二〇〇二）と同じく、古代山寺の創建時には、神祇を意識した空間や施設がセットで造成・造営された可能性があるのかという問題は、慎重に論証を積み重ねることが重要であろう。

次に、平場構造による類型（「一面性平場構造山寺」「多段性平場構造山寺」）と、伽藍配置による類型（Ⅰ類縦列系配置型・Ⅱ類並列系配置型・Ⅲ類散在系配置型）の関係をまとめておきたい。

古代創建中世存続型山寺においては、多段性平場構造山寺が多く、その伽藍配置はⅡ類並列系配置型かⅢ類散在系配置型である（上野川二〇一八：一〇〇～一〇八頁、三八二～三八四頁、三九九頁）。Ⅱ類並列系配置型は、主要堂宇の配列方法が尾根の稜線下の斜面に等高線に沿って横方向に並列的に構える山寺の一群である（上野川二〇一八：三六四～三六五頁、三八三～三八四頁）。

一〇世紀に山寺での活動があった福島県流廃寺跡がこのⅡ類の代表例となろう。流廃寺跡では、北東から南西に延びる直線的な尾根の頂部直下の標高三一八～三二三メートルの間に、北東から南西に連なるように堂宇九棟が三時期に亘り造営された。なお、山寺における並列系配置型の原初形態は、比叡山寺（延暦寺）横川《よかわ》の横川中堂と根本如法堂にあるのではないかとの予測を示した（上野川二〇一八：三七七頁）。この横川中堂と根本如法堂は、標高六一〇メートルの平場に谷を挟んで並列し、九世紀中葉から後葉に創建造営されている。

Ⅲ類散在系配置型は、尾根上や山腹斜面に堂塔を散在的に配置するもので（上野川二〇一八：三八三～三八四頁）、群馬県宇通遺跡（宇通廃寺）や岩手県国見山廃寺跡などがこれにあたり、一定数の古代山寺遺跡が該当する。Ⅳ類コの字・L字系配置型は、古代における官衙的な建物配置を山中の堂宇に採用している一群であり、一面性平場構造山寺に造営された。その存続期間は、八世紀中葉から一一世紀代までで、中世には存続しない1類古代創建古代廃絶型の山寺群である（上野川二〇一八：一〇〇～一〇八頁、三八四頁、三九九頁）。

Ⅱ類並列系配置型、Ⅲ類散在系配置型、Ⅳ類コの字・L字系配置型は、前冊と本書において複数の遺跡の平面図などを提示してある。

これに対して、Ⅰ類縦列系配置型は、主要堂宇が尾根上などに等高線と直行する方向に配列される一群を基本とするが、回廊を持たない平地伽藍を山中に持ち込んでいる山寺遺跡の一群も含めてみた（上野川二〇一八：一〇八頁、三六〇～三六一頁、三八二～三八四頁）。縦列系配置型の代表例は、福島県慧日寺《えにちじ》観音堂跡となろうが、前冊などでは、愛知県大山廃寺跡もその範疇と考えたが、茨城県山尾権現山《やまのおごんげんやま》廃寺とともに今後に更なる検討が必要となろう。

奈良県室生寺（室生山寺）は、室生川に面する山麓斜面に雛段状の平場が複数段造成されており、南面する平安時代初頭の金堂の上方に、奈良時代末の五重塔が建立されている（大西貴夫二〇一六）。寺域内からは瓦の出土はなく、他の堂舎状況は不詳な部分もあろうが、現時点では、塔と金堂は南北方向では少しずれながらも山麓斜面に縦列的に南面していると考えてもよいのではなかろうか。

このように室生寺は、金堂から約八〇メートル離れた最上部域の位置に塔が創建されており、多段性平場構造山寺とみることができる。その伽藍配置は、Ⅰa類縦列系分散型と考えることができ、八世紀前半以降には創建されていた愛知県大山廃寺跡の塔と同じく、山寺寺域内の最上部域に塔が位置する伽藍配置となるのであろう。

なお、発掘調査事例ではないが、福井県明通寺《みょうつうじ》境内からは、九世紀の須恵器・土師器が出土しており、現在みられる平場群も山麓の比較的急斜面に六段以上の多段性となっていることや、細長い谷を遡ったところで、川に面する山麓に位置することなどからみて、古代創建中世存続型近世存続系（2b類）の山寺とみてよい。若狭神宮寺の東側の谷に

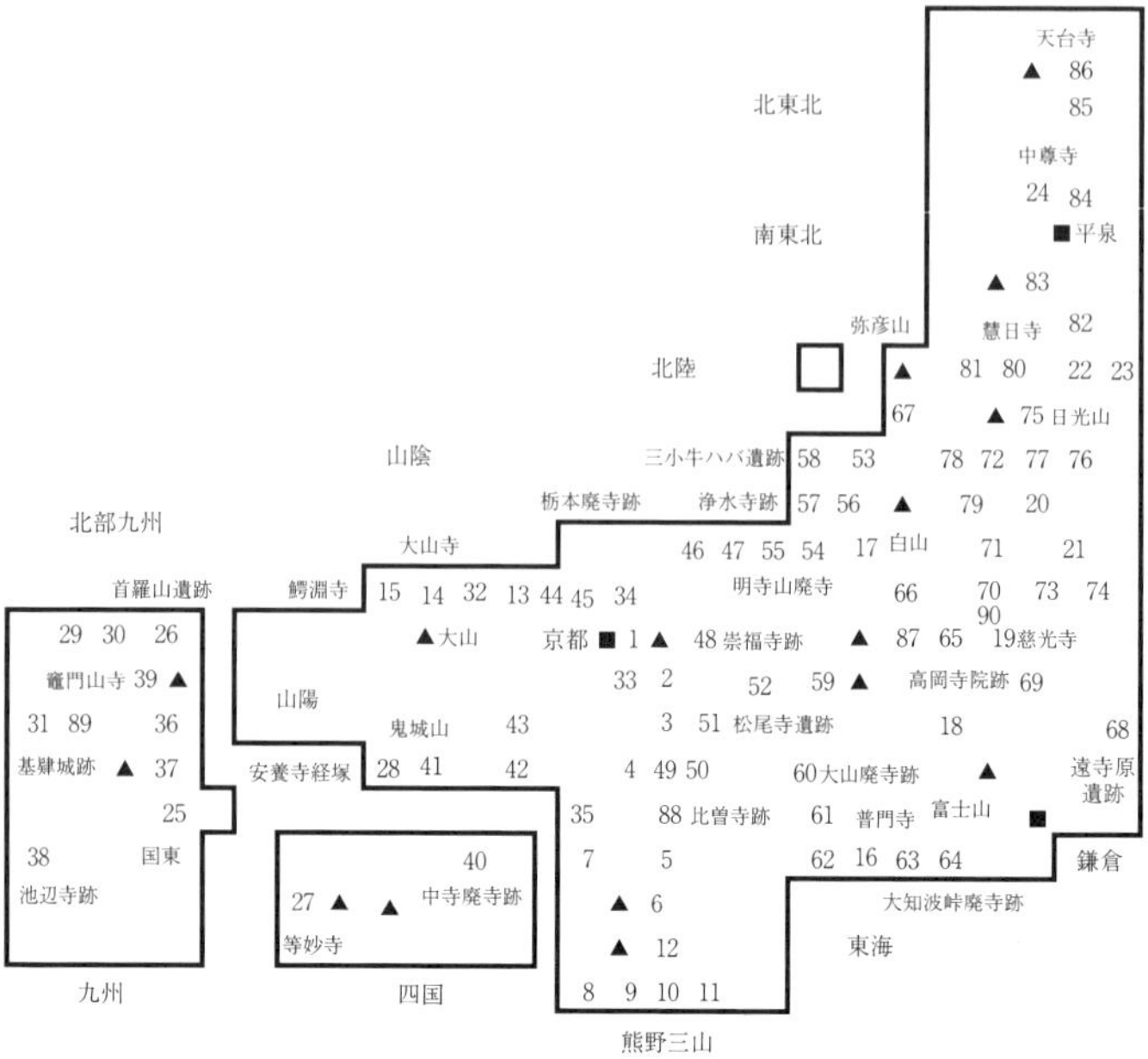

1 延暦寺（東塔・西塔・横川）
2 園城寺
3 平等院鳳凰堂
4 興福寺
5 金峯山寺
6 金剛峰寺
7 根来寺
8 熊野那智大社
9 青岸渡寺
10 補陀落山寺
11 熊野速玉大社（新宮）
12 熊野本宮大社
13 三仏寺・投入堂
14 大山寺
15 鰐淵寺
16 普門寺（元堂・元々堂）
17 白山平泉寺
18 大善寺・柏尾山経塚
19 慈光寺
20 大慈寺（小野山寺）
21 東城寺・東城寺経塚
22 米山寺・米山寺経塚
23 流廃寺跡
24 中尊寺
25 富貴寺
26 首羅山遺跡
27 等妙寺
28 安養寺経塚・浅原寺
29 武蔵寺経塚
30 四王寺山経塚
31 霊山寺跡
32 伯耆一宮経塚
33 鳩ヶ峰経塚
34 鞍馬寺経塚
35 施福寺槇尾山経塚
36 宇佐神宮
37 長安寺、長安寺経塚
38 池辺寺跡
39 竈門山寺
40 中寺廃寺跡
41 鬼城山（鬼ノ城跡）
42 滝ノ奥遺跡（山寺・経塚）
43 旧金剛寺跡
44 栃本廃寺跡
45 加陽大市山遺跡
46 若狭神宮寺
47 明通寺
48 崇福寺跡（志賀山寺）
49 岡寺
50 室生寺（室生山寺）
51 笠置寺
52 松尾寺遺跡
53 真興寺跡・円念寺山経塚
54 明寺山廃寺
55 大谷寺遺跡
56 松谷廃寺
57 浄水寺跡
58 三小牛ハバ遺跡
59 大威徳寺跡
60 大山廃寺跡
61 猿投神社西ノ宮遺跡
62 全福寺跡
63 大知波峠廃寺跡
64 堂ヶ谷廃寺・経塚
65 牛伏寺堂平
66 山寺廃寺・経塚
67 国上寺
68 遠寺原遺跡
69 高岡寺院跡
70 馬騎の内廃寺
71 黒熊中西遺跡
72 宇通遺跡（宇通廃寺）
73 山尾権現山廃寺
74 筑波神社境内遺跡
75 日光山・中禅寺
76 華厳寺跡
77 毘沙門堂
78 嚴山遺跡
79 唐松遺跡
80 慧日寺
81 高寺山遺跡
82 霊山寺跡
83 立石寺
84 金鶏山経塚
85 国見山廃寺跡
86 天台寺
87 若澤寺跡・元寺場跡
88 比曽寺跡
89 基肄城跡
90 埼玉中山廃寺

第125図　古代中世山寺等と寺社・経塚等の位置関係模式図(8～12世紀を中心に)(上野川2022作成)

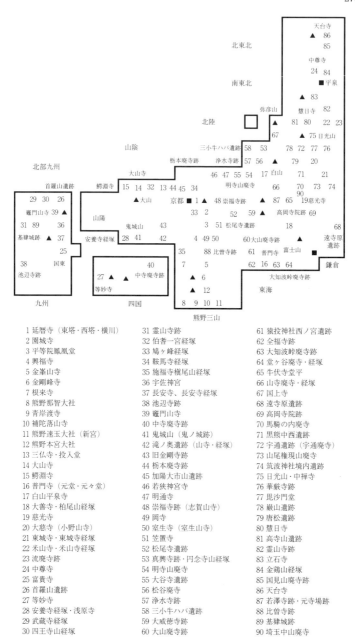

第6表　古代山寺の寺域内平場形態からみた二類型の概要

寺域内平場構造からみた山寺の区分	一面性平場構造山寺	多段性平場構造山寺
遺　跡　名	福島県慧日寺跡戒壇地区、茨城県山尾権現山廃寺、千葉県遠寺原遺跡、千葉県小食土廃寺、静岡県幡教寺跡、静岡県岩室廃寺、愛知県全福寺跡、石川県松谷廃寺跡、石川県三小牛ハバ遺跡、石川県大谷寺遺跡山上伽藍、福井県明寺山廃寺、鳥取県栃本廃寺跡等	群馬県黒熊中西遺跡、群馬県宇通遺跡、群馬県唐松廃寺、岩手県国見山廃寺跡、栃木県大慈寺旧跡、栃木県華厳寺跡、栃木県太山寺月輪坊跡・円通寺跡、福島県高寺山遺跡、福島県米山寺跡、福島県慧日寺跡観音寺地区、茨城県東城寺、茨城県筑波山神社、埼玉県馬騎の内廃寺、埼玉県高岡寺院跡、埼玉県旧慈光寺跡、埼玉県中山廃寺、山梨県大善寺、長野県牛伏寺堂平、長野県大町市山寺廃寺、静岡県建穂寺跡、静岡県南禅寺遺跡、静岡県伝真萱寺跡観音堂跡、愛知県太陽寺址、愛知県猿投神社西ノ宮遺跡、愛知県大山廃寺跡、愛知県財賀寺跡、岐阜県大威徳寺跡斜面平場群、滋賀県延暦寺西塔、滋賀県金勝寺跡、滋賀県松尾寺遺跡、石川県浄水寺跡、群馬県巌山遺跡(榛名神社遺跡)、群馬県水沢廃寺、京都府如意寺跡、京都府神護寺、京都府補陀落寺跡、奈良県室生寺、兵庫県旧金剛寺跡、島根県鰐淵寺、香川県中寺廃寺跡、福岡県竈門山寺跡、福岡県堂ヶ尾廃寺、佐賀県霊仙寺跡、大分県長安寺、熊本県池辺寺跡等
平場造成方法	一面的であるため、階段状平場構造とならない	多段的なので、階段状・雛段状の平場構造となる
創建時期	主に8世紀中葉頃から9世紀前半 7世紀末から8世紀前葉頃に創建された山寺あり	主に8世紀中葉頃から10世紀前半頃 7世紀末から8世紀前葉頃に創建された山寺あり
廃絶時期など	8世紀末から11世紀代頃	9世紀末～12世紀に廃絶する一群と中世末頃まで存続する一群がある(中世に廃絶する一群と近世以降に存続する一群がある)
存続期間類型	1類(古代創建古代廃絶型山寺)	1類、2類(古代創建中世存続型山寺)、3類(中世創建型山寺)
立　地	主に丘陵上面や、山地尾根上平坦部や山麓など 山腹の盆地状平坦面、山間部の河川に囲まれた山麓緩斜面など	主に丘陵・山地の山腹斜面や山麓斜面など 細長い谷の川に面する山麓斜面、遮蔽された谷の川に面する山麓斜面など
伽藍配置	主に縦列系、コの字・L字系	主に散在系・並列系
仏堂(本堂)位置	一面性平場上	最上段または最上段付近の平場
僧　坊	南面する本堂の西側隣接地点(明寺山廃寺)、北面する本堂の北東隣接地点か(三小牛ハバ遺跡)、南面する仏堂の東側から北側か(遠寺原遺跡)	独立平場(黒熊中西遺跡1号建物跡)、独立平場(高岡寺院跡3号建物跡、8世紀後半～11世紀前葉)、中寺廃寺跡(B地区第2･第3テラス)
鍛冶工房等の位置と時期と特徴など	一面性平場端部(三小牛ハバ遺跡、寺域西端の斜面際、9～10世紀、竪穴状の推定専業鍛冶工房、台石・丸石出土) 伽藍近接部(慧日寺跡戒壇地区、掘立柱建物跡隣接地点に鍛冶炉)	寺域西部の独立平場(黒熊中西遺跡8号テラス・参道西側隣接斜面の平場、10世紀後半、竪穴状の掘込を持たない専業鍛冶工房) 多段性平場の中段付近(池辺寺跡百塚地区A地点・参道北側隣接地点の平場、9世紀中葉、竪穴状の掘込を持たない専業鍛冶工房、隣接する池の下層から鉄滓・鉄釘出土)
推定蘭院・花苑院の形態	一面性平場内(遠寺原遺跡)	寺域西部や本堂西側の独立平場(黒熊中西遺跡7号テラス、浄水寺跡Ⅱ-1･2テラス)
推定蘭院・花苑院の位置	仏堂西側(遠寺原遺跡)	本堂西側(黒熊中西遺跡では本堂北西約50m、浄水寺跡では本堂南西隣接地点)
本堂背後の空間と施設	堂宇や雑舎群(竪穴建物)など	小規模平場がみられる場合あり(礎石建物、黒熊中西遺跡、松尾寺遺跡、旧金剛寺跡、9～10世紀、地主神などを祀る社殿か)
山寺の寺域境界・区画の特徴	周囲が深い谷の場合が多い、伽藍を溝で区画する場合がある(千葉県小食土廃寺、鳥取県栃本廃寺跡)	山寺周囲の尾根や谷、巨岩が山寺の結界とみられる場合あり(静岡県大知波峠廃寺跡、栃木県大慈寺旧跡)
出土文字資料	千葉県遠寺原遺跡では「山寺」墨書土器3点、石川県三小牛ハバ遺跡では「□山山寺」木簡1点出土	愛知県大山廃寺跡では「山寺」刻書文字瓦20点以上出土
鉄鉢形土器出土遺跡	千葉県遠寺原遺跡3点、千葉県小食土廃寺、石川県三小牛ハバ遺跡18点以上、福井県明寺山廃寺1点、鳥取県栃本廃寺跡2点など	群馬県黒熊中西遺跡1点(台付鉄鉢形土器)、福島県高寺山遺跡1点、埼玉県高岡寺院跡2点、愛知県大山廃寺跡、静岡県大知波峠廃寺跡緑釉鉄鉢形土器1点(創建期仏堂に埋納)、長野県元寺場遺跡、石川県浄水寺跡5点、兵庫県加陽大市山遺跡10点、香川県中寺廃寺跡、福岡県堂ヶ尾廃寺、熊本県池辺寺跡など

(上野川2018第11表を改変して2023作成)

位置し、若狭神宮寺と同じく中世建立の本堂を持つ。塔と本堂はともに国宝指定となっており、一三世紀中葉から後葉に再建され、塔の場所は最上段の平場であることから、そこに古代創建の塔があった可能性が高いのであろう。

再建された金堂平場と塔を載せる平場の間には、古代以来の平場があったのであろうが、中世堂塔の再建時に削られ、その一部が方形に残る。明通寺は、若狭神宮寺と同じく多段性平場構造山寺で、存続期間類型では2類古代創建中世存続型となろう。発掘調査で確定されたわけではないが、中世再建の塔と本堂の場所に古代の塔と本堂が室生寺のように上下の位置関係で建立されていたならば、古代伽藍はⅠ類縦列系配置型が想定されよう。

鳥取県栃本廃寺跡は、先に触れたように存続期間では1類古代創建古代廃絶型の山寺であり、平場構造では一面性平場構造山寺とみる視点を示したが、その性格などは今後の研究に委ねられよう。前冊と本書における多段性平場構造山寺と一面性平場構造山寺の特徴などを再検討した結果を、第6表として提示する。

二　山寺考古学の課題

本書と前冊においては、北東日本と南西日本の古代山寺遺跡を概観し、現時点における山寺遺跡の調査研究状況を確認し、著者の山寺類型論などを示した。そのまとめと、今後の研究の方向性を記せば、次のとおりである。

【一】山寺遺跡の存続期間類型（1類古代創建古代廃絶型・2類古代創建中世存続型・3類中世創建型）は、古代から近世までの山寺遺跡の分類に有効であろう（第7表・第8表）。現時点における畿外の古代山寺創建時期は、第1表（23頁）に示した。

【二】古代山寺遺跡の平場構造類型（一面性平場構造山寺・多段性平場構造山寺）から山寺遺跡を判別すれば、日本全国で古代以降に多くの多段性平場構造山寺が造成されたことが判明した。また一面性平場構造山寺については、古代に創建され古代のうちに廃絶するという特徴を持つ一群として認められよう。その考古学的類型分類は、山寺遺跡研究に有用であろう(第6表)。

【三】畿外における古代創建古代廃絶型(1類)の現時点における多段性平場構造山寺の代表的遺跡として、群馬県黒熊中西遺跡・群馬県宇通遺跡・熊本県池辺寺跡百塚地区を挙げることができよう。また、畿外における一面性平場構造山寺の代表的遺跡として、茨城県山尾権現山廃寺・千葉県遠寺原遺跡・鳥取県栃本廃寺跡を挙げることができよう。

【四】考古資料以外では、本書で触れた京都府雲心寺絵図(第21・22図、70・71頁)において、一三世紀前葉頃の多段性平場構造山寺の平場群が描かれている。また、前冊で触れた京都府高山寺絵図(今泉一九九九)では、一三世紀前半の山麓の寺院中枢部に東西方向に八棟の堂塔社殿が並列して描かれており、川に画された山麓の山寺伽藍の状況を示すものと考えられる。

【五】北東日本における古代山寺の本堂背後に造成された小規模平場は、八世紀後半から一〇世紀創建の複数の山寺遺跡に確認されている。その性格は、現時点では不詳とせざるを得ないが、一つの可能性としては、山寺創建地の神(地主神など)などを祀ったものと考えることができよう。その場所は本堂の後方上位の本堂背後空間、または並列的伽藍配置の端部にあり、その性格については更なる精査研究が求められるものの、神域あるいは神祇的空間などの可能性が推測できよう。

こうした古代山寺とその造営地と神祇などについては、山寺造営の必須条件としてその立地環境を俗地との隔絶性に求める指摘(上原一九八六)などから、山寺は神の鎮座する山々である「浄処」に造営されたことなどが示されている(久保一九九九、後藤二〇一六)。広く古代中世山寺の事例では、「仏地の最奥部に神や権現を祀り、そこが霊山への

第７表　日本古代中世山寺存続期間類型分類表

類型区分	類型名称	類型細分	類型細分名称
1類	古代創建古代廃絶型	1a類	古代創建古代廃絶型飛鳥期創建系
		1b類	古代創建古代廃絶型奈良期創建系
		1c類	古代創建古代廃絶型平安期創建系
2類	古代創建中世存続型	2a類	古代創建中世存続型中世廃絶系
		2b類	古代創建中世存続型近世存続系
3類	中世創建型	3a類	中世創建型中世廃絶系
		3b類	中世創建型近世存続系

（上野川2018第9表を改変して2022作成）

第８表　日本古代中世山寺存続期間類型分類概念表

<table>
<tr><td colspan="2" rowspan="2">類型</td><td colspan="5">古代</td><td colspan="6">中世</td><td colspan="2">近世</td></tr>
<tr><td>7</td><td>8前半</td><td>8後半</td><td>9</td><td>10</td><td>11</td><td>12</td><td>13</td><td>14</td><td>15</td><td>16</td><td>17</td><td>18</td></tr>
<tr><td colspan="2">1類</td><td colspan="13">— 創建 — — — — 創建 → 廃絶（遺跡）</td></tr>
<tr><td rowspan="3">2類</td><td rowspan="2">2a類</td><td colspan="13">— — 創建 → （補修等） → 存続 → 廃絶 （遺跡）</td></tr>
<tr><td colspan="13">— — 創建 → （補修等） 存続 → （再建等） 存続 → 廃絶（遺跡）</td></tr>
<tr><td>2b類</td><td colspan="13">— — 創建 → （補修等） 存続 → （再建等） 存続 → （再建等） 存続 →</td></tr>
<tr><td rowspan="2">3類</td><td>3a類</td><td colspan="13">— — 創建 → （補修等） 存続 → 廃絶（遺跡）</td></tr>
<tr><td>3b類</td><td colspan="13">— — 創建 → （補修等） 存続 → （再建等） 存続 →</td></tr>
</table>

1類は古代創建古代廃絶型、2類は古代創建中世存続型、3類は中世創建型。数字は世紀。古代と中世の区分は、11世紀中葉。2類·3類では近世以降まで存続する寺がある。　（上野川2018第10表を改変して2022作成）

登拝口」となっているとの見方（時枝二〇二〇）などがある。

【六】畿内と北東日本の少数の山寺においては、九世紀から一二世紀代までに、間口幅一二〇メートルと間口幅九〇メートルの二種類の大規模な平場が造成されたとみられる。その平場の奥行は、一〇数メートルから二〇数メートルの規模のものが多い。それらの多くは、畿内から北東日本の多段性平場構造山寺の中枢部などに現存し、古代山寺伽藍配置類型では、Ⅱ類並列系配置型を示す山寺遺跡にその遺構例がみられる。それらを横長広大平場と命名した（上野川二〇一八：二六八～二六九頁、三九三～三九五頁）（第９表）。

【七】山寺遺跡の平場造成は、斜面の切土盛土が基本であるが、急斜面の場合は、いわゆる地山となる岩盤（岩塊）までも切り崩す場合がある。それは、「岩盤の削り出し」などとの表現で発掘調査報告書にみられる。鳥取県大山寺の中世平場遺構では、約三メートルの盛土状況が確認されており、平場造成を「造成地業」と表現しており注目される。

【八】群馬県黒熊中西遺跡の山寺遺跡における七点の硯の出土分布からは、講堂とその西側隣接建物から合計五点の転用硯（須恵器）が出土し、約五〇メートル離れた僧房からは円面硯（須恵器）が出土し、僧房には円面硯の他に当初は転用硯一点も付属していたものと考えられる。円面硯・転用硯は、山寺寺域内西半部からの出土であり、本堂とその東からは硯の出土はない。これは、一〇世紀代の山寺の空間機能の一つの在り方を示していると考えられる。

なお陶硯では、風字硯が遠寺原遺跡・池辺寺跡などから、二面風字硯（奈良文化財研究所二〇〇六・二〇〇七）が国見山廃寺跡・浄水寺跡から出土している。円面硯は、高岡寺院跡僧房南側・黒熊中西遺跡僧房跡・池辺寺跡からの出土がある。須恵器転用硯は、黒熊中西遺跡・遠寺原遺跡・明寺山廃寺・三小牛ハバ遺跡・浄水寺跡・中寺廃寺跡・池辺寺跡などにみられる。

【九】古代山寺の主に僧具としての性格を持つ鉄鉢形土器は、全国から出土している（第6表）。一面性平場構造山寺では、千葉県遠寺原遺跡・石川県三小牛ハバ遺跡・福井県明寺山廃寺・鳥取県栃本廃寺跡などにある。多段性平場構造山寺では、群馬県黒熊中西遺跡・福島県高寺山遺跡・埼玉県高岡寺院跡・愛知県大山廃寺跡・静岡県大知波峠廃寺跡・石川県浄水寺跡・兵庫県加陽大市山遺跡・香川県中寺廃寺跡・福岡県堂ヶ尾廃寺・熊本県池辺寺跡などからの出土が知られている。

【一〇】北東日本と南西日本の古代山寺遺跡では、八世紀後半から一一世紀前半頃までの僧房跡と考えられる建物跡が複数確認されており、その規模は桁行三間・梁行二間である。その遺構は、建替えがなされる場合も多い。

第9表　北東日本古代山寺遺跡大規模平場概要一覧表

	所在地	遺　跡　名	間口幅（約　m）	奥行（約　m）	平場規模	寺域内での位置	山寺創建時期（C）	大規模平場造成時期（C）	出土遺物、伝世品等	遺構特徴等	報告書等
1	滋賀県	比叡山西塔政所平場	87（元は90m）	22～30	30丈	最上段部	9	古代	常行堂・法華堂の東側下段　隣接地点	政所と呼ばれる平場	福永2008、上野川2018：P325、北谷には約160mの平場あり
2	京都府	補陀落寺跡	123	10～20	40丈	最上段部	（9～）10	古代	土師器・須恵器・緑釉陶器・灰釉陶器など10～12C遺物	—	梶川1994、上野川2018：P342・344
3	福井県	白山平泉寺旧境内（註1）	120	15	40丈	白山神社本殿平場	9	古代	霊応山平泉寺境内から須恵器（9C）・土師器（10C）ほか	—	上野川2018：P341
			120	40	40丈	白山神社拝殿平場	9	古代		本殿平場から2m下位	
			100	36	30丈	北谷地蔵院平場	9	古代～中世	—	桁行9間・梁行7間の建物あり	宝珍2003、上野川2018：P341～342
4	埼玉県	旧慈光寺跡 No. 1 地点	120	15～29	40丈	古代伽藍中枢部	8末～9初頭	古代	須恵器骨蔵器（8C末～9C初頭）、常滑（12C）、中世瓦	蔵王堂あり	都幾川村1998、上野川2018：P321～323
		旧慈光寺跡 No. 4 地点	126	15～24	40丈	古代伽藍中枢部	8末～9初頭	古代	須恵器（9～10C）、常滑（14C）、かわらけ等	抉り込み区画	
5	茨城県	椎尾山薬王院境内	130	10～20	40丈	最上段部	9	古代	須恵器（9C）・土師器（10C）、中世瓦、五輪塔	伽藍地斜面に巨岩複数	黒沢1998、上野川2018：P336
6	栃木県	大宮温泉神社境内	120	15	40丈	下段部	古代～中世初頭頃	古代～中世初頭頃	土師器・中世五輪塔複数	山寺下を南北道路通過	上野川・興野・茂木・木下2022
7	岩手県	黒石寺境内	120	10～30	40丈	下段部	9	古代	9C後半の仏像あり	最上段に小規模平場	上野川2018：P328
8	山形県	立石寺根本中堂平場	120	30	40丈	下段部	9	古代	古代印あり	—	上野川2018：P331
		立石寺根本中堂西側平場	90	25	30丈	下段部	9	古代	—	—	上野川2018：P331
9	愛知県	普門寺元堂跡（註2）	90	25	30丈	最上段部	12中葉	12中葉	中世遺物	礎石建物跡等	上野川2018：P369
10	栃木県	大慈寺旧跡	90	10～20	30丈	最上段部	8後半	古代	文字瓦「大慈寺」、土師器・須恵器	伝塔跡の礎石あり	上野川2018：P321
11	栃木県	華厳寺跡観音堂跡	93	7～27	30丈	最上段部	古代	古代	基壇礎石建物跡等	平場・石垣	上野川2018：P320～321
12	栃木県	日光二荒山神社中宮祠（註3）	90	15	30丈	下段部	古代	10～12頃	中禅寺立木観音立像（10C）、模本日光山図	中世「中禅寺」	時枝2005：P111、上野川2018：P267～268
＊	茨城県	筑波神社境内	60	15～20	20丈	最上段部	8	古代	古代瓦（8C・桶巻痕）、中世瓦	「筑波山寺」（中禅寺）	茨城県立歴史館1994、上野川2018：P336～337

註1　白山平泉寺旧境内の白山神社本殿平場は、間口両端に土塁があり、その芯々距離が120mとなる。本殿平場と拝殿平場の段差は16世紀中頃築造の石垣となる（上野川2018：P341）。

註2　豊橋市教育委員会『普門寺旧境内―考古学調査編―』（2016年）を参照されたい。

註3　栃木県日光二荒山神社奉納刀の中で最古の奉納年（建治2年・1276）を持つ拵には、「奉施入中禅寺御宝殿御剣一腰」「佐野氏綱」等の銘がある（原田2012）。

＊茨城県筑波神社境内は、参考資料として掲載した。

遺構測量図等のないものについては、著者の歩測による。本表の山寺遺跡は、すべて多段性平場構造山寺である。

（上野川2023作成）

埼玉県高岡寺院跡では、山寺創建期の八世紀中葉から一一世紀前葉までの間に、山寺最下方の第3建物遺構が継続して僧房として機能した遺構とみられ、掘立柱建物には建替えがあり、最終的には礎石建物になっている。また、北東日本における桁行三間・梁行二間の僧房とみられる建物では、円面硯を保持する事例が複数ある。黒熊中西遺跡では僧房北方下位約四メートル、高岡寺院跡では僧房南方下位三メートルから円面硯が出土したことから、両遺跡の山寺僧房には、九〜一〇世紀代には確実に円面硯が伴っていたと考えられる。

【一一】日本古代における九世紀前半から一〇世紀前半創建の山寺では、創建期とそれに続く造営時期に、鍛冶の操業が山寺中枢部と、本堂への通路や参道隣接地点において行なわれていた。本堂隣接地点や本堂基壇上・講堂基壇上など山寺中枢部域での鍛冶は、九世紀前半から中葉に福井県明寺山廃寺と、福島県慧日寺戒壇地区で確認された。また、本堂への参道（通路）や参道隣接地点での鍛冶は、九世紀中葉から後半に熊本県池辺寺跡での操業例がある。なお、時期の特定は難しいものの、一〇世紀後半から一一世紀にかけては、群馬県黒熊中西遺跡の参道隣接地点の小規模平場で二時期の操業を示す五基の鍛冶炉がある。福岡県竈門山寺では、一一世紀から一二世紀の鍛冶が、山寺中枢部に通じる道路遺構に隣接する複数箇所で操業された。これは、熊本県池辺寺跡の鍛冶が、山寺本堂域に通じる参道（道路遺構）に隣接することと同じ様相をみせる。鍛冶炉の操業位置は、主要堂宇の造営順序を解明する手掛かりとなる。

本冊で示した鍛冶遺構例から、前冊での古代山寺鍛冶操業形態類型の1型〜5型に追加して、新たに6型「参道隣接地点鍛冶炉構築型」を設定する。このように、日本の山寺遺跡においては九世紀前半頃から中世初頭頃に鍛冶があった。

また前冊で確定させたように、北東日本古代山寺での鍛冶の操業における鍛冶炉の基底部となる炉床（炉底）部分の構造には、山寺以外の古代遺跡における鍛冶炉の構造と同じく、炉床に粘土を貼る構造と、炉床に炭化物を敷く構造の二種類の技法がある。また鍛冶炉の規模も、山寺以外の古代遺跡と同規模であることが判明した。

【一二】福岡県基肄城跡出土の八世紀末から九世紀初頭の「山寺」墨書土器の存在は、城内または近隣に古代において山寺と認識されていた遺跡が存在することを示す。岡山県鬼城山（鬼ノ城跡）では、仏堂とみられる堂宇が九世紀前半に造営され、九世紀前半から一〇世紀前半頃まで山寺での活動があったものとみられる。現時点で判明している鬼城山の変遷は、軍事施設としての古代山城の後に、備蓄施設として機能し、その後の九世紀前半から山寺として再利用されたという変遷が判明しているといえよう。

そこには、昨今判明してきている中世山寺が中世山城へ転用されている遺跡例とは逆に、古代においては古代山城がその場所で古代山寺へ転用されたことを示していると考えてよいのであろう。

【一三】鳥取県栃本廃寺跡は、その造営位置が山間・山中に位置しており、全国でも特異な伽藍配置を持つ。講堂の構築にあたっては、北側山麓を切土し平場を確保し、任意の位置取りを以ってしてまでもそこに伽藍を置くという強い意志が看取されよう。山寺類型論からみた平場構造類型では、一面性平場構造山寺をそこに出現させたと考えられる。

【一四】前冊と本書で示したように、畿外における七世紀末葉頃から八世紀前半に創建された山寺は、愛知県大山廃寺跡・埼玉県馬騎の内廃寺・鳥取県栃本廃寺跡の三遺跡があり、現時点では畿外における日本最古期の山寺遺跡である。

【一五】古代山寺の建立者・造営主体については、北東日本と南西日本の山寺遺跡発掘調査と、遺跡の歴史的分析などから、いくつかの手がかりが見いだされている。栃木県大慈寺においては、考古資料と古代史料から古代の中央氏族である小野氏の関連が窺える。八世紀後半の下野国司であった小野小《おののお》贄《にえ》が、下野国分寺の創建などに関連する形で、大慈寺（小野山寺・大慈山寺・小野寺）を創建した可能性が想定された（上野川一九九六・二〇一一）。

石川県三小牛ハバ遺跡は、古代加賀郡の郡領氏族である道氏（道君氏）とにつながる寺跡と推測されている（金沢市教委一九九四、松村二〇一六）。福井県明寺山廃寺は写経活動を行なった山寺とみられるが、墨書土器によって山上の山寺と、大型掘立柱建物跡・緑釉陶器・越州窯青磁ほかの多様な遺物を出土した山麓の鐘島遺跡の密接な関係が判明しており、北陸の古代有力氏族であり郡領氏族でもある佐味氏一族の造営が指摘されている（古川ほか一九九八、田中一九九八）。北陸道の駅路には、佐味駅の名前が史料にみえる。

南西日本では、先にみたように、因幡国古代山寺である鳥取県栃本廃寺跡の創建と造営は、古代因幡国の有力氏族である伊福吉部氏に関係してくる可能性も看取されよう。また、千葉県遠寺原遺跡における「土寺」の墨書土器が、「はじでら」（森一九九八：三七二頁）と釈読されるとすれば、そうした氏族等が関係した山寺となろうか。

【一六】一面性平場構造山寺と思われる群馬県山上多重塔遺跡（歯仏様遺跡）では、延暦二〇年（八〇一）建立の多重塔（石塔：著者註）を歯の病気（患い）や歯痛を治す仏とする信仰が現存し、古代山寺と医療との関わりを示す可能性がある。

また、山上多重塔から北方約六・五キロには、九世紀後半から一一世紀まで存続する宇通遺跡（宇通廃寺）が位置する。この山寺は、多段性平場構造と散在系伽藍配置を持つ古代創建古代廃絶型の山寺跡で、八角円堂など特異な建物もあり、その寺域規模は北東日本最大級である。山上多重塔遺跡と宇通廃寺の関連性は、重要な研究課題となろう。なお、山上多重塔の碑文に刻まれた僧「道輪」は、東国の道忠教団の一員であったとの推考がある（森田二〇〇一）。

【一七】古代山寺と山寺関連の竪穴建物群などの隣接関係は、福井県明寺山廃寺と鐘島遺跡、群馬県黒熊中西遺跡の

第 10 表　日本古代中世山寺の変遷概要

区分	山寺の変遷	時期	山寺の平場形態等	特徴と特記事項	関連事項
1 期	日本山寺成立期	7C～8C前半	（一面性平場構造山寺と多段性平場構造山寺の萌芽）	国分寺成立以前の山寺群	律令制成立期
2 期	南都系山寺の成立と展開	8C～9C	一面性平場構造山寺・多段性平場構造山寺の造営と、拠点的大規模山寺における横長広大平場の造成	平地伽藍の丘陵等への展開	国分寺成立期
3 期	平安期山寺の成立と展開	9C～11C		比叡山寺・高野山寺の造営	平安仏教成立展開期
4 期	中世創建山寺の成立	12C		山寺での経塚造営と中尊寺の造営	古代から中世への移行期
5 期	古代山寺の廃絶と存続、中世山寺の造営	12C～16C	古代伽藍の廃絶と中世伽藍の造営、中世墳墓の造営等	中世山城築城における古代山寺平場等の再利用	戦乱における山寺の廃絶等
6 期	近世山寺への移行期	16C～17C	—	寺院機能の山麓への移動	中世から近世への移行期

（上野川2018第12表を改変して2022作成）

山寺と北側隣接竪穴建物群、群馬県宇通遺跡（宇通廃寺）の山寺堂宇と周辺斜面の竪穴建物群、千葉県の一面性平場構造山寺である遠寺原遺跡と隣接する台地上の西寺原遺跡などにみられ、その実態解明は今後の課題となる。

本書を記すにあたり、南西日本の山寺遺跡踏査と、その資料群の概要確認という作業を行なった。前冊と本書は、北東日本から南西日本の山寺遺跡群を概観したもの（第10表）であり、個別の類型などは十分に論証できていない部分もある。特に本書では、南西日本山寺の一部を概観したに過ぎず、多くの限界を内包する中での論考となったことは否めない。今後も各地域の遺構と遺物群の精査とその総合化の中に、古代山寺遺跡の実態を考究することが肝要となろう。

あとがき

今回、新たにいくつかの新稿を成し、前冊に続いて本書を世に送り出すこととなった。本書は、前冊で提示した平場構造による山寺遺跡の特徴と、寺域内の空間分析などを目指した。前冊については、立正大学の時枝務教授から山寺研究における「研究書」であるとの評価をいただいた。

前冊の発刊後の平成三〇年(二〇一八)には、山陰・若狭・越前と、熊野三山・青岸渡寺・補陀落山寺を踏査し、令和元年(二〇一九)初冬には、九州の山寺遺跡群と国東の山寺群を調査した。その後、令和四年に鳥取県栃本廃寺跡を現地踏査し、兵庫県加陽大地山遺跡から岡山県鬼城山などの遺構を見た。

こうして、北は岩手県から南は熊本県域までの全国の山寺遺跡を踏査し、発掘調査報告書と研究論文などを読んできた。踏査では、行政関係者などに案内されることはない。山寺現地へは車で向かい、資料を携えて単独で踏み入る。そこで地表面遺構などと発掘図面などを照らし合わせる。近年は、台風の影響などによる山道の崩落などに遭遇し、危険を感じて引き返したこともあった。

前冊の結章などには、著者が全国の山寺現地を踏査し、山中などに身を置きながら、その自然立地環境を十分に体感し、微細な地形を観察するなどした経験から発露した文言を記したもので、諸賢にはその真意を汲み取っていただければ幸甚である。

本書には、発掘調査資料と遺跡踏査によって確認した平場構造の在り方から、山寺遺跡の一端を解明しようとした論考や、南西日本の山寺遺跡を概観し、著者の山寺類型論の視点から論じたものなどがある。

また、山寺における鍛冶や僧房を分析し、岡山県鬼城山で確認された山寺遺構と山寺関連遺物の特徴を記し、一部では南西日本と北東日本の山寺遺構との比較をも試みた。

このように、著者独自の視点を示そうと努めたが、必ずしも十分に山寺遺跡の往時の在り方を解明できたとは思っていない。本書は、各地の山寺遺跡をすべて扱ったものではなく、代表的な山寺を概観せざるを得なかった。

そうした中でも、古代山寺の平場構造類型の探究を続け、南西日本の状況が不詳な中で、鳥取県栃本廃寺跡の分析から、栃本廃寺跡を古期の一面性平場構造山寺と考えざるを得ないとの結論に達し、そのことを本書で提起できたことは成果となろう。

前冊では、著者独自の山寺類型論を提示したことから、結章の最後にその類型論を基軸に据えた「山寺考古学」という領域を標榜したものであるが、この「山寺考古学」という用法は、管見では平成二三年・二四年に、京都大学の上原真人名誉教授によって、福島県慧日寺関連の講演会・資料集などにおいて、すでに創出されていたものである（「山寺考古学の現在」『山岳寺院の諸相』福島県磐梯町磐梯山慧日寺資料館二〇一二）。

本書は、多くの先学の調査研究に導かれたことでまとめることができた。前冊での古代鍛冶遺構の分析は、穴澤義功先生から何度も鍛冶関連のご教示を賜った成果である。前冊と本書で触れた組み合わせ文字などの出土文字資料については、令和四年春に高島英之博士からご教示を賜った。

先に触れた鳥取県栃本廃寺跡は、上原真人先生の「古代の平地寺院と山林寺院」（『佛教藝術』二六五号、二〇〇二）に取り上げられた遺跡であり、そこに上原先生の慧眼を拝することができよう。

山寺研究の現在は、ある意味では混沌とした状況を示しているのかもしれないが、そうした中から新しい地平が切り開かれるものと確信したい。それは、とりもなおさず研究の自由があるからで、そこに規制されない視点の重要性があるのではないかと思う。

立正大学特別栄誉教授の坂詰秀一先生と、立正大学教授の時枝務先生からは、平成三一年初春に前冊の続編発刊のお薦めを賜った。特に坂詰先生からは、平成初期の山寺研究状況のご教示や、前冊の山寺類型論が全国の研究者から受け入れられるであろうとの励ましなどを賜った。両先生には、心からの感謝を申し上げたい。

前冊では、山寺類型論を中心に据えたことから、研究史に目配りが十分ではなかった部分もあろうかと思う。今後も多くの研究文献を基に、山寺類型論の構築を確固としたものにしていきたいと念じている。

また京都大学の上原真人名誉教授からは、かつて幾つもの資料を賜り、その一部を本書で引用させていただいた。ここに厚く御礼を申し上げたい。

本書の編集と出版に関しては、前冊に続いて岩田書院の岩田博氏にお世話になった。記して御礼を申し上げたい。そして、各地の研究者各位等からいただいたご協力等に対しまして、心からの感謝を申し上げたい。

令和五年一二月

上野川　勝

参考文献

愛知県史編さん委員会『愛知県史　資料編四　考古四　飛鳥〜平安』二〇一〇年

会津坂下町「高寺山古墳」『会津坂下町史　第四巻　資料編Ⅰ　考古』二〇一七年

会津坂下町教育委員会『高寺山遺跡現地説明会資料』二〇一八年

会津坂下町教育委員会『高寺山遺跡（第二次調査）現地説明会資料』二〇一九年

青木　豊昭「北陸（越前）の古代・中世の山岳寺院」『平安時代山岳伽藍の調査研究　如意寺跡を中心として』古代学協会創立四〇周年記念シンポジウム（第二回シンポジウム）　古代学協会　二〇〇七年

青木　敬「四　国府における陶硯出土分布の特徴―大宰府の例―」「国府と都城―楼閣および朝堂と脇殿―」『古代国府の実像を探る』雄山閣　二〇二二年

赤司　善彦「大宰府と古代山城の誕生」『大宰府と古代山城の誕生』九州国立博物館・福岡県教育委員会・熊本県教育委員会　二〇一七年

浅岡　俊夫「六甲山周辺の山岳寺院（兵庫県）」『佛教藝術』二六五　二〇〇二年

浅岡俊夫・古川久雄・中野益男・中野寛子・菅原利佳・長田正宏『三田市旧金剛寺跡　E地区を中心とする調査』六甲山麓遺跡調査会　一九九三年

足利市教育委員会「大岩山毘沙門堂第一次発掘調査」『平成五年度埋蔵文化財発掘調査年報』足利市教育委員会　一九九五年

穴澤　義功「第九章　鍛冶関連遺物の考古学的観察」『大志白遺跡群発掘調査報告書　古代・中近世編』河内町教育委員会　二〇〇〇年

阿部　義平「日本列島における都城の形成(二)—近江京の復元を中心にして—」『国立歴史博物館研究報告』四五　一九九二年
甘木市史編さん委員会「第四章　歴史時代　一、堂ヶ尾廃寺」『甘木市史資料　考古編』一九八四年
甘木歴史資料館『温故』四五　二〇〇七年
網　伸也「七世紀における都城構造の変遷と生産体制」『日本古代考古学論集』同成社　二〇一六年
網田　龍生『池辺寺跡』同成社　二〇〇九年
網田龍生・芥川太朗「池辺寺跡と百塔」『季刊考古学』一五六　二〇二一年
生田　昭夫『国宝三佛寺奥院投入堂』計画室　二〇一七年
石川　明弘「№二九　鳳来山幡教寺跡」『三遠の山寺』三河山寺研究会・三河考古学談話会　二〇一〇年a
石川　明弘「真萱寺跡」『三遠の山寺』三河山寺研究会・三河考古学談話会　二〇一〇年b
石川県教育委員会・石川県埋蔵文化財センター『小松市浄水寺跡』二〇〇八年
石川　安司「慈光寺」『季刊考古学』一二二　二〇一二年
石田　広美「Ⅴ-三　村落内寺院は存在しない—判ったこと3—」『研究紀要』一八「古代仏教遺跡の諸問題」千葉県文化財センター　一九九八年
石田広美・小林信一・糸原　清『研究紀要』一八「古代仏教遺跡の諸問題」千葉県文化財センター　一九九八年
石田　茂作「伽藍配置の研究」『新版仏教考古学講座　第二巻　寺院』雄山閣出版　一九七五年
出雲市教育委員会『出雲鰐淵寺　埋蔵文化財調査報告書』二〇一五年
糸原　清「Ⅲ-二　寺院と仏堂・付属施設」『研究紀要』一八「古代仏教遺跡の諸問題」千葉県文化財センター　一九九八年
井上　一稔「室生寺からみた古代山寺の諸相」『日本の古代山寺』久保智康編　高志書院　二〇一六年
井上　和人「七世紀における都城・王宮の展開と日本古代国家の構築」『日本古代考古学論集』同成社　二〇一六年
井上喜久男『愛知県猿投山西南麓古窯跡群　黒笹九〇号窯跡』みよし市教育委員会　二〇一三年

井上　信正「大宰府」『古代の都市と条里』条里制・古代都市研究会　吉川弘文館　二〇一五年
茨城県立歴史館『東国の古代仏教　寺と仏の世界』一九九四年
今泉淑夫編『日本仏教史辞典』吉川弘文館　一九九九年
岩手県立博物館「2古代の天台寺」『天台寺』一九八七年
岩原　剛「№一六 太陽寺址」『三遠の山寺』三河山寺研究会・三河考古学談話会　二〇一〇年
岩原　剛「三河の山岳寺院(愛知県)」『佛教藝術』三一五　二〇一一年
上原　真人「仏教」『日本考古学四　集落と祭祀』岩波書店　一九八六年
上原　真人「都城の寺院」『季刊考古学』二二　一九八八年
上原　真人『瓦を読む』講談社　一九九七年
上原　真人「山林寺院の考古学・総説」『山林寺院の考古学』大谷女子大学　二〇〇〇年
上原　真人「古代の平地寺院と山林寺院」『佛教藝術』二六五　二〇〇二年
上原　真人「三　文化の伝播と変容—双塔伽藍の伝来と展開」『列島の古代史8　古代史の流れ』岩波書店　二〇〇六年
上原　真人「第九章　中寺廃寺跡の史的意義」『中寺廃寺跡』まんのう町教育委員会　二〇〇七年
上原　真人「国分寺と山林寺院」『国分寺の創建　思想・制度編』須田勉・佐藤信編　吉川弘文館　二〇一一年
上原　真人「山寺考古学の現在」『山岳寺院の諸相』福島県磐梯町磐梯山慧日寺資料館　二〇一二年
上原　真人「第三章　寺院論3　寺院構造論・伽藍配置論・山寺研究の隆盛・山寺の空間論的研究・時期変遷もふまえた伽藍配置論へ」『瓦・木器・寺院』すいれん舎　二〇一五年
上原　真人「国境《くにざかい》の山寺」『京都府埋蔵文化財論集』七　京都府埋蔵文化財調査研究センター　二〇一六年
上原真人・梶川敏夫「古代山林寺院研究と山科安祥寺」『皇太后の山寺—山科安祥寺の創建と古代山林寺院—』柳原出版　二〇〇七年

上松　章八「静岡県における村落内寺院・仏堂風建物」『静岡県考古学研究』四〇　静岡県考古学会　二〇〇八年

内山　敏行「手持食器考―日本的食器使用法の成立―」『HOMINIDS : journal exploring the frontiers of archaeology』一　一九九七年

内山　敏行「匙・箸の受容と食器の変化」『野州考古学論攷　中村紀男先生追悼論集』中村紀男先生追悼論集刊行会　二〇〇九年

江上　智恵「福岡県首羅山遺跡―福岡平野周縁の山岳寺院―」『考古学ジャーナル』六一八　二〇一一年

江上　智恵「Ⅵ-一　北部九州の山岳寺院と首羅山」『首羅山遺跡発掘調査報告書』久山町教育委員会　二〇一二年

江谷　寛「古代中世の山岳寺院」『考古学ジャーナル』三八二　一九九四年

江谷　寛「山岳寺院研究の課題」『考古学ジャーナル』四二六　一九九八年

江谷　寛・坂詰秀一『平安時代山岳伽藍の調査研究　如意寺跡を中心に』古代学協会　二〇〇七年

近江　昌司「古代山岳寺院小考」『考古学ジャーナル』四二六　一九九八年

大分県歴史博物館『六郷山寺院遺構確認調査報告書Ⅸ　浄土寺・願成寺・富貴寺・清滝寺・愛敬寺・観音寺・長安寺』二〇〇一年

大金宣亮・木村　等・大橋泰夫・篠原祐一・仲山英樹・安永真一『下野国分寺跡』Ⅰ～ⅩⅣ　栃木県教育委員会　一九八五～一九九九年

大澤　伸啓「瓦でみる下野の中世」『歴史と文化』一一　栃木県歴史文化研究会　二〇〇二年

大澤　伸啓「発掘された平泉以前の東国寺院」『兵たちの極楽浄土』入間田宣夫編　高志書院　二〇一〇年

大澤伸啓・大澤慶子「大谷摩崖仏と山寺」『季刊考古学』一五六　二〇二一年

大城　康雄「熊本県熊本市池辺寺跡」『平安時代山岳伽藍の調査研究　如意寺跡を中心として』古代学協会創立四〇周年記念シンポジウム（第二回シンポジウム）　古代学協会　二〇〇七年

太田博太郎「高山寺」『日本仏教史辞典』今泉淑夫編　吉川弘文館　一九九九年
大竹　憲治「古代郡印小考」『いわき地方史研究』二四　一九八七年
大西　貴夫「古代の山寺の実像―南法華寺を例に―」『山岳信仰と考古学Ⅱ』山の考古学研究会編　同成社　二〇一〇年
大西　貴夫「宮都と周辺の山寺―飛鳥・奈良時代を中心に―」『日本の古代山寺』久保智康編　高志書院　二〇一六年
大西　修也「鞠智城出土の銅造菩薩立像」『季刊考古学』一三六　二〇一六年
大橋　雅也「第四章　総括　第六節　出土瓦塔について」『史跡　鬼城山2』岡山県教育委員会　二〇一三年
大橋　泰夫「下野国分寺・尼寺について」『東山道の国分寺』栃木県教育委員会　一九九三年
大橋　泰夫「下野国分寺」『関東の国分寺　資料編』関東古瓦研究会　一九九四年
大橋　泰夫『下野国分寺跡XⅣ　遺構編』栃木県教育委員会　一九九九年
大橋泰夫・篠原祐一『下野国分寺跡Ⅴ』栃木県教育委員会　一九八九年
大場　磐雄「神道考古学の体系」『神道考古学講座　第一巻　前神道期』雄山閣出版　一九八一年a
大場　磐雄「総説」『神道考古学講座　第四巻　歴史神道期』雄山閣出版　一九八一年b
大和久震平「第六章　有史文化」『栃木県の考古学』吉川弘文館　一九七二年
大和久震平『古代山岳信仰遺跡の研究』名著出版　一九九〇年
岡寺　良「Ⅴ-2　首羅山遺跡の平面構造の調査・分析」『首羅山遺跡発掘調査報告書』久山町教育委員会　二〇一二年
岡寺　良「南北朝期の山城・山寺」『季刊考古学』一三九　二〇一七年
岡寺　良「山寺の考古学」『季刊考古学』一五〇　二〇二〇年
小鹿野　亮「古代山城へつづく道」『季刊考古学』一三六　二〇一六年
岡本　桂典「等妙寺ほか」『季刊考古学』一二一　二〇一二年
岡本　泰典「第四章　総括　第七節　山岳寺院について」『史跡　鬼城山2』岡山県教育委員会　二〇一三年

岡山県教育委員会『国指定史跡　鬼城山』二〇〇六年
岡山県教育委員会『史跡　鬼城山2』二〇一三年
岡山県立博物館『浅原山安養寺』安養寺　二〇〇六年
小川　盛弘「神風は吹かなかった―名刀　日光長光の出現」『名刀　御神宝』日光二荒山神社　二〇二〇年
小田富士夫「第一章　基山町内の遺跡　一二　基肄城跡（古代・中世）」『基山町史　資料編』基山町　二〇一一年
小田富士夫「特集にあたって―七世紀代山城調査の成果と課題―」『季刊考古学』一三六　二〇一六年a
小田富士夫「大宰府都城の形成と東アジア」『季刊考古学』一三六　二〇一六年b
小高　春雄「要害となったお寺―妙本寺―」『房総里見氏の城郭と合戦』戎光祥出版　二〇一八年
小野田勝一・坂野俊哉・安井俊則・天野敏則他『泉福寺中世墳墓』渥美町教育委員会　二〇〇四年
小淵　忠司「第五章第二節　三枝城で見つかった山林寺院跡について」『三枝城跡』岐阜県文化財保護センター　二〇一一年
柿沼幹夫・高橋信一・鈴木徳雄・伊藤研志・中村倉司・織戸一郎・高橋一夫・大護八郎・大沢正己『高岡寺院跡発掘調査報告書』高岡寺院跡発掘調査会　一九七八年
学生社編集部編『国指定史跡事典』学生社　二〇一二年
景山　春樹「修法遺跡」『神道考古学講座　第四巻　歴史神道期』雄山閣出版　一九七四年a
景山　春樹「山岳寺院跡」『仏教考古とその周辺』雄山閣出版　一九七四年b
景山　春樹『比叡山と高野山』教育社　一九八〇年
景山　春樹「神道と仏教」『新版仏教考古学講座　第一巻　総説』雄山閣出版　一九八四年
梶川　敏夫「奈良時代の山岳寺院」『季刊考古学』三四　一九九一年
梶川　敏夫「三　山岳寺院」『平安京提要』角川書店　一九九四年
梶川　敏夫「平安京周辺の山岳寺院（京都府）」『佛教藝術』二六五　二〇〇二年

梶山　勝「大山廃寺出土の文字瓦」『名古屋市博物館研究紀要』二二　一九九九年
梶原　義実「最古の官寺・崇福寺（滋賀県）―その造営と維持―」『佛教藝術』二六五　二〇〇二年
梶原　義実「大山廃寺跡」『愛知県史　資料編四　考古四』二〇一〇年
勝又　直人「静岡県における古代仏教遺物の様相」『研究紀要』九　静岡県埋蔵文化財研究所　二〇〇二年
加藤　新吉「第三章四　朝倉の遺跡と遺物」『三奈木村の生いたち』加藤村長遺稿出版委員会　一九五八年
金沢市教育委員会・毎田建設『金沢市三小牛ハバ遺跡調査概報』一九八八年
金沢市教育委員会『三小牛ハバ遺跡』一九九四年
金田　善敬「第四章　総括　第八節　鬼城山の変遷と歴史的意義」『史跡　鬼城山2』岡山県教育委員会　二〇一三年
兼康　保明「寺造りのまじない」『季刊考古学』三四　一九九一年
兼康　保明「比叡山の開山と初期延暦寺の遺物」『山岳信仰と考古学Ⅱ』山の考古学研究会　同成社　二〇一〇年
かみつけの里博物館『釜の登場　平安時代の煮炊き具を探る』二〇〇五年
上野川　勝「5安足地区窯業遺跡」『栃木県生産遺跡分布調査報告書』栃木県教育委員会　一九八八年
上野川　勝「古代下野における山寺の成立と天台仏教」『唐澤考古』一五　唐沢考古会　一九九六年
上野川　勝「下野南部における平安時代の土器群について」『唐澤考古』一七　唐沢考古会　一九九八年
上野川　勝「古代東国山岳山林寺院瞥見」『唐澤考古』一八　唐沢考古会　一九九九年
上野川　勝「第七章第四節　第四地区一一号住居跡出土の鉄製匙と住居の性格について」『大志白遺跡群発掘調査報告書　古代・中近世編』河内町教育委員会　二〇〇〇年a
上野川　勝「国分寺建立の詔と下野国分寺の創建について―古代国家の宮都造営祭祀と山岳鎮祭の視点から―」『唐澤考古』一九　唐沢考古会　二〇〇〇年b
上野川　勝「日光男体山頂遺跡出土の鉄製馬形・鉄製動物形について―出土遺物と文献史料からみた古代の祈雨―」『唐澤考

古』二〇　唐沢考古会　二〇〇一年a　＊本書第七章
上野川　勝「古代東国山岳山林寺院瞥見(二)」『唐澤考古』二〇　唐沢考古会　二〇〇一年b
上野川　勝「古代東国における山寺の文字瓦と墨書土器について」『唐澤考古』二二　唐沢考古会　二〇〇三年
上野川　勝「宇都宮丘陵における古代の開発と生産の展開」『唐澤考古』二三　唐沢考古会　二〇〇四年　＊本書第六章
上野川　勝「山林寺院」『季刊考古学』九七　二〇〇六年
上野川　勝「古代・中世の山林寺院について」『唐澤考古』二六　唐沢考古会　二〇〇七年
上野川　勝「海辺の山岳寺院―安房にみる廃絶した山寺と存続した山寺―」『唐澤考古』二七　唐沢考古会　二〇〇八年
上野川　勝「上野国・下野国の山岳寺院(栃木県・群馬県)」『佛教藝術』三一五　二〇一一年
上野川　勝「古代中世山林寺院の存続期間からみた三類型の細分とその概念」『唐澤考古』三一　唐沢考古会　二〇一二年a
上野川　勝「仏堂と諸施設」『季刊考古学』一二一　二〇一二年b
上野川　勝「古代山林寺院における鍛冶炉と鍛冶工房の考古学的分析―上野・黒熊中西遺跡と越前・明寺山廃寺の発掘調査遺構から―」『唐澤考古』三二　唐沢考古会　二〇一三年a
上野川　勝「古代山林寺院の社会的立地からみた四類型とその概念―北東日本を中心に―」『考古学論究』一五　立正大学考古学会　二〇一三年b
上野川　勝「日本古代中世山岳寺院研究の一視点」『唐澤考古』三四　唐沢考古会　二〇一五年
上野川　勝「古代山林寺院の参道と寺域内通路―黒熊中西遺跡と大知波峠廃寺跡の分析を中心に―」『考古学論究』一七　立正大学考古学会　二〇一六年
上野川　勝『古代中世山寺の考古学』岩田書院　二〇一八年
上野川勝・谷藤保彦「峯山遺跡発見の古代製鉄遺構」『群馬文化』二七四　二〇〇三年
上野川勝・興野善宣・茂木孝行・木下　実「那須における推定山寺遺構―高館城跡山頂中枢部東側隣接地点の平場群と大宮温

泉神社の大規模平場を中心に―」『唐澤考古』四一　唐沢考古会　二〇二二年
神谷佳明・桜岡正信・梅澤克典「中之沢室沢遺跡群出土の原始灰釉陶器について」『群馬文化』三二七　二〇一六年
亀田　修一「古代の銅匙小考―因幡福本七〇号墳出土資料を中心に―」『第二五回東アジア古代史・考古学研究交流会資料』二〇一四年
亀田　修一「神籠石系山城と朝鮮半島の山城」『季刊考古学』一三六　二〇一六年a
亀田　修一「西日本の古代山城」『日本古代考古学論集』須田勉編　同成社　二〇一六年b
河内町教育委員会（上野川勝・茂木孝行・穴澤義功・大沢正己・鈴木瑞穂）『大志白遺跡群発掘調査報告書　古代・中近世編』二〇〇〇年
河津町教育委員会『春蔵遺跡発掘調査報告書』一九九二年
川原嘉久治「延喜式内上野国榛名神社をめぐって」『研究紀要』八　群馬県埋蔵文化財調査事業団　一九九一年
川原嘉久治「西上野における古瓦散布地の様相」『研究紀要』一〇　群馬県埋蔵文化財調査事業団　一九九二年
川原嘉久治「榛名山麓の古代寺院Ⅱ―唐松廃寺―」『研究紀要』一一　群馬県埋蔵文化財調査事業団　一九九三年
菅野　和博「有機質経塚の諸問題―陸奥駒壇経塚の再検討―」『考古学の諸相Ⅱ』坂詰秀一先生古稀記念会　二〇〇六年
菅野　成寛「平安期の奥羽と列島の仏教―天台別院・権門延暦寺・如法経信仰―」『兵たちの極楽浄土』入間田宣夫編　高志書院　二〇一〇年
岸本　道昭『山陽道駅家跡』同成社　二〇〇六年
北上市教育委員会『国見山廃寺跡』二〇〇三年
岐阜県文化財保護センター『三枝城跡』二〇一一年
岐阜県文化財保護センター『与島B地点遺跡・与島C地点遺跡』二〇一三年
鬼北町教育委員会『旧等妙寺跡　第一次調査』一九九九年

鬼北町教育委員会『等妙寺跡　第二～六次調査』二〇〇五年
君津郡市文化財センター『千葉県袖ケ浦町永吉台遺跡群（本文編・図面編・写真図版編）』君津郡市考古資料刊行会　一九八五年（遺跡の名称は、「永吉台遺跡群遠寺原地区」であるが、本書では一般に多用されている遠寺原遺跡を用いる）
基山町史編さん委員会『基山町史　資料編』基山町　二〇一一年
京都国立博物館『畿内と東国　埋もれた律令国家』一九八八年
京都府埋蔵文化財調査研究センター「史跡名勝笠置山発掘調査報告」『京都府遺跡調査報告集』一二七―二　二〇〇八年
釘谷　紀「福井県墨書土器集成」『越前町文化財調査報告書Ⅰ』越前町教育委員会　二〇〇六年
串原　功一「甲斐金峰山と金桜神社」『山岳信仰と考古学Ⅱ』山の考古学研究会編　同成社　二〇一〇年
國井　弘紀「銅印東尼寺印」『世界遺産登録記念　聖地日光の至宝展図録』ＮＨＫ出版　二〇〇〇年
久保　智康「北陸の山岳寺院」『考古学ジャーナル』三八二　一九九四年
久保　智康「北陸の山岳寺院Ⅱ」『考古学ジャーナル』四二六　一九九八年
久保　智康「国府をめぐる山林寺院の展開」『朝日百科　国宝と歴史の旅3』朝日新聞社　一九九九年
久保　智康「古代山林寺院の空間構成」『古代』一一〇　早稲田大学考古学会　二〇〇一年
久保　智康「山寺と神社の構成」『日本の古代山寺』久保編　高志書院　二〇一六年
久保智康編『日本の古代山城』高志書院　二〇一六年
熊本市教育委員会『池辺寺跡Ⅰ』一九九六年
熊本市教育委員会『池辺寺跡Ⅷ（平成一六年度発掘調査報告書）』二〇〇六年
熊本市教育委員会『池辺寺跡Ⅸ（平成一七年度発掘調査報告書）』二〇〇七年
熊本市教育委員会『池辺寺跡Ⅹ（平成一八年度発掘調査報告書）』二〇〇八年
熊本市教育委員会『史跡池辺寺跡保存整備基本構想』二〇〇八年

熊本市教育委員会『池辺寺跡XI（平成一九年度発掘調査報告書）』二〇〇九年
倉本　一宏「三章　倭王権の成立」『大学の日本史一　古代』佐藤信編　山川出版社　二〇一六年
倉元慎平・中島　圭・遠藤啓介・岡寺　良「福岡県朝倉市堂ヶ尾廃寺の「再」発見と調査概要」『平成二九年九州考古学会総会研究発表資料』二〇一七年
黒沢　彰哉「東国の古代山岳寺院」『考古学ジャーナル』四二六　一九九八年
群馬県史編さん委員会「宇通遺跡」『群馬県史　資料編二　原始古代二』一九八六年
群馬県史編さん委員会「第四章　律令体制の崩壊と上野国　第七節　信仰の遺跡　二　山岳寺院」『群馬県史　通史編二』一九九一年
群馬県埋蔵文化財調査事業団『戸神諏訪遺跡―奈良・平安時代編―』一九九〇年
群馬県埋蔵文化財調査事業団『黒熊中西遺跡（一）』一九九二年
群馬県埋蔵文化財調査事業団『黒熊中西遺跡（二）』一九九四年
下呂市教育委員会『鳳慈尾山大威徳寺跡　平成一六年度範囲確認調査概要報告書』二〇〇五年
下呂市教育委員会『山寺サミットin下呂温泉　大威徳寺の謎を追う』二〇〇六年
國生　知子「朝倉の古代寺院と信仰遺品」『温故　甘木歴史資料館だより』六〇　二〇一九年
国府町教育委員会『史跡栃本廃寺塔跡Ⅱ・鳥取藩主池田家墓所』二〇〇三年
湖西市教育委員会『大知波峠廃寺跡確認調査報告書』一九九七年
湖西市教育委員会『湖西連峰の信仰遺跡分布調査報告書』二〇〇二年
琴南町教育委員会『中寺廃寺跡　平成一六年度』二〇〇五年
琴南町教育委員会『中寺廃寺跡　平成一七年度』二〇〇六年
後藤　建一「山林寺院」『静岡県の古代寺院・官衙遺跡』静岡県教育委員会　二〇〇三年

後藤　建一『大知波峠廃寺跡　日本の遺跡22』同成社　二〇〇七年
後藤　建一「一〇世紀以降における山林寺院の展開諸相」『日本古代考古学論集』須田勉編　同成社　二〇一六年
後藤　祐仁「甲斐金峰山」『季刊考古学』六三　一九九八年
小林　信一「Ⅲ-一　仏器・瓦塔・墨書土器」『研究紀要』一八　千葉県文化財センター　一九九七年
小林　祐季「比良山系の山寺―大津市歓喜寺遺跡について―」『紀要』二五　滋賀県文化財保護協会　二〇一二年
小牧市教育委員会『大山廃寺発掘調査報告書』一九七九年
五味　文彦「2中世の時期区分」『大学の日本史2　中世』五味文彦編　山川出版社　二〇一六年
小森　哲也「上神主・茂原官衙遺跡出土人名文字瓦の一側面―古墳被葬者と時を経て郡家を支えた在地有力者の相関―」『芙蓉峰の考古学Ⅱ』池上悟先生古稀記念論文集　六一書房　二〇二〇年
小森紀男・太田晴久「下野国分寺跡（塔基壇）調査報告」『栃木県埋蔵文化財保護行政年報（昭和六〇年度）』栃木県教育委員会　一九八六年
今野　賀章「霊山寺跡」『季刊考古学』一二一　二〇一二年
今平　利幸『飛山城跡』同成社　二〇〇八年
埼　玉　県「末野窯跡群」『埼玉県史　資料編三　古代一　奈良・平安』一九八四年
埼玉県県史編さん室「寄居町馬騎の内廃寺」『埼玉県古代寺院跡調査報告書』一九八二年
埼玉県立博物館『特別展図録　古代東国の渡来文化』一九九五年
齊藤　孝正「東海地方の施釉陶器生産―猿投窯を中心に―」『古代の土器研究　律令的土器様式の西・東3　施釉陶器の生産と消費』古代の土器研究会　一九九四年
斎藤　忠「日本考古学の基礎的な仕事」『歴史地理』七八―四　一九四一年（後に、『斎藤忠著作選集一』雄山閣出版　一九九七年に所収）

斎藤　忠「歴史考古学の役割」『歴史教育』一〇—三　日本書院　一九六二年（後に、『斎藤忠著作選集一』雄山閣出版　一九九七年に所収）
斎藤　忠「第五章　考察」『日光男体山　山頂遺跡発掘調査報告書』角川書店　一九六三年（後に、名著出版　一九九一年に復刊）
斎藤　忠「考古学の意味するもの」『現代のエスプリ』三一　至文堂　一九六八年（後に、『斎藤忠著作選集一』雄山閣出版　一九九七年に所収）
斎藤　忠「第六　現代の考古学」『日本考古学史』吉川弘文館　一九七四年
斎藤　忠「寺院跡」『新版仏教考古学講座　第二巻』雄山閣出版　一九七五年
斎藤　忠「神祇と仏教」『栃木県史　通史編　古代二』一九八〇年a
斎藤　忠「那須国造碑」『栃木県史　通史編　古代二』一九八〇年b（後に、『斎藤忠著作選集五』雄山閣出版　一九九七年に所収）
斎藤　忠「国庁と国分僧寺・尼寺との交通路について」『静岡県埋蔵文化財調査研究所設立一〇周年記念論文集』一九九五年（後に、『斎藤忠著作選集五』雄山閣出版　一九九七年に所収）
斎藤　忠「山林寺院の研究」『仏教考古学と文字資料』斎藤忠著作選集二　雄山閣出版　一九九七年
斎藤　忠「山寺《さんじ》」『日本考古学用語小辞典』学生社　一九九八年a
斎藤　忠「山城《さんじょう》」『日本考古学用語小辞典』学生社　一九九八年b
斎藤　忠他『下野国分尼寺跡』栃木県教育委員会　一九六九年
佐伯　有清「殺牛祭神と怨霊思想」『日本古代の政治と社会』吉川弘文館　一九七〇年
佐伯有清編『日本古代氏族事典』二〇一一年
坂詰　秀一「歴史考古学の進展」『歴史教育』一八—三　一九七〇年（後に、坂詰　一九七七年に所収）

坂詰 秀一「歴史考古学の歩み」『考古学ジャーナル』一〇〇 一九七四年
坂詰 秀一「仏教考古学の発達」『新版仏教考古学講座 第一巻』雄山閣出版 一九七五年a
坂詰 秀一「中・近世考古学の近況」『考古学ジャーナル』一〇八 一九七五年b
坂詰 秀一「仏教史研究と考古学」『歴史公論』二―四 雄山閣出版 一九七六年
坂詰 秀一『歴史考古学の構想と展開』雄山閣出版 一九七七年a
坂詰 秀一「仏教考古学の新視点」『歴史手帖』四二 一九七七年b（後に、坂詰 一九八二年に所収）
坂詰 秀一「初期伽藍の類型認識と僧地の問題」『立正大学文学部論叢』六三 一九七九年a（後に、坂詰 一九八二年に所収）
坂詰 秀一「日本古代仏教伽藍の形成」『大学時報』一六二 立正大学 一九七九年b（後に、坂詰 一九八二年に所収）
坂詰 秀一「日韓古代寺院の伽藍配置」『韓国文化』四 一九八〇年（後に、坂詰 一九八二年に所収）
坂詰 秀一『歴史考古学研究Ⅱ』ニューサイエンス社 一九八二年a
坂詰 秀一「中世考古学の諸問題」『文学部論叢』七三 立正大学 一九八二年b（後に、坂詰 一九九〇年に所収）
坂詰 秀一「仏教」『季刊考古学』二 一九八三年（後に、「仏教考古学の形成」として、坂詰 一九九〇年に所収）
坂詰 秀一『歴史考古学の視角と実践』雄山閣出版 一九九〇年
坂詰 秀一「山岳寺院研究の問題点と今後の課題」古代学協会創立四〇周年記念シンポジウム『山岳寺院の諸問題』一九九一年（後に、『平安時代山岳伽藍の調査研究―如意寺跡を中心として―』古代学協会 二〇〇七年に所収）
坂詰 秀一「山岳寺院の諸問題」『古代世界の諸相』角田文衛先生傘寿記念 一九九四年（後に、坂詰 二〇〇〇に所収）
坂詰 秀一『仏教考古学の構想』雄山閣 二〇〇〇年
坂詰秀一編『仏教考古学事典』雄山閣 二〇〇三年
坂詰秀一・江谷寛『平安時代山岳伽藍の調査研究―如意寺跡を中心として―』古代学協会 二〇〇七年

狭川　真一「古代の山寺と石造物」『季刊考古学』一五六　二〇二一年ａ
狭川　真一「古代の石仏・石塔」『季刊考古学』一五六　二〇二一年ｂ
狭川真一編『季刊考古学』一五六　二〇二一年
笹生　衛「郡衙周辺の景観とその信仰的背景―放生、大祓と郡衙、寺院、祭祀・儀礼の景観を手がかりに―」『日本古代考古学論集』須田勉編　同成社　二〇一六年
佐々木志穂「中世大谷寺遺跡の城郭遺構」『越前町文化財調査報告書Ⅰ』越前町教育委員会　二〇〇六年
笹澤　泰史『鉄が語る群馬の古代史』みやま文庫　二〇二一年
佐藤　亜聖「古代山寺と石切り場―大阪府太子町鹿谷寺址を中心に―」『季刊考古学』一五六　二〇二一年
佐藤　信「七章　律令国家の形成」『大学の日本史一　古代』佐藤編　山川出版社　二〇一六年
佐藤　信・五味文彦・高埜利彦・鳥海　靖編『詳説日本史研究　改訂版』山川出版社　二〇〇九年
佐藤博之・永井智教「寄居町馬騎の内廃寺採集の瓦について」『土曜考古』二一　土曜考古学研究会　一九九七年
潮崎　誠「加陽大市山遺跡（兵庫県）」『佛教藝術』二六五　二〇〇二年
静岡県教育委員会「瓦塔遺跡（宇志瓦塔遺跡・伝真萱寺跡）」『静岡県の古代寺院・官衙遺跡』二〇〇三年
静岡県埋蔵文化財調査研究所『原川遺跡Ⅲ』一九九〇年
静岡県埋蔵文化財調査研究所『堂ヶ谷廃寺・堂ヶ谷経塚』二〇一〇年
篠原祐一・大橋泰夫『下野国分寺跡Ⅴ』栃木県教育委員会　一九八九年
柴田　寿朗『若狭・多田寺の名宝』龍谷大学龍谷ミュージアム　二〇一三年
島原　弘征「平泉における苑池遺構」『考古学ジャーナル』七一九　二〇一八年
清水町教育委員会『越前・明寺山廃寺　平安時代前期寺院址の調査』一九九八年
清水町教育委員会「片山真光寺塔跡の調査」『片山鳥越墳墓群・片山真光寺跡塔址』二〇〇四年

下仲　隆治「若狭神宮寺遺跡」『小浜市重要遺跡確認調査報告書Ⅲ』福井県小浜市教育委員会　二〇一〇年
城ヶ谷和広「第一章　総論　第三節　編年及び編年表」『愛知県史　資料編四　考古四　飛鳥～平安』二〇一〇年
新尺　雅弘「近江大津宮周辺における瓦生産の実態」『日本考古学』五二　二〇二一年
杉浦綾子・井上直己「№六　猿投神社（西ノ宮遺跡）」『三遠の山寺』三河山寺研究会・三河考古学談話会　二〇一〇年
杉原　敏之「大宰府造営の年代論」『大宰府と古代山城の誕生』九州国立博物館・福岡県教育委員会・熊本県教育委員会　二〇一七年
鈴木　徳雄「Ⅳ遺物出土状態の検討」『高岡寺院跡発掘調査報告書』高岡寺院跡発掘調査会　一九七八年
鈴木　規夫「供養具と僧具」『日本の美術』二八三　一九八九年
須田　勉「国分寺・山林寺院・村落寺院」『季刊考古学』八〇　二〇〇二年
須田　勉「平安時代における国衙祭祀の一形態―千葉県稲荷台遺跡の検討―」『考古学の諸相Ⅱ』坂詰秀一先生古稀記念会　二〇〇六年
須田　勉「国分寺の墾田開発と仏教―考古資料からの検討―」『日本古代考古学論集』須田編　同成社　二〇一六年
関　秀夫『米山寺跡・史跡岩代米山寺経塚発掘調査報告書』須賀川市教育委員会　一九八二年
関　秀夫「遺跡と遺物の地名表」『経塚　関東とその周辺』東京国立博物館　一九八八年a
関　秀夫「山梨県の経塚」『経塚　関東とその周辺』東京国立博物館　一九八八年b
大工原美智子・小野友理香『多胡郡古代寺院の素顔　黒熊中西遺跡』群馬県多胡碑記念館　二〇〇九年
大山町教育委員会『大山僧坊跡調査報告書』二〇一一年
高井　佳弘「上野国の仏教文化」『群馬の遺跡六　古代』群馬県埋蔵文化財調査事業団　二〇〇四年
高岡寺院跡発掘調査会『高岡寺院跡発掘調査報告書』一九七八年
高島　英之「第四節　刻書砥石―群馬県吉井町黒熊中西遺跡出土の元慶四年銘砥石を中心に―」『古代出土文字資料の研究』東

京堂　二〇〇〇年
高島　英之「日本古代村落出土の墨書・刻書土器の基本的性格をめぐって」『日本古代考古学論集』同成社　二〇一六年
高島　英之「古代の刻書砥石、刻書権衡の基礎的考察」『研究紀要』四一　群馬県埋蔵文化財調査事業団　二〇二三年
高橋　章「第四章　歴史時代　一　堂ヶ尾廃寺」『甘木市史資料　考古編』甘木市　一九八四年
高橋敦・斎藤崇人・千葉博俊「古代における群馬県赤城山南麓の森林資源利用と環境」『考古学からみた古代の環境問題　資料集』帝京大学山梨文化財研究所・山梨県考古学協会　二〇〇三年
高橋　香「相模・武蔵における山林寺院の様相について―瓦塔を中心に―」『研究紀要』二三　かながわ考古学財団　二〇一八年
高橋　一夫「Ⅴ　考察Ⅰ（考古学的考察）」『高岡寺院跡発掘調査報告書』一九七八年
高橋　成計「高雄城跡」『京都府中世城館跡調査報告書　山城編一　第三冊』京都府教育委員会　二〇一四年
高橋　信一「第二　建物遺構」『高岡寺院跡発掘調査報告書』一九七八年
田熊　清彦『下野国府Ⅷ　土器類調査報告』栃木県教育委員会　一九八八年
多胡碑記念館『多胡郡古代寺院の素顔　黒熊中西遺跡』群馬県多胡碑記念館　二〇〇九年
太宰府市教育委員会『宝満山遺跡6』二〇一〇年
田中　伸卓「丹生郡の古代氏族と郷について」『越前・明寺山廃寺』清水町教育委員会　一九九八年
田中　正弘「基肄城」『季刊考古学』一三六　二〇一六年
棚倉町教育委員会『流廃寺跡』二〇一一年
田村　圓澄『飛鳥白鳳仏教史　上・下』吉川弘文館　一九九四年
千葉県山武郡市文化財センター『山田宝馬古墳群（一〇二〇地点）』一九九七年
千葉県文化財センター「千葉県内出土の青銅製品」『研究紀要』一七　一九九七年

千葉県文化財センター「仏教関係遺跡No.八三 増間廃寺跡」『研究紀要』一八「古代仏教遺跡の諸問題」一九九八年a
千葉県文化財センター「遺跡一覧表」『研究紀要』一八「古代仏教遺跡の諸問題」一九九八年b
津川ひとみ「史跡栃本廃寺跡の発掘調査(鳥取県)」『佛教藝術』二六五　二〇〇二年
津野　仁「岩舟町日陰沢・大芝原窯跡採集の須恵器と瓦」『栃木県考古学会誌』八　一九八四年
東京国立博物館『日本国宝展』一九九〇年
東京国立博物館『特別展法隆寺献納宝物』一九九六年
東京国立博物館・総本山醍醐寺『国宝醍醐寺展』二〇〇一年
東京大学史料編纂所『日本荘園絵図聚影二　近畿一　山城』一九九二年
東京大学史料編纂所『日本荘園絵図聚影　釈文編二　中世二』二〇一六年
時枝　務「仏教寺院(二)古代　2山岳寺院の性格」『歴史考古学の問題点』近藤出版社　一九九〇年
時枝　務「日光男体山頂遺跡出土遺物の性格」『MUSEUM』四七九　一九九一年
時枝　務「山岳信仰に用いられた品々」『日本の考古』東京国立博物館　一九九九年
時枝　務「山岳寺院」『仏教考古学事典』雄山閣　二〇〇三年
時枝　務「山岳寺院の形成」『季刊考古学』九三　二〇〇五年
時枝　務「那智経塚考」『山岳修験』三七　日本山岳修験学会　岩田書院　二〇〇六年a
時枝　務「中世寺院の諸問題」『季刊考古学』九七　二〇〇六年b
時枝　務「山岳寺院の造営技術」『季刊考古学』一〇八　二〇〇九年
時枝　務「鬼ノ城」「脊振山霊仙寺跡」「長安寺」『山岳考古学　山岳遺跡研究の動向と課題』ニューサイエンス社　二〇一一年
時枝　務「山寺研究の課題」『季刊考古学』一二一　二〇一二年

時枝　務「古代東北の山寺と山林仏教」『日本仏教綜合研究』一一　二〇一三年
時枝　務『山岳宗教遺跡の研究』岩田書院　二〇一六年
時枝　務「山寺における儀礼と伽藍の形成」『立正大学文学部論叢』一四〇　二〇一七年
時枝　務「書評　古代中世山寺の考古学」『日本歴史』八四六　二〇一八年
時枝　務「宗教考古学の可能性」『季刊考古学』一五〇　二〇二〇年
時枝　務「経塚と石造物」『季刊考古学』一五六　二〇二一年
都幾川村「第三章第四節 旧慈光寺跡」『都幾川村史　資料二　考古資料編』一九九八年
栃木県教育委員会『下野国府Ⅷ　土器類調査報告』一九八八年
栃木県教育委員会『下野国分寺跡ⅩⅣ　遺構編』一九九九年
栃木県史編さん委員会「沙門勝道歴山水・玄珠碑並序」(『性霊集』巻二)『栃木県史　史料編　古代』一九七四年
栃木県史編さん委員会「大慈寺旧跡」『栃木県史　資料編　考古二』一九七九年
鳥取市教育委員会『史跡栃本廃寺跡発掘調査報告書』二〇〇八年
戸潤　幹夫「遺跡・遺物が語る白山信仰の軌跡」『白山　自然と文化』北國新聞社　一九九二年
豊橋市教育委員会『普門寺旧境内　考古学調査編』二〇一六年
豊巻幸正・笹生　衛『千葉県袖ケ浦町永吉台遺跡群　本文編』君津郡市考古資料刊行会　一九八五年
中井　和志「神護寺境内」『京都府中世城館跡調査報告書　山城編一　第三冊』京都府教育委員会　二〇一四年a
中井　和志「如意寺跡」「如意ヶ嶽城跡」『京都府中世城館跡調査報告書　山城編一　第三冊』京都府教育委員会　二〇一四年b
中井　均・土井一行「湖北地方の山岳寺院―松尾寺を中心として―」『考古学ジャーナル』三八二　一九九四年
中井　真孝「都府と山岳の寺院」『行基と古代仏教』中井　永田文昌堂　一九九一年
長岡　龍作「山寺と仏像」『日本の古代山寺』久保智康編　高志書院　二〇一六年

中島　圭「土の中の南淋寺―境内の試掘成果―」『朝倉の古代寺院と信仰遺品』福岡県甘木歴史資料館　二〇一九年
中野　正樹「鎮壇具」『仏教考古学講座　第二巻　寺院』雄山閣出版　一九七五年
中野　正樹「供養具」『仏教考古学講座　第五巻　仏具』雄山閣出版　一九八四年
長野県立歴史館『東の牛伏寺　西の若澤寺』二〇一〇年
長野市立博物館『神と仏が宿る里　北信濃の山寺』二〇一九年
中原　斉「八　里の寺と山の寺」『白鳳・天平の華　因幡・伯耆の古代寺院』鳥取県　二〇一九年
中村　文枝「中寺廃寺跡の発掘調査」『公立埋文協会報』五〇　全国公立埋蔵文化財センター連絡協議会　二〇一三年
中山　和之「岡益の石堂と岡益廃寺」『季刊考古学』一五六　雄山閣　二〇二一年
中山　雅弘「夏井廃寺をめぐる諸問題」『研究紀要』一四　いわき市教育文化事業団　二〇一七年
奈良国立博物館『第五四回正倉院展目録』二〇〇二年
奈良国立文化財研究所飛鳥資料館『斉明紀』飛鳥資料館図録二九　一九九六年
楢崎彰一・斎藤孝正『愛知県古窯跡群分布調査報告書(Ⅲ)(尾北地区・三河地区)　付・猿投窯の編年について』愛知県教育委員会　一九八三年
奈良文化財研究所『平城京出土陶硯集成Ⅰ　平城宮跡』奈良文化財研究所史料　七七　二〇〇六年
奈良文化財研究所『平城京出土陶硯集成Ⅱ　平城京・寺院』奈良文化財研究所史料　八〇　二〇〇七年
新里村教育委員会『国指定文化財山上多重塔―建立一二〇〇年記念歴史講演会―』二〇〇一年
西谷　正「首羅山遺跡の調査成果」『首羅山遺跡　福岡平野周縁の山岳寺院』久山町教育委員会　二〇〇八年
日本文化財研究所『千葉県萩ノ原遺跡　房総地方の古代寺院址研究』日本文化財研究所文化財調査報告五　一九七七年
沼田市教育委員会『戸神諏訪Ⅲ遺跡』一九九三年
野澤　則幸「普門寺経塚小考」『考古学論究』一三　立正大学考古学会　二〇一〇年

野澤　則幸「名古屋市北区味鋺B遺跡出土の刻書土器について」『梅檀林の考古学』大竹憲治先生還暦記念論文集刊行会　二〇一一年
能登　健・梅澤克典「友成遺跡出土の錫杖頭鋳型について」『群馬県立博物館紀要』二五　二〇〇四年
箱崎和久・中島俊博・浅川滋男「山林寺院の研究動向―建築史学の立場から―」『鳥取環境大学紀要』一一　二〇一三年
波田町教育委員会『元寺場遺跡』元寺場遺跡調査報告書　二〇〇二年
波多町教育委員会『若澤寺跡』二〇〇五年
波多町教育委員会『若澤寺跡2』二〇〇七年
濵島　正士「山岳寺院の形状」『山岳寺院の諸相』磐梯町磐梯山慧日寺資料館　二〇一二年
林　　博通「崇福寺と金勝寺」『考古学ジャーナル』四二六　一九九八年
原田一敏「35　重要文化財　金銅鶴文沃懸地太刀拵」『宝刀譜』二荒山神社　二〇一二年
磐梯町教育委員会『慧日寺跡Ⅱ』一九八七年
磐梯町教育委員会『慧日寺跡ＸＸⅢ』二〇一一年
磐梯町教育委員会『慧日寺跡ＸＸⅣ』二〇一二年
坂野　俊哉「泉福寺と渥美半島の山寺」『三遠の山寺　三河考古学研究集会』三河山寺研究会・三河考古学談話会　二〇一〇年
久山町教育委員会『首羅山遺跡　福岡平野周縁の山岳寺院』二〇〇八年
久山町教育委員会『首羅山遺跡発掘調査報告書』二〇一二年
姫野健太郎編『長安寺廃寺跡　宮地嶽古墳群』朝倉町文化財調査報告一〇　二〇〇二年
姫野健太郎「古代寺院をとりまく考古学的環境」『朝倉の古代寺院と信仰遺品』福岡県甘木歴史資料館　二〇一九年
昼間　孝志「古代利根川流域における土器の生産と流通」『日本古代考古学論集』須田勉編　同成社　二〇一六年
平井　典子「鬼城山（鬼ノ城）」『季刊考古学』一三六　二〇一六年

平川　南「第四章　金沢市三小牛ハバ遺跡出土木簡」『三小牛ハバ遺跡』金沢市教育委員会　一九九四年
平川　南『墨書土器の研究』吉川弘文館　二〇〇〇年
深谷　昇「下野国河内郡衙の変遷―上神主・茂原官衙遺跡および多功遺跡の分析を中心に―」『古代東国の考古学』大金宣亮氏追悼論文集　慶友社　二〇〇五年
福井県立若狭歴史博物館「若狭神宮寺」「若狭国分寺」『常設展示図録』二〇一五年
福永　清治「9西塔・惣堂分」（第3部比叡山三塔一六谷調査資料集）『忘れられた霊場を探る3―近江における山寺の分布―』栗東市教育委員会　二〇〇八年
藤井　直正「山岳寺院」『新版仏教考古学講座　第二巻　寺院』雄山閣出版　一九七五年
古川　登『片山鳥越墳墓群・方山真光寺跡塔址』清水町教育委員会　二〇〇四年
古川　登「方山真光寺跡塔址出土の風鐸について」『若越郷土研究』六〇―一　二〇一五年
古川　登「越前地方における古代の山寺―明寺山廃寺の再検討から―」『越前町織田文化歴史館紀要』一　二〇一六年
古川　登「朝宮大社遺跡と方山真光寺」『越前町織田文化歴史館研究紀要』三　二〇一八年
古川　登・善端　直・白川　綾・松山和彦・田中伸卓・奥谷博之・佐藤　豊『越前・明寺山廃寺　平安時代前期寺院址の調査』清水町教育委員会　一九九八年
文化庁文化財保護部史跡研究会監修『図説日本の史跡　第四巻　古代一』同朋舎出版　一九九一年
分水町教育委員会『分水町史　資料編1　考古・古代・中世編』分水町史編さん委員会　二〇〇四年
房総考古資料刊行会「荒久遺跡」『南向原遺跡』一九八五年
宝珍伸一郎「白山信仰と平泉寺」『山岳信仰と考古学』山の考古学研究会　同成社　二〇〇三年
堀　大介「古代白山信仰の考古学的検討」『越前町織田文化歴史館研究紀要』三　二〇一八年
本庄市教育委員会「5地方豪族の古代寺院跡―東小平中山廃寺―」『本庄市の遺跡と出土文化財』二〇一六年

米原町教育委員会『松尾寺遺跡発掘調査報告書』一九九九年
前橋市教育委員会・佐田建設『桧峯遺跡発掘調査報告書』一九八二年
真壁町史編さん委員会「Ⅱ山尾権現山廃寺」『真壁町史料　考古資料編Ⅲ　古代寺院遺跡』一九八九年
益子町教育委員会『星の宮ケカチ遺跡』一九七八年
松井　章「古代都城の環境汚染とその対策　薬用植物の利用」『考古学からみた古代の環境問題　資料集』帝京大学山梨文化財研究所・山梨県考古学協会　二〇〇三年
松井一明「遠江と駿河の山寺」『三遠の山寺』三河山寺研究会・三河考古学談話会　二〇一〇年
松井一明「遠江・駿河の山林寺院（静岡県）」『佛教藝術』三一五　二〇一一年
松田　陽「考古学と文化財」『季刊考古学』一五〇　二〇二〇年
松田朝由「讃岐の古代山寺と石造物」『季刊考古学』一五六　二〇二一年
松村恵司「北陸道の和同開珎―畿外の銭貨流通をめぐって―」『日本古代考古学論集』須田勉編　同成社　二〇一六年
松村知也「山林寺院の調査」『公立埋文協会報』五〇　全国公立埋蔵文化財センター連絡協議会　二〇一三年
まんのう町教育委員会『中寺廃寺跡』二〇〇七年
まんのう町教育委員会『中寺廃寺跡　平成二二年度』二〇一一年
三浦京子「群馬県における平安時代後期の土器様相―灰釉陶器を中心にして―」『群馬の考古学』群馬県埋蔵文化財調査事業団　一九八八年
三河山寺研究会・三河考古学談話会『三遠の山寺』二〇一〇年
南　健太郎「第五章　瀬戸内海沿岸における古代山城の築城年代」『大宰府と古代山城の誕生』九州国立博物館・福岡県教育委員会・熊本県教育委員会　二〇一七年
明通寺『棡山　明通寺』二〇一七年

みよし市『新編三好町誌　資料編　考古』二〇一〇年
みよし市教育委員会『愛知県猿投山西南麓古窯跡群　黒笹90号窯跡』二〇一三年
三好町教育委員会『愛知県三好町埋蔵文化財発掘調査報告書　K-27・K-41・K-59・K-64・K-G-73』一九九七年
向井一雄「古代山城の終焉―城内の寺院・宗教施設―」『よみがえる古代山城』吉川弘文館　二〇一七年
村上昇・菊池直哉「普門寺旧境内」『三遠の山寺　三河考古学研究集会』三河山寺研究会・三河考古学談話会　二〇一〇年
村上久和「豊前・豊後における古代山林寺院の成立とその特徴」『考古学の諸相Ⅱ』坂詰秀一先生古稀記念会　二〇〇六年
村山修一『比叡山史』東京美術　一九九四年
望月清司「加賀国府周辺の古代山林寺院(石川県)」『佛教藝術』三一五　二〇一一年
桃崎祐輔「北部九州の山岳宗教―英彦山を中心として―」『温故　甘木歴史資料館だより』五五　福岡県甘木歴史資料館　二〇一五年
森郁夫『畿内と東国　埋もれた律令国家』京都国立博物館　一九八八年
森郁夫「第Ⅲ部　造営供養　第一章　造営工事における地鎮・地鎮供養」『日本古代寺院造営の研究』森　法政大学出版局　一九九八年
森浩一「考古学と馬」『馬の文化叢書　第一巻　古代　埋もれた馬文化』馬事文化財団　一九九三年
森弘子「宝満山―大宰府鎮護の山―」『山岳信仰と考古学Ⅱ』山の考古学研究会編　同成社　二〇一〇年
森下惠介「「山岳寺院」の成立」『橿原考古学研究所論集　第十七』奈良県立橿原考古学研究所編　八木書店　二〇一八年
森田悌「道輪の信仰と宗教活動―山上多重塔の史的位置づけ―」『山上多重塔』新里村教育委員会　二〇〇一年
茂木孝行「大志白遺跡群における古代住居の概観」『大志白遺跡群発掘調査報告書　古代・中・近世編』河内町教育委員会　二〇〇〇年
山中敏史『古代地方官衙遺跡の研究』塙書房　一九九四年

山村　信榮「宗教遺跡としての大宰府宝満山　3山岳寺院としての宝満山」『山岳信仰と考古学Ⅱ』山の考古学研究会編　同成社　二〇一〇年
山村　信榮「竈門山寺跡」『季刊考古学』一二一　二〇一二年
吉岡　康暢「山寺と社会」『大知波峠廃寺跡シンポジウム事業報告書』湖西市教育委員会　一九九六年
吉川真司編『日本の時代史五　平安京』吉川弘文館　二〇〇二年
吉川　真司『飛鳥の都　シリーズ日本古代史三』岩波書店　二〇一一年
吉田　惠二「日本古代陶硯の特質と系譜」『国学院大学考古学資料館紀要』一　一九八五年
吉田　惠二『文房具が語る古代東アジア』同成社　二〇一八年
吉田　博行「会津盆地西縁山地の山寺調査―福島県会津坂下町高寺山遺跡―」『季刊考古学』一四七　二〇一九年
吉田美弥子「古代山林遺跡の展開」『考古学の諸相Ⅱ』坂詰秀一先生古稀記念会　二〇〇六年
六甲山麓遺跡調査会『三田市旧金剛寺跡　E地区を中心とする調査』一九九三年
若狭　徹「東国の軍事・経済・交流」『前方後円墳と東国社会　古墳時代』古代の東国一　吉川弘文館　二〇一七年
渡辺　誠「韓国南部の山上祭祀遺跡」『季刊考古学』六三　一九九八年
綿貫邦男・神谷佳明・桜岡正信「群馬県における灰釉陶器の様相について(一)―消費地からのアプローチ―」『研究紀要』九　群馬県埋蔵文化財調査事業団　一九九二年

＊

『常陸国風土記』『風土記』日本古典文学大系　岩波書店　一九八二年
『日本書紀』上下　日本古典文学大系　岩波書店　一九七七年
『続日本紀』一～五　新日本古典文学大系　岩波書店　一九九五～一九九八年

図/表目次

【図】

第1部 第1章

第 1 部 第 4 章

第1部 第5章

第 77 図　福岡県竈門山寺下宮礎石建物（宝 37SB010）近景（南から、著者撮影）
第 78 図　福岡県宝満山遺跡（竈門山寺）40 次調査道路跡（両側溝・側溝、12 世紀後半）、鍛冶工房（12 世紀）等遺構全体図（太宰府市教育委員会 2010 を改変）
第 79 図　福岡県宝満山遺跡（竈門山寺）39 次調査通路跡（SX010・030、11 世紀後半～12 世紀前半）（左）、40 次調査道路跡（SD020・030・040、12 世紀後半頃）実測図（右）（太宰府市教育委員会 2010 を改変）
第 80 図　福岡県宝満山遺跡（竈門山寺）39 次調査通路跡（SX010・030、11 世紀後半～12 世紀前半）の飛石状中型石の出土位置状況（飛石を黒ツブシ）（太宰府市教育委員会 2010 を改変）
第 81 図　福岡県宝満山遺跡（竈門山寺）40 次調査 SI055（鍛冶工房か）（中段）、鍛冶工房（SX005）（下段）、表土層出土羽口（12 世紀～13 世紀）と須恵器（蓋・7 世紀末）（上段）実測図（太宰府市教育委員会 2010 を改変）
第 82 図　福岡県宝満山遺跡（竈門山寺）34 次調査本谷礎石建物（34SB001）と周辺遺構実測図（上段）、出土瓦（9 世紀後半～10 世紀）実測図（下段）（太宰府市教育委員会 2010 を改変）
第 83 図　福岡県宝満山遺跡（竈門山寺）34 次調査本谷礎石建物（34SB001）実測図（下段）、表土層出土如来像・釘（古代）・北斜面出土遺物実測図（上段）（太宰府市教育委員会 2010 を改変）
第 84 図　福岡県堂ヶ尾廃寺位置図（図中の左上）（加藤 1958）
第 85 図　福岡県堂ヶ尾廃寺遺構平面図（左）、出土土師器・瓦（9 世紀・縮尺不同）実測図（右）（高橋 1984、倉元・中島・遠藤・岡寺 2017）
第 86 図　福岡県首羅山遺跡位置図（久山町教育委員会 2012）
第 87 図　福岡県首羅山遺跡境内平面図（山頂・本谷・西谷地区）（久山町教育委員会 2012）
第 88 図　福岡県首羅山遺跡山頂付近から福岡平野を望む（東から、著者撮影）
第 89 図　福岡県首羅山遺跡平面構造分析図（岡寺 2012）
第 90 図　佐賀県霊山寺跡遺構配置図（時枝 2011）
第 91 図　熊本県池辺寺跡と周辺の遺跡（上段）、百塚地区の地形と調査地点（下段）（網田 2009）
第 92 図　熊本県池辺寺跡百塚地区 A 地点鍛冶工房（SX-02、左手前）と池跡（SX01、奥）（左端の下位平場は B 地点）（北から、著者撮影）
第 93 図　熊本県池辺寺跡百塚地区 A 地点・C 地点遺構配置図（網田 2009）
第 94 図　熊本県池辺寺跡百塚地区復元想像図（9 世紀中葉～後葉）（熊本市教育委員会 2008 に遺構名を追加して改変）
第 95 図　熊本県池辺寺跡百塚地区 B 地点出土遺物実測図（熊本市教育委員会 2006）
第 96 図　熊本県池辺寺跡百塚地区 C 地点（建物・百塔）出土土器実測図（上段）、

C 地点礎石建物群実測図(下段)(網田 2009)
第 97 図　熊本県池辺寺跡出土重要遺物実測図(網田 2009)
第 98 図　熊本県池辺寺跡百塚地区 C 地点北西部から A 地点(車の所)と谷の入口を望む(西から、著者撮影)
第 99 図　大分県長安寺北ノ坊巨岩(南東から、著者撮影)
第 100 図　大分県長安寺中枢部地形図(大分県歴史博物館 2001)
第 2 部 第 6 章
第 101 図　栃木県大志白遺跡群位置図(深谷 2005 に加筆)
第 102 図　栃木県大志白遺跡群遺構分布図(上野川 2004)
第 103 図　栃木県大志白遺跡群第 3 地区水場遺構と出土遺物実測図(図中の数字は、井戸と池の築造順序)(上野川 2004)
第 104 図　古代東国出土の匙等実測図(縮尺不同)(上野川 2000a・2004)
第 105 図　栃木県大志白遺跡群と北関東の山寺遺跡等位置図(上野川 2011 を改変)
第 2 部 第 7 章
第 106 図　古代山頂遺跡等出土の馬形・牛形(上野川 2001a)
第 107 図　馬形等出土の古代山頂遺跡等位置図(上野川 2001a)
第 108 図　栃木県日光男体山頂遺跡近景(中央の巨岩下と社殿周辺等に遺跡、2000 年 9 月 26 日、北東から、著者撮影)
第 3 部 第 8 章
第 109 図　福島県慧日寺戒壇地区遺構配置図(上段)、出土遺物(6～10 は 1 号掘立柱建物、11～13 は 2 号掘立柱建物、他は 2 号掘立柱建物西側隣接地点)(下段左)、鍛冶炉実測図(下段右)(磐梯町教育委員会 1987)
第 3 部 第 9 章
第 110 図　千葉県新林廃寺全体図(須田 2016)
第 111 図　千葉県遠寺原遺跡仏堂・付属施設模式図(糸原 1998)
第 3 部 第 10 章
第 112 図　佐賀県基肄城跡出土「山寺」墨書土器と須恵器(基山町史編さん委員会 2011)
第 113 図　佐賀県基肄城跡平面図—地形と遺構—(基山町史編さん委員会 2011)
第 3 部 第 11 章
第 114 図　岡山県鬼城山礎石建物 5 出土遺物(上段)、掘立柱建物 1 と出土遺物(中段)、掘立柱建物 2・集石遺構(下段)実測図(岡山県教育委員会 2013)
第 115 図　岡山県鬼城山 II 区掘立柱建物 1 と礎石建物 5 実測図(岡山県教育委員会 2013)

第 116 図　岡山県鬼城山Ⅱ区掘立柱建物 1 近景(北東から、著者撮影)
第 117 図　岡山県鬼城山Ⅱ区礎石建物配置図(岡山県教育委員会 2013)
第 118 図　滋賀県崇福寺跡の伽藍配置(新尺 2021)
第 3 部 第 12 章
第 119 図　鳥取県栃本廃寺跡位置図(国府町教育委員会 2003)
第 120 図　鳥取県栃本廃寺跡伽藍・溝状遺構・調査トレンチ位置図(鳥取市教育委員会 2008)
第 121 図　鳥取県栃本廃寺跡金堂建物復元プラン・講堂建物復元プラン、講堂出土遺物実測図(国府町教育委員会 2003 を改変)
第 122 図　鳥取県栃本廃寺跡金堂・講堂出土遺物実測図(鳥取市教育委員会 2008)
第 123 図　鳥取県栃本廃寺跡近景(手前は東塔跡、東から、著者撮影)
結　章
第 124 図　長野県元寺場遺跡中心部実測図(上段)・1 トレンチ出土土器実測図(下段左)・5 トレンチ出土鉄滓実測図(下段右)(波田町教育委員会 2002 を改変)
第 125 図　古代中世山寺等と寺社・経塚等の位置関係模式図(8～12 世紀を中心に)(上野川 2022 作成)
【表】
序　章
第 1 表　日本古代山寺遺跡創建年代等概要表(上野川 2022 作成)
第 1 部 第 1 章
第 2 表　群馬県黒熊中西遺跡出土円面硯・転用硯一覧表(上野川 2019 作成)
第 1 部 第 3 章
第 3 表　北東日本古代山寺の小規模平場(上野川 2019 作成)
第 2 部 第 6 章
第 4 表　古代東国出土等の匙(上野川 2000・2004)
結　章
第 5 表　11～12 世紀の社会宗教状勢(上野川 2021 作成)
第 6 表　古代山寺の寺域内平場形態からみた二類型の概要(上野川 2018 第 11 表を改変して 2023 作成)
第 7 表　日本古代中世山寺存続期間類型分類表(上野川 2018 第 9 表を改変して 2022 作成)
第 8 表　日本古代中世山寺存続期間類型分類概念表(上野川 2018 第 10 表を改変して 2022 作成)
第 9 表　北東日本古代山寺遺跡大規模平場概要一覧表(上野川 2023 作成)
第 10 表　日本古代中世山寺の変遷概要(上野川 2018 第 12 表を改変して 2022 作成)

著者紹介

上野川　勝（かみのかわ まさる）

昭和 30 年(1955)　栃木県佐野市生まれ。

立正大学文学部史学科考古学専攻卒業。

日本考古学協会会員。専門は山寺考古学。

民間企業、地方自治体を経て、北関東を中心とする遺跡調査と史跡保存に係わる確認調査などに参加。平成 6 年(1994)頃から山寺遺跡の踏査と個人研究を始める。

史跡下野国分尼寺伽藍隣接地、下野国分僧寺尼寺中間地域・周辺地域遺跡群、史跡小金井一里塚及び旧日光街道、古代東山道駅路北台遺跡、下野唐沢山城下遺跡群、宇都宮大志白遺跡群、北関東自動車道遺跡群、群馬県八ッ場ダム遺跡群などの栃木・群馬県内外の調査に参加。北陸・東海地方など東日本の遺跡調査時は、畿内とその周辺から北東日本各地の山寺遺跡を探索。

日本考古学が対象とする旧石器時代から近世以降までの遺跡と各種遺構の調査経験を持つ。発掘調査報告書は、20 冊(共著、一部執筆を含む)以上に関わる。同人誌『唐澤考古』の編集にも携わる。昭和 61 年(1986)には欧州の史跡等を訪れ、イタリアポンペイ遺跡・ローマコロッセウム・ギリシャパルテノン神殿・大英博物館・オーストリア自然史博物館・フランスルーブル美術館ほかを見学した。

佐野市文化財保護審議会委員、栃木県生産遺跡調査員として活動した。著者に、『古代中世山寺の考古学』(2018 年、岩田書院)がある。

住所　〒 327-0841　栃木県佐野市田之入町 983 番地

古代山寺の考古学　―平場《ひらば》構造と寺域空間を中心に―　　古代史研究叢書 15

2024 年（令和 6 年）10 月　第 1 刷　350 部発行　　定価［本体 6900 円＋税］
著　者　上野川　勝
発行所　有限会社岩田書院　代表：岩田　博　　http://www.iwata-shoin.co.jp
〒157-0062　東京都世田谷区南烏山 4-25-6-103　電話 03-3326-3757　FAX 03-3326-6788
組版・印刷・製本：三陽社

ISBN978-4-86602-174-4　C3321　¥6900E

古代史研究叢書

①	森田　　悌	日本古代の駅伝と交通	5400円	2000.02
②	長谷部将司	日本古代の地方出身氏族	品切れ	2004.11
③	小林　茂文	天皇制創出期のイデオロギー	8900円	2006.12
④	関口　功一	東国の古代氏族	品切れ	2007.06
⑤	中野　高行	日本古代の外交制度史	品切れ	2008.06
⑥	垣内　和孝	郡と集落の古代地域史	品切れ	2008.09
⑦	前之園亮一	「王賜」銘鉄剣と五世紀の日本	9500円	2013.02
⑧	宮原　武夫	古代東国の調庸と農民	5900円	2014.08
⑨	関口　功一	日本古代地域編成史序説	9900円	2015.02
⑩	根津　明義	古代越中の律令機構と荘園・交通	4800円	2015.03
⑪	木本　好信	藤原北家・京家官人の考察	品切れ	2015.07
⑫	大島　幸雄	平安後期散逸日記の研究	6800円	2017.01
⑬	木本　好信	藤原南家・北家官人の考察	4900円	2019.08
⑭	加藤　謙吉	古代の地方豪族と王権・両貫制	5800円	2022.10